PHILOSOPHIE INDIENNE

TEXTES CLÉS

PHILOSOPHIE INDIENNE

Illusion et réalité, ordre du monde et libération

Textes réunis, introduits et traduits
par
Marc BALLANFAT

Textes traduits
par
Stéphane ARGUILLÈRE, Marc BALLANFAT,
Hugo DAVID, Marie-Hélène GORISSE, Victoria LYSENKO

PARIS
LIBRAIRIE PHILOSOPHIQUE J. VRIN
6 place de la Sorbonne, Ve

2024

Imprimé en France
ISSN 1968-1178
ISBN 978-2-7116-3136-0
www.vrin.fr

INTRODUCTION

Qu'est-ce que la philosophie indienne ?

Le contexte historique et culturel

La philosophie indienne fait l'objet d'un enseignement universitaire, en Inde tout d'abord, mais aussi dans un grand nombre de pays, occidentaux ou non, ce qui suffit à justifier, d'un point de vue institutionnel et culturel, l'existence d'un ouvrage consacré au caractère spécifique de la philosophie en Inde. Plus précisément, la philosophie indienne existe parce qu'elle a fait l'objet d'une transmission et d'un enseignement, comme la grammaire, par exemple. La question n'est donc plus de savoir s'il existe une philosophie indienne, mais plutôt de s'interroger sur sa nature propre.

Pour cela, il importe de faire la distinction, au préalable, entre l'existence en Inde de doctrines philosophiques et leur inscription dans le cadre d'écoles dignes de ce nom. La grande épopée du *Mahābhārata* contient des parties didactiques, et plus précisément des passages reconnus depuis longtemps pour leur portée philosophique[1]. On peut citer le plus célèbre d'entre eux, le « Chant du Bienheureux »

1. Les portions philosophiques de l'épopée sont connues des spécialistes depuis le XIXe siècle (*cf.* P. Deussen et O. Strauss, *Vier philosophische Texte des Mahābhāratam*, Leipzig, F.A. Brockhaus, 1906).

(*Bhagavadgītā*[1]), traduit en anglais et publié à Londres en 1785 ; pour autant, cet enseignement mystique n'a pas les caractères d'un traité philosophique. Les chercheurs et les indianistes s'accordent ainsi pour montrer que plusieurs siècles peuvent séparer l'émergence de doctrines philosophiques et la rédaction des traités qui les enseignent, ce qui est une manière de dire que les textes fondateurs des grandes écoles apparaissent plusieurs siècles après l'émergence des concepts, des problèmes et des débats qui les ont suscités. Cela signifie, historiquement, que l'établissement d'écoles rivales, avec leurs textes de référence, consacre l'existence de rivalités philosophiques anciennes et qui les conditionnent en grande partie. Tout se passe comme si les philosophes indiens, à un moment précis de l'histoire intellectuelle indienne, qui correspond au début de l'ère commune, avaient ressenti le besoin de fonder leurs doctrines sur des arguments d'école, à caractère technique et systématique, et dont on va voir les raisons. C'est pourquoi l'on peut légitimement évoquer des doctrines philosophiques indiennes, alors même que les écoles correspondantes n'existent pas encore[2].Cela pose la question suivante : quand et pourquoi des philosophies naissent-elles en Inde ? Sans le repère que forme un texte fondateur, puisqu'il est tardif, sans donc la fondation d'une école, il est difficile de situer chronologiquement l'émergence d'une philosophie. On peut, cependant, baliser le chemin de

1. La première traduction intégrale en anglais de la *Bhagavadgītā*, publiée en 1785, est due à Charles Wilkins, négociant de la Compagnie des Indes orientales.

2. On étudie ainsi les préconcepts et les amorces philosophiques de l'école *Sāṃkhya* dans les *Upaniṣad* et dans le *Mahābhārata* (E. H. Johnston, *Early Sāṃkhya : an essay on its historical development according to the texts*, London, Royal Asiatic Society, 1937 ; R. Garbe, *Die Sāṃkhya-Philosophie*, Leipzig, H. Haessel, 1894).

quelques bornes. Vers le XVe siècle avant l'ère commune[1], des chants poétiques et religieux font leur apparition dans le nord-ouest de l'Inde, que leurs auteurs nomment *Veda*[2]. Liturgiques, inspirés, ces poèmes, composés à la gloire d'un panthéon indo-iranien en partie oublié aujourd'hui, sont l'attestation la plus ancienne de l'existence de tribus itinérantes, organisées de façon très hiérarchique autour d'une classe sacerdotale composée de « brahmanes »[3] et prêtes à combattre pour s'installer dans la plaine indo-gangétique. Ces nomades, qui pénètrent progressivement sur la vaste péninsule indienne, ont le sentiment d'avoir un avantage considérable sur les autochtones qu'ils repoussent au rythme de leur avancée, et cet avantage n'est autre que le sanscrit. Car non seulement les quatre *Veda* sont portés par la langue sanscrite, qui est mythiquement la parole que parlent en commun les dieux et les brahmanes, mais les hommes qui parlent sanscrit se voient comme des artisans de la perfection[4]. Non pas qu'ils jugent naïvement que leur langue soit parfaite, mais ils constatent simplement que le sanscrit organise la réalité autour d'un certain nombre

1. Par convention, les chercheurs utilisent l'expression « avant l'ère commune », abrégée en a.e.c., pour désigner la période antérieure à la naissance du Christ; par suite, la période postérieure se nomme « ère commune » (e.c.).

2. Formé sur le parfait du verbe *Vid* « savoir », le sanscrit *veda*, que les linguistes associent au parfait grec οἶδα « Je sais », se traduit également par « Je sais », d'où « ce que je sais, le savoir par excellence ».

3. Un célèbre poème védique du XVe siècle avant l'ère commune répartit déjà les hommes en quatre classes, avec les brahmanes (*brāhmaṇa*, en sanscrit) à leur tête; cet hymne appartient au plus ancien recueil, le *Ṛgveda*, littéralement le « Veda des stances » (X; 90; *cf* J.P. Brereton, S. Jamison, *The Rigveda : a guide*, New York, Oxford University Press, 2020).

4. *Saṃskṛta* (translittéré en « sanscrit ») signifie « parfait, bien composé, confectionné ».

de concepts grammaticaux qui en rendent la compréhension pragmatiquement possible. Il suffit pour s'en convaincre de suivre le fil des réflexions que suscite la grammaire en Inde. Aucune autre culture, en effet, ne manifeste depuis l'époque des *Veda* une telle passion pour l'analyse grammaticale. Comment l'expliquer ? Le sanscrit appartient au groupe linguistique des langues indo-européennes, comme le grec et le latin. À ce titre, il partage avec les autres langues de cette famille des caractères spécifiques qui font que la réalité est découpée d'une manière rationnelle et systématique. Il est vrai que d'autres langues analysent la réalité autrement, et cela de manière aussi rationnelle, mais le locuteur de la langue sanscrite dispose d'un outillage conceptuel et grammatical qui le rend capable de produire une vision du réel parfaitement justifiée par la langue sanscrite. La lecture des savantes et complexes réflexions grammaticales qui accompagnent le rituel sacrificiel en est un exemple éclairant[1], parmi d'autres, parce qu'on y voit déjà pourquoi la réflexion philosophique, qui va naître quelques siècles plus tard, ne se sépare jamais d'une méditation sur la langue dans laquelle la philosophie se dit, et donc présuppose la grammaire. En comparaison, on peut remarquer que la philosophie européenne a tardé avant d'admettre que la pensée s'inscrit toujours dans une langue déterminée[2]. Dans le contexte ritualiste du sacrifice, où la parole se fait performative et perlocutoire, au sens où elle-même fait ce qu'elle commande de faire, le brahmane prend conscience de ses pouvoirs d'agir et de dire à mesure qu'il les exerce, jusqu'à se persuader qu'il se joue quelque

1. L'ouvrage remarquable de Sylvain Lévi est publié sous le titre *La doctrine du sacrifice dans les Brāhmaṇas*, Paris, Ernest Leroux, 1898.

2. On pense à l'article qui a fait date, « Catégories de pensée et catégories de langue » d'Émile Benveniste dans *les Études philosophiques* 4 (oct.-déc. 1958).

chose d'essentiel dans le rite. Comment nommer ce foyer sacré de la philosophie indienne ? En d'autres termes, comment la philosophie se développe-t-elle en Inde à partir d'une compréhension grammaticale de l'acte sacré par excellence, le sacrifice ? La réponse se trouve dans la question. Si la grammaire, en effet, est au cœur de la philosophie indienne, la raison en est simple : la grammaire est une réflexion sur le pouvoir de la langue tout comme la philosophie réfléchit sur le pouvoir de la pensée ; or, la philosophie indienne s'exprime exclusivement dans la langue sanscrite, qui devient *de facto* la langue de la philosophie ; par conséquent, grammaire et philosophie y sont étroitement liées. Voilà pourquoi les plus anciennes spéculations ritualistes, appelées « énigmes » (*brāhmaṇa*), montrent que la philosophie s'inscrit d'abord dans les pas de la liturgie sacrificielle, dans l'Inde ancienne (xᵉ siècle a.e.c.), avant de s'en dégager, au fil des siècles, pour prendre son autonomie au début de l'ère commune.

Il convient, à présent, de préciser le cadre culturel dans lequel se situe la naissance de la philosophie indienne. Il existe un ensemble de traités spéculatifs, adossés à des rites et des cultes, dont l'objectif rationnel consiste à justifier et à comprendre les *Veda*, ce sont les *Brāhmaṇa*, comme on vient de le voir. Ce mouvement culmine avec l'apparition d'autres compositions védiques, les *Upaniṣad*, à la fois d'inspiration philosophique, grammaticale, cosmologique, où l'accent est mis sur l'aspiration de certains brahmanes à découvrir dans le rite des correspondances avec le monde des vivants et des choses qui ne soient plus uniquement de nature liturgique. Les indianistes[1] s'accordent pour

1. P. Deussen, *Sechzig Upanishad's des Veda*, Leipzig, F.A. Brockhaus, 1905 ; H. Oldenberg, *Die Lehre der Upanishaden*, Göttingen, Vandenhoeck and Ruprecht, 1915.

penser que l'apparition des *Upaniṣad* marque un tournant dans l'histoire culturelle de l'Inde ancienne. Mais s'agit-il de ce que le philosophe Karl Jaspers[1] nomme « l'ère axiale » (*Achsenzeit*) ? On sait que cette expression a pour but, selon lui, de désigner le passage (entre le VIe siècle a.e.c. et le IIe siècle e.c.) d'une époque dominée par les religions sociales du rite à une époque centrée autour du salut individuel. Il est tentant de lui donner raison, beaucoup l'ont fait en aménageant les dates en fonction des pays concernés, mais à condition de faire une correction qui s'impose, s'agissant de l'Inde. Jaspers comprend le moment axial en termes métaphysiques : l'humanité passerait de l'immanence absolue (les dieux et les humains appartiennent au même monde) à l'expression d'un désir de transcendance (dieu est au-delà du monde). Telle est l'idée que le philosophe Marcel Gauchet[2] nomme « la sortie du religieux » et qui signerait l'entrée dans les religions de la transcendance. Mais ce schéma ne peut pas s'appliquer tel quel à l'Inde des *Upaniṣad*. La raison en est simple : l'absolu (*brahman*), auquel aspire le philosophe des *Upaniṣad*, demeure résolument immanent au monde dans la mesure où il en est la cause matérielle. De la même façon, lorsqu'il en vient à être nommé « Seigneur » (*īśvara*), l'équivalent de « Dieu », il conserve son caractère immanent (le corps du Seigneur contient le monde) et n'accède jamais à la transcendance qu'évoquent Jaspers et Gauchet. Cependant, si l'on entend

1. Le philosophe allemand fait plusieurs fois référence à son hypothèse dans ses ouvrages comparatistes. On la trouve formulée avec le plus de netteté dans *L'origine et le sens de l'histoire*, Paris, Plon, 1954.

2. Tout en se gardant bien de reconnaître sa dette à l'égard de Jaspers, Gauchet lui emprunte son hypothèse centrale, selon laquelle l'humanité a opéré une sortie culturelle et historique du polythéisme pour entrer, comme par un saut, dans les religions monothéistes (M. Gauchet, *Le désenchantement du monde*, Paris, Gallimard, 1985).

par « transcendance » une réalité au-delà du sensible, indicible, que l'intelligence humaine peine à se représenter et à comprendre, alors s'exprime bien dans les *Upaniṣad*, et pour la première fois peut-être, l'intense désir de sortir du monde des apparences illusoires pour accéder à une réalité qu'aucun obstacle matériel ni conceptuel ne sépare de l'intelligence humaine. Mais cette réalité absolue, appelée *brahman* ou *ātman*[1], demeure immanente au monde. Il faut donc nuancer la thèse de Jaspers et admettre que le moment axial indien (au VIe siècle avant l'ère commune) correspondrait à une quête philosophique de transcendance, mais sans transcender le monde. S'il en est ainsi, diront certains, dans la mesure où la philosophie cherche à dépasser les apparences et à expliquer les raisons de douter de la réalité sensible, la visée de transcendance perd de sa signification polémique. Toute philosophie serait la traduction d'un désir de transcendance propre à l'être humain. À cela s'ajoute le fait qu'en Inde se manifesterait très tôt (dès le VIe siècle a.e.c.) un pessimisme[2] sur le monde qui justifierait que l'on parle de transcendance. Mais il faut s'entendre sur ce que l'on appelle « pessimisme ». On sait que le philosophe Arthur Schopenhauer interprète la philosophie indienne en projetant sur les premières traductions européennes, en particulier les versions latines d'Anquetil-Duperron[3], sa propre vision pessimiste du

1. Presque tous les ouvrages consacrés à la philosophie des *Upaniṣad* partent d'une d'équation métaphysique : *brahman=ātman*, ce que l'on peut traduire ainsi : chaque être humain est en soi (*ātman*) l'absolu (*brahman*) (*cf.* G. Oldenberg, *Die Lehre der Upanishaden*, *op. cit.*).

2. Les *Upaniṣad* et le bouddhisme, qui sont à peu près contemporains, formulent souvent ce pessimisme quand ils affirment que la vie humaine est marquée par le malheur, la misère.

3. Le grand orientaliste français fait paraître à Paris sa traduction latine des *Oupnek'hat* en 1801-1802.

monde : l'existence humaine oscille entre l'ennui et le désir insatiable, d'où la quête d'un absolu associé au nirvāṇa du bouddhisme. Le néant[1] vaut mieux que le monde, donc abandonner le monde pour le néant équivaut à l'aspiration philosophique indienne, selon lui, quitte à oublier que le néant n'est jamais un concept de la philosophie indienne, mais une construction théologico-métaphysique de la philosophie européenne, qui répond à la question des questions : pourquoi il y a quelque chose plutôt que rien[2] ? Le pessimisme indien ne se laisse donc pas interpréter selon la grille de lecture de Schopenhauer[3]. Mieux vaut aller à la source.

Le postulat commun aux philosophes indiens

Il semble qu'il existe, à la source des philosophies indiennes, un postulat partagé[4] et que l'on peut formuler ainsi : l'existence humaine est marquée par la misère (*duḥkha*[5]). Par « misère », les philosophes indiens entendent un mal-être fondamental, qui se manifeste par la souffrance

1. On devine la confusion de l'Europe du XIXe siècle quand elle interprète l'absolu de la philosophie indienne, du bouddhisme en particulier, à la lumière, pour ainsi dire, du néant, comme le montre l'ouvrage de synthèse de Roger-Pol Droit, *Le culte du néant*, Paris, Seuil, 1997

2. Selon la formulation de Leibniz, *Principes de la nature et de la grâce fondés en raison*, § 7. – *Principes de la philosophie ou Monadologie*, publiés intégralement d'après les manuscrits de Hanovre, Vienne et Paris, et présentés par A. Robinet, Paris, P. U. F., 1986.

3. Laksmi Kapani offre une vision juste de ce que représente la philosophie indienne aux yeux de Schopenhauer (*Schopenhauer et la pensée indienne*, Paris, Hermann, 2011).

4. La *Mīmāṃsā* fait exception, occupée qu'elle est à formuler les règles de l'exégèse du Veda.

5. Le sanscrit *duḥkha* signifie littéralement « ce qui tourne mal » en parlant du moyeu de la roue pleine, en usage dans l'Inde ancienne, d'où l'inconfort, la douleur, la souffrance.

morale et sociale, la douleur physique, le déplaisir, mais aussi par l'illusion, l'ignorance, l'erreur. Or, la misère concerne tous les vivants dans la mesure où aucun d'entre eux n'en est exempté ; tous la subissent plus ou moins, selon des formes diverses, et s'en protègent avec les moyens dont ils disposent. L'animal fuit l'origine de la douleur qu'il ressent, par exemple, mais il ne sait pas nécessairement comment l'éviter à l'avenir ni s'en prémunir. Au contraire, l'humain a cet avantage, qu'il désire connaître les raisons de sa misère, ce qui fait naître en lui le désir de s'en libérer par les moyens adéquats[1]. Toute la philosophie indienne se trouve justifiée si elle parvient à ouvrir les yeux des hommes sur les causes de leur vie de misère et sur les moyens de s'en délivrer. D'où l'interrogation métaphysique, qui serait le pendant de la question européenne : pourquoi y a-t-il de la misère plutôt que du bonheur ? Pourtant, il ne faut pas se méprendre sur les intentions des philosophes indiens. Plutôt que décidés à déterminer les raisons sociales de la misère, par exemple, ils l'analysent en termes d'expérience humaine, à la recherche des conditions qui font que, dans telle situation donnée, se produit telle expérience douloureuse. Les conséquences en sont multiples, si l'on compare les traditions philosophiques, en Inde et en Europe. La recherche des causes humaines de la misère se justifie si la philosophie est à la poursuite d'une libération universelle : tous les humains peuvent se libérer de la misère parce qu'elle est humaine, comme la médecine soulage le corps des causes qui le font souffrir. Mais un tel résultat s'obtient au prix d'une méconnaissance des raisons sociales et politiques de la misère. Il est frappant

1. Telle est l'origine de la philosophie selon les *Sāṃkhyakārikā* (*cf.* Īśvarakṛṣṇa, *Les Strophes de l'école de Sāṃkhya*, *Strophe 1* de la traduction, *infra*, p. 173).

de constater, à cet égard, que les philosophes indiens n'abordent presque jamais les questions sociopolitiques[1]. Inversement, plus la philosophie s'attache à délimiter les conditions sociales de la misère, comme cela se voit en Occident, moins elle se donne les moyens de proposer à tous les humains de s'en délivrer, quelles que soient leur société, leur culture, puisque la misère est directement déterminée par des causes sociales. Il faut donc lire la philosophie indienne à l'aune de son ambition universelle[2] : mettre à la disposition de tous les êtres humains qui souffrent de la misère les moyens d'y échapper définitivement. Pour cela, encore convient-il d'établir avec précision les causes humaines de la misère. À la lecture des textes indiens, que l'on trouvera traduits dans cet ouvrage, on peut se faire une idée assez juste de son étiologie. Presque tous les philosophes indiens s'accordent pour mettre en évidence le ou les liens qui existent entre misère et illusion[3]. Si la misère est profondément humaine, en effet, la raison en est qu'elle trouve son origine dans une forme d'illusion, presque naturelle tant elle est propre à l'existence. En quoi consiste cette illusion existentielle ? Elle réside dans une inconnaissance (*ajñāna*), à savoir l'impossibilité d'accéder à la connaissance vraie des choses, donc dans une forme d'ignorance (*avidyā*), mais une

1. Les philosophes indiens sont presque tous issus de la classe des brahmanes, dont les devoirs et les privilèges sont justifiés par les *Veda*. En retour, ils ne peuvent pas élaborer une réflexion critique sur les conditions sociales de leur existence, ce qui a beaucoup changé depuis un siècle.

2. Il va de soi que l'universalité de la philosophie, où qu'elle soit, est relative : elle s'adresse à tous les humains, mais tous les humains n'ont pas les moyens de le savoir.

3. Mais le philosophe Rāmānuja s'insurge contre l'idée que la misère est purement illusoire (cf. *Le commentaire aux aphorismes sur l'absolu*, *infra*, p. 125).

ignorance[1] qui s'ignore elle-même. Or, une chose est de vouloir démontrer que la misère réside dans une illusion, qu'on pourrait dire existentielle, une autre est d'affirmer le caractère illusoire de la misère. Tout le débat entre Śaṅkara et Rāmānuja se situe ici. Le premier, philosophe et commentateur du VIIIe siècle après l'ère commune, ne cesse de dénoncer les illusions qui entraînent l'esprit humain loin de la seule réalité qui vaille, celle de l'absolu (*brahman*), mais il est conduit, par la logique de son raisonnement, à faire de la misère elle-même une illusion, parce qu'en comparaison de la félicité de la réalité absolue, toute la misère semble bien illusoire. Mais Rāmānuja, philosophe et brahmane postérieur de quatre siècles au premier, refuse de déréaliser la misère, pour des raisons éthiques et religieuses : si la misère était aussi irréelle qu'une pure illusion sensible, de quoi le dieu suprême libèrerait-il l'humanité ? Il existe donc des facteurs d'illusion à l'œuvre dans la production de la misère humaine, mais cela ne revient pas nécessairement à rendre la misère illusoire[2]. Mais comment peut-on postuler que la condition humaine est malheureuse ? L'affirmation de la misère universelle prend-elle sa source dans un pessimisme philosophique proche de celui que professe Schopenhauer ? Cela serait le cas si la philosophie indienne jugeait la misère inévitable et impossible la libération. Mais son intentionnalité la situe aux antipodes de ce pessimisme-là. Poser que l'existence humaine est misère, cela signifie justifier pleinement le désir de libération qui habite l'humanité. À cet égard, il en est de la misère comme de la servitude,

1. On rejoint ici Spinoza, lequel s'attache à démontrer, dans *Éthique*, que l'illusion vient toujours d'une ignorance, mais d'une ignorance qui s'ignore elle-même.

2. *Cf.* Rāmānuja, *Le commentaire aux aphorismes sur l'absolu*, *op. cit.*, p. 125 *sq.*

c'est une question de postulat. On peut, comme le pensent de nombreux philosophes européens, postuler que l'humanité est privée du bonheur et de la liberté pour des raisons sociales qui lui sont imposées[1] ; au contraire, on peut, tout aussi légitimement, partir du postulat que le malheur et la servitude caractérisent la condition humaine. En ce sens, la philosophie indienne possède bien une spécificité sotériologique, si l'on entend par là qu'elle justifie le plus précisément possible le désir de libération présent en l'être humain par le postulat du malheur universel qui accable l'humanité. Autrement, si l'humanité n'était pas naturellement condamnée au malheur, de quoi la philosophie pourrait-elle la libérer ? De la même manière, on en déduit qu'il existe, à la source de la philosophie indienne, une expérience : l'existence du vivant est douloureuse, avec son lot de malheurs, à quoi s'ajoute, s'agissant de l'existence humaine, le désir intense d'en connaître les causes réelles, afin de rechercher les moyens d'y mettre fin. On peut sans trop s'aventurer aller jusqu'à faire de cette expérience l'affect qui incite les philosophes indiens à penser, comme s'il fallait éprouver en soi l'angoisse et la misère avant de pouvoir philosopher. Quel est donc cet individu singulier qui philosophe dans l'Inde ancienne ? À quel moment précis apparaissent ces êtres en quête d'absolu, qui réfléchissent sur les causes du malheur de la condition humaine ? Quand Alexandre le Grand est arrêté dans sa conquête de l'Orient par le fleuve Indus, devant les armées du roi indien Poros[2], il entreprend ce qu'il a toujours tenté de faire, entrer en communication avec le peuple qu'il

1. En témoigne la célèbre déclaration de Jean-Jacques Rousseau, en préambule de son *opus politicus* : « L'homme est né libre et partout il est dans les fers » (*Du contrat social*, 1762).

2. C'est le Poros de la tragédie de Racine, *Alexandre le Grand* (1665).

rencontre. Or, on sait aujourd'hui, par plusieurs témoignages, en particulier celui de Mégasthène[1], que ses interprètes lui rapportent l'existence d'un type de sage nu (*gumnosophistès*, en grec), itinérant et vivant de mendicité, qui n'hésite pas à affronter le soleil et la pluie[2]. Car il existe, à cette époque (IIIe siècle a.e.c.) de nombreuses versions possibles de cet ascète, qui renvoient à des mouvements religieux très différents. D'où la nécessité de préciser qui philosophe. Pour le dire schématiquement, il existe au moins trois grandes traditions d'ascèse[3] : le brahmanisme, que revendique le brahmane parce qu'il reconnaît l'autorité des *Veda* ; le bouddhisme et le jaïnisme, qui contestent les *Veda* au nom de nouvelles sources d'autorité, Bouddha et Mahāvīra, les fondateurs de ces deux courants ; enfin, les cercles d'ascètes qui n'appartiennent ni au brahmanisme ni davantage aux courants rivaux.[4] Par « brahmanisme », on entend un ensemble de croyances, de pratiques cultuelles et de réflexions centrées autour de la double valeur antinomique du sacrifice. Le rite sacrificiel, en effet, est

1. Les *Indika* de Mégasthène sont cités dans le récit d'Arrien (*L'Inde*, Paris, Les Belles Lettres, 2022).

2. D. Vassiliades, *The Greeks in India. A Survey in Philosophical Understanding*, New Delhi, Munshiram Manoharlal Publishers, 2000 ; W. Halbfass, *India and Europe*, New York, State University of New York Press, 1988 ; K. Karttunen, *India and the Hellenistic World*, Helsinski, Finnish Oriental Society (Studia Orientalia, 83), 1997

3. Le mot « ascèse » est à prendre en son sens étymologique grec (Ἄσκησις) : il s'agit d'un exercice spirituel, dans le stoïcisme en particulier (P. Hadot, *Exercices spirituels et philosophie antique*, Paris, Albin Michel, 2002).

4. Mégasthène distingue bien les brahmanes de ceux qu'il appelle les sarmanes, du sanscrit *śramaṇa*, « celui qui fait effort » ; ces derniers sont probablement des bouddhistes. Il existe encore des cercles d'ascètes qui n'appartiennent à aucun mouvement spécifique, comme les *Ājīvikā* (*cf.* A. L. Basham, *History and Doctrines of the Ājīvikās*, London, Luzac and co, 1951).

un faire, un agir ; il est même l'acte par excellence (*karman*, en sanscrit, signifie à la fois l'acte cultuel et moral) ; mais, dans le même temps, l'objet de son action se soustrait au commerce des humains, parce qu'il recèle quelque puissance inviolable, le sacré, que la langue des *Veda* nomme *brahman*. Voilà pourquoi son objet demeure obscurément lointain alors que son sujet est présent, en la personne du brahmane (*brāhmaṇa*, en sanscrit, est masculin), que son nom rapproche absolument de la puissance déployée par le rite. Or, puisque le brahmane puise son savoir dans les *Veda*, qu'il doit connaître par cœur au moment où il officie, cela lui permet de se montrer particulièrement habile dans les interprétations philosophiques et religieuses du sacrifice qu'il accomplit. Il en retire donc une forme d'autorité sociale indéniable, tant il est vrai que sa personne et sa fonction le placent à la tête[1] de la société ritualiste dans l'Inde ancienne. Mais on peut observer l'apparition de mouvements religieux et philosophiques, à l'intérieur du brahmanisme comme à l'extérieur, qui offrent une alternative au ritualisme devenu rigide des brahmanes. Ainsi voit-on émerger des figures d'ascète, en rupture avec la doctrine sacrificielle et qui témoignent d'une recherche nouvelle, plus individualiste[2], moins dépendante des normes cultuelles.

1. Le brahmanisme s'autorise, on l'a dit, d'un des hymnes les plus anciens des *Veda* (*Ṛgveda* X. 90) pour justifier à la fois la suprématie sacrée des brahmanes dans la société indienne et la place éminente qui leur revient dans le sacrifice. Cet hymne très célèbre parmi les lettrés raconte comment les dieux ont sacrifié le Mâle primordial (*puruṣa*) pour faire de son corps l'origine des quatre classes : de la tête provient le brahmane, de la poitrine, le guerrier, des jambes, les artisans et les cultivateurs, des pieds, enfin, viennent les serviteurs.

2. Le sociologue français Louis Dumont est le premier à avoir montré que l'ascète en quête de libération représente, à cette époque, la forme indienne la plus cohérente d'une forme d'individualisme (*Homo Hierarchicus*, Paris, Gallimard, 1966).

Or, selon que ces courants se situent encore dans le brahmanisme, en vue de le repenser, ou résolument à l'extérieur pour mieux le contester, ils donnent naissance soit à l'ascète brahmanique, celui-là même que le conquérant Alexandre a peut-être découvert sur les rives de l'Indus, soit à un ascète qui assume son hétérodoxie en rejetant l'autorité des *Veda*, tels les deux fondateurs du bouddhisme et du jaïnisme, Bouddha et Mahāvīra. Malgré leurs divergences doctrinales et les particularités de leur parcours personnel, tous deux s'accordent sur leur refus de reconnaître la vérité brahmanique et leur commun désir de porter une parole libératrice nouvelle. Enfin, il existe des confréries ascétiques qui se développent indépendamment de toute appartenance à une communauté précise et pratiquent un contrôle original du mental humain, qu'ils appellent *yoga*. Il apparaît donc que des cercles d'ascètes rivaux sont fondés pendant la même période ; les uns prolongent les spéculations védiques, mais en les renouvelant, les autres recherchent une voie alternative et fondent des communautés monastiques ; les derniers, enfin, se libèrent du mental afin d'accéder à une conscience renouvelée du monde. Or, à tous ces ascètes s'applique parfaitement un nouveau qualificatif, « l'aspirant à la libération », qui traduit l'adjectif substantivé *mumukṣu*.

Par la subtilité de la langue sanscrite, ce substantif, formé sur la base désidérative du verbe *Muc*, « laisser, abandonner », décrit exactement un homme qui renonce à la vie sociale parce qu'il « désire la quitter » et qu'il « désire s'en libérer ». Les nouvelles valeurs du renoncement[1],

1. Le mot « renoncement » souffre d'être mal compris et utilisé à mauvais escient. Il ne signifie pas seulement, comme on le croit souvent, l'abandon, l'action de dire « non » au monde, de lui tourner le dos, mais plutôt, selon l'étymologie latine qui fait dériver le substantif du verbe *renuntiare*, « l'annonce en retour d'un renouveau ».

qui sont portées par le *mumukṣu*, prennent toute leur force quand on les replace dans leur contexte social et politique. Comme en témoignent les premiers recueils bouddhiques, où se constitue la figure du Bouddha, l'aspirant à la libération explore des façons de vivre et de penser différentes, qui répondent à la même question : comment se libérer de la misère existentielle ? Si l'on fait aujourd'hui du renonçant la figure même du philosophe indien, la raison en est qu'il incarne la philosophie dans ce qu'elle peut avoir de plus radical, de plus libérateur. Car il ne s'agit pas seulement de purifier la pensée des facteurs qui l'affectent négativement et peuvent la divertir (passion, fausses doctrines, stupidité, préjugés, violence, opinions…), mais également de libérer la conduite humaine des réalités illusoires, susceptibles de l'emprisonner et de la pervertir. En ce sens, toute vraie philosophie est une libération.

Les écoles sotériologiques

On est étonné, quand on lit les traités philosophiques indiens, de voir que la présentation des écoles change beaucoup d'une école à l'autre, mais surtout qu'elle ne présente aucun caractère fixe ni immuable. En réalité, une très grande diversité de points de vue (*darśana*[1]) prévaut, même dans les textes bouddhiques et jaïns, ce qui laisse penser que le tableau très tardif (probablement après le Xᵉ siècle) de six écoles[2] est une simplification abusive, qui

1. Le sanscrit *darśana*, traduit souvent par « école philosophique », signifie d'abord la vision, le point de vue, la perspective. Un *darśana* désigne donc un point de vue possible sur la réalité, qu'il s'agit ensuite de fonder par des arguments et de rendre légitime par l'appel à des références ou à des autorités ; le point de vue ainsi établi donne naissance ou non à une école.

2. La liste des six écoles les associe par couples : *Pūrvamīmāṃsā/Uttaramīmāṃsā* (*Vedānta*) ; *Sāṃkhya/Yoga ; Nyāya/Vaiśeṣika*. Mais l'indianiste Gerdi Gerscheimer a montré que la construction de ces six

ne reflète pas la réalité historique des débats philosophiques. L'histoire des écoles (*darśana*) reste donc à écrire, dans la mesure où il demeure des incertitudes autour de leur chronologie, de leur appartenance au brahmanisme et de leurs interactions réelles. Quoi qu'il en soit, il est permis de les distinguer en prenant appui sur le critère sotériologique, en vertu du postulat commun aux philosophies indiennes. Mais s'il en est ainsi, comment l'être humain peut-il s'affranchir de sa condition existentielle s'il y est asservi ? Ne faut-il pas, au contraire, présupposer sa liberté ? L'idée spontanée selon laquelle la liberté consisterait à faire ce que l'on veut, est d'emblée reléguée par la philosophie indienne. Elle voit dans cette idée de la liberté un nouvel attachement aux désirs, et établit plutôt, ainsi, que ni la liberté absolue ni la servitude absolue ne sont satisfaisantes. La première n'explique pas pourquoi les humains se retrouvent si souvent hors d'état de défendre leur liberté ; la seconde rendrait le désir de libération impossible. Quand le prisonnier sort de la caverne platonicienne, quand Socrate révèle à Simmias que les hommes vivent dans le creux de la Terre, croyant habiter en haut, à la surface, le récit en donne les raisons. Mais il ne révèle pas le mode opératoire de la sortie de ces cavités[1]. Il semble, au contraire, que les philosophes indiens s'attachent à décrire le plus précisément

points de vue est postérieure au IXe siècle (G. Gerscheimer, « *Les six doctrines de spéculation* », *in* K. Praisendanz, *Expanding and Merging Horizons*, Wien, Austrian Academy of Sciences Press, 2007).

1. Platon, *Phédon*, 109c, (trad. fr. M. Dixsaut, Flammarion, 1991, p. 295). La lecture attentive ne laisse pas apercevoir le moment où le prisonnier est délivré de ses illusions, bien que l'on sache assez bien les raisons pour lesquelles Platon pense cela réalisable. Pourtant, ce basculement de la servitude à la libération que le philosophe rapporte, il ne le montre pas en train de se faire, il le suppose déjà fait, ce qui traduit la difficulté à penser le passage de la condition servile à la liberté. Voilà pourquoi, comme le démontre Emmanuel Kant, la liberté demeure toujours en Occident un postulat de la raison pratique.

possible le passage effectif de la servitude à la libération. Cela n'a rien de surprenant si l'on tient compte de leur postulat existentiel : si la vie est conditionnée par la servitude qui est commune à l'humanité, il faut partir d'elle avant de procéder sur le chemin libérateur. C'est pourquoi certaines écoles dénoncent les illusions de bonheur et de liberté qui maintiennent les humains enfermés dans la misère, comme on le voit à la lecture des textes brahmaniques sur la non-dualité[1] : chacun s'accommode trop facilement de sa condition au lieu de la refuser, chacun se croit libre au lieu de rechercher le chemin vers la libération. Il est un domaine, en particulier, où le philosophe devient pour lui-même l'objet de son expérience, il s'agit de la pensée. Pour des raisons qui tiennent à l'histoire indienne des pratiques, histoire encore fort mal connue, il apparaît que les ascètes qui inventent la doctrine de la libération, les *mumukṣu*, sont ceux-là mêmes qui en décrivent les étapes, parce qu'ils se fondent sur leur expérience personnelle de la servitude. Il ne suffit pas, en effet, d'enseigner que la pensée humaine est conditionnée par des facteurs de misère et de servitude, encore faut-il en faire l'expérience effective sur sa propre pensée. Il est remarquable, à cet égard, de voir que les philosophes indiens ne séparent jamais l'activité spéculative (produire une théorie, proposer une doctrine, faire une hypothèse) de son retentissement pratique sur celui qui l'effectue. Ainsi, la pensée est-elle un acte, qui engage celui qui pense et dont il doit pouvoir décrire l'opération sur lui-même. L'ascète, plus que tout autre, doit pouvoir dégager les concepts de la libération parce qu'il en a fait l'expérience personnellement, en prenant sa pensée vécue pour objet de sa pensée réflexive. Autrement, son discours perdrait une partie de son autorité. Si je ne

1. *Cf.* Rāmānuja, *Le commentaire aux aphorismes sur l'absolu*, *infra*, p. 126.

libère pas ma pensée des facteurs qui l'affectent dans un sens négatif et mauvais, comment puis-je enseigner aux autres à le faire ?

Cela s'applique particulièrement bien à l'école de *Yoga*. L'ascète qui pratique le yoga s'efforce de mettre sa définition à l'épreuve : « Le *yoga* est la résorption des opérations du mental[1]. » Or, le traité de *Yoga* montre justement toutes les raisons pour lesquelles le mental échappe au contrôle de l'ascète : il est sans cesse affecté par des facteurs de souffrance, des illusions, des causes externes ou internes ; le mental tend donc à gouverner l'ascète aussi longtemps que celui-ci ne le gouverne pas. Le mental demeure ainsi pour chacun une cause majeure de misère, ce que la réalité du monde confirme en grande partie. En réponse à ce diagnostic, l'ascète du yoga entreprend de montrer que les raisons de ce malheur viennent d'une confusion entre le mental, tel qu'il opère en chacun, et un autre principe, appelé « ce qui voit » (*draṣṭṛ*), ou encore « sujet conscient » (*puruṣa*). Mais on voit mal comment l'adepte du *yoga* pourrait évoquer l'existence de cette confusion sans en avoir fait l'expérience sur son propre mental : il éprouve la souffrance de l'agitation du mental dont il cherche à se délivrer. Le but du traité est donc atteint lorsque l'ascète distingue clairement en soi les deux réalités et se libère de l'illusion qui lui fait prendre l'une pour l'autre. La conscience n'est plus identifiée au processus de pensée du mental. Concrètement, cela se traduit par un ensemble d'exercices qui assurent progressivement à l'ascète le contrôle de son mental et sa résorption ; de façon corrélative, moins l'occupe son mental, plus le principe conscient prend la place laissée vacante,

1. Cette définition du *yoga* (*cittavṛttinirodha*) figure au début des *Yogasūtra* (I. 2).

et ce jusqu'à occuper entièrement l'ascète et faire de lui un sujet pleinement conscient. Une question se pose alors : sur quoi le *Yoga* fonde-t-il le dualisme entre le mental naturel et le principe de conscience ? La réponse appartient à l'école de *Sāṃkhya*. Le *Sāṃkhya*, avec lequel le *Yoga* est presque toujours associé, s'en distingue par son caractère plus théorique, plus métaphysique. Si par « métaphysique », on entend la tendance philosophique à exposer une vision du monde reposant sur un ensemble d'entités et de concepts qui dépassent toute expérience, alors le *Sāṃkhya* recèle un aspect métaphysique. Cette école, en effet, « énumère » (tel est le sens littéral du mot *sāṃkhya*) les vingt-cinq entités fondamentales de la compréhension du monde, en commençant par la Nature (*prakṛti*) et en terminant par le « principe conscient » (*puruṣa*). L'ensemble est exposé de façon théorique, sans recours à quelque expérience que ce soit, à la différence de l'école de *Yoga*, qui se fonde sur l'observation par l'ascète de son propre mental. Dans les deux cas, un même discernement doit se faire jour dans le mental de l'ascète, entre ce qu'il reçoit de la Nature et ce qui lui échappe, à savoir sa subjectivité consciente, ce qui signifie qu'il doit apprendre à se libérer (ou à libérer sa conscience) de l'action de la Nature. Car la conscience n'agit pas, elle ne fait rien à proprement parler; par elle, l'ascète ne subit plus la puissance productive naturelle, il s'en détache. Comment? Le *Sāṃkhya* reste muet sur ce point ou plutôt il recourt à des métaphores[1], mais l'essentiel est ailleurs : une téléologie secrète anime la Nature et lui prescrit d'agir au bénéfice du principe de

1. La plus célèbre d'entre elles se trouve à la fin des *Sāṃkhyakārikā* : « De même qu'une danseuse arrête de danser, une fois qu'elle s'est montrée au public, de même la Nature marque un arrêt quand elle est apparue elle-même à la conscience. » (*Strophe 59*, p. 205).

conscience[1]. La troisième grande sotériologie, postérieure aux précédentes, va occuper une place grandissante dans le paysage philosophique indien. Par son nom, « *Vedānta* » ou encore « *Vedanta* de la non-dualité » (*Advaitavedānta*), elle indique clairement ce qu'il s'agit de dépasser et ce dont l'ascète doit se libérer : la dualité, sous toutes ses formes. Mais le chemin ainsi dessiné ne se laisse pas interpréter de façon simple. La philosophie indienne, en effet, a été si longtemps assimilée à la recherche de l'unité absolue, à l'absolue indifférenciation, au « sentiment océanique » cher à Romain Rolland, que l'on a fini par oublier les exigences d'une telle quête. L'idée centrale de l'école, que les philosophes Śaṅkara et Rāmānuja développent et systématisent[2], consiste à démontrer que la racine de la misère humaine se situe dans la dualité, en particulier dans l'opposition entre le sujet et l'objet, avec toutes les conséquences (existentielles, morales, épistémologiques) qui en découlent. Il revient donc au philosophe-ascète de transcender les couples de contraires et les concepts corrélatifs qui scindent la vérité, une et unique, en opinions opposées. Pour cela, il doit surtout former les concepts philosophiques susceptibles d'orienter la pensée vers une compréhension unifiée et unifiante du réel. Mais on pourrait objecter que le langage et la pensée sont producteurs de scission, d'opposition, de séparation.

La réponse à cette objection mobilise au moins deux arguments ; le premier est de nature linguistique, le second, de nature philosophique. Il est vrai que le langage, dans son usage social, sert à classer, à trier, à diviser, en vue de

1. *Cf.* Īśvarakṛṣṇa, *Les strophes de l'école de Sāṃkhya*, *infra*, p. 185.
2. *Cf.* Rāmānuja, *Le commentaire aux aphorismes sur l'absolu*, p. 126-127.

permettre aux usagers de la langue de communiquer entre eux et de s'entendre pragmatiquement sur la nature des mots et des objets qu'ils échangent. Les grammairiens indiens distinguent, à ce propos, un plan de l'« usage ordinaire » (*vyavahāra*), celui du commerce verbal quotidien, où il s'agit avant tout de soumettre la langue à sa finalité communicationnelle. Mais il existe un second plan, où l'usager se réserve le droit, à tout moment, d'utiliser les mots pour exprimer une signification qui dépasse le cadre social. Cela arrive chaque fois qu'il entend libérer les mots de leur finalité commune en leur conférant un sens précis qui répond à une intention spécifique. Dans ce cas, il est illusoire de prétendre réduire la langue aux dualités du social ; elle transmet des sens personnels, métaphoriques, métalinguistiques, adaptés aux multiples possibilités que les usagers désirent lui prêter. On peut donc parler sans se soumettre aux exigences dualistes du commerce des mots. Cela signifie que la langue des philosophes est pertinente aussi longtemps qu'elle ne dépend pas de l'usage social ni des obligations qui l'accompagnent. On explique ainsi, en partie du moins, la forme aphoristique que prennent les traités de base des écoles philosophiques, sur le modèle du métalangage créé par le grand grammairien Pāṇini[1] (IVe a.e.c.). Ainsi, le langage peut-il ne pas diviser la réalité qu'il dénote, mais il n'en reste pas moins que la pensée se fonde sur des couples de concepts opposés. À cette objection,

1. Pāṇini invente un métalangage d'une très grande concision pour formuler les règles grammaticales qui président à l'usage de la langue sanscrite de son époque. Son traité, « Les huit leçons » (*aṣṭādhyāyī*), reste, aujourd'hui encore, un modèle pour les grammairiens du monde entier (L. Renou, *La grammaire de Pāṇini*, texte sanskrit, traduction française avec extraits des commentaires, vol. I (*adhyāya* 1 à 4), Paris, École française d'Extrême-Orient, 1966).

le philosophe de la non-dualité répond que l'existence d'une pensée dualiste vient d'une expérience partielle du monde ou d'une prise en compte partiale de certains éléments de la réalité au détriment de certains autres. Or, notre expérience ordinaire des choses obéit effectivement à ce que le philosophe Śaṅkara nomme des « conditionnalités » (*upādhi*) : la simple perception d'un arbre, par exemple, est soumise à des conditions spatiales, temporelles, psychologiques, qui expliquent son caractère partiel et partial. Plus généralement, la pensée humaine appréhende le réel de façon conditionnée, d'où une déformation inévitable de la connaissance qui en résulte. Chacun élabore son point de vue sur le monde, mais sans avoir conscience des conditions qui en rendent la saisie possible, et de la même façon toute idée, représentation, doctrine portent la marque des conditionnalités qui les limitent. De tout cela, le philosophe déduit, la connaissance vraie des choses et les conditions étant inconciliables, qu'il faut dépasser les conditions limitantes inhérentes à la pensée humaine pour espérer obtenir une intuition vraie du monde. Autrement dit, la non-dualité n'est autre que la négation de toutes les conditionnalités qui délimitent la pensée humaine et la tiennent circonscrite au domaine de l'expérience ordinaire. Encore faut-il répondre à la question suivante : quelle est la nature de la non-dualité ? Alors que Śaṅkara l'identifie à l'absolu indifférencié (*brahman*) Rāmānuja enseigne que seul le dieu suprême garantit le caractère libérateur de la non-dualité, qui se trouve ainsi qualifiée par la divinité protectrice[1]. Le débat entre les deux courants du *Vedānta* ne s'arrête pas là.

1. *Cf.* Rāmānuja, *Le commentaire aux aphorismes sur l'absolu*, *infra*, p. 134.

On le retrouve à l'occasion du problème métaphysique de l'illusion : comment expliquer qu'une simple apparence soit prise à tort pour le réel ? Or, il n'existe aucun domaine de l'expérience humaine qui échappe à ce questionnement, ce qui justifie que la philosophie s'en saisisse. Śaṅkara, pour sa part, élabore à partir de ce problème une doctrine métaphysique du monde comme illusion, où il s'efforce de démontrer que l'attachement insensé des humains aux illusions de leur existence est responsable de leur misère existentielle. Il va même plus loin : la misère elle-même devient une illusion, puisqu'elle résulte de l'expérience illusoire de la dualité. Une telle conclusion est inacceptable aux yeux de Rāmānuja. En effet, il se refuse à enseigner cette forme d'illusionnisme, pour une raison théologique et éthique : si le Seigneur suprême libère l'humanité de son existence misérable, alors il faut en déduire que la misère est bien réelle[1]. L'objet de leur désaccord est profond car il en va du regard que tous deux portent sur l'existence humaine, et par ricochet du statut ontologique qu'ils accordent à l'illusion. Le premier la généralise au point de déréaliser la misère, quand le second l'ancre dans la réalité au risque de la limiter. Quoi qu'il en soit, tous les deux s'accordent pour penser que la philosophie, par la connaissance qu'elle met en œuvre, possède une finalité sotériologique.

Des trois voies exposées, *Yoga*, *Sāṃkhya*, *Vedānta*, une seule, la dernière, appartient de plein droit au brahmanisme[2].

1. *Cf.* Rāmānuja, *Le commentaire aux aphorismes sur l'absolu*, *infra*, p. 133.

2. Il existe une « idéologie » brahmanique, selon les termes de l'indianiste Madeleine Biardeau (M. Biardeau, *L'hindouisme. Anthropologie d'une civilisation*, Paris, Flammarion, 1995) au sens où les philosophes qui, comme Śaṅkara et Rāmānuja, élaborent des doctrines philosophiques,

Les philosophes de cette école, en effet, que l'on a choisi de présenter, Śaṅkara et Rāmānuja, reconnaissent tous deux l'autorité des *Veda*, quand ils décident de commenter, l'un la *Bhagavadgītā*, l'autre « Les aphorismes sur l'absolu » (*Brahmasūtra*), par exemple, ce qui suffit pour établir la filiation brahmanique de leurs doctrines. En revanche, l'appartenance des écoles *Yoga* et *Sāṃkhya* au brahmanisme ne fait plus l'unanimité, au contraire. Toutes deux reposent sur un dualisme cosmique entre deux entités. La première, qui est féminine, est appelée *prakṛti*, que l'on traduit, à défaut d'une meilleure version, par « nature » ; la seconde, masculine, est désignée par le sanscrit *puruṣa*, littéralement « mâle[1] », d'où homme, sujet conscient. Le principe féminin se caractérise par une inépuisable productivité de pensées, de sensations, d'images, alors que le second, au contraire, associé à la conscience, ne fait rien, n'agit en rien, mais dirige secrètement la production de la nature. Or, la question est de savoir si ce principe peut s'interpréter en termes théologiques, auquel cas *puruṣa* désigne le Seigneur suprême[2], ce qui autorise une lecture théiste conciliable avec le brahmanisme ; ou bien s'il n'est rien d'autre que le principe conscient individuel en quête de libération, auquel cas l'école reste extérieure au théisme brahmanique.

ont conscience en le faisant de privilégier la culture védique des brahmanes, même pour vivre une existence de renonçant.

1. Madeleine Biardeau traduit ainsi le sanscrit *puruṣa* car il s'y trouve une connotation guerrière, fortement idéologique : il est le Mâle primordial à l'origine des quatre classes (*ibid.*).

2. En vérité, les deux interprétations coexistent sans que l'une soit plus justifiée que l'autre. On peut observer, cependant, que les chercheurs indiens favorisent la version théiste alors que les indianistes étrangers privilégient la version non théiste, pour ne pas dire athéiste. Preuve que les cadres culturels déterminent le travail des spécialistes.

De fait, la « brahmanisation[1] » du *Sāṃkhya* s'est opérée au fil des siècles jusqu'à l'intégrer dans le brahmanisme à partir du Xe siècle, comme si les brahmanes acceptaient mal qu'une doctrine puisse se constituer en dehors de leur sphère d'influence. Il n'en demeure pas moins que la recherche du salut traverse la philosophie indienne, indépendamment des filiations religieuses ou idéologiques. Enfin, elle en constitue un axe central pour une dernière raison, qu'il faut expliquer. Les philosophes indiens, à l'exception de ceux qui appartiennent à la *Mīmāṃsā*, école philosophique qui se consacre à l'exégèse du *Veda*, recherchent dans leur ensemble à s'affranchir de la condition humaine, marquée par la maladie, la vieillesse et la mort[2]. On retrouve, en effet, dans les trois sotériologies évoquées, l'idée que la racine de la misère se situe dans une forme d'ignorance[3]. Par conséquent, et de façon corrélative, seule une forme de connaissance peut libérer l'être humain de l'ignorance dont il souffre. Cela signifie que la connaissance possède par elle-même un caractère libérateur. Or, pour qu'il en soit ainsi, encore faut-il que la connaissance prenne l'aspect, d'une manière ou d'une autre, d'une expérience libératrice. Autrement, si l'action de connaître était un pur

1. Il revient à l'indianiste Paul Hacker d'avoir mis en lumière ce processus historique et culturel, lequel consiste à intégrer dans le brahmanisme des doctrines et des pratiques qui lui sont, de droit ou de fait, étrangères. L'autre nom de ce procédé est « inclusivisme », concept polémique que discute en détail Wilhem Halbfass, *India and Europe*, *op. cit.* ; l'ouvrage collectif édité par Gerhard Oberhammer contient l'article de Hacker intitulé « Inklusivismus » (*cf.* G. Oberhammer, *Inklusivismus. Eine indische Denkform*, Wien, Publications of the De nobili Research Library, 1983).

2. On reconnaît ici les trois sorties du palais effectuées par le jeune prince des Śākya, le futur Bouddha.

3. Cf. *supra*, p. 17.

acte intellectuel, alors la connaissance ne déboucherait jamais sur une telle transformation existentielle. Il faut donc que l'ascète qui accède à la connaissance en éprouve simultanément le caractère libérateur ; sinon la connaissance ne serait jamais en mesure de détruire l'ignorance. De tout cela, il ressort avec clarté que connaître et éprouver doivent pouvoir être deux actes corrélatifs, du moins si l'on cherche à prouver/éprouver le caractère libérateur de la connaissance. On comprend mieux ainsi tout ce qui sépare la philosophie indienne d'une quête de l'immortalité. Il ne s'agit pas tant, en effet, de conquérir la mort en libérant l'être humain de la roue des renaissances[1], ce que dénote le sanscrit *saṃsāra*[2], que de le faire accéder à une connaissance qui le délivre de l'ignorance existentielle, et même du désir d'immortalité. C'est la connaissance en elle-même, à condition qu'elle soit libératrice, qui est l'expérience de cette immortalité. La libération ainsi comprise, les écoles du bouddhisme et du jaïnisme sont de plein droit des sotériologies. Par leur quête de la connaissance libératrice, par leur accent mis sur la misère existentielle dont l'humanité doit se délivrer, par leur adoption d'exercices de contrôle du mental appelés également « *yoga* », elles se distinguent à peine des voies du salut déjà évoquées. Pourtant, par leur désir de sortir de la société de classes, par leur condamnation des sacrifices sanglants, par leur refus de reconnaître l'autorité des *Veda*, ces écoles attaquent les fondements de l'idéologie du brahmanisme. Plus profondément, ce sont les débats

1. L'image de la roue des existences tournant sans arrêt pour l'éternité représente la misère existentielle sous une forme horrible que l'iconographie indienne a exploitée à outrance, mais elle ne la fait pas comprendre.

2. Le mot signifie littéralement « la course collective, le fait pour les vivants de courir ensemble », ce que l'on appelle aussi, à la manière grecque, la métemsomatose.

philosophiques qui révèlent le mieux pourquoi le bouddhisme et le jaïnisme occupent une position à part dans la philosophie indienne. Chaque fois que ces deux courants entrent en discussion avec les autres écoles, en effet, ils adoptent des arguments contradictoires et bien souvent contre-intuitifs, par rapport auxquels les thèses et les concepts de leurs adversaires semblent donner raison au sens commun. Ainsi quand le philosophe Prabhācandra expose la logique modale du jaïnisme, et qu'il développe les sept modalités pour affirmer le prédicat d'un sujet, il établit l'ontologie substantialiste du jaïnisme sur des bases logiques qui l'éloignent d'une ontologie gouvernée par le principe de non-contradiction. Il est contraire au bon sens de vouloir faire admettre la validité d'une assertion comme « D'une certaine façon, l'âme existe et n'existe pas »[1]. Or, toute philosophie qui s'écarte trop de l'évidence commune court le risque de ne s'adresser qu'à des esprits rompus aux subtilités logiques, ce à quoi les brahmanes ont beau jeu de répondre que leurs doctrines restent toujours fidèles, au contraire, à la logique de sens commun, ce qui n'est pas aussi simple.

De la même façon, il est facile de comprendre que la position du moine bouddhiste Nāgārjuna heurte de front le réalisme ontologique de ses adversaires, à l'intérieur du bouddhisme et à l'extérieur, en particulier dans l'école de *Nyāya*, quand il adopte une ontologie non substantialiste[2]. En accord avec l'enseignement oral[3] du Bouddha, en effet, le philosophe-moine s'attache à démontrer que toute

1. *Cf.* Prabhācandra, *Le soleil [qui fait s'ouvrir] le lotus diurne qu'est l'objet de connaissance*, *infra*, p. 226.

2. *Cf.* Nāgārjuna, *Les strophes fondamentales du Milieu au nom de « sagesse »*, *infra*, p. 215.

3. On entend par « enseignement oral » l'ensemble des sermons et des prédications du Bouddha consignés dans le canon pāli ancien

doctrine substantialiste de la causalité, de l'action, de la nature propre conduit à des absurdités logiques qui la rendent invalide, ce pourquoi il importe de s'en libérer par la doctrine de la vacuité. Encore ne faut-il pas réifier la vacuité : ce n'est pas le vide ni le néant, mais l'interrelation entre les phénomènes (*dharma*), dépourvus de nature, de réalité ultime, donc, en ce sens, vides. Pour cela, il est bon de s'en tenir à la parole du Bouddha : la coproduction conditionnée (*pratītyasamutpāda*) entre les douze chaînons de l'existence montre qu'il existe une interdépendance entre des phénomènes, sans cesse changeants et impermanents, de nature psychophysique. En réponse, les adversaires du philosophe bouddhiste font appel au témoignage de la conscience ordinaire : chacun n'a-t-il pas le sentiment de vivre au milieu de choses douées de permanence ? Sur ce point de doctrine, comme sur d'autres, le philosophe-moine se montre intransigeant et d'une exigence logique absolue. Les choses n'existent pas plus que les causes ou les actions ; seuls demeurent des phénomènes, liés entre eux. Telle est la vacuité. Ce faisant, il renonce peut-être aussi, par là même, à répondre aux besoins des fidèles laïcs, effrayés par la perspective d'une telle insubstantialité du monde. On comprend, s'il en est ainsi, pourquoi un philosophe bouddhiste comme Atiśa, lui-même disciple de Nāgārjuna, présente la doctrine de la voie médiane (*Madhyamaka*) de façon positive. Il s'agit, en effet, de montrer que le discernement théorique de la non-substantialité universelle s'accompagne de la production de vertus éthiques positives dans l'esprit de celui qui médite avec acuité. Cela signifie que le pratiquant en chemin vers l'Éveil développe en soi des qualités positives à l'égard du monde des phénomènes,

(W. Rahula, *L'enseignement du Bouddha*, Paris, Seuil, 1961 ; W. Wijayaratna, *Sermons du Bouddha*, Paris, Seuil, 2005).

et pas seulement des dispositions négatives comme le fait Nāgārjuna[1]. Cela étant, il existe aussi en Inde des écoles et des doctrines qui ne mettent pas l'accent sur la libération. Comment l'expliquer ?

Les écoles non sotériologiques

En vérité, toutes les écoles indiennes n'ont pas pour but ultime de libérer l'être humain de la misère existentielle, ce qui n'enlève rien au caractère libérateur de leur démarche philosophique. Dans le tableau déjà évoqué des six écoles indiennes, trois ne sont pas des doctrines du salut, *Pūrvamīmāṃsā*, *Nyāya* et *Vaiśeṣika* ; de la même façon, à l'intérieur des écoles bouddhiques et jaïnes, des thèses apparaissent en réponse à des préoccupations beaucoup plus logiques que sotériologiques. Ainsi, le philosophe de la *Pūrvamīmāṃsā*, Kumārila Bhaṭṭa, se présente-t-il comme un logicien dans le débat théologique sur l'existence d'un dieu suprême, ordonnateur du monde. Sa perspective est de discuter la validité et la vérité des inférences théologiques, qui servent à prouver l'existence d'un tel dieu, et de s'assurer de leurs bases logiques. Rompu à l'usage des inférences, il sait comment attaquer celles de ses adversaires théistes du *Nyāya* comme il sait rendre les siennes irréfutables. En ce sens, les doctrines qu'il est conduit à développer dans son combat avec les logiciens du brahmanisme peuvent faire dire de lui qu'il se préoccupe davantage de la validité logique de sa philosophie que de sa portée libératrice[2]. Quoi qu'il en soit, il est indéniable que les discussions philosophiques prennent au fil des siècles une apparence de plus en plus logique, parce que la philosophie repose

1. *Cf.* Atiśa, *La lampe de la voie de l'Éveil*, *infra*, p. 368 *sq*.
2. *Cf.* Kumārila Bhaṭṭa, *Glose versifiée [sur le Commentaire de Śabarasvāmin]*, *infra*, p. 280 *sq*.

sur l'art d'argumenter, surtout lorsqu'il est question de le mettre au service du débat dialectique.

Ce recentrement autour des questions épistémologiques et logiques s'explique aussi en partie par une réflexion critique sur la portée libératrice de la connaissance. Si la connaissance, en effet, tire sa vérité existentielle du fait qu'elle peut et doit se fonder sur une expérience de libération, alors il importe de s'assurer aussi de sa validité. Autrement, une connaissance pourrait posséder une vérité libératrice sans détenir une validité logique, ce qui serait absurde puisque cela reviendrait à dire qu'une pseudo-connaissance obtiendrait la valeur de vérité réservée à une connaissance. Par conséquent, même les théories du salut, dans leur désir de trouver une connaissance qui débouche sur une expérience libératrice, doivent pouvoir déterminer au préalable qu'il s'agit bien d'une connaissance valide, ce qui justifie la démarche épistémologique.

Enfin, ce qui vaut pour ces théories s'applique *a fortiori* aux écoles épistémologiques : elles ne peuvent s'intéresser aux moyens de connaissance (*pramāṇa*) sans passer en revue tous les critères possibles qui font d'une simple cognition une authentique connaissance vraie. Elles s'engagent donc dans une vaste enquête sur la nature de la connaissance vraie : quelles conditions une simple connaissance doit-elle remplir pour devenir source de vérité ? Aussi bien dans le brahmanisme que dans le bouddhisme ou le jaïnisme, on voit cette interrogation émerger avec insistance, en particulier à partir du VIe siècle, preuve que les philosophes indiens comprennent que le problème de la validité épistémologique est central. Cela donne probablement à certains traités un caractère technique qui peut en rendre la lecture difficile, mais, comme le montre celui de Kumārila Bhaṭṭa, la résolution de ce problème conditionne le rapport de la philosophie à la vérité. On voit donc bien pourquoi un philosophe appartenant à ces écoles doit s'engager dans une réflexion sur le statut logique de la connaissance[1].

LES DÉBATS ET LES PROBLÈMES PHILOSOPHIQUES

La réalité historique du débat dans la philosophie indienne

La reconnaissance du rôle du débat dans la philosophie indienne est le fil conducteur du présent ouvrage. Chaque contribution montre, en premier lieu, que les traités s'organisent autour d'un débat avec un ou plusieurs adversaires. Il s'agit alors, dans la traduction, de rendre justice aux objections, de les expliquer, voire de les justifier, avant de faire comprendre l'intérêt des réponses qui leur sont apportées. La conséquence en est que l'art du débat fait appel progressivement à des arguments de plus en plus techniques pour combattre et vaincre son adversaire, comme le montrent presque tous les textes traduits ici. Le fil conducteur que représente le débat permet, en second lieu, de présenter neuf textes philosophiques, qui reflètent les trois grands courants de la spéculation indienne, le brahmanisme, le bouddhisme et le jaïnisme. Enfin, chaque texte est précédé d'une introduction, où sont exposées les idées principales nécessaires à sa compréhension.

La philosophie indienne, si on la compare à la tradition européenne, présente donc une spécificité sur laquelle il est nécessaire de s'arrêter : la place et l'importance des débats qui l'ont traversée n'ont pas d'équivalent. La tradition du débat philosophique s'inscrit dans la suite historique

1. Cf. *infra*, p. 78 *sq*.

des joutes savantes entre brahmanes, initiées dès l'époque védique (vers le Xᵉ siècle a.e.c.), avant de constituer une pratique ordinaire particulièrement favorisée, à l'époque classique (du IIᵉ au Xᵉ siècle) par le patronage des souverains. Les petits royaumes de l'Inde ancienne, en effet, constituent autant de foyers de disputes entre philosophes, avec le soutien de rois souvent lettrés eux-mêmes, qui se plaisent à organiser des rencontres religieuses et philosophiques dont l'éclat rejaillit sur leur cour. Il suffit pour s'en convaincre de lire les récits édifiants du canon pāli bouddhique ou bien de parcourir le *Mahābhārata*. On y voit les rois participer aux rencontres ou venir interroger les sages dans leurs ermitages, preuve que les débats se déroulent effectivement entre les personnes concernées, et non, comme le plus souvent en Occident, par l'intermédiaire de leurs traités. Il est donc permis de penser que le débat engendre en Inde ce que produit en Europe le dialogue, à savoir les conditions d'une altérité philosophique, avec cette différence essentielle, que le débat a réellement lieu entre les philosophes indiens[1], quand le dialogue entre les philosophes européens s'est presque toujours déroulé *in absentia*. En cohérence avec les débats qu'ils nourrissent, les traités de base de la philosophie indienne en portent aussi la marque. Composés au début de l'ère[2] sous la forme d'aphorismes (*sūtra*), laconiques et mémorisables plus

1. Stephen Phillips pense, avec la majorité des chercheurs, que le traité de base de l'école brahmanique de logique, le *Nyāyasūtra* (IIᵉ siècle e.c.), est l'aboutissement d'une longue histoire de débats qui se sont déroulés dans l'Inde ancienne (S. Phillips, *Classical Indian Metaphysics*, Chicago (IL), Open Court Publishing Company, 1995, p. 37 *sq.* ; M. Angot, Le *Nyāya-Sūtra*, Paris, Les Belles Lettres, 2009, p. 68-128).

2. Sauf le *Mīmāṃsāsūtra*, qui aurait été composé au premier siècle avant l'ère commune S. Phillips, *Classical Indian Metaphysics*, *op. cit.*, p. 69).

facilement que des propositions développées, ces textes servent autant à répondre aux objections venues des écoles concurrentes qu'à fournir une réserve d'arguments et d'exemples susceptibles de défaire l'adversaire. On imagine bien qu'un jeune disciple pouvait assez facilement se préparer à un débat à partir des éléments logiques fournis par les recueils d'aphorismes, qu'il lui suffisait d'apprendre par cœur. Mais sans la pratique des débats on comprendrait moins les raisons qui peuvent inciter les philosophes à composer des traités mémorisables par leurs étudiants. Un autre fait culturel peut justifier le lien entre la forme elliptique de ces écrits et la pratique du débat : il s'agit de la tradition orale, dans laquelle s'inscrit la transmission de maître à disciple. Les traités sont ainsi mémorisés par les disciples du maître qui les leur transmet, à charge pour lui de leur en expliquer les subtilités et de les aider à se les approprier. Pourtant, s'il en est ainsi, comment expliquer un autre trait spécifique de la philosophie indienne, à savoir l'existence de très longs commentaires rédigés plusieurs siècles après les formulaires ? La contradiction entre des traités réduits à quelques propositions et de vastes commentaires n'est qu'apparente à partir du moment où l'on tient compte de leur complémentarité. Il faut bien, quand on décide d'enseigner une doctrine par une suite de quelques formules, les prolonger par une glose savante qui leur restitue le sens dont la brièveté pourrait les priver. Car le recueil d'aphorismes et son commentaire n'ont pas une fonction semblable. Autant le premier est destiné à la mémorisation en vue de son usage éristique, autant le second se justifie quand il est question de comprendre tous les enjeux du débat que le premier suscite. L'un appelle donc l'autre, comme la formule apprise par cœur appelle son explication à l'adresse des disciples. Mais il y a explication et interprétation.

Devant une formule laconique, le risque existe de proposer plusieurs interprétations, qui peuvent se montrer divergentes, voire contradictoires. On justifie ainsi la prolixité des commentateurs, qui éprouvent le besoin de fonder leurs gloses et de prouver qu'elles s'ancrent dans la connaissance profonde de l'œuvre à commenter. Celle-ci en ressort plus riche car chaque nouveau commentaire, s'il apporte quelque chose de nouveau, en révèle un nouvel aspect, digne d'être enrichi lui-même par d'autres commentaires, comme dans l'univers de Borgès, où le livre s'ouvre sur de nouveaux ouvrages, dans une suite sans fin.

Il est donc vrai que les philosophes indiens peuvent apparaître avant tout comme des commentateurs, l'anonymat qui entoure presque toujours les auteurs de formulaires en étant aussi la raison. Car les noms propres associés aux traités de base sont purement conventionnels, à quelques exceptions près, ce qui signifie que leurs auteurs importent peu. En revanche, l'identité des commentateurs ne fait pas de doute, ils la livrent eux-mêmes, pour instruire le cercle des disciples sur leur filiation et leur appartenance à un même courant. Quand Śaṅkara commente les *Upaniṣad*, les *Brahmasūtra* et la *Bhagavadgītā*, nul doute qu'il se voit comme un commentateur, attaché à transmettre aux générations suivantes la signification d'œuvres menacées d'être perdues ou mal interprétées. Cela est particulièrement vrai de son commentaire au dialogue philosophique entre Arjuna et Kṛṣṇa[1]. Contre les tenants d'une opposition irréductible entre l'ascèse (*yoga*) et le renoncement (*saṃnyāsa*), il s'emploie à montrer que les deux attitudes sont conciliables du point de vue de la non-dualité (*advaita*) parce que le sage n'est pas concerné par les actes ni par l'obligation de les abandonner.

1. *Cf.* Śaṅkara, *Le commentaire au Chant du Bienheureux*, *infra*, p. 101.

Pourtant, et aussi paradoxal que cela puisse être, il ne s'agit pas tant pour le commentateur indien de démontrer qu'il appartient à une seule école que de montrer qu'il peut appartenir à plusieurs écoles à la fois. Un autre fait culturel est frappant, à cet égard, c'est la difficulté que rencontrent les chercheurs à situer exactement un philosophe à l'intérieur d'un courant, cela s'appliquant au brahmanisme comme au bouddhisme. On observe, en effet, qu'un même philosophe est capable de rédiger des commentaires sur des traités appartenant à des écoles concurrentes, ou encore qu'un même penseur brahmanique, comme Jayanta Bhaṭṭa, semble presque donner raison à son adversaire avant de le réfuter en quelques phrases[1]. Faut-il s'en étonner ? Une fois de plus, l'existence du débat apporte un élément de réponse. Dans toute discussion, on peut se surprendre en train de défendre une position dont on se croyait éloigné, ou, à l'inverse, en train de ruiner une position que l'on croyait inébranlable. Le débat crée une dynamique éristique où les positions s'échangent, et avec elles l'identité des débatteurs. C'est pourquoi l'identité philosophique importe moins en Inde que la position occupée par celui qui débat. Mais pourquoi serait-il interdit de changer de position, ou d'en prendre plusieurs successivement ? On expliquerait aussi de cette manière pourquoi le mot sanscrit *darśana*, que l'on traduit par « philosophie », signifie littéralement « vision, perspective, point de vue ». Il n'est jamais interdit de considérer qu'un point de vue philosophique, parce qu'il est partiel, n'exclut pas nécessairement d'autres points de vue possibles. Au contraire, le jaïnisme, par exemple, tient à affirmer son perspectivisme philosophique et à

1. *Cf.* Jayanta Bhaṭṭa, *Une offrande de logique*, *infra*, p. 95.

prouver qu'un seul point de vue ne peut pas contenir toute la vérité[1].

Cependant, la tradition herméneutique du commentaire n'exclut pas que certains philosophes rédigent des traités presque indépendants, en tout cas où ils ne se contentent pas de proposer une nouvelle interprétation du traité de base pris pour référence. Jayanta Bhaṭṭa en est l'illustration même. Il rédige son opus logique, *Une offrande de logique* (*Nyāyamañjarī*), en relation avec les *Nyāyasūtra*, mais il s'affranchit assez vite de l'œuvre qu'il commente pour se lancer dans une réflexion personnelle d'une telle liberté, par rapport au traité de base censé l'inspirer, que l'on se demande, dans certains passages, s'il n'appartient pas davantage à l'école de *Mīmāṃsā* qu'à l'école de *Nyāya*. La longue discussion qu'il élabore autour de l'illusion sensible en est la preuve, dans la mesure où il accorde aux arguments de *Mīmāṃsā* une place considérable dans le débat, au détriment des arguments propres au *Nyāya*. Tout laisse donc penser qu'il juge son appartenance philosophique au *Nyāya* moins importante dans ce débat-là que l'argumentation réaliste qu'il choisit d'utiliser, même si elle est empruntée à la *Mīmāṃsā*[2].

Un dernier élément prouve la vivacité des débats philosophiques en Inde jusqu'aux Xᵉ-XIᵉ siècles de l'ère commune[3] : il s'agit de l'usage généralisé, par tous les débatteurs, de l'inférence logique. Pour formaliser cette déduction, il suffit de savoir qu'un prédicat P est dit d'un sujet S grâce à une raison R, à l'image d'un exemple E. Or,

1. *Cf.* Prabhācandra, *Le soleil [qui fait s'ouvrir] le lotus diurne qu'est l'objet de connaissance*, *infra*, p. 242 *sq*.

2. *Cf.* Jayanta Bhaṭṭa, *Une offrande de logique*, *infra*, p. 90.

3. Les débats se sont prolongés au-delà, mais leurs enjeux n'étaient plus les mêmes, après le départ des bouddhistes.

on voit au fil des siècles les traités se centrer de plus en plus sur des inférences échangées entre adversaires, à tel point qu'elles semblent constituer quelquefois l'essentiel de la controverse. S'ajoute à cela le fait qu'il existe beaucoup d'inférences invalides, ou du moins jugées telles par les débatteurs, qui s'emploient alors à montrer que l'inférence d'un adversaire ne vaut pas, parce que la relation entre P et R n'est pas valide universellement, par exemple. Le débat s'oriente, à partir de là, vers un affrontement entre inférences, chacun proposant son argument en tentant de réfuter les autres. Le philosophe indien trouve ainsi dans l'inférence l'instrument idéal à la fois pour formaliser logiquement sa pensée et pour attaquer son opposant en le forçant à riposter avec une inférence personnelle. Le débat philosophique en Inde met en présence, on peut le supposer, tous les représentants des écoles, qui trouvent ainsi l'occasion de mettre leurs arguments à l'épreuve de l'adversité. Mais cela ne suffit pas à en démontrer le caractère indispensable. À mesure que les rencontres mettent aux prises des opposants déterminés à défendre leur point de vue, on imagine que leurs échanges deviennent de plus en plus virulents. C'est exactement ce qui se passe lorsque se confrontent les trois grands mouvements religieux et philosophiques, le brahmanisme, le bouddhisme et le jaïnisme. On peut ainsi affirmer que les débats entre ces trois courants spirituels font toute l'originalité de la philosophie indienne. Il est admis aujourd'hui que le bouddhisme et le jaïnisme ont joué un rôle considérable dans le développement de la philosophie indienne en se posant en adversaires du brahmanisme, le forçant en retour à approfondir ses propres doctrines et à forger de nouveaux arguments. En vérité, sans le débat avec les écoles hétérodoxes, en particulier le bouddhisme et le jaïnisme, la philosophie brahmanique n'aurait pas connu la même histoire ni riposté avec autant de vigueur aux attaques dirigées contre elle. Il faut donc admettre que le bouddhisme et le jaïnisme sont aussi essentiels à la philosophie indienne que le brahmanisme. Le présent ouvrage ambitionne de le démontrer.

Mais l'existence de débats intenses entre philosophes ne se laisse pas enfermer dans le cadre d'un affrontement entre brahmanisme d'un côté, bouddhisme et jaïnisme de l'autre. Que penser de deux écoles déjà évoquées, *Yoga* et *Sāṃkhya*, qui n'appartiennent ni au brahmanisme ni aux deux autres courants ? Cela ne les empêche pourtant pas d'entrer en débat avec le bouddhisme ou Śaṅkara. De la même façon, le philosophe jaïn Prabhācandra débat principalement avec les disciples du bouddhiste Dharmakīrti quand il élabore sa doctrine du « point de vue » (*naya*) pour en déduire une logique plurivalente, composée de sept types d'assertion[1]. Il existe donc des controverses à multiples entrées, où les débatteurs défendent leurs arguments pour des raisons logiques principalement, bien au-delà de leur appartenance à un mouvement religieux défini. Cela signifie aussi que le brahmanisme ou le bouddhisme se sont institués philosophiquement au fil des siècles et des débats, et qu'il existe des zones d'ombre où l'identité d'un concept, par exemple, ne se voit pas facilement. Le concept de Nature, que le *Sāṃkhya* oppose au Principe conscient (*puruṣa*), peut en fournir une illustration. La lecture des *Sāṃkhyakārikā* laisse apparaître que le sanscrit *prakṛti* désigne une puissance inconsciente de production, cause matérielle de tout ce qui existe, en particulier du corps et du mental de l'être humain. Mais,

1. *Cf.* Prabhācandra, *Le soleil [qui fait s'ouvrir] le lotus diurne qu'est l'objet de connaissance*, p. 263 *sq*.

s'il est vrai que la Nature du *Sāṃkhya* va pénétrer toute la culture brahmanique jusqu'à inspirer la religion populaire, il n'en reste pas moins qu'elle ne se montre proche ni du bouddhisme ni du brahmanisme[1].

S'il en est ainsi, le débat indien peut prendre l'apparence d'une joute verbale et philosophique où chacun doit riposter le plus rapidement possible aux attaques adverses tout en préparant des arguments dignes de résumer sa pensée de façon convaincante. On peut, à cet égard, imaginer qu'il fallait autrefois connaître à l'avance un nombre considérable d'inférences, à contrer et à améliorer, avant de s'engager dans un débat, ce qui confirme le rôle culturel et véritablement philosophique que la controverse logique a joué en Inde, au moins jusqu'au XIe siècle. On comprend aussi, à l'inverse, pourquoi la disparition du bouddhisme, chassé de l'Inde au XIe siècle, a entraîné un affadissement sans précédent des débats dont la philosophie indienne ne s'est jamais vraiment relevée. Sans son principal adversaire, qui le contraint à préciser et à corriger ses arguments, le philosophe du brahmanisme s'enferme dans des disputes dont l'enjeu n'est plus la défense des concepts brahmaniques ni la sauvegarde de ses doctrines.

Le débat et l'émergence des problèmes

La réalité historique du débat étant établie, ce dernier se trouve logiquement en relation étroite avec la nature des problèmes philosophiques. Il se peut que les problèmes, une fois reconnus, suscitent les débats ou, à l'inverse, que les controverses mettent au jour l'existence de certains problèmes, d'abord passés inaperçus. L'essentiel est ailleurs. Les problèmes et les débats se nourrissent les uns les autres,

1. *Cf.* Īśvarakṛṣṇa, *Les strophes de l'école de Sāṃkhya*, p. 164.

comme les traités le montrent chaque fois que des arguments s'avèrent problématiques et soulèvent de vives discussions. Il se trouve, à cet égard, qu'il existe deux types de problème. En premier lieu, les philosophes indiens posent des questions, que l'on rencontre aussi dans la tradition européenne, comme la question d'un dieu souverain, ordonnateur du monde[1]. Dans le contexte du débat religieux entre les théistes et les non théistes, en effet, les inférences de l'école de *Mīmāṃsā* tendent à invalider les preuves (physico-téléologiques) de l'existence d'un dieu suprême, garant de l'ordre du monde. Comme on le montrera dans la dernière section de l'introduction, ce débat théologique permet de corriger le tableau d'une philosophie indienne nécessairement religieuse. Du moins montre-t-il que des problèmes philosophiques comparables se retrouvent en Inde comme en Europe, quand il s'agit de formuler des arguments théologiques et de les attaquer.

Mais qu'en est-il des controverses purement indiennes ? Il existe bien des débats qui soulèvent des interrogations propres à l'Inde, telle la discussion autour de la différence entre la conscience et la pensée[2]. Le problème que pose le discernement entre ces deux réalités vient du *Sāṃkhya*, avant d'être repris par l'école de *Yoga*. Mais cela justifie-t-il son caractère exclusivement indien ? Il est vrai que le *Yoga* s'engage dans un débat vif et décisif avec le bouddhisme, dans la période qui va du IIe au VIIIe siècle, autour de la question suivante : on se demande s'il existe un principe conscient en l'homme, extérieur à la pensée, qui en serait le témoin, comme le spectateur est le témoin

1. *Cf.* Kumārila Bhaṭṭa, *Glose versifiée [sur le Commentaire de Śabarasvāmin]*, *infra*, p. 287.

2. *Cf.* Īśvarakṛṣṇa, *Les strophes de l'école de Sāṃkhya*, *infra*, p. 166.

d'une danse. Or, ce débat se retrouve aujourd'hui dans la « *Philosophy of Mind* » d'inspiration anglo-saxonne. Depuis une cinquantaine d'années, en effet, les progrès conjugués de la neurophysiologie, de l'I.A. (Intelligence Artificielle), des sciences cognitives et de l'informatique posent à nouveau la question de l'esprit : n'est-il qu'une propriété émergente de la matière, gouvernée par les lois de la physique, ou bien s'en sépare-t-il pour opérer de façon indépendante ? Dans un autre registre, où le spiritualisme définit la conscience, la question devient : la conscience se réduit-elle aux fonctions de la pensée ou bien en est-elle distincte ? Or, l'intensité des échanges philosophiques actuels n'est pas sans rappeler la virulence des controverses indiennes à l'âge classique (entre le IIe et le IXe siècles), avec, dans les deux cas, un enjeu comparable, que l'on peut formuler ainsi : quelle définition de lui-même l'être humain se donne-t-il quand il réduit la conscience (ou l'esprit) à la matière ou bien quand il s'y refuse ? Depuis le chœur du drame de Sophocle, qui tremblait de reconnaître en l'homme un être admirable ou effrayant[1], jusqu'aux inquiétudes naissantes sur l'avenir de l'humanité, il en va de la capacité de la philosophie à devenir une sagesse digne de son temps, digne, surtout, de libérer l'humanité de la misère intellectuelle qui a nom ignorance. Mais on peut objecter qu'il existe des problèmes proprement indiens et que l'Europe ignore. Encore faut-il s'entendre sur leur caractère philosophique. Il existe ainsi une question largement débattue, et pendant plusieurs siècles, qui

1. On rappelle les deux vers célèbres du chœur des vieillards de Thèbes, dans l'*Antigone* de Sophocle, (vers 332-333) : Πολλὰ τὰ δεινὰ κοὐδὲν ἀνθρώπου δεινότερον πέλει. C'est-à-dire, dans la traduction française de Paul Mazon : « Il est bien des merveilles en ce monde, il n'en est pas de plus grande que l'homme. ».

concerne la caractérisation du « mot » (*sabda*) : est-il éternel, comme l'enseigne l'école de *Mīmāṃsā*, ou bien n'est-il qu'une production, selon l'école de *Nyāya*? Ce débat mobilise un grand nombre de compétences (grammaticales, logiques, épistémologiques, herméneutiques), il occupe les philosophes indiens de plusieurs écoles, qui lui accordent des commentaires fournis, mais il peine à être traduit dans le vocabulaire philosophique européen. Pourquoi? On peut avancer l'idée que les conditions culturelles de son apparition en Inde[1] le privent nécessairement de tout équivalent en Europe. Inversement, le débat de la scolastique médiévale autour de l'« intentionalité » n'a pas son pendant en Inde, semble-t-il, pour les mêmes raisons de spécificité culturelle[2]. On peut ainsi se convaincre du caractère universel des problèmes indiens à la lecture de tous les passages traduits ici. S'ils parviennent à intéresser aujourd'hui des philosophes d'horizons multiples, alors il est permis de penser que de tels problèmes ont une portée qui transcende leur origine culturelle, parce qu'ils rencontrent de réelles préoccupations humaines, en quelque sorte impersonnelles et intemporelles. Ainsi en va-t-il de la question ontologique de la nature propre (*svabhāva*)[3]. Nāgārjuna s'emploie à ruiner cette notion centrale de

1. Le problème de l'éternité du « mot » est inséparable du problème de la validité éternelle du *Veda*, selon la *Mīmāṃsā*. Peu d'études éclairantes ont été consacrées à ces questions. Francis X. Clooney est une exception (F. X. Clooney, *Thinking ritually, rediscovering the Purva Mimamsa of Jaimini*, Wien, Publications of the De nobili Research Library, 1990).

2. En ce sens, Kim Sang Ong-Van-Cung cherche les sources de l'intentionnalité dans le Moyen Âge tardif, par une analyse des sources médiévales et scolastiques de l'objectivité. K. Sang Ong-Van-Cung, *L'objet de nos pensées. Descartes et l'intentionnalité*, Paris, Vrin, 2012.

3. *Cf.* Nāgārjuna, *Les strophes fondamentales du Milieu au nom de « sagesse »*, *infra*, p. 227.

l'ontologie substantialiste en montrant toutes les conséquences absurdes qui découlent de son usage. En particulier, il s'attache à démontrer qu'il y a une contradiction logique au cœur de cette ontologie. Si les choses, en effet, sont douées d'une nature propre, alors il est logiquement impossible qu'elles puissent entrer en action, puisque ce qui possède une nature ne change pas, ou bien même en relation avec d'autres choses, la relation présupposant que les choses ne sont pas déterminées par leur nature. On voit bien comment les arguments du philosophe indien rejoignent aujourd'hui des tentatives de construire des physiques relationnelles, non substantialistes[1]. Dans les deux traditions, le problème de la réalité perçue qui se pose aux philosophes les conduit souvent à examiner les conditions de la vérité des énoncés sur le réel, et plus largement les critères de validité de la connaissance humaine. Le débat provoqué par Nāgārjuna est révélateur d'une spécificité indienne souvent méconnue, le besoin de rationalité logique. Il est remarquable de constater, en effet, que les philosophes qui débattent de la connaissance recourent peu au domaine presque inépuisable des exemples concrets, mais préfèrent se concentrer sur les éléments logiques qui la définissent. Ils s'affrontent ainsi sur la question de la validité intrinsèque ou extrinsèque, sur le rôle de la mémoire dans la production cognitive, sur la nécessité d'un accord objectif entre les connaissances, sur l'absence de falsification ultérieure, avec, à chaque fois, un souci identique de formaliser les termes du débat pour le rendre rationnel. La discussion sur l'illusion l'illustre fort bien. Elle procède, comme dans tous les traités de cette période, par une alternance

1. On pense aux travaux du physicien et philosophe Michel Bitbol, par exemple *Physique et philosophie*, Paris, Flammarion, 2000.

d'objections et de réponses, qui semblent reproduire les échanges réels entre les philosophes. Or, comme on l'a déjà dit plus haut, une place considérable est accordée par Jayanta Bhaṭṭa à son adversaire de la *Mīmāṃsā*, avant la réfutation finale et brève[1]. Ce procédé devient même la règle, au fil de l'histoire : un philosophe peut consacrer les trois quarts de son traité à l'exposé des thèses adverses avant de présenter sa propre doctrine. Ce trait est original si on le compare à la manière européenne d'argumenter[2], où le philosophe développe en priorité sa doctrine. En Inde, au contraire, le débat commence par l'examen des objections venant des écoles concurrentes, quitte à leur consacrer, tel est le paradoxe, une place considérable. Car la valeur de la réfutation implique que l'on prenne au sérieux la doctrine que l'on désire combattre. Cela est si vrai qu'il est fréquent d'observer comment un philosophe cite des propositions inédites, qu'il attribue à un auteur parfaitement inconnu par ailleurs. Or, comme en Europe, de nombreuses œuvres ont disparu. Heureusement, les citations qu'en font leurs adversaires les ont préservées de l'oubli. Qu'en déduire ? La prégnance du débat est si forte qu'il s'est imposé dans la composition des traités, quitte à en rendre la lecture difficile quand l'identité des débatteurs n'est pas clairement établie. Quoi qu'il en soit, la reproduction systématique par les philosophes du débat qui les oppose atteste leur exigence de rationalité, si l'on entend par là le souci d'exposer toutes les raisons à l'œuvre dans le discours philosophique. En comparaison, les traités

1. *Cf.* Jayanta Bhaṭṭa, *Une offrande de logique*, *infra*, p. 95.

2. La pratique médiévale de la *disputatio* est l'exception qui confirme la règle. Mais il faudrait s'interroger sur les raisons qui expliquent sa disparition dans les pratiques d'enseignement.

européens pourraient s'en inspirer : ils citeraient ainsi les propos de leurs adversaires en les explicitant davantage.

Certes, il est probable que la rationalité du débat indien, telle que la retranscrivent les traités, soit en partie une reconstruction, mais cela n'enlève rien au fait qu'elle répond à une exigence authentique de vérité. Ainsi, s'il est vrai, comme on l'a dit plus haut, que toute vraie philosophie est libération, les philosophes indiens en déduisent que l'illusion constitue probablement le danger principal dont ils doivent se prémunir. De toutes les expériences négatives qu'ils traversent, en effet, il en est une que les philosophes ne se lassent pas d'aborder, il s'agit de l'illusion sensible[1]. L'analyse des facteurs qui entrent dans la production d'une illusion perceptive est non seulement révélatrice des prises de position philosophiques des différents penseurs, mais encore des motifs de leur désaccord. Voilà pourquoi il importe de comprendre les raisons qui incitent les deux philosophes réalistes du brahmanisme retenus dans cet ouvrage, Jayanta Bhaṭṭa et Prabhākara, à vouloir démontrer que l'apparition de l'image illusoire résulte d'un défaut de connaissance, non d'une irruption de l'irréalité au milieu du réel. Leur intention est claire : la réalité n'est pas en cause dans l'illusion ; seul mérite d'être étudié et expliqué le mode d'accès cognitif à la réalité. Reste que l'illusion fait penser parce qu'elle signe l'absence d'une connaissance parfaitement ajustée au réel : si je vois de l'argent à la place de la nacre, par exemple, je ne peux que m'interroger sur ma perception du monde et sur les causes qui la rendent trompeuse.

Il est donc difficile, voire impossible, de débattre de l'illusion sans aborder les moyens de connaissance dont

1. *Cf.* Jayanta Bhaṭṭa, *Une offrande de logique*, *infra*, p. 75.

dispose l'être humain pour appréhender le monde, en particulier la perception. Il se trouve, à cet égard, que la perception constitue le moyen de connaissance étudié en priorité par les philosophes indiens[1], pour des raisons empiriques et logiques. Toute connaissance sensible commence avec la sensation, en Inde comme dans la philosophie européenne; or la sensation annonce et prépare la perception. Le nouveau-né explore le monde avec ses sens, en particulier avec ses yeux qui semblent distinguer une palette de gris, et l'adulte continue d'accorder à la vue un privilège dans l'expérience qu'il acquiert de son environnement. Il existe donc des raisons empiriques de commencer l'examen de la connaissance par la perception. Au-delà de ce constat, les philosophes indiens jugent que la connaissance perceptive doit bénéficier aussi d'une primauté logique parce que les autres moyens de connaissance en dépendent, ce qui explique que toutes les théories indiennes de la connaissance, à l'exception des doctrines de la *Mīmāṃsā*, débutent par un examen de la perception. On comprend mieux ainsi les raisons du débat autour de l'illusion perceptive : ce qui se passe ici doit rendre raison du rapport entre le sujet connaissant et le monde. Selon les brahmanes réalistes, ce sont les modalités de production de la connaissance perceptive du réel qui la rendent trompeuse, non la réalité de la cognition en elle-même, ce qui signifie que la construction inhérente à la perception n'est pas responsable de l'illusion, comme le croient les logiciens bouddhistes, mais la mauvaise manière dont

1. La *Mīmāṃsā* fait exception : elle accorde la priorité logique et épistémologique au « mot » (*śabda*), parce que la connaissance qui en dérive peut s'appliquer aux trois temps, à des objets suprasensibles, subtils, contrairement à la perception (B. K. Matilal, *Logic, Language and Reality*, Delhi, Motilal Banarsidass, 1985, p. 203 *sq.*).

s'opère la construction seule[1]. D'où l'exigence brahmanique de valider le passage à la perception construite sans invalider son caractère de connaissance vraie. Les problèmes se nourrissent donc des débats comme ils les suscitent, ils portent la trace de leur réalité culturelle comme, réciproquement, les débats donnent corps à des problèmes et favorisent leur émergence. Or, tous les débats ne présentent pas des enjeux identiques, selon qu'ils se déroulent à l'intérieur du brahmanisme ou à l'extérieur. Quand le philosophe Rāmānuja commente après Śaṅkara le traité de base de l'école Vedānta, *Les aphorismes sur l'absolu*, il se montre très critique à l'adresse de son prédécesseur et modèle, alors qu'ils se situent tous les deux dans la tradition brahmanique, qu'ils prétendent défendre avec fidélité. On le voit même, quand il aborde le problème de la misère illusoire, devenir virulent et dénoncer avec fermeté les impasses où conduit la thèse de son maître[2]. Leur proximité idéologique n'empêche donc pas la condamnation philosophique de l'un par l'autre. Cela est vrai *a fortiori* quand la discussion concerne des écoles que tout oppose ou presque, comme le *Nyāya* et les logiciens bouddhistes. Le débat entre le réalisme de la première et l'antiréalisme des seconds a duré plusieurs siècles (du VIe au Xe siècle), ponctué par des œuvres majeures, comme la *Nyāyamañjarī* et le *Nyāyabindu*. Or, leurs attaques comportent ceci de remarquable, qu'elles donnent toujours la parole à l'adversaire, comme on l'a vu, et prennent le temps d'exposer en détail ses thèses avant de les réfuter. Certes, il se peut que se glissent, par endroits, des arguments caricaturaux grâce auxquels le philosophe déploie son habileté dialectique,

1. *Cf.* Jayanta Bhaṭṭa, *Une offrande de logique*, *infra*, p. 79.

2. *Cf.* Rāmānuja, *Le commentaire aux aphorismes sur l'absolu*, *infra*, p. 125.

mais ils restent, dans l'ensemble, plutôt fidèles aux intentions de leurs auteurs, ce qui est la preuve, une fois de plus, que la source où puisent ces philosophes n'est pas seulement la connaissance des ouvrages, mais aussi la fréquentation des débats, où chacun peut tester la valeur éristique de ses propositions.

Pourtant, il ne s'agit pas d'idéaliser la pratique indienne de la réfutation, comme si la tolérance et le respect de l'autre la guidaient intégralement. En vérité, les ouvrages des brahmanes ont tendance par moments à désigner les bouddhistes de façon injurieuse avec des noms à connotation négative, « Nihilistes, annihilateurs » (*vaināśika*, *nāstika*). Ainsi s'accordent-ils tous pour porter un jugement défavorable sur leurs adversaires du bouddhisme. La raison en est idéologique, comme on le voit, mais aussi religieuse, culturelle, voire politique, quand la question du patronage royal est en cause. Or, les différences s'avèrent irréconciliables sur ce terrain, ce qui peut expliquer l'âpreté de certaines attaques. Tout un système sociopolitique se sent menacé par les arguments antiréalistes du bouddhisme, parce que la mise en doute de la réalité des choses prive le brahmanisme de son fondement ritualiste : comment continuer de verser des oblations de matière végétale ou animale si le monde des vivants et des choses n'a pas de réalité ? Les enjeux idéologiques deviennent si considérables que les arguments dessinent deux camps dans une bataille que les brahmanes ne veulent pas perdre.

En réponse, les bouddhistes s'entendent en général pour ridiculiser leurs opposants, utilisant l'arme de l'ironie contre celle de l'idéologie. Mais ils vont plus loin. Ils savent aussi menacer leurs adversaires des foudres logiques de leurs arguments quand il s'agit de montrer la faiblesse évidente du réalisme, qui s'appuie parfois sur le bon sens comme sur un socle inébranlable. Mais l'objection bouddhique ne tarde pas : comment l'apparence des choses est-elle une preuve philosophique alors même qu'elle demande à être prouvée ? Il est vrai que le réalisme a toujours le bon sens de son côté, mais est-ce un argument décisif ? Le bouddhiste le conteste, même s'il ne mesure pas toujours le danger de faire reposer tout son édifice antiréaliste sur des bases contre-intuitives. Il n'est jamais anodin d'enseigner que les choses n'existent pas à des hommes qui croient vivre dans un monde réel. On comprend aussi pourquoi les brahmanes ripostent avec force en se fondant sur le sens commun.

Les concepts et la logique

De manière générale, le débat entre certaines écoles du brahmanisme d'un côté, du bouddhisme et du jaïnisme de l'autre, devient au fil des siècles de plus en plus logique et épistémologique, parce que les philosophes des écoles concernées par cette discussion se concentrent sur les aspects logiques de leurs échanges et perdent de vue, dans certains cas, leur finalité sotériologique. Cette évolution était probablement inévitable, dans la mesure où les discussions épistémologiques obéissent, à partir d'un certain stade de leur développement, à leur propre finalité, à savoir l'établissement des moyens de connaissance (*pramāṇa*) sur des bases logiques satisfaisantes et conciliables avec les autres éléments doctrinaux. D'où l'évolution des philosophies indiennes engagées dans ces débats vers une technicisation de leurs échanges, en particulier de leurs arguments.

L'usage éristique et logique de l'inférence

Il suffit de revenir au problème soulevé par la validité de la connaissance car il vient en partie d'une difficulté grammaticale liée au concept même (celui de connaissance) qui sert à le poser. La grammaire n'est jamais en reste lorsqu'il s'agit d'entrer dans les subtilités logiques d'une discussion, cela se vérifie en Inde plus que partout ailleurs. Le concept de *pramāṇa*, en effet, peut se comprendre grammaticalement de deux façons opposées. Soit il s'analyse en termes d'instrument, et il désigne dans ce cas un moyen de connaissance, à savoir « ce grâce à quoi on connaît » (*pramīyate yena tad pramāṇam*), soit il s'analyse en termes de résultat, et dans ce cas il signifie la réussite obtenue par la connaissance elle-même : « connaître, c'est réussir à saisir » (*Pramā pramāṇam*). Les brahmanes du *Nyāya* se rangent du côté de la première interprétation quand les bouddhistes optent pour la seconde. Or, les deux versions sont aussi légitimes l'une que l'autre du point de vue de la grammaire, mais elles se distinguent par les conséquences qui en découlent logiquement. Si le mot *pramāṇa* renvoie à un simple moyen de connaître, il est permis d'en déduire que son résultat est la connaissance ; au contraire, les logiciens bouddhistes, qui identifient le moyen de connaître et la connaissance, enseignent une approche pragmatique : connaître effectivement, c'est réussir à saisir, c'est-à-dire à agir sur le réel. On dépasse ici les enjeux d'un simple débat sur les moyens de connaître pour entrer dans une réflexion sur la logique et la pragmatique de la connaissance.

En outre, la logique présuppose des valeurs de vérité. Or, la philosophie indienne se distingue de la tradition européenne en ce qu'elle accepte des logiques plurivoques, c'est-à-dire pourvues de valeurs de vérité supérieures à deux. Le jaïnisme fait preuve, à cet égard, d'une habileté exceptionnelle en cherchant à construire une logique à sept énoncés qui dépasse la contradiction entre la proposition qui dit vrai d'un sujet et toutes celles qui sont susceptibles de dire également vrai du même sujet. Par exemple, si une phrase est vraie, il existe six autres phrases pourvues également de vérité, mais qui ne contredisent pas nécessairement la première. Cette logique est fondée philosophiquement sur l'idée qu'un énoncé vrai, qui prédique telle propriété d'un sujet, n'épuise pas tout ce que l'on peut dire de ce sujet. Il existe donc toujours d'autres énoncés valides par lesquels on prédique d'autres propriétés du même sujet et qui sont vrais[1]. Les valeurs du vrai sont donc multiples, ce qui s'écarte d'une logique univoque, où l'énoncé vrai d'un sujet est contredit par tout autre énoncé contraire qui, portant sur le même sujet, pourrait être dit vrai également. La raison en est philosophique au sens où la logique univoque repose sur le postulat qu'un prédicat vrai se dit de tout le sujet, quand la logique jaïne, dite « plurivoque », part du principe qu'un prédicat, bien qu'il soit vrai, ne se dit que d'une partie du sujet. Dans un autre esprit, l'école de Nāgārjuna développe systématiquement un raisonnement à quatre termes (tétralemme) chaque fois qu'il s'agit de subvertir la logique de non-contradiction et de montrer qu'elle échoue à contredire logiquement la vérité de la vacuité universelle, située sur la voie médiane, entre le vrai et le faux[2]. On peut dire, pour conclure ce point, que les traités de logique et le livre gamma de la *Métaphysique* d'Aristote peuvent être relus aujourd'hui à la lumière de ces postulats.

1. *Cf.* Prabhācandra, *Le soleil [qui fait s'ouvrir] le lotus diurne qu'est l'objet de connaissance*, *infra*, p. 241.
2. *Cf.* Atiśa, *La lampe de la voie de l'Éveil*, *infra*, p. 374.

Est-ce l'intérêt pour les questions de grammaire ou l'attention aux arguments rationnels ou bien encore le plaisir d'anticiper les réfutations qui explique la passion avec laquelle les philosophes indiens s'engagent dans des controverses logiques ? Leur goût avéré pour l'art du débat[1], s'accompagne d'un plaisir évident à construire des inférences logiques plus subtiles les unes que les autres. Il existe, à ce propos, une différence majeure entre la pratique indienne de l'inférence et son pendant en Europe. L'inférence est assimilée par les logiciens européens à une déduction : on infère la cause de l'effet, le tout de la partie, l'espèce de l'individu, ainsi de suite. On sait aussi, depuis les Stoïciens, que ce raisonnement repose sur une implication : l'effet implique la cause, comme la partie implique le tout. Or, depuis la redécouverte au XXe siècle[2] de l'implication présente dans la logique stoïcienne, ce type d'inférence logique fait l'objet de débats qui renouvellent la philosophie de la logique européenne. En Inde, l'inférence est utilisée de façon systématique. Il importe, pour le comprendre, de distinguer son usage éristique de son emploi proprement logique. La pratique du débat culmine au moment précis où chaque intervenant avance une inférence en vue de réfuter directement son adversaire ou du moins de le déstabiliser ou bien encore pour établir sa propre position. Par exemple, à l'occasion du débat sur l'éternité de la parole védique, au lieu d'affirmer « Le son n'est pas éternel », un philosophe de l'école de *Nyāya* utilise l'inférence suivante : le son est non éternel, parce qu'il est

1. Michel Angot consacre à la dialectique indienne une longue section de son introduction au *Nyāyasūtra* (M. Angot, Le *Nyāya-Sūtra*, *op. cit.*).

2. Les travaux de Claude Imbert ont été décisifs pour redonner sens à la logique stoïcienne (Cl. Imbert, *Pour une histoire de la logique*, Paris, P.U.F., 1999).

produit, comme le pot de terre que l'on fabrique. L'emploi de la raison, « parce qu'il est produit », introduit une relation d'implication entre l'impermanence et la production : tout ce qui est produit est impermanent; ce qui n'est pas impermanent, par exemple l'atome, n'est pas produit. Or, la discussion porte ensuite sur la validité d'une telle implication et se place sur le terrain théologique. Est-il vrai que les choses impermanentes soient invariablement le résultat d'une production ? La logique de son argumentation oriente le philosophe du *Nyāya* vers le théisme et l'idée d'un démiurge car il faut un producteur de toutes choses. Au contraire, son adversaire de l'école *Mīmāṃsā* nie l'existence d'un dieu artisan et maintient sa thèse de l'éternité du son, donc de la parole védique[1]. De façon générale, l'inférence clarifie la position philosophique et fait porter la controverse sur la relation d'implication entre la raison R et le prédicat P, relation qui repose elle-même sur une certaine analyse de la réalité. La rationalité est donc au cœur de l'éristique indienne.

L'usage logique de l'inférence, quant à lui, concerne les philosophes, chaque fois qu'ils doivent trouver une forme logique susceptible de convaincre. De fait, nombre de débats qui opposent les écoles contiennent des inférences, plus ou moins explicitées. Quand le philosophe Rāmānuja donne longuement la parole à son adversaire, Śaṅkara, il le fait sur la base d'une inférence, parce qu'elle permet de reconstituer la logique de l'argumentation qu'il combat[2]. Ainsi, l'inférence aurait-elle le mérite d'expliciter la logique d'un argument en montrant précisément qu'il existe une

1. *Cf.* Kumārila Bhaṭṭa, *Glose versifiée [sur le Commentaire de Śabarasvāmin]*, *infra*, p. 280.

2. *Cf.* Rāmānuja, *Le commentaire aux aphorismes sur l'absolu*, *infra*, p. 147.

relation d'implication entre le prédicat P, dont on veut démontrer la pertinence, et une raison R, implication qu'il s'agit ensuite de valider ou pas. Plus généralement, un philosophe indien juge important d'exprimer une proposition sous la forme d'une inférence, afin de mettre en valeur la raison logique qu'elle contient implicitement, à l'image de ce que fait Rāmānuja. Or, on vient de le voir, la raison R est le signe de l'implication qui la relie au prédicat P. Par conséquent, il s'agit de dégager, chaque fois que cela est possible, la relation d'implication par laquelle la raison R justifie que le prédicat P soit dit du sujet S. On voit ainsi que la logique de l'inférence recoupe le bon usage du jugement en philosophie car juger, c'est toujours associer un prédicat à un sujet. Avec cette différence, que l'acte de juger consiste à formuler la raison qui justifie que P soit dit de S. Sans cette raison, tout pourrait être prédiqué de tout, ce qui est absurde. Il faut donc faire appel à la raison d'une inférence pour comprendre pourquoi tel prédicat est associé à tel sujet. La rationalité du jugement qui en découle est éclairante parce qu'elle reflète l'usage logique et rationnel qui est fait de l'inférence par les logiciens indiens. En comparaison, la logique européenne s'attache moins aux conditions logiques qui président à l'emploi de l'inférence.

La logique des concepts

La logique qui s'invente en Inde à partir de l'usage des inférences peut expliquer en partie la nature des concepts testés à cette occasion. Un concept, en effet, trouve place dans une inférence de trois manières, en qualité de sujet S, ou bien de prédicat P ou bien encore de raison R. Il doit en aller ainsi pour la création d'un concept ; elle doit aller de pair avec l'inférence qui la justifie. Or, la tournure de plus en plus logique prise par les débats force les logiciens à affiner leurs inférences, voire à reformuler des points de leur doctrine pour faire place à un nouveau concept. Ils construisent donc des inférences de plus en plus complexes pour justifier des concepts inédits, et réciproquement ils inventent des concepts qui demandent à être fondés sur des inférences inédites. Un exemple célèbre suffit à l'illustrer. En réaction aux attaques bouddhiques, l'école de *Vaiśeṣika* entreprend de fonder son ontologie substantialiste sur des bases réalistes qui la conduisent à former des concepts d'un réalisme qui peut sembler insolite. Voulant prouver que le monde est peuplé de choses substantiellement permanentes, cette école en vient non seulement à traiter les qualités qui définissent une substance comme des réalités, mais encore à faire de la relation entre la substance et ses qualités une autre réalité. Il existe donc trois réalités, la substance, la qualité et leur relation. Baptisée « inhérence » (*samavāya*), le concept est inventé dans le but de montrer que la relation est ontologique, au même titre que la substance et la qualité[1]. Soit l'inférence suivante : l'inhérence est réelle parce qu'elle relie des réalités, comme le tissu et les fils ; car tout ce qui relie des réalités est réel, et inversement ce qui est irréel n'est relié à rien. Pourtant, la discussion ne s'arrête pas là, dans la mesure où la création de cette réalité relationnelle pose autant de problèmes qu'elle est sensée en résoudre. Les bouddhistes, qui sont antiréalistes, voient la difficulté : si la relation est aussi réelle que la substance et la qualité, elle n'est donc plus seulement une relation, mais aussi une chose ; il faut donc une seconde relation pour relier celle-ci à la substance et à la qualité, ce qui entraîne une régression à l'infini. À cet

1. Cf. *L'Arbre en fleur de la Logique*, *infra*, p. 332.

égard, on peut faire observer que le problème de la relation se pose toujours aujourd'hui : comment deux entités sont-elles liées entre elles de telle manière que leur lien ne soit pas seulement le résultat hasardeux d'une rencontre ? La loi en science est une telle relation. Il existe aussi de nombreux domaines scientifiques où la relation entre les objets ne peut pas être uniquement un être de raison, ce qui justifierait en partie l'emploi du concept d'inhérence.

Il existe donc une logique des concepts que l'usage des inférences rend visible. Dans le cas contraire, si un concept ne parvient pas à être formulé logiquement sous la forme d'une inférence, il faut donc le justifier autrement. La philosophie indienne recourt dans ce cas à une rationalité différente, mais éprouvée par des siècles de culture védique, l'herméneutique ou l'exégèse. Avec la grammaire, l'apprentissage des règles d'exégèse de la parole védique constitue, en effet, une condition nécessaire de l'accès à la culture brahmanique. Car les *Veda* forment une littérature immense, complexe, difficile à maîtriser pour un brahmane s'il ne dispose pas des instruments adéquats pour y parvenir. On comprend donc comment, très tôt (dès le Xe siècle a.e.c.), le besoin s'est fait sentir de formuler des règles précises pour donner sens aux *Veda*. Il se crée une école pour cela, la *Mīmāṃsā*, chargée de formuler une herméneutique susceptible de répondre à toutes les objections qui pourraient affaiblir l'autorité védique. Or, les règles qu'elle enjoint de suivre, et qui ont valeur prescriptive, débordent en réalité le cadre védique, elles s'étendent à tout énoncé dont la signification demande à être clarifiée. De façon comparable à l'usage qui a été fait en Europe de l'herméneutique biblique, les règles d'interprétation de la littérature védique peuvent s'appliquer à la littérature dans son ensemble, qu'elle soit d'origine religieuse, philosophique, grammaticale, ritualiste, scientifique. Les philosophes indiens recourent donc à l'exégèse, et souvent à des arguments de la *Mīmāṃsā*[1], chaque fois qu'ils s'engagent dans un débat sur la signification qu'il convient de conférer à tel ou tel mot, à telle ou telle phrase. La subtile casuistique que déploie Śaṅkara à l'occasion de son commentaire de la *Bhagavadgītā* le montre de façon exemplaire[2]. Que les concepts informent la logique de l'inférence ou, à l'inverse, que l'usage des inférences gouverne l'emploi et l'invention des concepts, il en résulte que la rationalité logique est présente dans la philosophie indienne[3], au niveau de ses concepts comme de ses inférences. Lorsqu'elle vient à manquer, l'herméneutique prend le relais, comme on l'a vu, et ce sont les règles d'interprétation qui prennent la place des règles logiques en dessinant une rationalité tout aussi exigeante. La rationalité se manifeste enfin d'une dernière manière, par la grammaire, dont on a déjà parlé, parce qu'elle offre une source inépuisable de règles, normatives, descriptives, génétiques, dont les philosophes font grand usage dans leurs discussions, chaque fois qu'ils cherchent à attaquer leurs adversaires sur le terrain des

1. On explique ainsi le fait que la plupart des philosophes du brahmanisme ont une connaissance approfondie de la *Mīmāṃsā* ; même quand ils n'appartiennent pas à cette école, ils font un usage constant de ses règles exégétiques. Dans un autre domaine, les arguments théistes du *Nyāya* sont combattus par le bouddhisme, qui utilise pour cela des arguments forgés par la *Mīmāṃsā* (*Glose versifiée* [*sur le Commentaire de Śabarasvāmin*], p. 276).

2. Cf. *Le commentaire au Chant du Bienheureux*, *infra*, p. 113.

3. Il suffit de lire les travaux de Matilal (*Logic, Language and Reality*, *op. cit.*), d'Ingalls (*Materials for The Study of Navya-Nyāya Logic*, Cambridge (Mass), Oxford University Press, 1951), de Mohanty (*Gaṅgeśa's Theory of Truth*, rééd. Delhi, Motilal Banarsidass 1989), pour ne citer qu'eux, pour se convaincre que l'Occident n'a pas le monopole de la rationalité.

mots, non des concepts, de la phrase, non de la logique. Or, dans la mesure où la philosophie demeure enseignée en Inde dans le cadre d'une tradition orale qui perdure au XXIe siècle, il est facile d'en déduire que la connaissance grammaticale oriente très souvent l'argumentation logique ou herméneutique, comme le confirme la lecture de tous les textes traduits dans le présent ouvrage.

PHILOSOPHIE ET RELIGION EN INDE

Examiner le destin commun de la philosophie et de la religion en Inde revient à clarifier un ensemble d'images confuses le concernant. Il ne fait pas de doute que l'exercice de la philosophie et la pratique religieuse ont partie liée dans l'histoire indienne. Encore faut-il s'entendre sur ce que l'on appelle « religion » : parle-t-on des croyances et des pratiques populaires, des sectes, de la foi, du ritualisme, de la dévotion des mystiques, de la théologie ? Tout cela est englobé dans la religion, mais la spécificité indienne n'apparaît pas pour autant car ces éléments se retrouvent dans l'histoire européenne. D'une autre manière, le caractère sotériologique de certaines écoles peut s'interpréter en termes religieux : la recherche de la libération, ou du salut dirait-on en termes européens, ne définit-elle pas aussi la quête religieuse ? Cela est vrai, mais l'inverse ne vaut pas : une recherche religieuse peut se développer en dehors de la philosophie. Il convient donc de repartir du commencement : quel est le rapport exact entre philosophie et religion en Inde ?

On a longtemps attribué au mot latin *religio*[1] deux étymologies possibles, *religare* et *relegere*. On considère souvent aujourd'hui que le mot « religion » connote soit le rassemblement des fidèles autour de croyances soit le respect scrupuleux pour un culte. Dans les deux cas, il désignerait un rapport social et collectif à une divinité. Or, un seul mot sanscrit possède des connotations comparables, il s'agit de *dharma*. Dérivé de la racine *Dhṛ*, qui signifie « tenir fermement, supporter, préserver », le substantif, védique, puis brahmanique, va au fil des siècles recueillir tous les sens qui s'attachent à ce que l'on nomme la religion. Il renvoie ainsi très tôt à l'ordre sociocosmique[2], tel qu'il est défini par les *Veda*, à savoir un ordre divin de l'immanence, où les dieux et les humains cohabitent. Mais cet ordre est fragile, car l'*adharma*[3] menace de le rompre à tout instant. Il convient donc de le maintenir, de le préserver contre les attaques venues des courants non brahmaniques, de le supporter par la pratique cultuelle, par le sacrifice en particulier. *Dharma* désigne ensuite le droit, à savoir les règles des quatre classes de l'ordre social qui garantissent le maintien de l'ordre cosmique. Enfin, le mot s'attache

1. Le débat entre spécialistes n'est pas clos. Il existe toujours une dispute sur le sens qu'il convient de donner aux deux verbes latins qui seraient à l'origine de *religio*. Le verbe *relegere* « cueillir, rassembler » est choisi par Cicéron et Benvéniste, mais l'autre verbe *religare* « lier, relier » ne peut pas être exclu (*cf.* É. Benvéniste, *Le vocabulaire des institutions indo-européennes*, Paris, Minuit, 1969).

2. Sur ces points, on peut renvoyer à la synthèse de Madeleine Biardeau (M. Biardeau, *L'hindouisme. Anthropologie d'une civilisation*, *op. cit.*).

3. L'épopée du *Mahābhārata* sert, une fois encore, de révélateur brahmanique. Tout ce qui peut mettre en danger l'idéologie des brahmanes y figure, sous une forme ou une autre, avec la réaction brahmanique qui s'impose.

aux devoirs individuels[1], dans la mesure où ils sont compatibles avec l'appartenance à ces classes. Une personne est donc religieuse, d'un point de vue brahmanique, lorsqu'elle a conscience de maintenir, par l'accomplissement de ses devoirs, par sa pratique cultuelle et ses croyances, un certain ordre social et cosmique, identifié à l'Ordre immuable[2] des choses et des êtres. Mais on voit aussitôt que le respect du *dharma* exclut autant qu'il inclut, puisqu'il rejette, à l'extérieur de la société « dharmique », tous ceux qui ne respectent pas le devoir de sacrifier pour préserver l'ordre social des classes, par exemple les bouddhistes, les jaïns, les sectes hétérodoxes, les « négateurs[3] ». La question initiale devient donc la suivante : quel rapport les philosophes indiens entretiennent-ils avec la question du dharma ? Les débats qui traversent la philosophie indienne abordent nécessairement la question religieuse, dans la mesure où un philosophe sait que son existence se définit par rapport à l'ordre de la société, celui du culte, qu'il pratique ou pas, des classes, qu'il reconnaît ou pas, des pratiques individuelles, qu'il suit ou pas, des croyances, qu'il partage ou pas. Dans son commentaire à la *Bhagavadgītā*, Śaṅkara assume son choix de vivre en renonçant, avec toutes les conséquences

1. Les trois niveaux du *dharma* sont bien distingués par la spécialiste française de l'épopée (M. Biardeau, *L'hindouisme. Anthropologie d'une civilisation*, *op. cit.*, p. 70 *sq.*).

2. Pour le dire autrement, le brahmanisme naturalise l'ordre des règles de droit, produites par les humains au cours de leur histoire, pour le rendre autonome et en faire une norme sacralisée qui s'impose à eux.

3. On sait peu de choses sur l'athéisme dans l'Inde ancienne. Déjà dans les *Veda*, mais surtout après, dans le *Mahābhārata*, dans les traités brahmaniques, il est question d'un « négateur » (*nāstika*), souvent assimilé au bouddhiste, qui menace l'ordre religieux par son comportement ou ses propos ou encore ses désirs (M. Ballanfat, *Les matérialistes dans l'Inde ancienne*, Paris, L'Harmattan, 1997).

religieuses qui en découlent[1]. De la même façon, Rāmānuja attaque la non-dualité absolue de Śaṅkara au nom de la dévotion, dont il est le défenseur, parce qu'il a conscience que le mouvement dévotionnel offre une voie de salut à tous les humains[2], sans exception, contrairement à la voie aride de la connaissance, enseignée par son adversaire, qui semble réservée aux brahmanes, seuls autorisés à connaître la langue sanscrite et les *Veda*[3]. Il en va de même à l'intérieur du bouddhisme. Quand le philosophe Nāgārjuna s'en prend vertement à ceux qui, se croyant fidèles à la parole du Bouddha, enseignent qu'il existe une chose douée de permanence, il porte un discours religieux, pour autant qu'il entend rectifier les croyances et les pratiques qu'il juge contraires à la Doctrine (*dharma*) de l'Éveillé[4]. De manière générale, les communautés non brahmaniques, comme le bouddhisme et le jaïnisme, vont jouer un rôle considérable dans l'évolution religieuse de la société indienne, ne serait-ce qu'en portant l'attention des philosophes vers la diversité des pratiques et la nécessité de respecter des règles morales à l'égard de tous les vivants[5].

1. Il n'hésite même pas à défendre l'idée que la *Bhagavadgītā* donne raison à la voie de la connaissance de l'absolu, qui commande de renoncer à tous les actes, quand elle semble bien privilégier, au contraire, la voie de l'agir dans le détachement (*Le commentaire au Chant du Bienheureux*, *infra*, p. 113).

2. Les chercheurs s'accordent pour dire que la voie dévotionnelle ouvre aux femmes, aux basses castes et aux intouchables une porte de salut, quand celle de la connaissance leur demeure obstinément fermée, pour des raisons sociales.

3. *Cf.* Rāmānuja, *Le commentaire aux aphorismes sur l'absolu*, *infra*, p. 137.

4. *Cf.* Nāgārjuna, *Les strophes fondamentales du Milieu au nom de « sagesse »*, *infra*, p. 219.

5. Il n'est pas interdit de penser que le devoir de non-violence doit beaucoup au jaïnisme, même s'il ne faut pas exagérer sa portée dans la société indienne (*cf.* D. Vidal *et al.*, « On the Concepts of Violence and

Il n'y a donc pas de doute sur le fait que la philosophie indienne se fait l'écho des préoccupations religieuses qui agitent la société. En revanche, si l'on considère que la question d'un dieu suprême est au centre de la religion, alors le tableau de la philosophie indienne offre un panorama surprenant. Contrairement à ce que l'on pourrait penser, en effet, les grandes écoles classiques, abordées dans le présent ouvrage, ne sont pas majoritairement favorables à l'existence d'un Seigneur, maître du monde. Sur les huit écoles présentées ici, trois seulement, le *Vedānta* de Rāmānuja, le *Nyāya* et le *Vaiśeṣika*, revendiquent leur théisme et enseignent que le *dharma* est soutenu par un être éternel, omniscient, pur de toute faute, animé de compassion pour les souffrances humaines. Leur réalisme, dont on a déjà parlé, va de pair avec la croyance en un être divin[1], dans la mesure où l'ordre du monde (*dharma*) doit exister réellement s'il est vrai qu'il repose sur la puissance divine d'un être supérieur. Dans le cas contraire, comment croire en un dieu, ordonnateur du monde, si le monde tel qu'il est perçu n'existe pas ? Comment libérer les humains de la misère, si celle-ci est illusoire ? se demande Rāmānuja. Plus profondément, il est possible de démontrer que les autres écoles ne reposent pas essentiellement sur la croyance en un être divin supérieur. La réfutation des preuves d'un démiurge universel donne l'occasion au philosophe Kumārila Bhaṭṭa de se montrer religieux tout en attaquant la croyance en un dieu personnel, qu'il condamne parce qu'il la pense

Non Violence in Hinduism and Indian Society » *South Asia Research* 14, 1994 ; F. Burgat, *Ahiṃsā*, Paris, Éditions de la Maison des sciences de l'Homme, 2014).

1. Cela ne signifie pas que le réalisme et le théisme aillent toujours ensemble. La *Mīmāṃsā* est l'exemple même d'une école réaliste et non théiste, puisque le *Veda* éternel prend la place du Seigneur éternel pour garantir la vérité et la pérennité du *dharma*.

contraire au respect du dharma éternel enseigné par les *Veda*[1]. Dans son débat avec le théisme du *Nyāya*, le philosophe de la *Mīmāṃsā* s'en prend aux inférences de l'école adverse, afin de montrer que la relation entre la raison R[2] et le prédicat P n'est pas valide d'un point de vue logique. Il n'est pas vrai, en effet, que les raisons théistes suffisent à démontrer l'existence d'un ordonnateur suprême. En un sens, elles démontrent même le contraire, à savoir qu'un dieu, s'il existait, ne pourrait pas être l'auteur des *Veda*. On a donc ici la preuve qu'un philosophe indien peut être religieux, au sens où il défend le *dharma*, l'ordre cosmique et social des *Veda*, mais se montrer incroyant d'un point de vue théiste. Or, il suffit de rappeler que l'école de *Mīmāṃsā* représente, à bien des égards, l'orthodoxie/orthopraxie brahmanique par excellence pour en conclure qu'un philosophe indien peut se reconnaître dans l'idéologie des brahmanes, la consolider et la justifier sans pour autant adhérer à une croyance en un être supérieur appelé « Seigneur », créateur des *Veda* et maître du monde[3]. La doctrine qu'il développe à cette occasion, à savoir l'éternité du mot et de la parole védique, résiste même jusqu'à présent à la compréhension des indianistes, comme si elle dépassait le cadre conceptuel habituel de la philosophie de la religion. Il ressort de ces quelques remarques que la croyance en l'existence d'un être divin personnel ne caractérise pas

1. *Cf.* Kumārila Bhaṭṭa, *Glose versifiée [sur le Commentaire de Śabarasvāmin]*, *infra*, p. 287 *sq*.

2. Une inférence de l'école de *Nyāya* démontre l'existence d'un dieu ordonnateur en affirmant que l'existence de corps agencés « doit être sous le contrôle d'un être doué d'intelligence », où l'on reconnaît l'argument physico-téléologique étudié par Kant, *infra*, p. 296-300.

3. Il est donc permis d'attribuer à la *Mīmāṃsā* une position philosophique hautement paradoxale, que l'on peut résumer sous l'expression d'« a-théisme religieux ».

essentiellement la religion des philosophes indiens. Tant s'en faut. Mais, l'aspiration à se libérer, qui définit existentiellement le *mumukṣu*[1], ne contredit-elle pas le respect strictement religieux dont témoigne un philosophe comme Kumārila Bhaṭṭa[2] ? En effet, comment peut-on à la fois désirer se libérer de l'ordre du monde et avoir l'obligation religieuse de le maintenir ? Cette tension, ou cette contradiction, traverse la philosophie indienne dans son ensemble, et elle se manifeste dans le brahmanisme comme ailleurs, dans les courants du bouddhisme et du jaïnisme. Sa résolution passe par une conciliation philosophique entre deux réalités auxquelles appartient le philosophe. Par son existence sociale, il fait partie d'un groupe, que ce soit une communauté, une classe, une caste, un cercle d'ascètes, une secte, peu importe ; ce faisant, il en partage les règles et les obligations. Mais, par son désir de libération, il n'appartient pas essentiellement au monde social des obligations ; au contraire, il cherche à s'en détacher par la connaissance, la dévotion ou par les actes[3]. Pourtant, il est vrai que la philosophie indienne possède une coloration religieuse, si l'on entend par là une tendance (« *a trend* », selon le terme des anglophones) à inclure l'être humain, et donc le philosophe, dans un vaste ensemble

1. Cf. *supra*, p. 21.

2. Il est vrai que les philosophes de la *Mīmāṃsā* ne se montrent guère sensibles à la question de la libération, qu'ils n'abordent presque pas. Le maintien de l'ordre (*dharma*) ne les y incline pas.

3. Certains y voient un conflit culturel indépassable (*cf.* J. C. Heesterman, *The Inner Conflict of Tradition*, Chicago (IL), The University of Chicago Press, 1985), d'autres une polarité sociologique (L. Dumont, *Homo Hierarchicus*, *op. cit.*) ; Śaṅkara et Rāmānuja décèlent dans ce déchirement la preuve que le vivant aspire à rejoindre l'absolu, qu'il soit impersonnel ou personnel. L'être humain n'est jamais monolithique.

de relations avec des êtres divins et libérés[1] qui assurent un passage entre le domaine du sensible et celui du suprasensible. Encore faut-il s'entendre sur la nature de ces êtres et, surtout, sur la relation d'immanence qui parcourt l'ensemble dans lequel s'inscrivent tous les êtres. La philosophie indienne, en effet, quand elle est théiste, ne conçoit pas la transcendance divine sur le modèle de celle qui est revendiquée par les monothéismes, bien qu'elle partage un certain nombre de concepts théologiques avec eux. La moindre proposition, à cet égard, devient problématique. Ainsi, peut-on affirmer que l'absolu indien se compare à l'absolu chrétien ? Dans le *Vedānta*, l'absolu (*brahman*), conçu de manière impersonnelle ou personnelle, est à l'origine de tout ce qui existe et, en ce sens, il ne transcende pas le monde, puisque le monde émane de lui. Toutes les choses du monde, au contraire, matérialisent la puissance de l'absolu, qui ne leur est pas extérieur ni ne les dépasse. L'absolu et le monde existent donc sur un plan ontologique, l'immanence, que la philosophie indienne[2] ne brise pas. Le commentaire de Rāmānuja au traité de base de l'école du *Vedānta*, *Les aphorismes sur l'absolu*, en fournit la preuve irréfutable. Sa méditation sur l'absolu, qui se nourrit de sa connaissance exceptionnelle des

1. Pour se démarquer de la recherche individuelle de salut, le bouddhisme du *Mahāyāna* invente une littérature dédiée aux vies antérieures d'êtres divins, destinés à l'Éveil (*bodhisattva*), qui acceptent de retarder leur libération par compassion pour les vivants emprisonnés dans la misère (*cf.* Nāgārjuna, *Les strophes fondamentales du Milieu au nom de « sagesse »*, *infra*, p. 211 et *La lampe de la voie de l'Éveil*, p. 363). De fait, les philosophes du bouddhisme attachent une grande importance à cette lignée surnaturelle de maîtres spirituels.

2. Il est possible de contredire l'affirmation précédente en définissant autrement l'absolu, mais cela déborde le cadre de cette introduction.

Upaniṣad et de Śaṅkara, le conduit à faire du *brahman* qualifié (*viśiṣta*) la seule et unique réalité, le principe unique du monde, la puissance d'être dans sa perfection. Or, s'il existe un absolu, alors la philosophie a pour but non seulement de le connaître, au sens où cette connaissance est une expérience libératrice[1], mais encore d'en déduire l'existence de tout le reste, les humains, les vivants et les choses. Voilà pourquoi tout ce qui existe tire de cet absolu sa possibilité d'exister. En ce sens, l'absolu demeure la raison d'être du monde qui en provient. Le philosophe en déduit que l'existence du Seigneur suprême, cause absolue du monde, n'est qu'une autre façon d'affirmer l'absolu de Śaṅkara, mais en lui ajoutant des qualités (*guṇa*) qui en font une intelligence supérieure ou une puissance personnelle digne d'être adorée. À l'absolu non qualifié (*brahman*) de Śaṅkara, qui reste indifférencié, et presque inconnaissable, Rāmānuja oppose donc l'absolu qualifié (*īśvara*), seul capable de sauver les humains de la servitude de la transmigration. Ainsi exprime-t-il l'immanence relative de dieu dans le monde.

Dans ce cas, ne revient-on pas à l'accusation de panthéisme, longtemps adressée[2] à l'Inde ? Si la cause absolue du monde lui est immanente, alors cela ne signifie-t-il pas que l'absolu est dans le monde ? En vérité, il ne faut pas confondre la relation de l'absolu au monde et du monde à l'absolu. La cause absolue du monde le supporte de toute sa puissance, mais il est incorrect d'en déduire que le monde supporte l'absolu. En général, le support

1. Cf. *supra*, p. 32.

2. Michel Hulin rappelle quels sont les reproches de Hegel à ce propos (M. Hulin, *Hegel et l'Orient*, Paris, Vrin, 1979).

d'une chose ne peut pas être supporté à son tour par celle-ci[1], à moins d'une réciprocité comme entre deux choses d'égale puissance. Mais rien n'égale la puissance de l'absolu. Par conséquent, il est injuste de voir dans la philosophie de l'absolu une expression du panthéisme hindou. En définitive, que ce tout auquel le philosophe a conscience d'appartenir soit l'ordre cosmique ou bien le dieu suprême ou encore l'absolu indifférencié, le désir de s'y fondre n'est-il pas le signe religieux que le philosophe indien aspire à se défaire de son individualité ? Il y a indéniablement une pente mystique de la réflexion philosophique en Inde qui l'entraîne dans cette direction, mais le philosophe qui y consent conserve sa rationalité. Il semble même qu'une certaine rigueur entoure toute expérience mystique et soit parfaitement compatible avec un effort conceptuel pour mettre des mots sur cette épreuve. Ainsi, la philosophie indienne, qui parvient à réconcilier la rationalité et l'aspiration mystique, montre-t-elle que l'on peut cesser d'opposer logique et mystique[2], expérience de libération et conceptualisation philosophique.

1. Madeleine Biardeau cite un autre philosophe de l'*Advaitavedānta*, Maṇḍana Miśra : « Le *Brahman* est tout, mais tout n'est pas le *Brahman* » (M. Biardeau, *L'hindouisme. Anthropologie d'une civilisation*, *op. cit.*, p. 33).

2. Dans un livre récent (*La connaissance mystique*, Paris, Cerf, 2018), Frédéric Nef étudie tous les caractères qui font de la mystique une connaissance rigoureuse, obéissant à sa propre logique.

JAYANTA BHAṬṬA

*NYĀYAMAÑJARĪ** UNE OFFRANDE DE LOGIQUE

PRÉSENTATION
LE DÉBAT ENTRE LE NYĀYA ET LA MĪMĀṂSĀ AUTOUR DE L'ILLUSION PERCEPTIVE

Il est difficile de comprendre en général les thèses philosophiques indiennes sans les rapporter aux débats dont elles sont issues. Autant la philosophie européenne, en effet, se pense sous le régime du dialogue de l'âme avec elle-même, autant la spéculation naît en Inde de la pratique du débat. Les adversaires qui s'affrontent se connaissent bien, parce qu'ils formulent les problèmes philosophiques dans la même langue, le sanscrit, avec un vocabulaire commun et forcément polysémique, pour un objectif inchangé, trouver l'argument qui satisfait le mieux aux postulats de chaque école et qui réfute ceux des autres. Cet exercice constant du débat rend compte, en particulier, du caractère vivant et technique des grands traités indiens, où les objections fusent de tous côtés, réfutées par des réponses aiguisées, avant de revenir sous une nouvelle forme, avec un argument plus affûté, ainsi de suite. La traduction se doit donc de suivre avec exactitude le fil des échanges afin d'en restituer fidèlement les étapes et, surtout, pour faire comprendre, si possible, les raisons philosophiques, mais aussi logiques, épistémologiques, théologiques, qui les animent.

Pour des raisons historiques et culturelles, les philosophes se divisent (dès le début de l'ère commune) en deux grands mouvements, selon qu'ils accordent ou pas une autorité sacrée aux hymnes religieux les plus anciens de l'Inde, ceux qui forment la base culturelle de l'orthodoxie, des rites (les sacrifices), des croyances qui les accompagnent, et que l'on regroupe sous le terme générique de *Veda*. Dans ces conditions, le brahmanisme désigne l'ensemble des écoles qui débattent de la validité et de la vérité du Veda, non pas pour les contester, mais plutôt pour les fonder, les justifier contre ceux qui les attaquent, en premier lieu les philosophes bouddhistes. Or, dans la mesure où le *Veda* se présente comme un ensemble de paroles qui demandent d'abord à être comprises, les philosophies brahmaniques ont pour objectif d'interpréter les paroles védiques pour en dégager le sens. Dans un second temps, une fois qu'il est admis que le sens du *Veda* peut être compris, il faut démontrer la validité et la vérité des connaissances que les hommes en retirent. Deux écoles brahmaniques, la Mīmāṃsā et le Nyāya, s'attachent ici à prouver qu'il existe des raisons incontestables qui fondent l'autorité du Veda, mais elles divergent sur la nature exacte de ces raisons. La première prétend que le Veda tient sa validité de soi-même, que sa vérité est auto-posée, ce qu'elle résume par l'expression de « validité intrinsèque », quand la seconde pense que validité et vérité ont besoin d'être établies de manière extrinsèque, par certains moyens de connaissance, comme la perception, l'inférence, le témoignage verbal.

Dans ce débat théologique et logique, un représentant de la première école veut démontrer que la manière la plus claire de prouver la validité intrinsèque du *Veda* consiste à soutenir que toute connaissance est vraie par elle-même, ce qui inclut aussi bien les cognitions produites par la récitation du *Veda* que les cognitions de la vie courante. Or, chacun sait par expérience que certaines connaissances s'avèrent fausses ou illusoires. Le cas de l'illusion pose le problème le plus redoutable : comment expliquer et justifier que le sujet humain puisse être trompé par certaines cognitions, comme celle de l'argent à la place de la nacre ? L'illusion, si elle demeurait incompréhensible, pourrait remettre en question la croyance en l'autorité des paroles védiques, ce que les philosophes brahmaniques redoutent par-dessus tout, parce qu'ils donneraient des arguments à leurs adversaires bouddhistes. De plus, l'existence d'une connaissance illusoire pourrait servir à réfuter indirectement la thèse de la validité intrinsèque de la connaissance, thèse que soutient la Mīmāṃsā et qui lui sert à fonder la vérité du *Veda*.

Voilà pourquoi le problème que pose l'illusion s'avère brûlant pour la Mīmāṃsā. Pour le résoudre, les philosophes de cette école se séparent en deux branches. Un premier ensemble de penseurs et d'interprètes partagent avec le Nyāya l'idée que l'illusion s'explique par une opération cognitive qu'ils nomment « présentation faussée » (*viparītakhyāti*) : une cognition présente une chose à la place d'une autre, ce que l'on exprime aussi en parlant de « présentation d'une chose autrement qu'elle n'est » (*anyathākhyāti*). Mais, à l'intérieur de la Mīmāṃsā, le philosophe Prabhākara et ses disciples contestent cette thèse pour une raison évidente : elle n'est pas en accord avec la validité intrinsèque des connaissances, puisqu'une cognition s'avère en elle-même fausse. Il se voit donc forcé de proposer une autre thèse, appelée « la non-présentation ou l'absence de présentation » : la présentation de la chose qui est à l'origine de l'illusion n'apparaît pas clairement, elle est « confisquée » (*pramuṣita*), elle n'est donc pas vraiment une présentation. En vérité, le sujet croit percevoir alors qu'il se remémore, mais il n'a pas conscience de se remémorer.

En réponse, un philosophe du Nyāya, Jayanta Bhaṭṭa, qui soutient la validité extrinsèque des cognitions, ne manque pas de lui rappeler que l'illusion doit être falsifiée pour être écartée. Cela signifie indirectement qu'une cognition pourrait rester par elle-même une illusion, si rien d'extérieur ne venait la barrer. Il est donc impossible de soutenir que la présentation ou la cognition est valide par elle-même. Il s'agit donc pour les deux philosophes du brahmanisme de résoudre le problème de l'illusion en accord avec la thèse que soutient chacun à propos de la validité des connaissances. Enfin, avant de présenter sa propre doctrine, le logicien du Nyāya dresse le tableau des théories en présence et, à cette occasion, donne la parole aux bouddhistes qui proposent encore une autre explication du mécanisme de l'illusion. Mais le plus frappant reste la place qu'il accorde à son adversaire : le disciple de Prabhākara prend la parole très longuement avant d'être réfuté par Jayanta, ce qui confirme la prégnance du débat philosophique indien, auquel l'Introduction générale fait amplement référence (*cf.* p. 38 *sq.*).

Dans l'exemple classique de l'argent et de la nacre, repris par tous les philosophes indiens, la connaissance perceptive de l'argent, « ceci est de l'argent », semble vraie aussi longtemps qu'elle n'est pas falsifiée par la connaissance subséquente de la nacre. Or, toute connaissance, en plus de posséder un certain contenu épistémologique, est aussi une opération mentale et cognitive, qui se déroule dans la subjectivité humaine. Voilà pourquoi l'analyse indienne de l'illusion conduite ici contient à la fois des arguments épistémologiques et cognitifs.

À cet égard, quatre hypothèses s'affrontent dans le traité de Jayanta Bhaṭṭa ; deux appartiennent au brahmanisme, deux, au bouddhisme. La première analyse « Ceci est de l'argent » de la façon suivante : le sujet perçoit de l'argent, parce que la couleur argentée (de la nacre) lui rappelle par ressemblance la propriété générale de l'argent, qui se présente alors, bien que remémorée, comme réelle et qui vient qualifier « ceci », à savoir la nacre réellement présente. La présentation d'un quelque chose est donc faussée par le souvenir d'une propriété générale, telle est la première thèse, majoritaire dans la Mīmāṃsā et défendue en définitive par Jayanta (*anyathākhyāti*). La deuxième position, défendue par l'école bouddhique du Milieu (le Madhyamaka), consiste à dire que l'argent, bien qu'irréel et non existant, se présente comme réel et existant (*asatkhyāti*). La troisième, propre aux logiciens bouddhistes du Yogācāra, pose que l'argent n'est pas moins réel que tout autre objet de cognition, dans la mesure où tout ce qui apparaît dans une cognition consciente de soi a la réalité de cette cognition. Mais l'illusion naît de l'affirmation que l'objet existe en dehors de la cognition. Telle est la thèse nommée « la présentation de soi » (*ātmakhyāti*). La dernière, enfin, distingue le philosophe Prabhākara ; il nie à la fois l'existence de l'argent et son inexistence. L'argent possède une quasi-existence, parce que la remémoration qui le rend possible n'est pas appréhendée en tant que telle ; l'argent est donc incomplètement présenté, d'où le nom de sa thèse « la non-présentation » (*akhyāti*). En d'autres termes, l'illusion serait une quasi-présentation, puisqu'une présentation réelle ne peut pas être illusoire, selon ce philosophe, qui soutient la validité intrinsèque des cognitions[1]. À la lecture des différents arguments exposés par Jayanta, on a le sentiment que la position du philosophe Prabhākara occupe une place particulière. Certes, Jayanta finit par le réfuter, mais il semble accorder à son adversaire, presque malgré lui, une prééminence dans le débat, comme si ce dernier fournissait l'explication la plus simple de l'illusion. En effet, il se méfie en général des arguments métaphysiques du bouddhisme, qui en arrivent à donner une existence à l'inexistence. En particulier, il veut rester sur le plan du réalisme le plus strict et faire voir comment se passe concrètement la perception de l'argent à la place de la nacre : le souvenir de l'argent, condition nécessaire de l'illusion, est à la fois déclenché et escamoté par la perception d'un quelque chose, de sorte que l'argent se présente et ne se présente pas en même temps. C'est cette ambiguïté, au fondement même de l'illusion, que la thèse du philosophe Prabhākara semble mettre en évidence avec le plus de simplicité. Au contraire, la doctrine de Jayanta aboutit à identifier l'illusion et l'erreur, comme on le voit à la fin du passage, ce qui la rend inacceptable en un certain sens car cela revient à nier l'existence de l'illusion. Jayanta

1. La position de Prabhākara peut se comparer à celle de Spinoza : toute cognition (idée) montre sa vérité par elle-même, ce qui exclut qu'elle puisse être illusoire. Cela signifie donc qu'une illusion n'est pas une cognition à proprement parler, c'est une pseudo-cognition. Une cognition illusoire s'avère être une connaissance déficiente : la personne qui voit de l'argent à la place de la nacre ne sait pas qu'elle se remémore l'argent ; le souvenir est escamoté, il n'y a donc aucune présentation du souvenir, alors que lui seul explique l'illusion.

a-t-il donc obscurément conscience de l'insuffisance de sa propre thèse ?

On peut résumer les quatre positions en présence ainsi :

– l'argent se présente comme réel alors qu'il est faux (présentation faussée)

– l'argent se présente comme existant alors qu'il est non existant (présentation d'une chose non existante)

– l'argent existe pour autant que sa présentation est consciente de soi (présentation réflexive)

– l'argent ne se présente pas vraiment, parce qu'il n'y a pas de véritable présentation (la non-présentation).

Note sur le texte traduit

Le traité logique du philosophe Jayanta Bhaṭṭa occupe une place à part dans l'école de Nyāya. À l'image des commentaires qui le précèdent, il suit l'ordre des chapitres du traité qu'il explique, le *Nyāyasūtra*, mais il se distingue des philosophes de l'école par son originalité. Il introduit des débats absents des autres textes et il n'hésite pas à entrer dans de longues explications qui révèlent son goût pour l'analyse et la réfutation. Le passage traduit ici est un exemple remarquable de l'habileté dialectique du philosophe, qui rend le débat vivant par l'alternance des objections et des réponses. Aussi, son traité est-il lu aujourd'hui comme une œuvre philosophique presque indépendante de l'école et d'une grande richesse pour comprendre les enjeux des conflits philosophiques de son époque, le IXe siècle.

Il n'existe aucune édition critique de l'ouvrage, bien que l'indianiste nippon Kei Kataoka ait travaillé sur certaines de ses portions. Aucune traduction intégrale n'a vu le jour non plus, à défaut de quoi il reste la version partielle que l'on doit à Bhattacharya[1]. Quant à l'unique commentaire de l'œuvre de Jayanta, que l'on doit à un auteur kashmirien du XI ou XIIe siècle, Cakradhara[2], il se montre assez peu disert dans son interprétation du passage traduit ici. On peut le regretter, d'autant que le sanskrit de Jayanta Bhaṭṭa se caractérise par sa clarté, son élégance et répond à un souci pédagogique constant. On ajoute, pour terminer, que cet ouvrage majeur est traduit en français pour la première fois et que des intertitres ont été ajoutés pour permettre au lecteur de suivre plus facilement le fil des échanges.

1. L'établissement critique de certaines portions limitées du texte par Kei Kataoka est paru dans des revues spécialisées, difficiles à se procurer en Occident. La traduction approximative de J. V. Bhattacharya a été publiée en 1978 (*cf.* Bibliographie).

2. Ce commentaire, appelé *Nyāyamañjarīgranthibhaṅga*, a été publié par Nagin Shah en 1972 (*cf.* Bibliographie).

UNE OFFRANDE DE LOGIQUE

« En vérité, les théoriciens soutiennent quatre thèses divergentes pour expliquer les cognitions illusoires, parce que la chose peut apparaître sous quatre modes : il s'agit de la présentation faussée d'une chose ou bien de la présentation d'une chose non existante ou bien encore d'une présentation réflexive ; il s'agit enfin d'une non-présentation.

[I. *La présentation faussée d'une chose*][1]

En premier lieu, la présentation faussée d'une chose est rejetée[2], parce qu'il n'existe précisément aucune cause susceptible de l'expliquer. En outre, trois options s'offrent pour expliquer qu'une présentation est erronée[3] : ou bien l'argent, perçu en un autre lieu, à un autre moment, devient ici le support ; ou bien la nacre, sa forme naturelle ayant disparu, revêt la forme de l'argent ; ou bien encore autre est le support, autre ce qui apparaît.

1. Dans tous les textes, les ajouts du traducteur sont marqués par des crochets.

2. Jayanta donne longuement la parole à son adversaire, un disciple de Prabhākara, qu'il ne réfutera qu'à la fin de la discussion. Il s'agit ici de Śālikanātha (VIIe siècle), auteur d'une œuvre concise et difficile, la *Prakaraṇapañcikā*, ouvrage plusieurs fois cité par Jayanta.

3. Pour le disciple de Prabhākara, la présentation faussée est une présentation fausse, ce qui est pourtant différent, comme le lui rappellera Jayanta à la fin.

[*Première option*]

Dans l'hypothèse où l'argent est le support[1], il s'ensuit que l'on est exactement dans le cas de la présentation d'une chose qui n'existe pas, et non dans la présentation faussée d'une chose, dans la mesure où ce qui apparaît, l'argent, n'existe pas. [Objection :] Mais il existe bien, ailleurs, à un autre moment.

[Réponse :] Quel avantage ! Parler d'une chose qui existe, mais qui n'est pas présente ici et maintenant. De plus, ce lieu et ce moment qui apparaissent, existent-ils ou non ?

S'ils existent, alors l'argent se présente, tel qu'il existe en ce lieu et ce moment. Dans ce cas, aucune illusion. Mais s'ils n'existent pas, alors ils ne peuvent pas, à l'image de l'argent, servir de support.

[Objection :] Mais l'argent qui brille dans la cognition est monté sur une remémoration.

[Réponse :] Dans ce cas, quel sens donner à l'expression « monté sur une remémoration » ? Le souvenir est essentiellement une connaissance ; comment aurait-il pour objet une chose inexistante[2] ? [Objection :] Mais il est dans la nature propre de la remémoration d'être engendrée par un objet qui n'existe plus.

[Réponse :] Qu'il en soit selon ton désir ! En vertu de cette propriété générale, l'usage devrait s'accorder avec elle ; or nous ne disons pas nous souvenir de l'argent[3]. Plus

1. Dans la présentation « c'est de l'argent », l'argent est le support de la cognition au sens où l'on sait que l'argent existe. Seul ce qui existe peut servir de support à la cognition. Mais ici, l'argent n'existe qu'en général, pas en particulier.

2. Si l'argent remémoré existe dans la présentation, alors il n'existe pas puisqu'il est remémoré.

3. Dans l'illusion de l'argent, personne n'a conscience de se souvenir de l'argent. Et pourtant il apparaît. Donc, l'argent qui apparaît est semblable à une chose inexistante qui apparaît.

précisément, comment cet objet pourrait-il être rendu présent par une remémoration, laquelle n'est engendrée par aucun objet, puisqu'elle n'entre pas en contact avec son objet ? Par conséquent, la présentation faussée d'une chose, qui a pour support l'argent qui n'est pas présent, ne se différencie pas de la présentation d'une chose qui n'existe pas.

[*Deuxième option*]

C'est la nacre qui se présente, mais elle dissimule son apparence naturelle pour prendre l'aspect de l'argent. Il est donc faux d'identifier cela à la présentation d'une chose inexistante.

[Réponse :] Voilà bien un acteur de théâtre sans précédent, qui s'écrie : « Je suis la vertueuse Sītā dissimulée »[1]. En effet, qu'est-ce qui est représenté, la nacre ou bien l'argent ? Si c'est la nacre, au sens où c'est la nacre en tant que nacre qui est représentée, alors l'illusion de l'argent n'a pas lieu d'être ; si c'est l'argent qui apparaît, mais que la nacre est l'objet[2], quelle preuve en donner ? Si vous dites qu'il en est ainsi jusqu'à ce qu'une représentation barre la précédente, nous répondons par la négative. Il est impossible de prouver avec l'aide d'une connaissance ultérieure que la nacre est l'objet de la représentation illusoire. Comme on le sait, l'irréalité d'une chose, appréhendée par une première connaissance, est justifiée

1. Sītā est l'épouse du héros divinisé Rāma dans l'épopée éponyme « Rāmayāṇa » ; il est fait allusion ici à des adaptations théâtrales, où le personnage de Sītā vient de se dissimuler, mais le révèle, ce qui produit un effet comique. On suit ici le commentaire de Cakradhara.

2. Dans la présentation faussée, la nacre qui est l'objet réel prend l'apparence de l'argent ; en ce sens, l'argent est un objet faux qui prend la place de l'objet réel. Mais un objet faux n'est pas un objet inexistant car il se présente dans la cognition. Il s'y présente du moins aussi longtemps qu'une cognition ultérieure ne falsifie pas la cognition précédente.

si cette connaissance est barrée par une seconde connaissance, mais l'objet réel de cette première connaissance n'en est pas établi pour autant[1]. À moins d'admettre, sans qu'aucune cognition ne barre la précédente, qu'un homme, indifférent à l'existence d'un objet, se demande : « quel est l'objet de cette représentation ? » [Cela est absurde.] Par conséquent, ce qui apparaît là, l'argent, c'est lui l'objet[2]. Voilà ce qu'il convient de dire. Quant à l'argument selon lequel la nacre dissimule son aspect naturel, il est digne d'un ignare[3].

[*Troisième option*]

Quant à ceux qui soutiennent, relativement à la connaissance illusoire, que la nacre est le support, bien que l'argent apparaisse, nous leur souhaitons bon courage. Le fait d'être un support n'est pas conditionné par la proximité réelle ; sinon l'endroit proche serait aussi un support. Le support d'une pensée n'est autre que ce qui s'y présente[4], ce qui exclut que l'on dise que le support est différent de ce qui est représenté. D'où il suit que l'argent est bien le seul objet que la pensée puisse saisir ;

1. La cognition ultérieure, qui falsifie la première, prouve que l'objet de la première n'est pas réel, mais cela ne montre pas quel est cet objet : est-ce la nacre ou l'argent ?

2. Il faut cesser de scinder la cognition en deux, l'objet et ce qui se présente, car l'objet de la cognition n'est pas différent de ce qui s'y présente ; c'est donc l'argent.

3. Et pourtant. Sous certaines conditions, on le sait, comme la lumière, la distance, un objet peut apparaître autrement qu'il n'est, donc prendre une apparence trompeuse. Jayanta le rappelle à la fin en évoquant le cas des organes sensoriels défectueux.

4. Le philosophe récuse aussi bien la scission entre le support et l'objet apparent car il faudrait expliquer comment un support existant, comme la nacre, peut apparaître autrement, sous l'apparence de l'argent, ce qui revient à admettre la thèse de la « présentation faussée ».

or, il n'existe pas[1]. Donc, la présentation faussée d'une chose ne se distingue pas de la présentation d'une chose inexistante.

[II. *La présentation d'une chose inexistante*]

La doctrine de la chose non existante est-elle plus probante ? L'approuvons-nous ? Je réponds par la négative car elle ne convient pas.

Que signifie « présentation d'une chose inexistante » ? Est-ce d'une inexistence absolue de l'objet dont il est question ? Ou bien si l'objet existe ailleurs, dans un autre lieu, dans ce cas, on rejoint la doctrine de la présentation faussée d'une chose. Car l'argent existe bien, il faut l'admettre, quand d'autres peuvent le percevoir. Donc, il te faut reconnaître que l'argent existe dans un autre lieu.

[Objection :] Il s'agit de la présentation d'une chose qui n'existe absolument pas.

[Réponse :] Cela n'est pas très habile : l'inexistence de l'argent n'a pas l'apparence de l'inexistence d'une fleur céleste[2]. [Objection :] En vertu des imprégnations[3], même des choses [absolument inexistantes] peuvent apparaître. [Réponse :] Non. Les imprégnations ne deviennent pas actives sans un objet. On dit que l'imprégnation est une empreinte [non consciente] recueillie à la suite de

1. La présentation faussée est donc une cognition où ce qui se présente, l'argent, est tenu pour vrai alors qu'il n'existe pas, puisqu'il est faux. L'illusion est proche de l'erreur.

2. La fleur céleste est l'exemple canonique de l'inexistence absolue.

3. Les philosophes indiens font appel au concept d'imprégnation (*vāsanā*) et d'empreinte (*saṃskāra*) pour expliquer l'influence inconsciente que des images, des idées, des événements peuvent exercer sur l'esprit. Ainsi, l'esprit peut-il imaginer une chose absolument inexistante sous l'action d'imprégnations non conscientes laissées par des expériences passées.

l'expérience d'un objet. Par conséquent, comment pourrait-elle être la cause de l'apparition d'un objet inexistant ?[1] À moins qu'un bouddhiste comme toi n'ait une autre conception de l'imprégnation. Dans ce cas, pourquoi produit-elle la représentation de l'argent, et non celle d'une fleur céleste, puisqu'il n'existe aucune règle qui permette de différencier une inexistence d'une autre inexistence ? En voilà assez ! « Une chose absolument inexistante »[2]. Cette expression n'a pas la capacité de supporter le si lourd et si grand fardeau de l'usage des mots. Et si l'argent, qui n'existe pas, apparaît comme existant, alors cette conception ne se démarque pas de la présentation faussée d'une chose.

[III. *La présentation réflexive*]

Il serait donc préférable d'admettre la présentation réflexive. La conscience cognitive, en vérité, se perçoit elle-même par elle-même, dans la mesure où il n'est pas établi qu'il existe une chose extérieure [à la conscience] susceptible d'être appréhendée. Or, la pensée s'éclairant par soi-même tend, par cela même, à s'extérioriser. Voilà comment elle supporte le train du monde, bien qu'elle soit vide de tout objet[3]. Mais cette doctrine n'est pas plus judicieuse. Dans la mesure, en effet, où ce qui apparaît

1. L'invention d'un objet parfaitement inexistant est exclue par le débatteur sans raison. Il se contente de dire qu'il faut bien partir d'un objet existant, comme dans la doctrine européenne de l'imagination reproductrice.

2. L'expression devient auto-contradictoire puisqu'elle évoque une chose pour prédiquer l'inexistence de cette chose. Même la fleur céleste existe d'une certaine manière, dans la culture.

3. La doctrine de la conscience cognitive (*vijñāna*) postule que seule la conscience existe. Elle en déduit que l'apparition d'un objet faux, comme l'argent, n'est rien d'autre qu'une extériorisation de la conscience, laquelle, sous l'action de certains facteurs, s'apparaît à elle-même sous la forme de cet objet.

n'est autre que la conscience cognitive qui fait retour sur soi, on devrait avoir la perception « je suis argent », non celle-ci « ceci est de l'argent »[1]. [Objection :] « Ce qui a la forme d'un objet de connaissance interne apparaît comme extérieur[2] ». [Réponse :] Cela revient à identifier cette cognition avec la présentation faussée d'une chose[3]. La cognition d'une chose inexistante, elle-même, il faut bien qu'elle existe puisque rien d'extérieur à la pensée n'existe.

[Objection :] « La pensée seule existe ».

[Réponse :] Dans ce cas, l'extériorité mérite d'être questionnée : existe-t-elle ou non ? Elle ne peut pas exister puisqu'on nie qu'il existe une extériorité de la pensée. Donc elle n'existe pas. Voilà pourquoi cette thèse se réduit à la présentation d'une chose qui n'existe pas[4]. En conclusion, les trois doctrines se recoupant et se contredisant logiquement l'une l'autre, la non-présentation est la meilleure des quatre.

1. Dans la mesure où la réflexivité de la conscience cognitive inclut le retour de toute cognition vers soi, et que le soi se réduit au moi pensant, il en découle que le moi devrait apparaître dans toute cognition réflexive. Plus précisément, il faudrait dire : « En moi, ceci est de l'argent ».

2. Cette citation est extraite de l'ouvrage majeur du logicien bouddhiste Diṅnāga, fondateur de la doctrine de la conscience réflexive (*vijñānavāda*). Le *Pramāṇasamuccaya* « L'accumulation des preuves », tel est son nom, a été étudié en détail par le grand indianiste japonais M. Hattori (*Dignāga. On Perception*, Cambridge (Mass.), Harvard University Press, 1968). L'idée est la suivante : La connaissance se rapporte à elle-même sous la forme d'un objet, parce qu'elle est pourvue d'une forme, ce qui signifie que l'expression « objet de connaissance » (*jñeya*) devient un pléonasme. Dans la mesure où tout objet est interne à la conscience réflexive, il est impossible de prouver qu'il existe un objet externe à cette dernière. Il faudrait pour cela sortir de la conscience, ce qui est absurde aux yeux du bouddhiste.

3. Puisque ce qui est intérieur apparaît comme extérieur, cela rappelle le schéma de la présentation faussée, où ce qui est inexistant apparaît comme existant.

4. Si l'extérieur n'existe absolument pas, alors cela revient à la doctrine précédente.

[IV. *La doctrine de la non-présentation*]

D'abord, elle est irréfutable par les trois autres théoriciens.

Dans la doctrine de la présentation réflexive, la présentation de la conscience cognitive n'est pas entièrement réflexive, puisqu'une séparation se manifeste[1] [entre la conscience et son apparaître sous forme de « ceci »]. Dans la doctrine d'une chose qui n'existe pas, l'inexistence de l'objet ne peut pas non plus apparaître[2] ; sinon il s'ensuivrait la disparition du commerce des mots et des activités. Dans la doctrine de la présentation faussée d'une chose, l'argent apparaît, il est présent pour produire la connaissance, mais on ne veut pas d'une apparence qui ne la produirait pas.

Il en résulte qu'on admet que l'argent cause la perception pour autant qu'il est remémoré[3]. D'où il suit que la remémoration de l'argent est inévitable. Pourtant, elle ne se manifeste pas sous sa forme propre : « Je me souviens ». Par conséquent, les vrais logiciens postulent que la remémoration se dérobe[4]. Il en va exactement comme pour la remémoration de la relation d'implication entre le signe [et l'objet inféré], en présence d'un objet maintes fois

1. Dans l'exemple « ceci est de l'argent », on peut admettre que l'apparence de l'argent manifeste l'apparaître de la conscience à soi ; mais que faire du déictique « ceci » ? Il ne reflète pas la conscience puisqu'il renvoie à une existence extérieure au discours qui l'exprime.

2. Si un objet inexistant peut prendre l'apparence d'un objet existant, alors la confiance ordinaire dans les mots s'en trouve amoindrie : on peut utiliser dans la littérature des mots qui n'ont aucun référent, mais cela n'est pas envisageable dans l'usage quotidien.

3. L'argent produit l'illusion non en tant qu'il est perçu à présent, mais en tant que remémoré. En vérité, il est perçu à présent – « ceci est de l'argent » – uniquement parce qu'il est remémoré.

4. Il se passe donc bien une remémoration de l'argent pour que l'argent apparaisse, à condition d'ajouter que l'acte de remémoration n'apparaît pas à la conscience du sujet, il est confisqué.

perçu[1]. On appelle « non-présentation » cette confiscation de la remémoration, puisque le caractère de remémoration n'est pas saisi en tant que tel. S'il en est ainsi, la non-présentation est postulée par tous les théoriciens. Voilà comment les partisans de Prabhākara ont connu la gloire.

[V. *Les objections faites par Jayanta Bhaṭṭa à la doctrine de la non-présentation*]

[Objection :] Il faut bien que dans la perception « argent » il n'y ait pas trace de la remémoration en tant que telle. Mais, dans la mesure où un objet, qui est présent, apparaît sous la forme « ceci[2] », comment prétendre qu'il n'y a pas de présentation ? [Réponse :] L'objet présent n'est visiblement pas saisi sous la forme « ceci est de la nacre » ; autrement, il n'y aurait aucune illusion. Ce qui apparaît, c'est une sorte de chose, douée d'une fausse propriété, comme la brillance de la nacre. Or, à cause de cette similitude de la propriété, on se souvient à ce moment-là de l'argent. Ces deux cognitions, la perception et la remémoration, bien qu'elles soient distinctes, ne sont pas saisies distinctement[3]. La non-saisie de cette distinction est la non-présentation. Mais il n'est pas vrai que rien ne soit

1. Dans l'exemple canonique de l'inférence – « il y a du feu sur la montagne, parce qu'il y a de la fumée » – la vue du signe, ici la fumée, déclenche la remémoration de la relation d'implication entre la fumée et le feu : là où la fumée existe, le feu existe ; sans feu, il n'y a pas de fumée. Or, le sujet qui infère n'a pas conscience de se souvenir de ladite relation. Elle est donc confisquée.

2. Le « ceci » désigne aussi un certain objet, puisqu'on désigne bien quelque chose en disant « ceci ». Il est donc faux de prétendre que rien ne se présente, par suite il est inexact de dire qu'aucune présentation ne se produit ici.

3. On perçoit « ceci », mais on se souvient de l'argent. Il existe donc deux cognitions distinctes, mais la conscience ne les distingue pas. En ce sens, elles ne se présentent pas dans la conscience, d'où l'idée qu'il n'y a pas de présentation à proprement parler.

obtenu. [Objection :] Admettons que la différence de support entre les deux cognitions différentes ne soit pas saisie ; est-ce autre chose, à savoir une identité de support[1], qui est appréhendée ? [Réponse :] Mais on ne saisit pas cette identité de support sous la forme : « c'est de l'argent ». Car cela reviendrait à la présentation faussée d'une chose, où le sujet connaissant, parce qu'il ne pourrait pas saisir cette distinction de support, devrait chercher à se procurer l'argent. À cause de cette confusion, son comportement serait celui d'un homme qui s'imagine une identité de support. Voilà le résultat auquel aboutit ce raisonnement[2]. Certains[3] veulent en plus qu'un raisonnement fondé sur une identité de support prenne place tout de suite après la remémoration, mais nous ne leur faisons aucune confiance. En vérité, dans l'hypothèse de la non-présentation, on peut se priver de la conscience d'une identité, mais il faudrait des mots tordus pour exposer la doctrine tordue de la non-présentation d'une identité.

[Objection :] Si l'on admet votre thèse qui consiste à dire qu'il n'y a pas de présentation, alors comment expliquer qu'une représentation barre la précédente, sous la forme

1. La personne qui dit « ceci est de l'argent » énonce ce que les grammairiens nomment une « communauté de support » entre le sujet et le prédicat. Il faut donc bien, objecte l'adversaire, que cette communauté soit saisie et présentée par la conscience.

2. En vérité, il ne s'agit pas d'une réelle relation de sujet à prédicat. Dire « ceci est de l'argent » ne revient pas à affirmer « la table est blanche » car l'argent n'est pas un prédicat, mais un souvenir, qui plus est dérobé à la conscience. Il faut donc cesser de croire en une seule cognition quand il en existe deux, une perception et une remémoration, non distinguées.

3. Selon le commentateur Cakradhara, Jayanta fait référence à des disciples dissidents de Prabhākara, qui intercalent un raisonnement entre le souvenir escamoté et la perception illusoire qu'il provoque. En réponse, le représentant de la thèse de la non-présentation leur fait remarquer qu'ils n'ajoutent rien d'essentiel, sinon des « mots tordus » à une thèse qui en devient « tordue ».

« ceci n'est pas de l'argent », représentation qui vient nier l'argent supposé ?

[Réponse :] Imbécile bien-aimé des dieux ! Ce n'est pas la négation de l'argent qui est posée par cette cognition [« ceci n'est pas de l'argent »]. Mais c'est la distinction, non saisie jusqu'à présent, qui se manifeste. Cela signifie : il n'est pas vrai que ceci, à savoir cet argent-ci, soit de l'argent.[1] En témoigne ce qui est dit : « Autre, ceci, autre, l'argent » ; la distinction que voilà devient connue.

[Nouvelle objection :] Admettons que dans la perception illusoire « ceci est de l'argent » on ne saisisse pas la distinction entre le souvenir de l'argent et la perception de ceci ; mais dans le rêve, cette non-distinction existera-t-elle aussi ?

[Réponse :] Tu es stupide avec ton rêve. Il arrive que le souvenir et la perception ne soient pas saisis distinctement. Mais dans le rêve, la remémoration seule existe ; simplement elle n'est pas saisie en tant que telle.[2]

1. Les grammairiens indiens distinguent syntaxiquement deux négations, la négation de mot et la négation de phrase, et sémantiquement deux sens correspondants de la négation, la négation qui exclut et celle qui nie ce qui est présupposé. Ainsi, le philosophe du *Nyāya* prétend-il que dans la cognition « ceci n'est pas de l'argent », on nie le mot « argent » en excluant l'argent de la perception, Au contraire, le disciple de Prabhākara soutient que l'on nie la perception sous la forme : « Il n'est pas vrai que ceci soit de l'argent » en niant l'argent présupposé par la perception illusoire, ce qui fait apparaître la distinction entre « ceci » et « argent ». Il est indéniable que ces deux usages de la négation engagent deux compréhensions distinctes de ce qui est nié : soit le « ceci » perçu exclut l'argent (position du *Nyāya*) soit on nie la perception globale qui présuppose l'existence de l'argent (position de Prabhākara).

2. Le cas du rêve est différent parce qu'il repose sur une remémoration non saisie en tant que telle car le dormeur n'a pas conscience de rêver ; en l'absence de toute perception, la question de la non-distinction ne se pose donc pas.

[Objection :] Mais comment la remémoration peut-elle ne peut pas apparaître en tant que telle ?

[Réponse :] On sait qu'il existe de multiples causes du souvenir. En vérité, le sens interne[1], parfumé [par les imprégnations inconscientes] pendant le sommeil, est la cause de la remémoration. [Objection :] S'il en est ainsi, comment admettre la confiscation de la remémoration dans des illusions comme la lune qui paraît double ou le sucre qui paraît astringent ?

[Réponse :] Tu es le fleuron des bâtards. Comment fais-tu pour ne pas comprendre ce qui est mentionné à répétition ? Il ne s'agit pas de prétendre que la confiscation du souvenir se produit dans tous les cas ; mais la non-présentation, elle, a lieu, dans tous les cas. Il arrive que la distinction entre expérience et souvenir ne soit pas saisie ; mais il arrive aussi que la remémoration ne soit pas saisie en tant que telle.

Il arrive que l'œil voie double dans les ténèbres et qu'il ne puisse pas saisir l'unicité de l'astre du printemps. Il arrive qu'on ne saisisse pas la douceur du sucre à cause de l'astringence présente dans la bile à la suite d'une mauvaise saveur. On saisit l'astringence présente dans la bile, mais on ne distingue plus le sucre dans les morceaux avalés. Voilà comment sont expliquées différentes sortes de non-présentation dans les exemples de la jaunisse et du reste.[2]En tout état de cause, dans tous les cas, nous affirmons que l'illusion consiste en une non-saisie. Aucune cognition

1. Par « sens interne » (*antaḥkaraṇa*) les philosophes indiens entendent une fonction intellectuelle dont l'opérateur principal est l'esprit (*manas*). Dans l'école de *Sāṃkhya*, le sens interne regroupe la faculté de penser, le moi et l'esprit (*Cf.* Īśvarakṛṣṇa, *Les strophes de l'école de Sāṃkhya*, *infra*, p. 191).

2. Dans tous les exemples cités, une forme de non-présentation est la cause de l'illusion.

erronée ne vient causer un doute. Or, une personne en qui ne s'élèvent ni erreur ni doute n'a nul besoin d'une confirmation[1]. Voilà pourquoi personne n'admet la validité extrinsèque de la connaissance. La solution est d'adopter la validité intrinsèque de la connaissance : elle seule donne une solution[2] au Veda. Et il faut répéter ici, comme plus haut[3], qu'il n'existe aucune des deux raisons de la réfuter.

[VI. *Réponse de Jayanta Bhaṭṭa et démonstration de la thèse du Nyāya*]

Voici comment nous répliquons.

Dire que dans l'illusion « ceci est de l'argent » la nature propre qui fait la différence entre les deux connaissances, le souvenir et l'expérience directe, n'est pas saisie, cela n'a rien d'évident.

D'abord il s'ensuit qu'on devrait avoir un seul et unique acte de conscience, comme dans la doctrine de la

1. Si l'illusion résultait d'une cognition faussée, alors elle ferait naître un doute du genre « Que vois-je ? » et le besoin d'une confirmation ou d'une infirmation ; au lieu de cela, le sujet n'a aucun doute au moment de l'illusion. Voilà pourquoi la cognition falsificatrice « ceci n'est pas de l'argent » n'infirme pas l'illusion, elle exprime seulement la distinction entre « ceci » et « argent » et sert à exclure la perception de l'argent.

2. La boucle est bouclée. Toute la discussion est partie d'une question : le Veda est-il valide par lui-même ou bien l'est-il par des moyens extérieurs ? Ou plutôt : la connaissance du Veda est-elle valide en soi ou non ? Le disciple de Prabhākara soutient que la connaissance est toujours valide par elle-même, ce qui signifie que la connaissance illusoire n'est pas une réelle connaissance, elle n'est qu'une non-connaissance, une pseudo-connaissance. Voilà pourquoi il conclut que sa doctrine de la non-présentation est le meilleur auxiliaire de la doctrine de la validité intrinsèque du Veda.

3. Au début du livre 3, en effet, Jayanta s'appuie sur la *Mīmāṃsā* pour rappeler quelles sont les deux réfutations possibles d'une doctrine : soit elle est infirmée et « barrée » par la réalité soit elle est entachée de défauts (p. 431 dans l'édition de Mysore).

reconnaissance[1]. Un quelque chose de général, là présent sous les yeux, qualifié par la brillance, est particularisé par le fait d'être de l'argent. Il en va comme dans la cognition de l'argent véritable, lorsque ceci, là sous les yeux, est de l'argent. Car l'argent n'apparaît pas en tant qu'il a été perçu, mais en tant qu'il est perçu au moment présent. Or, on appelle souvenir la non-saisie de ce qui a été perçu, mais pas de ce qui est perçu au moment présent[2]. Ton point de vue consiste à dire que la conscience s'éclaire d'elle-même. Dans ce cas, il importe de savoir sous quelle forme apparaît la conscience de l'argent. Si c'est un souvenir, à quoi bon parler d'une confiscation. Ou bien si c'est une expérience directe, alors cela revient à la doctrine de la présentation faussée car la remémoration prend l'aspect de l'expérience comme la nacre prend l'aspect de l'argent[3]. Ou bien on peut affirmer que l'illusion se présente comme un simple acte de conscience ; mais cela est insuffisant car elle porte la trace d'un objet, l'argent. Or il ne se peut pas

1. La doctrine de la reconnaissance caractérise la philosophie du représentant le plus célèbre du tantrisme, Abhinavagupta. Ce dernier s'attache à montrer qu'il existe des instants de ravissement philosophique et esthétique, où perception et remémoration se fondent en un seul acte de conscience qu'il nomme « reconnaissance ». Pour reconnaître, en effet, il faut avoir déjà connu, avec cette différence que le souvenir est éprouvé dans le moment présent, comme si le souvenir et le présent ne formaient plus qu'un seul moment de conscience.

2. Contre la thèse de la non-présentation, qui repose sur l'idée que le souvenir n'est pas saisi dans le moment présent, Jayanta rappelle que le souvenir n'est jamais éprouvé au présent, mais qu'il est le retour, dans le présent, du passé en tant que passé.

3. Il n'existe qu'une seule cognition, non pas deux comme le pense l'adversaire, et il convient de savoir si c'est une perception ou une remémoration. Jayanta laisse entendre ici qu'une remémoration, si elle produit l'illusion, ne peut pas être confisquée ; elle doit apparaître d'une manière ou d'une autre.

que cette conscience d'un objet soit privée de la différence entre le souvenir et la perception éprouvée. Et il ne convient pas de dire non plus que celle-ci, la conscience de l'objet, n'est pas obtenue. Même quand on se trouve à la lisière de l'ivressc, de l'hallucination, on sait par expérience que la conscience s'éclaire elle-même. Elle s'éclaire donc autant en présentant la partie « ceci » qu'en présentant la partie « argent »[1]. En outre, si on admet qu'une seule et même conscience contient deux éléments, l'un obtenu par la perception, l'autre résultant de la remémoration, d'où vient la différence ? En disant « ceci », qu'est-ce qui apparaît ? Voilà ce qu'il faut examiner. Si c'est toute la nacre, la nacre ornée de toutes ses propriétés, qui apparaît, alors au moment où on l'aperçoit, il n'y a plus de place pour la remémoration de l'argent. Ou bien si tu admets qu'une remémoration se produit à cause de la ressemblance, tu ne peux pas supposer qu'elle échappe à la conscience, comme lorsqu'on se souvient d'un homme qui ressemble à Devadatta qu'on vient d'apercevoir.

Si tu prétends que ce qui apparaît dans la cognition « ceci » est une chose en général, non pas la nacre en totalité, je te l'accorde facilement. Voici ce qui se passe : sur la base de la saisie d'une propriété générale, la cognition « ceci est de l'argent », qui naît du souvenir d'une particularité contraire [à la propriété générale], elle-même associée à une empreinte contraire, aboutit à particulariser ce qui est

1. Si l'adversaire affirme qu'il existe une conscience vague d'un quelque chose, qualifiée par un souvenir dérobé, alors il n'y aurait pas d'illusion ; ce serait comme dans l'ivresse, où la conscience s'éclaire elle-même plus qu'elle n'éclaire ses objets. On ne dit pas « Je vois de l'argent » comme on dit « Je vois un éléphant rose ». Dans le second cas, la conscience hallucinée détruit l'objectivité de l'hallucination, alors que la conscience illusoire reste conscience d'un objet (de l'illusion).

général, en considération de la communauté de support selon laquelle le « ceci » est de l'argent. C'est parce qu'on s'imagine faire l'expérience de l'argent, qu'on se comporte en conséquence en cherchant à se le procurer[1].[Objection :] On se comporte ainsi parce qu'on ne saisit pas la différence entre la remémoration et l'expérience perceptive.

[Réponse :] On l'a entendu, ton argument, car tu l'as emprunté à la maison du bouddhiste Dharmakīrti[2] : « On se comporte ainsi quand on confond les deux objets, ce qui est perceptible et ce qui est imaginaire ». Mais cet argument que tu as dérobé ne nourrit pas du tout ta cause. En effet, aussi longtemps que ne se produit pas la cognition « un objet perceptible est saisi », personne ne désire se le procurer. Il en va de même ici aussi : tant que n'apparaît pas la cognition « l'argent est saisi », personne ne cherche à l'obtenir. Par conséquent, il y a bien une saisie de l'argent, pas simplement une confiscation de sa remémoration[3]. [Objection :] Même les partisans de la doctrine de la présentation faussée doivent admettre la remémoration de l'argent.

[Réponse :] C'est vrai. Nous admettons qu'on se souvient d'une particularité appartenant à l'argent. De la même façon qu'en présence d'un objet, parce qu'on saisit la propriété commune comme la grandeur et qu'on ne saisit

1. Dans l'illusion on s'imagine percevoir l'argent, alors qu'on s'en souvient, mais le souvenir de l'argent particulier (vu dans des expériences passées) qualifie la propriété générale qui, elle, est perçue, sous la forme « ceci est de l'argent ». Par conséquent, on perçoit une chose en général particularisée par le souvenir de l'argent.

2. Après Diṅnāga, Dharmakīrti est le grand représentant de l'école *Vijñānavāda*. La citation est probablement extraite de son ouvrage principal, *Pramāṇavārttika*, mais mes recherches sont restées vaines.

3. On perçoit bien quelque chose qui nous rappelle autre chose, mais le souvenir de l'argent qui pourrait apparaître est empêché par la saisie de l'argent qui qualifie la propriété générale d'exister.

pas la particularité qui distingue un poteau et un homme, on garde le souvenir de leur différence et l'on est pris d'un doute[1], de même ici on saisit la propriété commune, la blancheur, sans la particularité, mais à cause du souvenir de la particularité appartenant à l'argent, la cognition de l'argent se produit en présence de la chose, ce qui n'est rien d'autre qu'une erreur. En vérité, en cas de doute, on se souvient de la différence entre les deux objets, mais ici on se souvient de la différence appartenant à l'un des deux, voilà la différence. De plus, une personne qui n'a pas déjà perçu de l'argent ne peut pas avoir cette illusion ; il en va de même si l'on n'a pas déjà saisi une ressemblance, la blancheur par exemple. On ne peut donc pas, seulement avec la remémoration, en déduire cette cognition illusoire, parce qu'on doit avoir conscience qu'une cognition faussée résulte de la remémoration. Voilà pourquoi ceux[2] qui parlent d'un raisonnement qui fait suite à la remémoration sont préférables [aux autres disciples de Prabhākara] : ils ne nient pas ce qui leur apparaît[3]. Mais s'il faut se demander quelle est la cause responsable de l'erreur, voilà ce qu'en disent les logiciens : « Si l'on est assuré de l'effet, à quoi bon réfléchir à la cause ; si l'on n'est pas assuré de l'effet,

1. Quand on voit de loin, on ne sait pas si l'on aperçoit un poteau ou bien un homme. Mais ici, le doute n'apparaît pas parce qu'on se souvient de l'argent à cause de la ressemblance. Simplement l'argent reste une particularité remémorée qui qualifie la chose perçue, de sorte que l'argent est perçu lui aussi.

2. Comme on l'a vu, référence est faite ici à des dissidents.

3. La perception d'un quelque chose est associée à une remémoration, c'est vrai, à condition d'ajouter qu'il s'agit du souvenir d'une propriété particulière causée par une ressemblance ; à cause de cela, la perception est faussée par cette remémoration. Si l'on se souvenait d'un argent particulier, perçu dans le passé, alors la perception ne serait pas faussée ni illusoire, parce qu'il s'agirait d'une réminiscence ordinaire : je perçois quelque chose de brillant qui me rappelle un objet d'argent déjà perçu.

à quoi bon réfléchir à la cause »[1]. Or, comme il est impossible qu'un effet ne dépende pas d'une cause, il faut faire une hypothèse. Justement on fait l'hypothèse qu'un organe des sens défectueux [est la cause de l'erreur ou de l'illusion], comme dans la reconnaissance où un sens a pour auxiliaire les empreintes latentes[2]. Des germes abîmés, bien qu'ils ne donnent pas de nouveaux bourgeons, produisent cependant un effet, sous la forme d'un grain de riz, plus ou moins bon.

En conséquence, quand, à cause d'un organe défectueux, on perd la capacité de distinguer la différence réelle qui appartient à l'objet présent, comme son aspect triangulaire, et qu'on a en plus le souvenir d'une différence, mais associée à une propriété générale, qui appartient à un autre objet [que l'objet perçu], la cognition faussée se produit. Le sens est dit défectueux uniquement par rapport à la connaissance vraie, mais il est bien la cause de son effet, la connaissance erronée ; par rapport à cela, il n'est pas pris en défaut.

En conclusion, dans la cognition « [ceci est] de l'argent », on a la perception de quelque chose ; ce n'est pas une remémoration confisquée. »

1. Cette *kārikā* pourrait être tirée du *Pramāṇavārttika* de Dharmakīrti, mais je ne l'ai pas localisée.

2. La question de la cause de l'illusion est à traiter séparément. Jayanta admet qu'un sens défectueux puisse produire l'erreur ou l'illusion, comme dans la situation où l'on reconnaît un objet vu de loin à cause de sa ressemblance avec des empreintes laissées par d'autres objets, mais cela n'explique pas l'illusion en elle-même. De plus, le sens est déficient par rapport à une perception correcte, mais sa déficience ne concerne pas l'illusion, puisqu'il la produit bien.

ŚAṄKARA

BHAGAVADGĪTĀBHĀṢYA *
LE COMMENTAIRE AU CHANT DU BIENHEUREUX

PRÉSENTATION
RENONCER À AGIR SELON L'ADVAITAVEDĀNTA

Le contexte philosophique

Il est rare qu'un texte littéraire, qui appartient par définition en Inde au domaine de la culture (*smṛti*)[1], soit comme sacralisé par la philosophie et inscrit rétrospectivement dans la tradition religieuse. Tel est le cas avec la *Bhagavadgītā*, court poème didactique placé au cœur de l'immense épopée du *Mahābhārata*. Le Chant du Bienheureux, si l'on traduit littéralement le titre sanscrit, expose l'enseignement que le cocher divin Kṛṣṇa adresse au guerrier Arjuna, au moment précis où ce dernier, envahi par la pitié, refuse de combattre

* *The Bhagavadgita with eleven commentaries*, Bombay, The « Gujarati » Printing Press, 1938.

1. L'idéologie brahmanique se structure autour de l'opposition entre la Révélation (*śruti*) et la Culture (*smṛti*), la première renvoyant à la confrontation directe entre l'individu et la parole védique qu'il faut entendre (le verbe *śru* signifie « entendre »), quand la seconde repose sur la remémoration (le verbe *smṛ* désigne l'action de se remémorer) d'un savoir appris. En ce sens, on perçoit la parole qui se révèle alors qu'on se souvient de l'enseignement reçu.

contre l'armée ennemie où il reconnaît toute la lignée de ses cousins. Décidé à dissiper les sentiments et les doutes qui assaillent Arjuna, Kṛṣṇa le persuade de pratiquer l'ascèse (*yoga*) tout en s'élevant par le renoncement au-dessus de ses propres actions. En réponse, le guerrier semble incapable de concilier l'idéal du renoncement, propre aux ascètes de l'Inde ancienne, avec l'obligation de combattre, donc d'agir. Un clerc européen ne manquerait pas de reconnaître ici le dilemme qui s'est posé, entre le Xe et le XIIe siècles, aux ordres monastiques, forcés par l'histoire de prendre les armes, mais incapables d'abandonner la doctrine pacifiste du Nouveau Testament. De la même manière, bien que le contexte soit entièrement différent, le guerrier Arjuna ne parvient pas à comprendre comment le dieu Kṛṣṇa peut à la fois lui prescrire de renoncer à se croire l'auteur des actions qu'il accomplit et lui commander de pratiquer l'ascèse. L'incompréhension d'Arjuna reflète, semble-t-il, son embarras à rendre raison de deux formes d'ascèse qui s'opposent à ses yeux, et que le poème distingue clairement dans le Chant II (*Strophe 39*). La première, désignée par le nom *sāṃkhya*, enseigne à s'identifier à l'absolu (*brahman*) par la connaissance, en vertu de quoi l'ascète renonce à agir et demeure dans la voie de la connaissance. La deuxième, qu'exprime le nom *yoga*, repose sur la nécessité de discipliner le mental afin d'accéder, par la pratique de l'ascèse (*yoga*), à l'absolu. On dit ainsi de l'une qu'elle revient à une ascèse dans la connaissance (*jñānayoga*) et de l'autre qu'elle aboutit à une ascèse dans l'action (*karmayoga*). Or, la Gita se refuse à donner la préférence à l'une de ces deux formes de détachement, et cela d'autant moins qu'elle dessine même une troisième forme d'ascèse, qualifiée par la dévotion (*bhakti*). Est-ce surprenant ? En un sens, cela signifie que *la* voie n'existe pas, pas plus qu'il n'existe qu'une seule façon de résoudre le problème qui se pose à Arjuna. En effet, il est pris dans un dilemme moral qui semble insoluble : s'il respecte son devoir de combattre, il fait couler le sang de ses cousins, mais s'il les protège de ses armes, il abandonne son devoir de guerrier. Comment pourrait-il donc devenir un guerrier et un renonçant à la fois ?

La résolution de ce conflit passe forcément, dans les trois formes d'ascèse, par la conciliation entre le détachement et l'action. Qu'il adopte la voie de la connaissance, de l'action ou de la dévotion, en effet, Arjuna doit apprendre à agir sans être accusé d'avoir cédé à une intention criminelle. Plus précisément, il a l'obligation de renoncer à retirer un quelconque profit pulsionnel de l'action qu'il va entreprendre. Cette condition étant remplie, son dilemme est dépassé puisqu'il respecte et le devoir de prendre les armes et celui de ne pas désirer la mort de sa famille. Encore faut-il qu'il pratique effectivement l'une ou l'autre des trois ascèses évoquées. S'il en est ainsi, n'est-ce pas une manière de dire que la pratique l'emporte sur toute autre exigence ? En termes philosophiques, ne peut-on pas dire que la situation commande au guerrier Arjuna de pratiquer le pur détachement ? Telle est la signification du problème qui se pose à Arjuna au début du Chant V.

Quand le philosophe Śaṅkara entreprend au VIIIe siècle de commenter la *Bhagavadgītā*, il sait parfaitement utiliser les règles de l'herméneutique au service de sa vision personnelle du poème. Il s'attache, en particulier, à trouver une solution au problème d'Arjuna qui soit conforme avec sa doctrine de la non-dualité absolue (*advaita*). Śaṅkara, en effet, partage avec les sotériologies de son temps (*Sāṃkhya*, *Yoga*, bouddhisme, jaïnisme) l'idée que le philosophe désire se délivrer de la misère existentielle, en particulier de la transmigration. Mais cela ne lui suffit pas. Sa méditation se nourrit d'un désir différent, que l'on peut nommer, pour aller vite, le désir d'absolu. Il en découvre d'abord les origines dans les *Upaniṣad*, d'où il extrait une forme d'équation métaphysique : l'absolu (*brahman*) est soi (*ātman*)[1]. Il en a ensuite la confirmation dans un ouvrage qui attire toute son attention, et qu'il va commenter avec passion, *Les aphorismes sur l'absolu* (*Brahmasūtra*). Composés probablement vers le Vᵉ siècle de l'ère commune[2], ces aphorismes forment la base de l'école du Vedānta de la non-dualité (*Advaitavedānta*), laquelle tend à démontrer que toute dualité perçue ou conçue est illusoire, parce qu'elle est le produit de la pensée différenciatrice. En réalité, aucune dualité ne peut exister absolument car l'absolu se situe au-delà de la dualité. Par son ambition métaphysique et sa difficulté technique, cette composition philosophique systématise une aspiration déjà présente dans les *Upaniṣad*, mais sous une forme poétique et cultuelle. L'aphorisme initial énonce la même aspiration dans toute sa brièveté conceptuelle : « À présent, donc, on désire connaître l'absolu[3] ». Toute la philosophie de Śaṅkara trouve là son origine et son fondement. Śaṅkara poursuit

1. Śaṅkara isole ces deux concepts de toutes les idées d'inspiration ritualiste, qu'il juge incapables de répondre à son désir de libération. Le substantif neutre *brahman* signifie la puissance cachée du sacrifice, que les brahmanes prétendent connaître parce qu'elle est la garante de leur existence ; le pronom réfléchi masculin *ātman* « soi », renvoie à l'intériorité invisible de l'être humain, qu'il ne faut pas confondre avec le « moi ». Śaṅkara l'interprète en termes de conscience, de lumière intérieure, opposée au monde illusoire de la dualité.

2. Telle est la conclusion à laquelle parvient Nakamura à l'issue de son étude sur les débuts de cette école (Nakamura, *A History of Early Vedānta Philosophy*, Delhi, Motilal Banarsidass, Part I, 1983 ; Part II, 2004).

3. *athāto brahmajijñāsā.*

le même objectif dans son commentaire de la *Bhagavadgītā* : montrer que la libération, but ultime des sotériologies en Inde, s'obtient uniquement par la connaissance, ce qui entraîne le renoncement absolu à l'action. Mais une difficulté apparaît rapidement, à mesure qu'il soumet les strophes du poème à son interprétation philosophique : comment concilier le primat du renoncement et de la connaissance, dont le poème se fait l'écho dans un certain nombre de stances, avec les nombreuses injonctions, adressées par le Bienheureux Kṛṣṇa au guerrier Arjuna, à pratiquer l'ascèse et à agir ? Dans l'extrait traduit du début du Chant V, Śaṅkara pose clairement le problème herméneutique avant de le résoudre au bénéfice de l'interprétation érémitique qu'il soutient. Pour cela, il affronte son adversaire brahmanique, enclin à considérer que le poème glorifie la pratique de l'ascèse (*yoga*), en lui opposant l'impérieuse nécessité du renoncement absolu. Le sage, en effet, qui découvre sa nature absolue par l'intuition de soi (*ātman*), doit en déduire que l'action n'est qu'une illusion et qu'il n'est pas l'agent des actes qu'il accomplit. Mais l'homme ordinaire qu'incarne Arjuna oppose l'ascèse, qui implique une forme de pratique, donc d'agir, au renoncement absolu, marqué par le refus d'agir et l'abandon de l'idée d'agent. D'où la nécessité de justifier clairement l'interrogation d'Arjuna : faut-il préférer l'ascèse dans l'action ou bien le renoncement ?

La réponse du poème est bien connue parce qu'elle est répétée à loisir. Elle tient dans la doctrine du non-agir : pratiquer les actions qui s'imposent d'elles-mêmes tout en renonçant à tout bénéfice personnel ; non pas renoncer à agir, mais agir dans le renoncement. Śaṅkara le sait et il voit le problème que cette doctrine pose : si l'ascèse du non-agir, qui reste subordonnée au devoir d'agir qui s'impose au guerrier Arjuna, l'emporte sur le renoncement absolu aux actes, la doctrine de Śaṅkara se trouve en porte-à-faux avec l'idée principale du poème. Pour éviter ce conflit, l'exégète de la *Bhagavadgītā* démontre qu'il faut subordonner l'ascèse (*yoga*) au pur renoncement, lorsqu'il est question d'acquérir la sagesse et de parvenir à l'intuition de l'absolu, à savoir de soi (*ātman*). L'action, en effet, a ceci d'illusoire qu'elle donne à penser à l'homme ordinaire qu'il est concerné par les actes qu'il accomplit ; le sage, au contraire, sait que l'action ne le concerne pas, « soi ». Voilà pourquoi le renoncement l'emporte sur l'ascèse dans l'action (*karmayoga*), du moins pour le sage. Śaṅkara concède, à cet égard, que le personnage d'Arjuna n'a rien d'un sage, ce qui justifie qu'il se demande s'il doit privilégier l'ascèse ou bien le renoncement, alors même qu'il ignore la nature du renoncement auquel aspire le sage.

L'HERMÉNEUTIQUE AU SERVICE DE LA PHILOSOPHIE DE L'ABSOLU

Le Chant s'ouvre sur une question du guerrier Arjuna, d'une remarquable naïveté philosophique, semble-t-il, si l'on en juge par le soin que prend Śaṅkara à la dissiper. L'interrogation prend la forme d'une alternative : faut-il préférer l'ascèse au renoncement ou bien est-ce l'inverse ? En réponse, tout le développement exégétique du philosophe va consister à montrer que le choix entre l'une ou l'autre est illusoire, parce qu'il existe une conciliation possible entre les deux, à condition d'interpréter correctement les deux mots en présence.

Strophes 1-6. Pour démontrer le bien-fondé de son interprétation, il convient, dans un premier temps, de justifier pleinement la question d'Arjuna. Śaṅkara s'y emploie en faisant du guerrier l'incarnation de l'homme ordinaire, qu'il oppose au sage. Le premier, en effet, ne peut que constater la contradiction entre certains énoncés antérieurs, qui valorisent le renoncement, et d'autres, qui insistent sur la nécessité d'accomplir des actions rituelles ou obligatoires. Le commentaire pourrait s'arrêter là, n'était la nécessité philosophique de réfuter toutes les objections qui se posent à un esprit éclairé. Or, pour ne pas répéter une vérité historique déjà exprimée dans l'Introduction générale[1], il suffit de rappeler que la pratique indienne du débat repose sur une alternance d'objections et de réponses, à l'occasion desquelles un philosophe brille par sa connaissance des écoles adverses et son ingéniosité à les réfuter de la façon la plus incisive. On peut donc reconstituer le débat de la façon suivante :

Objection 1. Le renoncement s'adresse au sage, quand l'ascèse concerne l'homme ordinaire, d'où il suit que la question de choisir entre les deux ne se pose pas.

Réponse de Śaṅkara. Le renoncement aux actes et l'ascèse sont enseignés à Arjuna, qui incarne l'homme ordinaire ; il est donc faux de prétendre que le premier concerne le sage à la différence de l'ascèse qui vaudrait pour l'homme ordinaire. Arjuna comprend les deux de la façon la plus commune, ce qui justifie son interrogation. De plus, la réponse de Kṛṣṇa dans la strophe 2 – « L'ascèse dans l'action se démarque du renoncement » – présuppose que les deux concernent une seule et même personne. Mais le sage est exclu par l'objecteur car il lui impute seulement le renoncement, non pas l'ascèse. Il ne reste donc que l'homme ordinaire, celui qui ignore le principe « soi », pour être la personne à qui les deux, le renoncement et l'ascèse, s'adressent.

1. *Cf.* page 38 *sq.*

Objection 2. Pourquoi le renoncement et l'ascèse ne s'adressent-ils pas au sage ?

Réponse 2. Le sage sait que l'ascèse dans l'action ne le concerne pas car il n'existe, en celui qui a la connaissance de « soi » (*ātman*), aucune qualité d'agent possible. Pour le dire philosophiquement, c'est le moi qui agit, non pas soi.

Objection 3. Où sont les preuves textuelles que le principe « soi » ne peut être l'agent d'aucune action ?

Réponse 3. Le Chant II en apporte la preuve. En effet, une moitié de ce chant est consacrée à l'exposé de la doctrine spéculative (*sāṃkhya*) du renoncement : il existe en chacun un principe impersonnel, nommé « soi », lequel n'agit ni ne pâtit. Voilà pourquoi le sage, qui a la connaissance de « soi », renonce à se croire l'agent des actions qu'il effectue. Il faut faire observer ici que le nom *sāṃkhya* ne peut pas désigner l'école bien connue, d'où le choix de traduire par « pensée spéculative », par opposition à l'ascèse (*yoga*), qui ne renvoie pas davantage à l'école de Yoga. De cette manière, la *Gita* se démarque du reste de l'épopée, en particulier du Chant XII du *Mahābhārata*, où les mots *Sāṃkhya* et *Yoga* dénotent les deux doctrines philosophiques. L'exception que forme la Gītā est-elle le signe d'un état ancien de l'épopée, la survivance d'une signification antérieure des mots *sāṃkhya* et *yoga* ? Il est difficile de l'affirmer.

Objection 4. Mais il existe d'autres passages du même chant qui enseignent que le sage agit.

Réponse 4. En vérité, ce chant distingue clairement les sages, munis de la connaissance de « soi », et les ignorants, qui n'ont pas une telle connaissance et qui pratiquent des actions rituelles, par exemple. C'est pour eux que la question se pose car il leur est commandé de renoncer aux actions et de pratiquer l'ascèse, ce qui semble contradictoire. D'où la réponse de Kṛṣṇa qui privilégie l'ascèse : « L'ascèse dans l'action se démarque du renoncement. » Śaṅkara en déduit ici qu'il existe deux formes de renoncement. Le premier, auquel pense Arjuna, consiste à s'abstenir des actes rituels et des actions obligatoires ; le second n'a de sens que pour le sage, qui renonce une fois pour toutes à être l'agent de quelque action que ce soit. Ce faisant, Śaṅkara est conduit à opérer une distinction nette entre l'institution du renoncement, qui ressortit aux traités de droit (*dharmaśāstra*), et l'attitude philosophique, laquelle est subordonnée à la compréhension de la nature illusoire de l'idée d'agent, quand on la rapporte à « soi » (*ātman*). Or, Arjuna manifeste par sa question son ignorance du renoncement philosophique, dans la mesure où il se pose en agent, soit du renoncement soit de l'ascèse. Cela aboutit au paradoxe, exprimé à la fin du commentaire, selon lequel le renoncement lui-même doit être accompli tout comme l'ascèse. En conclusion, il est donc parfaitement justifié qu'Arjuna se demande s'il doit exécuter les actions qui sont obligatoires ou bien s'il doit renoncer à les accomplir.

Mais la strophe 6 semble contredire tout le développement précédent en réaffirmant sans doute aucun que l'ascèse est supérieure au renoncement : « Mais le renoncement est difficile à obtenir sans l'ascèse. » Comment Śaṅkara résout-il cette difficulté ? Son art de l'exégèse se manifeste ici de façon exemplaire. Il renverse les termes du problème et démontre que le mot « ascèse » (*yoga*) peut, dans le contexte précis du poème, signifier le renoncement, au sens philosophique du mot. Pour cela, il fait appel à sa culture, en particulier à sa connaissance des *Upaniṣad*, dont il cite un passage éloquent. Son raisonnement peut se reconstituer ainsi : l'ascèse peut avoir le sens de l'absolu dans certaines *Upaniṣad*; or, il est vrai aussi que l'absolu peut se dire par le mot « renoncement » ; donc, l'ascèse et le renoncement peuvent être signifiés par le mot « absolu » (*brahman*). En dernier ressort, si l'on objecte que l'interprétation de Śaṅkara force le sens du passage commenté, surtout à la fin, on répond simplement que le philosophe utilise une propriété spécifique de l'herméneutique indienne, à savoir sa large propension à prendre le même mot avec des significations différentes. En ce sens, contrairement aux philosophes européens, qui n'hésitent pas à former de nouveaux concepts et à enrichir ainsi le lexique philosophique, les philosophes indiens n'innovent pas en la matière, mais préfèrent jouer de la polysémie d'un seul et unique mot sanscrit, comme le fait ici Śaṅkara avec le substantif *yoga.* Il lui donne d'abord le sens de « pratique » ou « accomplissement des actions obligatoires », puis le sens « ascèse dans l'action » avant de comprendre cette expression de deux façons opposées : il s'agit soit d'accomplir des actions par ignorance soit d'exécuter des actes exigeants et difficiles. Enfin il donne au mot « *yoga* » le sens de « renoncement » dans la dernière strophe traduite, ce qui clôt la discussion en montrant que les deux mots en question – « ascèse » et « renoncement » – peuvent bien concerner une seule et même personne, en l'occurrence Arjuna.

Note sur le texte traduit

L'édition de Bombay comprend le poème, tel qu'il a été transmis par la tradition, accompagné de onze commentaires. Il est probable que des interpolations ont introduit des éléments étrangers dans le dialogue originel entre les deux héros ; il est également possible que des chants (dans la deuxième moitié du poème) soient plus tardifs que d'autres. Mais le désir de reconstruire le texte à partir d'hypothèses philologiques se heurte à des obstacles presque insurmontables, dont le moindre est sa dislocation. Il est donc préférable de prendre le dialogue tel qu'il a été légué, sans lc corriger ni le tronquer. Dans la version proposée ici, les strophes sont citées en italique, suivies par le commentaire de Śaṅkara.

LE COMMENTAIRE AU CHANT DU BIENHEUREUX

CHANT V « DU RENONCEMENT »

« Arjuna prit la parole : « Tu fais l'éloge, ô Kṛṣṇa, du renoncement aux actes, mais tu loues aussi l'ascèse. Dis-moi avec certitude quel est le meilleur des deux. » (Strophe 1)

Commentaire de Śaṅkara :

« Dans le chant précédent, à partir de [*Strophe 18*] : « Pouvoir accomplir un acte sans en être l'auteur et continuer d'agir tout en ne faisant rien » jusqu'à : « Les actes n'enchaînent plus le renonçant qui s'en est délivré par l'ascèse » [*Strophe 41*], le Bienheureux[1] a enseigné le renoncement à tous les actes. Or, dans la dernière strophe, quand Il conclut « Tranche donc ce doute que l'ignorance a fait croître en ton cœur. Pratique l'ascèse. », Il a bien enseigné l'ascèse en la caractérisant par l'accomplissement de certaines actions. Mais on ne peut pas en même temps accomplir des actes et renoncer aux actes, cela s'oppose diamétralement comme rester immobile et marcher, et aucune règle ne prescrit d'accomplir l'un et l'autre successivement. En vérité, il est établi que l'un des deux doit être exécuté, et l'un des deux seulement, d'où il ressort qu'entre l'accomplissement des actes et le renoncement,

1. Le Bienheureux désigne Kṛṣṇa.

c'est l'un des deux qui a les faveurs de l'enseignement de Kṛṣṇa et qui mérite d'être mis en pratique, non l'autre. Voilà en quels termes Arjuna a réfléchi avec le désir de savoir lequel est véritablement enseigné : « Tu fais l'éloge, ô Kṛṣṇa, du renoncement aux actes […] le meilleur des deux ».

[Objection :] Mais, dira-t-on, si le Bienheureux a enseigné le renoncement à tous les actes, comme les strophes mentionnées précédemment [dans le Chant IV] l'attestent, avec le désir explicite d'identifier la sagesse à l'ascèse dans la connaissance, et cela pour celui qui a l'intuition de soi, non pour celui qui l'ignore, alors l'accomplissement des actes et le renoncement s'adressent à deux hommes différents. D'où l'on conclut que la question d'Arjuna, qui désire savoir lequel [des deux moyens] est véritablement enseigné, est injustifiée.

[Réponse :] Certes, il est dans ton intention de montrer que la question n'est pas justifiée, mais l'interrogation répond bien à l'intention de celui qui l'a formulée, cela est incontestable ; voilà ce que nous disons. Comment ?

Par les strophes précédentes [du Chant IV] le Bienheureux a désiré principalement enseigner le caractère obligatoire du renoncement aux actes ; or il est impossible de rendre le renoncement obligatoire sans prendre en compte l'agent des actes. Ainsi la question de l'agent ordinaire, qui ne possède pas l'intuition de soi, est incluse dans l'alternative. En revanche, il n'est pas dans l'intention du Bienheureux d'enseigner que le sage qui a l'intuition de soi puisse être l'agent du renoncement. En effet, c'est parce qu'Arjuna a raisonné en ces termes, à savoir « l'accomplissement des actes et le renoncement concernent la qualité d'agent de l'homme ordinaire qui n'a pas l'intuition de soi » qu'il en a déduit selon le raisonnement précédent que l'un et l'autre s'opposant, l'un des deux seulement doit être enjoint parce qu'il mérite d'être accompli, non pas l'autre. Voilà pourquoi, désirant savoir lequel [des deux moyens] est le plus digne d'être enseigné, sa question n'est pas injustifiée.

De plus, il suffit d'examiner la signification de la réponse [de Kṛṣṇa] pour connaître l'intention de celui qui a posé la question. Comment ?

Sa réponse mérite d'être examinée : « Le renoncement et l'ascèse dans l'action procurent tous deux le bien. L'ascèse dans l'action, cependant, se démarque du renoncement aux actes. » Quand il déclare cela, énonce-t-il son intention de montrer que le renoncement procure le bien à celui qui a l'intuition de soi et que l'ascèse dans l'action le procure à celui qui pense être l'agent des actes ? Et en déduit-il qu'il existe une différence en vertu de laquelle l'ascèse dans l'action se démarque du renoncement aux actes ? Ou bien les deux sont-ils mentionnés parce qu'ils concernent l'homme qui n'a pas l'intuition de soi et celui qui est l'agent des actes ?

Dans la première hypothèse, si le renoncement procure le bien au sage, qui a l'intuition de soi, et l'ascèse dans l'action à l'agent, il est cependant déclaré que l'ascèse dans l'action se démarque du renoncement.

Dans la seconde hypothèse, si les deux moyens concernent l'homme ignorant de soi et l'agent, alors les deux conviennent [ce qui est en accord avec la strophe].

Il est impossible que le renoncement et l'ascèse dans l'action concernent l'une le sage, qui a l'intuition de soi, l'autre l'agent ordinaire. Quand Il déclare que les deux procurent le bien et qu'une différence démarque l'ascèse dans l'action du renoncement, alors cela signifie que les deux ne conviennent pas [à deux hommes distincts].

Si le renoncement aux actes concerne l'ignorant de soi et que l'ascèse dans l'action, caractérisée par l'accomplissement des actes, puisse s'y opposer, alors il est justifié que le poème déclare que les deux procurent le bien, mais que l'ascèse dans l'action se démarque du renoncement ; dans ce cas, les deux conviennent. Mais puisqu'il est impossible que le renoncement et l'ascèse dans l'action concernent le sage, qui a l'intuition de soi, quand le poème déclare qu'ils procurent le bien, il n'est pas justifié que l'ascèse dans l'action se différencie du renoncement.

[Objection :] Est-il impossible que le renoncement et l'ascèse dans l'action concernent le sage, qui a l'intuition de soi ? Ou bien l'un des deux seulement est-il impossible ? Et si c'est le cas, est-ce le renoncement qui n'est pas possible pour le sage ou bien est-ce l'ascèse dans l'action ? Il faut expliquer la cause de ces impossibilités.

[Réponse :] À partir du moment où le sage, celui qui a l'intuition de soi, a supprimé toute connaissance illusoire, il est impossible que l'ascèse dans l'action, qui s'enracine dans l'illusion, le concerne. Le sage sait qu'il est en soi incapable de toute modification, comme la naissance et le reste ; de ce fait, il se sait incapable de subir quelque action et, par implication, incapable de produire quelque action. Le poème déclare que le sage a mis fin à l'illusion d'être un agent grâce à la connaissance de soi, et qu'il renonce à tous les actes au sens où il sait que sa nature propre est de ne pas agir. Or, il est dit ici, dans le traité [la *Bhagavadgītā*] que l'ascèse dans l'action s'oppose au renoncement au sens où la mention de l'agent est à la racine de toute illusion, en particulier de celle qui consiste à se croire l'agent des actes. De plus, partout où le poème décrit la nature propre du principe appelé « soi », dans la mesure où la connaissance juste et l'illusion s'opposent par leur efficience, il est juste de dire du sage qu'une inexistence le concerne : l'ascèse dans l'action, qui prend racine dans l'illusion, n'entre pas dans ses possibles, à lui qui a supprimé la connaissance illusoire.

[Objection :] Mais quels sont les endroits du poème consacrés à la description de la nature propre du principe appelé « soi », où il est reconnu que, pour le sage, l'acte n'existe pas ?

[Réponse :] Depuis « Indestructible est cette trame qui sous-tend l'univers, sache-le » [Chant II, strophe 16] jusqu'à « L'homme qui le sait indestructible et éternel » [II. 20] en passant par « Penser de l'un qu'il tue, de l'autre qu'il est tué » [II. 18], dans tous ces passages il est déclaré que l'acte n'existe pas aux yeux du sage.

[Objection :] Mais il existe aussi des passages dédiés à la description du principe « soi » où il est connu que l'ascèse dans l'action [le concerne], par exemple « Alors combats » [II. 18] ou bien « De plus, considère ce qui t'incombe » [II. 31] ou encore « Fais de l'action ta préoccupation principale » [II. 47]. Dans ces conditions, comment dire que l'ascèse dans l'action ne peut pas exister aux yeux du sage ?

[Réponse :] Dans la mesure où la connaissance juste et la connaissance fausse s'opposent par leur efficience. Quand il est dit « celle des penseurs spéculatifs qui font de la connaissance une ascèse » [II. 39], la démarche de l'ascèse dans la connaissance des penseurs spéculatifs, qui connaissent la réalité du principe « soi », est séparée de la démarche de l'ascèse dans l'action des agents qui ignorent le principe « soi », au sens où l'ascèse dans la connaissance (*jñānayoga*) se caractérise par le fait que le principe « soi » n'est pas agent et dans la mesure où le sage qui a atteint son but n'a plus aucune autre motivation, comme dans le passage « n'a plus d'obligation à remplir » [III. 17] où il est dit qu'il n'existe rien d'autre à faire.

En outre, dans les passages suivants « il ne suffit pas à l'homme de se détourner des actes rituels » et « Mais le renoncement est difficile à obtenir sans l'ascèse » [V. 6], on voit que la mention de l'ascèse dans l'action en fait un constituant de la connaissance de soi. Là où le poème déclare « Quand il y est parvenu, il peut alors cesser d'agir » [VI. 3], on voit que celui qui est parvenu à la connaissance juste n'a plus besoin de l'ascèse dans l'action. De même, dans le passage « S'il ne consent plus qu'aux actes de son corps, il n'en subit plus aucune souillure » [IV. 21], on fait obstacle à tout acte qui excéderait la conservation du corps. Quand le poème déclare « Je ne fais absolument rien » [V. 8], il est dit du sage qu'il demeure conscient de soi, même dans des actions comme voir, entendre, fussent-elles occasionnées par la conservation du corps, et que la représentation « Je fais » ne l'occupe plus jamais, parce que son mental s'est absorbé. Pour autant que l'ascèse dans l'action, dont la connaissance fausse est cause, s'oppose à la connaissance juste du sage instruit de la réalité de soi, elle ne peut pas survenir en lui, même en rêve, et c'est la raison pour laquelle le poème déclare que le renoncement et l'ascèse dans l'action procurent tous deux le bien à l'ignorant de soi et à l'agent ordinaire respectivement. Cela signifie qu'il faut distinguer un tel renoncement aux actes, qui concerne l'agent ordinaire, du renoncement complet à tous les actes, lequel concerne le sage, comme cela a déjà été dit. Il entre dans la conscience de l'agent ordinaire l'idée que les observances et les obligations morales font partie du domaine de l'action, tout en étant difficiles à accomplir, d'où il est facile de déclarer que l'ascèse dans l'action se démarque [du renoncement]. On voit donc comment, par la simple description du sens de la réponse de Kṛṣṇa on connaît, comme on l'a vu, l'intention de la question posée par Arjuna. Voilà qui est établi.

En rendant la connaissance et l'acte incompatibles en ces termes « Tu juges que la pensée est supérieure à l'action » [Chant III. 1] le Bienheureux, pour répondre à la demande d'Arjuna « Dis-moi avec certitude quel est le meilleur des deux » [V. 1], distingue de façon décisive la démarche des penseurs spéculatifs[1] par l'ascèse dans la connaissance, qu'il oppose à la démarche des ascètes caractérisée par l'ascèse dans l'action. Par ces mots « Ce n'est pas non plus par le renoncement absolu qu'il atteint cette perfection » [III. 4] on infère que le moyen de réaliser la perfection recherchée résulte du renoncement accompagné de connaissance; or c'est l'ascèse dans l'action qui est prescrite. Donc Arjuna, par ces mots « Tu loues le renoncement aux actes », cherche à connaître la différence, à savoir lequel, du renoncement dépourvu de connaissance ou bien de l'ascèse dans l'action, est le bien. Son doute est le suivant : d'un côté tu loues le renoncement, tu m'exhortes à abandonner les actes enjoints par les traités

1. Il est question ici d'une autre école que le *Sāṃkhya* classique. Marquée par la spéculation sur « soi » (*ātman*) et l'ascèse dans la connaissance (*jñānayoga*), cette spéculation n'a rien à voir avec le *Sāṃkhya*. De la même façon, le yoga évoqué ici, caractérisé par la pratique et l'ascèse dans l'action (*karmayoga*), se distingue de l'école classique de Yoga. De façon particulièrement nette Śaṅkara fait observer que le *Sāṃkhya*, auquel il est fait allusion, ne peut pas être l'école dualiste que l'on associe habituellement au Yoga.

de rituel, aussi divers soient-ils par leur exécution, mais d'un autre côté tu fais l'éloge de l'ascèse au sens de l'accomplissement obligatoire des actes ; dis-moi lequel est le meilleur. Le bien se trouve-t-il dans l'exécution des actes ou bien dans leur abandon ? Quel est le bien le plus digne d'être accompli ? Car entre l'accomplissement du renoncement aux actes et l'accomplissement de l'ascèse dans l'action, quel est le bien digne d'être réalisé ? Quel est celui de l'accomplissement duquel il puisse m'arriver du bien ? Tu le sais. « Dis-moi avec certitude » à savoir, dis-moi quelle est ton intention : c'est un seul des deux, dans la mesure où il est impossible que le même homme [dans l'esprit d'Arjuna] puisse accomplir les deux à la fois [le renoncement aux actes et l'ascèse dans l'action]. »

« Le Bienheureux répondit : "Le renoncement et l'ascèse dans l'action procurent tous deux le bien. L'ascèse dans l'action, cependant, se démarque du renoncement aux actes." » (Strophe 2)

Commentaire de Śaṅkara :

« Le Bienheureux répondit » : pour apporter la réponse, Il explicite son intention. Le renoncement est l'abandon des actes ; l'ascèse dans l'action est leur accomplissement. Les deux, l'un et l'autre, accomplissent le bien, le bien au sens du bien qui libère. Bien qu'ils soient tous les deux capables de faire le bien, au sens où ils sont la cause de la production de sa connaissance, entre les deux causes du bien, donc, l'ascèse dans l'action se distingue du seul renoncement. C'est une manière de faire l'éloge de l'ascèse dans l'action. »

« On reconnaît le parfait renonçant à ce qu'il n'éprouve ni aversion ni désir. Il se situe, en effet, au-delà des couples de contraires et se libère facilement du lien des actes. » (Strophe 3)

Commentaire :

« Pourquoi [louer l'ascèse dans l'action] ? Réponse par la strophe. Il faut savoir que le parfait renonçant désigne celui qui pratique l'ascèse dans l'action. Il n'a ni aversion pour les moyens qui causent de la souffrance ni désir pour ceux qui produisent le plaisir. Ainsi qualifié, même s'il lui arrive de faire un acte, il est un parfait renonçant ; voilà à quoi on le reconnaît. « Au-delà des couples de contraires » : parce qu'il en est débarrassé, il se libère facilement, sans effort, du lien des actes. »

« Les esprits immatures séparent la pensée spéculative de l'ascèse, non ceux qui savent. Car se consacrer à l'une, c'est recueillir le fruit des deux. » (Strophe 4)

Commentaire :

« Si le renoncement et l'ascèse dans l'action s'opposaient, parce qu'ils doivent être accomplis par deux hommes différents, il serait logique que leur opposition concerne même le résultat. Mais il n'y en a pas en ce qui concerne le résultat, puisqu'ils procurent tous deux le bien. Voilà ce qui est établi, d'où la Strophe 4. Les esprits immatures séparent la pensée spéculative et l'ascèse, parce que leur résultat différent les opposerait, mais ceux qui savent ne le font pas. Au contraire, ceux qui savent, qui ont la connaissance, voient [dans les deux cas] un seul et unique résultat, sans opposition. Comment ? Celui qui se consacre à l'une des deux, celui qui suit correctement l'une des deux, tel est le sens, celui-là recueille le fruit des deux : le bien est ce fruit. Par conséquent, il n'existe pas d'opposition en ce qui concerne leur résultat.

[Objection :] Dis-moi pourquoi, si l'unicité de résultat entre la pensée spéculative et l'ascèse est louée par les mots « renoncement » et « ascèse dans l'action », elle n'est pas formulée ici textuellement [par les mêmes mots].

Réponse : Il n'y a pas de faute. Il est vrai qu'Arjuna pose sa question en distinguant le renoncement et l'ascèse dans l'action, mais le Bienheureux, sans oublier sa question, et pour ajouter une distinction conforme à sa propre compréhension, lui répond en utilisant d'autres mots : « La pensée spéculative et l'ascèse ». Le renoncement et l'ascèse dans l'action sont exprimés par les mots « la pensée spéculative et l'ascèse », parce qu'ils sont réunis par une idée similaire, à savoir que l'un est la connaissance, l'autre, le moyen de la connaissance. Voilà la doctrine du Bienheureux. Par conséquent, il n'est pas vrai qu'il faille formuler textuellement ce qui ne l'aurait pas été. »

« Les penseurs parviennent au recueillement. Les ascètes y arrivent aussi. Avoir l'intuition que cette pensée et l'ascèse ne font qu'un, c'est avoir une vision juste. » (Strophe 5)

Commentaire :

« Comment recueille-t-on le fruit des deux en ne suivant correctement que l'une des deux ? La réponse se situe dans la Strophe 5. Il est un recueillement auquel les penseurs parviennent, parce qu'ils sont adonnés à la connaissance et qu'ils renoncent, c'est la libération. « Les ascètes aussi », cela signifie qu'il existe des ascètes qui se consacrent au Seigneur, comme à un moyen pour atteindre la connaissance, et qui, voués à agir, pratiquent seulement en vue d'un tel résultat; eux aussi arrivent [au recueillement] grâce au renoncement que procure la connaissance de l'absolu. Telle est l'intention de la strophe. Celui qui a l'intuition que la pensée spéculative et l'ascèse ne font qu'un, parce qu'elles aboutissent au même résultat, celui-là voit juste. Tel est le sens. »

« Mais le renoncement est difficile à obtenir sans l'ascèse. Le renonçant qui la pratique accède en peu de temps à l'absolu. » (Strophe 6)

Commentaire :

« S'il en est ainsi, le renoncement se distingue bien de l'ascèse. Comment? La Strophe 2 y répond : « L'ascèse dans l'action, cependant, se démarque du renoncement aux actes. » En voici la cause. Écoute. Tu m'as demandé, en séparant le renoncement aux actes et l'ascèse dans l'action, lequel des deux est le meilleur [moyen d'obtenir le bien]. Conformément à ta question, j'ai répondu que « l'ascèse dans l'action se démarque du renoncement aux actes », cela sans prendre en compte la connaissance. En revanche, si la connaissance est prise en compte, par « renoncement » je veux dire « pensée spéculative » [par la Strophe 5]. En ce sens, il n'est rien d'autre que l'ascèse, au sens absolu. Au sens védique, l'ascèse dans l'action, cependant, peut être signifiée de façon indirecte soit par le mot « ascèse » soit par le mot « renoncement », qui sont synonymes. Comment savoir qu'ils sont synonymes? La Strophe 6 y répond : Mais le renoncement, au sens absolu, est difficile à obtenir, à atteindre, sans l'ascèse. Celui qui pratique l'ascèse, au sens védique, au sens où il se consacre au Seigneur, sans prendre en compte aucun résultat, ce renonçant est de l'espèce de celui qui s'adonne au Seigneur par la méditation. Un tel renoncement, qui se caractérise par la connaissance de l'absolu, du principe suprême « Soi », est exprimé par le mot « absolu », comme dans la Révélation : « Renoncer, voilà ce qui est absolu ; est absolu, en vérité, ce qui est supérieur à tout. » (*Mahānārāyaṇa-Upaniṣad* 21.2) C'est l'absolu, le renoncement au sens suprême, qui se caractérise par la connaissance du principe suprême « Soi », auquel, « en peu de temps », rapidement, il « accède », qu'il obtient. Voilà pourquoi j'ai dit que « l'ascèse dans l'action se démarque » (*Strophe 2*). »

RĀMĀNUJA

BRAHMASŪTRABHĀṢYA *
LE COMMENTAIRE AUX APHORISMES SUR L'ABSOLU

PRÉSENTATION
SERVITUDE HUMAINE ET DÉVOTION DANS LE VIŚIṢṬĀDVAITA

Dans son commentaire au traité de base du Vedānta, *Brahmasūtra*, traduit par *Les aphorismes sur l'absolu*, Rāmānuja (XIIe siècle) poursuit deux objectifs philosophiques. D'une part, il conteste la non-dualité absolue du maître Śaṅkara pour lui substituer la doctrine dite de « la non-dualité qualifiée[1] ». D'autre part, à la voie de la connaissance de l'absolu, que défend Śaṅkara, il oppose la voie universelle de la dévotion (*bhakti*), laquelle est susceptible selon lui de s'adresser effectivement à tous les humains qui aspirent

* *Śrībhāṣya*, Rāmānuja, ed. V. S. Abhyankar, Part I, Bombay, 1914 ; Part II, 1916.

1. L'expression « non-dualité qualifiée » (*viśiṣṭādvaita*) signifie simplement que la réalité absolue du principe conscient divin (Viṣṇu) se distingue de l'existence du monde, qu'elle n'exclut pas ; au contraire, le monde (et tout ce qui lui est associé) a donc bien une forme de réalité, laquelle est subordonnée à la réalité divine. Par conséquent, la servitude présente dans le monde en reçoit elle aussi sa réalité.

à la libération. Le très long commentaire qu'il donne de l'aphorisme initial du traité lui fournit l'occasion idéale pour réfuter le non-dualisme absolu de son maître et adversaire, Śaṅkara. Son argumentation est aride, d'une très grande technicité, difficile à suivre, tant elle suppose la connaissance d'un grand nombre de débats internes au Vedānta. Pourtant, au milieu de cette immense réfutation de la non-dualité absolue se trouve développé un ensemble d'objections, qui s'applique non seulement au monisme de Śaṅkara, mais encore à toute philosophie « illusionniste[1] », si l'on entend par là une doctrine qui enseigne que le monde apparent n'est qu'une illusion au regard de la réalité absolue. Rāmānuja conteste la thèse de son adversaire pour une raison éthique majeure, dont il est permis de penser qu'elle contient une portée universelle indéniable : si la servitude (*bandha*) n'est qu'une illusion, tous les moyens dont disposent les humains pour s'en délivrer sont eux-mêmes illusoires. Mais il est interdit, philosophiquement aussi bien que moralement, de déréaliser le malheur des humains, au risque de leur ôter le désir, et surtout les moyens, de s'en libérer. Par conséquent, seul le dieu suprême, Viṣṇu, que Rāmānuja place au-dessus de l'absolu indifférencié de Śaṅkara, est en mesure de délivrer les humains de leur misère existentielle, à condition qu'ils lui témoignent foi et dévotion. Pour le dire autrement, Rāmānuja pose le problème de la place de l'illusion métaphysique[2] dans la philosophie du *Vedānta*. : jusqu'où peut-on affirmer que le monde est illusoire ? Il expose tout d'abord la doctrine

1. L'illusionnisme n'est pas l'exclusivité du brahmanisme, il pose aussi un problème philosophique récurrent aux philosophes bouddhistes.

2. Par « illusion métaphysique » ou « existentielle » (*avidyā*), on entend ici l'incapacité de l'être humain en tant qu'être humain d'accéder à la réalité, et *a fortiori* de la comprendre (*cf.* Introduction générale).

de Śaṅkara avant de la réfuter, comme il est d'usage de le faire dans la dialectique en Inde. Pour cela, il en explicite les concepts de base, en particulier celui d'inconnaissance (*ajñāna*), qu'il faut entendre au sens d'ignorance absolue de l'absolu. Il se trouve, à cet égard, que l'école de Śaṅkara fait montre d'une ingéniosité métaphysique remarquable quand il s'agit d'analyser l'illusion fondamentale par laquelle l'absolu s'éclaire et se dissimule à la fois, se montre et se cache, se connaît et s'ignore. Il y a ici un double mouvement qui rend l'aspect positif indissociable de l'aspect négatif, comme si l'absolu ne pouvait pas se manifester absolument et en une seule fois. Au contraire, au moment même où il se découvre, il ne peut pas ne pas se recouvrir en partie ; autrement, il n'y aurait qu'une pure connaissance, libre de toute inconnaissance. Mais, de fait, l'existence de l'illusion (*avidyā*) est la preuve de l'inconnaissance dont l'absolu est responsable : si l'absolu ne cachait pas en lui-même la possibilité de s'ignorer lui-même absolument, l'illusion ne se produirait pas. Ce schéma d'explication va servir de fil conducteur à l'école de l'Advaitavedānta, lui permettant de développer des arguments de plus en plus subtils, techniques, parfois abscons.

L'INCONNAISSANCE APPARTIENT-ELLE NÉGATIVEMENT À L'ABSOLU ?

Selon l'école de Śaṅkara, seul l'absolu peut s'ignorer au sens absolu, au point de rendre l'illusion possible. Mais, réplique Rāmānuja, cela contredit sa nature de connaissance ; si l'absolu se connaît absolument, il ne peut pas s'ignorer absolument. S'il en est ainsi, le fait-il en partie ? Dans ce cas, l'inconnaissance ne lui appartient pas essentiellement.

Pour éviter cela, la doctrine de Śaṅkara affirme que l'existence de l'inconnaissance en l'absolu ne peut s'exprimer ni par le concept d'être (*sat*) ni par celui de non-être (*asat*). L'illusion, en effet, n'est ni réelle ni irréelle. Réelle, rien ne pourrait la « barrer » (*bādha*) ; irréelle, elle n'aurait aucune apparence. On peut aussi dire que l'illusion est à la fois réelle et irréelle; autrement, elle ne serait jamais barrée ni apparente. En conséquence, si l'illusion est inexprimable logiquement à l'aide des concepts de réalité et d'irréalité, il en va de même pour l'inconnaissance, qui se trouve à sa base : elle n'a pas la réalité de l'absolu, puisqu'elle la dissimule, mais elle ne possède pas non plus l'irréalité de la fleur céleste, créée par l'imagination. En réponse, Rāmānuja conteste que l'on puisse faire de l'absolu le support (*āśraya*) de l'inconnaissance. Puisque Śaṅkara et lui sont d'accord pour enseigner que la véritable nature (*svarūpa*) de l'absolu est connaissance (*jñāna*), il ne se peut pas que l'inconnaissance appartienne aussi à sa nature : comment une seule et même nature aurait-elle deux propriétés directement antagonistes ? De plus, si l'absolu peut être le support d'elles deux, alors l'inconnaissance ne sera jamais supprimée par la connaissance, ce que contredit l'expérience. Au fil de ses réponses aux objections qu'il prête à l'école de Śaṅkara, Rāmānuja conteste ouvertement l'idée qu'il puisse y avoir une forme de déficience, de défaut, de manque en l'absolue réalité. En ce sens, plus son adversaire avance d'hypothèses négatives pour tenter de rendre raison de l'inconnaissance qui appartiendrait à l'absolu, plus il s'y oppose au nom de la pleine et absolue existence de l'absolu, qui n'est autre que le dieu suprême. Comme on le voit, le débat se situe résolument sur le plan onto-théologique.

L'INCONNAISSANCE APPARTIENT-ELLE POSITIVEMENT À L'ABSOLU ?

Après avoir épuisé les arguments négatifs, l'école adverse avance une nouvelle thèse sur la positivité de l'inconnaissance, qu'elle associe à l'idée de surimposition (*adhyāsa*). Ainsi, au lieu de vouloir caractériser l'inconnaissance et l'illusion par des traits qui expriment la déficience ou le défaut qui seraient propres à l'absolu, les adversaires de Rāmānuja renversent le tableau : « quelque chose cause la surimposition ». La doctrine exposée ici semble l'avoir emportée sur les précédentes, probablement parce qu'elle renverse la vision négative que l'on peut avoir généralement de l'illusion. Selon cette nouvelle hypothèse, l'illusion n'est pas rien, elle ne signale pas non plus une forme de négativité, mais elle renvoie à un processus que Śaṅkara nomme « surimposition »[1]. De quoi s'agit-il ? L'être humain projette sur l'absolue réalité, sous l'effet de l'illusion, des propriétés qui semblent lui convenir alors qu'elles ne lui appartiennent pas du tout. Comme dans l'exemple de la poétique indienne, d'où vient le concept de surimposition, le locuteur qui s'exclame : « Ce héros est un tigre » surimpose les attributs du félin sur la nature de l'homme. La surimposition résulte donc d'un transfert direct, immédiat, de propriétés appartenant à une réalité sur la nature d'une réalité différente. Or, d'où vient que l'on puisse ainsi prendre les propriétés de l'une pour celles de l'autre ? De l'illusion infinie, répond Śaṅkara, qui caractérise la condition humaine et l'incite sans cesse

1. Dès le prologue à son commentaire des *Brahmasūtra*, Śaṅkara emploie ce mot en l'associant à l'illusion métaphysique (*avidyā*) : c'est elle qui est responsable de la projection de propriétés illusoires sur la réalité de l'absolu.

à confondre des ordres de réalité étrangers les uns aux autres. Ainsi comprise sous le signe du plus et non pas du moins, le concept d'illusion ne se réduit pas à celui d'inconnaissance, dans la mesure où il ajoute l'idée dynamique d'une surimposition positive. Cependant, cette nouvelle doctrine révèle aussi une difficulté liée au postulat qui sous-tend la conception que se fait Śaṅkara de l'absolu. En effet, pour faire accepter l'idée d'une surimposition, il postule que l'absolu est par nature « indifférencié » (*aviśeṣa*), comme cela est affirmé au tout début du texte traduit ici. Il entend par là que l'absolu ne possède en propre aucune propriété, aucune qualité qui le distinguerait de ce qui n'est pas absolu ; impersonnel, l'absolu est l'être pur, que rien ne détermine, que rien ne limite. Or, sur cet être indéterminé, la surimposition projette des limites, des qualités, des attributs qui viennent s'ajouter à lui et le rendent méconnaissable. Telle est donc l'illusion, qu'elle est capable d'attribuer à l'être absolu des propriétés qu'il ne possède pas le moins du monde. En ce sens, elle se révèle inévitable car l'absolu, en même temps qu'il se connaît, se cache à soi-même sa véritable nature impersonnelle. Comment est-ce possible ?

Il suffit de qualifier l'absolu, en lui attribuant, par exemple, une nature (*svarūpa*). Une observation s'avère ici nécessaire. La langue sanscrite fournit à la métaphysique indienne un grand nombre de composés au sens ontologique fort, comme le composé *svarūpa*, que l'on traduit littéralement par « nature propre ou sa nature ». Mais la question se pose de savoir si un tel qualifiant convient à l'absolu. La réponse de Śaṅkara est sans ambiguïté : en vérité, l'absolu indifférencié et impersonnel ne possède aucune nature, pas plus qu'il n'est lumière ou bien connaissance. En ce sens, tous les attributs de la métaphysique portent la marque de l'illusion la plus insidieuse, puisqu'elle consiste à qualifier l'absolu, lequel est sans qualités. Et Śaṅkara d'en conclure que la connaissance de l'absolu se renverse en son exact contraire, l'inconnaissance, ce qui montre essentiellement que la connaissance et l'inconnaissance sont deux faces de l'absolu aussi illusoires l'une que l'autre.

En réponse, Rāmānuja s'attache à relativiser l'inconnaissance en rappelant qu'il est impossible de saisir la signification de ce mot sans comprendre au préalable ce qu'est une connaissance. Ainsi, d'une manière ou d'une autre, l'inconnaissance est-elle simplement l'absence de connaissance. Pour éviter cela, le disciple de Śaṅkara va si loin dans son analyse qu'il en arrive à attribuer une forme de réalité absolue à l'inconnaissance, tout en réservant à l'absolu seul la possibilité d'être véritablement la réalité absolue ; tout se passe ainsi comme si l'inconnaissance désignait une puissance d'obscurcissement à l'œuvre en l'absolu. Mais, en vérité, absolutiser l'inconnaissance revient à vider l'absolu de sa réalité car l'absolu ne peut pas accueillir l'inconnaissance sans cesser d'être absolu. Si son adversaire objecte que l'absolu ignore sa nature véritable d'absolu, comme la lumière s'ignore elle-même quand elle éclaire, Rāmānuja répond qu'il existe une différence essentielle entre l'obscurité de l'absolu et celle de la lumière. Celle-ci éclaire par sa seule existence tout en laissant des choses dans l'ombre, mais cela se fait sans qu'elle ait besoin d'être connue ; au contraire, l'inconnaissance ne produit pas l'obscurité en l'absolu par sa seule existence, sans être reconnue en tant que telle. Autrement, elle aurait autant d'existence que l'absolu, ce qui est une manière de nier l'existence de l'absolu. Par conséquent, si l'absolu qualifié par la connaissance existe, l'inconnaissance n'existe pas, pas plus que l'illusion qui en dérive.

L'ILLUSION PEUT-ELLE QUALIFIER LA MISÈRE HUMAINE ?

Après avoir montré toutes les impossibilités métaphysiques auxquelles conduit l'emploi du concept d'inconnaissance, Rāmānuja clôt sa démonstration en déduisant une impossibilité morale de la doctrine de l'illusion : la misère ne peut pas être illusoire. En vérité, on voit ici, au-delà du contexte théologique de l'argumentation de Rāmānuja, dont on peut faire abstraction, que l'intérêt de sa réfutation réside pour nous dans l'analyse morale, pour ainsi dire, à laquelle il soumet *in fine* l'argumentation de son adversaire.

Soit l'impératif suivant, qui peut servir à résumer la position de Śaṅkara : « En vue de libérer l'être humain de l'illusion métaphysique où il se trouve naturellement, il faut recourir à la connaissance de l'absolu, à condition que celle-ci soit libératrice. » Cet énoncé semble respecter la logique et avoir une signification. En vérité, il n'en est rien. Pourquoi ? Parce qu'il existe une forme de contradiction morale à délivrer une personne par la connaissance d'une réalité qui se réduit, en dernière analyse, à être une pure illusion. Tout d'abord, l'illusion ne disparaît pas devant la connaissance, elle persiste aussi longtemps que les conditions de sa production demeurent présentes. Il est donc illusoire de penser comme Śaṅkara que la connaissance peut libérer de l'illusion. L'expérience montre qu'il n'en est rien. Par suite, on est en droit d'affirmer que la connaissance métaphysique ne libère pas de l'illusion métaphysique, contrairement à ce que Śaṅkara présuppose. Or, la misère, qui résulte principalement de cette illusion, ne sera jamais supprimée non plus par la connaissance. Rāmānuja en déduit que l'illusion et la misère doivent être dépassées par un autre moyen que la connaissance, à savoir la foi en un dieu suprême susceptible de les faire cesser.

D'une autre manière, Rāmānuja montre ici que la misère est bien réelle, précisément parce que la connaissance ne peut pas la faire disparaître. En réalité, la cause réelle de la misère ne se situe pas dans une illusion obscure, dont l'être humain ne pourrait se délivrer sans la connaissance de l'absolu, mais plutôt, et plus concrètement, dans la chaîne infinie des actes que seul le dieu suprême peut briser. Il se peut qu'un mauvais rêve soit dissipé par la connaissance de la réalité, mais la misère n'est pas un mauvais rêve, et sa réalité, qui résiste à l'analyse de la pensée, fait dire à Rāmānuja qu'elle n'a pas à être « supprimée » par quoi que ce soit, à proprement parler, surtout pas par une connaissance. En effet, en vertu d'un principe logique, qui veut que deux choses s'opposent si elles sont de nature comparable, on ne peut pas espérer faire cesser la misère, constituée par les actes (*karman*), à l'aide d'une connaissance, l'acte et la connaissance étant différents par leur nature propre. Prétendre le contraire, comme le fait Śaṅkara, revient à déréaliser la misère, matérielle et morale, en la situant sur un plan d'existence qui lui est étranger.

Cette impossibilité, logique autant qu'ontologique, est encore plus insupportable si l'on applique le raisonnement métaphysique de Śaṅkara à la servitude. Le sanscrit *bandha* signifie littéralement « lien, attache », d'où le lien formé par les actes, la dépendance qui en découle, et finalement la servitude qu'ils entraînent. Comment la chaîne que créent les actes accomplis peut-elle n'être qu'une illusion ? se demande Rāmānuja. Inversement, comment libérer les humains du malheur si ce dernier n'a aucune réalité ? L'alternative est la suivante : soit le malheur est réel, dans ce cas, il doit être supprimé, ce que la connaissance est incapable de faire, d'où le recours à la dévotion; soit il peut être aboli par la connaissance parce qu'il est illusoire, mais, dans ce cas, un tel malheur n'est pas le malheur « karmique » qu'éprouvent les humains. Par suite, il est insensé de prétendre supprimer réellement par la connaissance une servitude-illusion, puisqu'elle n'a rien à voir avec la servitude réelle. Il faut dire au contraire que la misère humaine est réellement le produit de leurs actes. Dans ce cas, les humains doivent abandonner[1] leurs actes et les confier au Seigneur pour espérer en être délivrés : telle est la voie de la dévotion.

Note sur le texte traduit

La traduction du commentaire s'appuie sur l'édition savante de V.S. Abhyankar, publiée à Bombay en 1914; en 1916 l'éditeur publie son annotation du texte, d'une grande richesse, surtout utile pour comprendre les passages les plus complexes. La difficulté majeure du commentaire de Rāmānuja tient dans son contenu, à la fois abstrait et synthétique. Il présente, en effet, les arguments de l'école de son adversaire dans leur forme logique, réduits à l'essentiel, ce qui lui permet ainsi de déployer toute son érudition philosophique. En particulier, son commentaire montre la subtilité et la diversité des échanges entre des philosophes qui appartiennent à la même école, l'Advaitavedānta, mais qui en interprètent différemment les principales thèses. Il appartient au lecteur, dans ces conditions, de suivre le débat qui s'instaure et d'accepter les nuances, les précisions, apportées au fil de l'argumentation,

1. Rāmānuja découvre cette forme d'ascèse dans le poème de la *Bhagavadgītā*, qu'il commente après Śaṅkara.

tout en gardant à l'esprit l'enjeu central de la discussion, à savoir la compréhension du caractère illusoire ou non de la misère humaine. Pour l'y aider, des intertitres ont été ajoutés qui lui servent à se repérer dans les méandres du commentaire. On termine en précisant que l'ensemble du passage est publié en français pour la première fois.[1]

1. L'indianiste Olivier Lacombe a consacré un ouvrage à la philosophie morale de Rāmānuja, mais il a traduit des sections différentes de son commentaire en laissant de côté le problème abordé ici (O. Lacombe, *La doctrine morale et métaphysique de Rāmānuja*, Paris, Adrien Maisonneuve, 1938).

LE COMMENTAIRE AUX APHORISMES SUR L'ABSOLU

[LA DOCTRINE ILLUSIONNISTE DE L'ADVAITAVEDĀNTA]

« Tu soutiens que le monde est un tout, où alternent sans fin les maîtres et les dominés, et qu'il est faussement imaginé à la place de la réalité indifférenciée, qui s'éclaire d'elle-même. Or ce défaut n'est autre que l'illusion[1] : on n'en connaît pas le commencement ; elle dissimule la véritable nature [de cette réalité], produit le spectacle de la multiplicité, de la variété et ne se laisse exprimer ni par l'existence ni par la non-existence. En outre, on est obligé de l'admettre, en témoigne l'Upaniṣad[2] : « Séparés, en vérité, par la fausseté ». Dans ce passage et d'autres issus de la Révélation, elle rend impossible l'unité entre l'individu vivant et l'absolu, unité qui repose sur l'identité substantielle

1. Le sanscrit *avidyā*, littéralement « inscience, non-science », désigne la possibilité de se méprendre absolument sur la nature de la réalité, par inconnaissance. On prend une pure apparence pour le réel, parce qu'on méconnaît profondément la nature du réel en lui surimposant une fausse réalité qu'il n'a pas, comme dans l'exemple de l'argent qui ravit la réalité de la nacre.

2. *Chāndogya-Upaniṣad* (VIII. 3.1). Le passage évoque les vivants qui ignorent l'absolue réalité parce qu'ils en sont séparés.

entre deux termes comme « Tu es cela »[1]. Mais elle n'est pas réelle. Autrement, on ne passerait pas de la tromperie à ce qui lui fait barrage. Elle n'est pas non plus irréelle. Autrement, il n'existerait pas de lien entre sa présentation et ce qui lui fait barrage.[2] D'où la conclusion qu'en tirent les philosophes qui ont du discernement : l'illusion se situe au-delà de ces deux positions.

[*Réfutation de l'illusionnisme : l'illusion n'appartient pas à l'absolu*]

« Cela est invalide. En effet, sur quel support s'appuie-t-elle pour engendrer la tromperie sensible ? En premier lieu, elle ne prend pas l'individu pour support, puisque son existence imaginaire[3] est illusoire. Elle ne s'appuie pas sur l'absolu, dans la mesure où il est contraire à l'illusion : il s'éclaire lui-même en tant qu'il est connaissance et l'illusion est censée être barrée par la connaissance.

La connaissance est la nature de l'absolu transcendant.
Si l'illusion, qui n'est que fausseté, venait à éclipser la connaissance, alors qu'elle ne peut être supprimée que par elle, quel maître la ferait cesser ? (*Strophe 1*)

[Objection :] Si l'absolu est connaissance, alors la connaissance est le facteur qui supprime l'illusion.

1. Cette formule de la même *Upaniṣad* est restée célèbre ; « Tu es cela » (VI. 8.7), répète le père à son fils quand il lui enseigne l'unité absolue entre les choses et soi (*ātman*).

2. Si l'illusion était réelle, la tromperie ne serait jamais réfutée ; si elle était irréelle, l'apparence ne serait pas combattue. Le statut ontologique de l'illusion la situe à mi-chemin entre le réel et l'irréel : réelle, l'illusion ne disparaîtrait jamais ; irréelle, elle ne se présenterait jamais.

3. Si l'individu est lui-même une illusion, comme le pense Śaṅkara, il ne peut pas servir de support à l'illusion.

[Réponse :] À l'image de l'absolu, qui s'éclaire lui-même, elle aussi s'éclaire, mais elle ne supprime rien. (*Strophe 2*)

[Objection :] S'il existe une connaissance intuitive, selon laquelle l'absolu est connaissance, alors il devient l'objet de cette connaissance intuitive.

[Réponse :] Il en résulte, selon ta doctrine, qu'il n'existe plus d'expérience de l'absolu. (*Strophe 3*)

[Objection :] Savoir que « La connaissance est la véritable nature de l'absolu », voilà ce qui barre l'illusion, mais pas la connaissance qui est constitutive de sa véritable nature.

[Réponse :] Il n'en est pas ainsi. Par elles deux l'absolu s'éclaire en sa véritable nature ; il est donc difficile de comprendre la différence entre l'une, qui s'oppose à l'illusion, contrairement à l'autre.

Voici ce qu'il en est. Soit la connaissance que la véritable nature de l'absolu est la connaissance. [Que sait-on ?] On sait que la connaissance qui appartient essentiellement à l'absolu s'éclaire d'elle-même, puisqu'il appartient à l'absolu de s'éclairer par lui-même. Il n'existe donc aucune différence entre les deux, celle qui a la connaissance pour objet et qui s'oppose à l'illusion, celle qui est constitutive de l'absolu.

Selon toi, l'absolu a la nature d'une expérience, et en ce sens il n'existe aucune autre expérience qui puisse en faire un objet d'expérience. Il n'y a donc pas de connaissance qui a l'absolu pour objet. Par suite, s'il est vrai que la connaissance s'oppose à l'illusion, la raison en est que l'absolu lui-même s'oppose à l'illusion. Il est donc impossible que l'absolu soit le support de l'illusion.

Les illusions sensibles sont incapables par elles-mêmes d'attester leur véritable réalité ; par suite, elles ne peuvent pas s'opposer d'elles-mêmes à l'illusion, ce pourquoi elles ont besoin d'une autre connaissance pour faire cesser l'illusion. L'absolu, au contraire, se prouve parce qu'il s'éprouve ; en ce sens il atteste sa véritable réalité et s'oppose de lui-même à l'illusion. Il n'a donc besoin d'aucune connaissance qui supprime l'illusion.

[Objection :] On pourrait dire maintenant que la connaissance de la fausseté de tout ce qui est différent de l'absolu vient s'opposer à l'inconnaissance.

[Réponse :] C'est non. Cette connaissance s'oppose-t-elle à l'ignorance générale portant sur la propre réalité de l'absolu ou bien s'oppose-t-elle à l'ignorance particulière qui consiste à croire à la vérité du déploiement des apparences ? Voilà ce dont il faut débattre. La première hypothèse ne tient pas car cette ignorance porte sur un objet différent[1]. En vérité, deux connaissances s'opposent si elles ont un même et unique objet. Maintenant, la connaissance de la fausseté du monde apparent est en opposition avec l'ignorance qui consiste à croire à sa vérité, au sens où la seconde est barrée par la première. Cela revient à ignorer toujours la véritable nature de l'absolu. [Objection :] Cette ignorance consiste à attribuer à l'absolu une réelle dualité ; or, cela cesse grâce à la connaissance de la fausseté de tout ce qui est différent de l'absolu. Mais sa véritable nature se prouve parce qu'elle s'éprouve.

[Réponse :] C'est non. Si la véritable nature de l'absolu, sa non-dualité réelle, se prouvait par l'expérience que l'on fait de l'absolu, ce qui s'oppose à cela, à savoir l'illusion de la dualité et sa réfutation, n'existeraient pas.

1. Savoir que toute différence attribuée à l'absolu est fausse ne revient pas exactement à ignorer sa véritable réalité. Je peux savoir que les différences n'appartiennent pas à l'absolu sans savoir proprement en quoi consiste sa réalité.

[Objection :] La non-dualité en est une propriété [non pas sa nature véritable].

[Réponse :] C'est non. Car tu as admis que l'absolu, dont la véritable nature est l'objet d'une expérience, est libre de toute propriété éprouvée[1]. Par conséquent, tout s'oppose à ce que l'inconnaissance ait l'absolu pour support, dans la mesure où la connaissance est sa véritable nature. »

[*L'expérience de l'absolu ne peut pas être illusoire*]

« En affirmant que l'absolu, dont la véritable nature et l'unité s'éclairent d'elles-mêmes, est dissimulé par l'illusion, tu ne dis que ceci : sa véritable nature est détruite. Dissimuler la lumière, en vérité, c'est soit empêcher son apparition soit la faire disparaître quand elle existe. Or, puisque tu admets que la lumière ne peut pas apparaître, sa dissimulation n'est rien d'autre que sa disparition.

Autre chose encore. Tu peux objecter ceci : L'expérience de l'absolu en sa propre lumière ne comporte ni objet ni support. Mais, à cause d'un défaut dont il est lui-même le support, l'absolu s'éprouve soi-même sous une infinité de supports et d'objets.

[Réponse :] Voici ce qu'il faut discuter : ce défaut inhérent à soi existe-t-il au sens absolu ou non ? Il n'existe pas au sens absolu car tu t'y opposes[2]. Il n'existe pas davantage autrement, que ce soit sous la forme d'un sujet de connaissance, ou bien d'un objet connu ou bien encore

1. Selon Śaṅkara, l'absolu est indifférencié, donc privé de propriétés qui le différencieraient du monde.

2. L'absolu (*brahman*) est par définition la réalité au sens absolu (*paramārtha*), à savoir sans défaut, sans différences, sans propriétés, si l'on prend l'absolu au sens négatif de ce qui n'est pas relatif. En ce sens, il se définit principalement, selon Śaṅkara, par des négations ; or, l'inconnaissance définit un défaut en l'absolu ; Rāmānuja en déduit qu'elle contredit la nature de l'absolu, aussi bien pour Śaṅkara que pour lui.

de la connaissance en soi. Ce n'est pas la connaissance car tu n'acceptes pas qu'elle puisse être différente en sa véritable nature. En revanche, si la connaissance pouvait devenir directement le support de cette illusion, tu serais du côté des bouddhistes Mādhyamika[1] car tu serais forcé d'admettre que la connaissance n'existe pas au sens absolu. Mais si le sujet et l'objet de la connaissance ainsi que la connaissance qui est déterminée par eux sont imaginaires, il faut faire appel à un autre défaut pour en rendre raison, ainsi de suite à l'infini.

[Objection :] Maintenant, si l'on dit, avec le désir d'éviter ce défaut : l'expérience de l'être au sens absolu appartient à la nature de l'absolu ; c'est le défaut[2]. [Réponse :] Si l'absolu lui-même est le défaut, alors il est à la racine de l'apparition du monde apparent ; à quoi bon supposer en plus l'illusion qui est comparable au monde des apparences. Et dans ce cas, en vertu de l'éternité de l'absolu, la libération n'existerait plus. Par conséquent, aussi longtemps qu'on refuse d'admettre qu'il existe au sens absolu un défaut qui est différent de l'absolu[3], il est difficile de rendre compte de l'illusion. »

1. Selon Nāgārjuna, la connaissance ne peut jamais être absolue, si l'on entend par là une connaissance non relative à un point de vue, qui serait la découverte de la nature absolue de la réalité. Par suite, attribuer à la connaissance la possibilité de causer l'illusion la rapproche de la relativité bouddhique, où le caractère illusoire de la connaissance consiste justement dans l'ignorance de sa relativité (*cf.* Nāgārjuna, p. 211).

2. C'est une manière de dire que l'illusion n'est rien d'autre qu'une expérience absolue qui appartient à l'absolu. Mais dans ce cas, l'absolu seul produit le monde des apparences, sans l'aide de l'illusion, qui devient inutile.

3. Ce défaut en question n'est autre, selon Rāmānuja, que la suite sans début ni fin des actes bons et mauvais qui font la destinée humaine et rendent raison de la misère.

[*L'illusion est-elle inexprimable ?*]

« Quant à dire que [l'illusion] est inexprimable : que veux-tu dire par là ? Tu penses qu'elle ne se caractérise ni par l'existence ni par l'inexistence. Mais alors, une réalité de cette espèce serait inexprimable parce qu'elle se situe au-delà de tout moyen de connaissance.

Voici ce qu'il en est. Une chose, quelle que soit son espèce, peut être classée en fonction de sa représentation. Or, tout ce qui est représenté ressortit soit à l'existence soit à l'inexistence. Donc, si tu es prêt à admettre qu'une représentation, concernée par l'existence ou l'inexistence, possède un objet différent de l'une comme de l'autre, tout pourrait être l'objet de n'importe quelle représentation.[1] »

[*La surimposition est à la racine de l'illusion*]

« [Objection :] Soit l'explication suivante. Quelque chose cause la surimposition de la multiplicité, sous la forme de l'altérité, de l'extériorité, sur la véritable nature de la réalité qui se trouve dissimulée. Inexprimable par l'existence et l'inexistence, qu'il soit signifié par le mot « illusion », « inconnaissance » ou tout autre, il est supprimé par la connaissance de la véritable réalité ; il diffère de l'inexistence antérieure de la connaissance[2], car il a une forme de positivité ; ce quelque chose est représenté dans

1. Rāmānuja applique le principe du tiers exclu : toute chose représentée est ou bien existante ou bien inexistante, mais il n'y a pas de troisième possibilité. Au contraire, Śaṅkara maintient que l'illusion n'est ni pleinement existante ni entièrement inexistante. La logique du « ou bien » exclusif s'oppose ici à la logique du « ni », déjà présente dans le bouddhisme Madhyamaka (*cf.* Nāgārjuna, *Les strophes fondamentales du Milieu qui ont pour nom « sagesse »*, *infra*, p. 214).

2. L'ignorance ordinaire est définie de la manière suivante : c'est l'inexistence antérieure de la connaissance.

la perception ou dans l'inférence. Il existe une surimposition, dont la cause est l'absolu en tant qu'il est limité[1] [*upāhita*] par elle [l'illusion]; sur ce qui est pure conscience invariable, qui s'éclaire soi-même, sur l'intériorité dont la véritable nature est dissimulée par l'illusion, celle-ci [la surimposition] projette diverses formes, le moi, la connaissance et les objets connus. Dans ce monde où des états et des différences se surimposent à cause de l'illusion, la connaissance des objets peut être une forme de surimposition, comme on le sait, dans le cas du serpent, de l'argent, quand ils sont barrés par la connaissance perceptive. Or, de ce monde entièrement illusoire, il y a une cause [la réalité illusoire]; on y est conduit par la force de la raison suivante : de même qu'il faut une cause à l'existence d'un objet illusoire, de même il en faut une à l'existence du monde illusoire.

[*L'expérience de la réalité illusoire : quelque chose, et non pas rien*]

Que la perception, tout d'abord, ait pour objet cette cause, qui fait l'inconnaissance, elle le fait apparaître directement dans des phrases comme « Je suis ignorant; je ne me connais pas ni ne connais les autres ». Celle-là [l'inconnaissance] n'est pas l'objet de l'inexistence antérieure de la connaissance car celle-ci est le domaine

1. La doctrine des conditions limitantes (*upādhi*) se trouve reproduite à de multiples reprises dans le commentaire de Śaṅkara aux *Brahmasūtra*. Il s'agit pour lui de montrer que tous les défauts que l'on peut, dans un premier temps, associer à l'absolu, résultent en vérité de limitations qui lui viennent de l'extérieur. En ce sens, des propriétés étrangères à l'absolu se surimposent à sa réalité, comme dire de lui qu'il a de l'intelligence, de la force, de la gloire. En vérité, tous ces attributs n'appartiennent pas à l'absolu, d'où l'illusion qui en résulte.

du sixième moyen de connaissance [la non-perception][1]. Celle-là, au contraire, présente son objet directement, comme lorsqu'on dit « Je suis heureux ». Même en admettant que l'absence puisse être perceptible, l'expérience en question ne porte pas sur l'absence de connaissance en soi (*ātmani*)[2]car la connaissance est présente dans les limites de l'expérience même ; si ce n'était pas le cas, la représentation de l'absence de connaissance ne se produirait pas.

[Réponse :] Voici ce qu'il en est. Dans l'expérience de dire « Je suis ignorant », comprend-on, oui ou non, que le « je » renvoie à soi, en tant que qualifié par l'absence [de connaissance] et que la connaissance est le contrepoint de l'inconnaissance ? Dans le premier cas, l'expérience de l'absence de connaissance serait impossible[3] à cause d'une contradiction. Dans le second cas, l'expérience en question est encore moins possible puisqu'elle fait appel à soi, comme qualifié par l'inconnaissance, et à la connaissance, comme contrepoint [de l'inconnaissance]. La même

1. La *Mīmāṃsā* reconnaît six moyens valides de connaissance : perception, inférence, comparaison, présomption, témoignage verbal et non-perception. Le dernier rend compte de la connaissance de l'absence d'une chose. Par exemple, si je ne vois pas un pot sur le sol (alors qu'il pourrait s'y trouver), j'en déduis qu'il est absent. Dans le cas présent, l'inexistence antérieure de la connaissance, à savoir son absence, pourrait être connue au moyen de ce sixième moyen de cognition.

2. L'expérience de la réalité de l'illusion n'entraîne pas l'absence de connaissance en soi-même. En effet, aussi longtemps que l'on fait l'expérience de quelque chose, on en a connaissance. Il est donc contradictoire de prétendre que l'expérience de l'inconnaissance a pour objet une absence de connaissance, laquelle peut être connue autrement. L'illusion n'est pas une négation, une absence, mais une expérience singulière, où l'on éprouve l'existence d'une réalité illusoire.

3. Faire l'expérience de son ignorance, au sens fort du terme, ne consiste pas à ignorer que l'on en fait l'expérience, car cela serait contradictoire.

impossibilité demeure si l'on fait de l'absence de connaissance l'objet d'une inférence ou du moyen de connaissance appelé techniquement « absence » [non-perception]. Au contraire, en donnant une forme d'existence à cette inconnaissance et en faisant exister la connaissance de soi, qualifié par l'inconnaissance, et du contrepoint [que forme la connaissance], la contradiction cesse ; par suite, il faut admettre que l'expérience en question [quand on dit « Je suis ignorant »] porte sur l'inconnaissance, comme sur quelque chose[1]. Si l'on objecte qu'il y a une opposition entre, d'un côté, l'inconnaissance en tant que quelque chose, de l'autre côté, le témoignage de la conscience comme intuition de la vérité de la réalité, il n'en est rien. Le témoignage de la conscience ne porte pas sur la vérité de la réalité, mais plutôt sur l'inconnaissance. Autrement, l'intuition de la fausseté ne se produirait pas. L'inconnaissance n'est pas supprimée par la connaissance [à savoir la conscience][2] de cette inconnaissance ; il n'y a donc pas d'opposition. [On objecte à nouveau :] l'inconnaissance comme quelque chose exclut un certain objet [le « je »]

1. Tant que l'on persiste à faire de l'illusion ou de l'inconnaissance l'absence de connaissance de la réalité, on tombe dans des contradictions et des impossibilités qui ruinent l'expérience qui se trouve à la base de l'inconnaissance : « Je suis ignorant » ou « J'ignore ». Or, cette expérience n'est pas seulement négative ; autrement elle ne troublerait pas autant l'individu qui en est le sujet. En vérité, il y a quelque chose de positif dans cette expérience, qui force l'individu à s'interroger sur soi (*ātman*), sur sa connaissance de la réalité du monde et sur sa conscience du monde, comme on va le voir.

2. Si l'on objecte que l'inconnaissance et la conscience de la réalité s'opposent, il n'en est rien. La conscience qui atteste la réalité ne contredit pas l'illusion car elle ne la fait pas cesser : la conscience de l'illusion ne la supprime pas ; au contraire, elle l'approfondit, selon Śaṅkara. Il est donc vain de prétendre que l'illusion et la conscience de la réalité s'opposent.

pour devenir l'objet du témoignage de la conscience. Or, cet objet [exclu] est établi grâce à un moyen valide de connaissance. Comment donc l'inconnaissance, pour devenir l'objet du témoignage de la conscience, exclut-elle le sens dc « je »[1] ? [Réponse :] Il n'y a pas de faute. Toute la réalité donnée, sans exception, est l'objet du témoignage de la conscience, soit parce qu'elle est connue soit parce qu'elle est non connue. Pour autant que la réalité non consciente existe parce qu'elle est connue, elle requiert la médiation d'un moyen valide de connaissance. Au contraire, la réalité consciente existe par elle-même et n'a donc pas besoin de la médiation d'un moyen de connaissance. L'intuition de la conscience s'atteste dans tous les cas en excluant l'inconnaissance. Par conséquent, l'inconnaissance est représentée comme quelque chose par la perception aidée du raisonnement.

[*L'inconnaissance est prouvée par inférence*]

Ce quelque chose qu'est l'inconnaissance est également prouvé par l'inférence, sous la forme suivante : S = dans les limites du débat, une connaissance, qui résulte d'un moyen valide de connaître, P = est précédée par autre chose, différent de sa simple non-existence antérieure, qui dissimule ses objets, peut être supprimé par elle et qui occupe sa place. R = Parce qu'elle éclaire des objets non éclairés. E = Comme la lumière d'une lampe qu'on pose

1. L'inconnaissance ne concerne fondamentalement que soi (*ātman*), et le rapport de soi au monde, mais elle s'exprime dans la conscience en faisant du « je » son objet : « Je suis ignorant ». Le « je » se trouve donc exprimé grammaticalement, alors que l'objet véritable de l'inconnaissance n'est autre que soi. Comment expliquer que le « je » prenne la place de soi et se confonde avec lui ? N'est-ce pas cela, l'illusion suprême ?

dans le noir[1]. Si tu objectes que le noir n'est pas une substance, mais la simple absence de lumière ou bien la simple absence de la possibilité de voir, et que tu ne vois pas comment il illustre une chose visible qui servirait à prouver que l'inconnaissance est quelque chose, voici ma réponse. On perçoit le noir de différentes façons, selon qu'il est plus ou moins dense, selon qu'il a une couleur, ce qui prouve sans conteste que l'obscurité est bien une autre substance.

[*Réponse de Rāmānuja à l'argumentation de Śaṅkara*]

À tout cela, voici ce que je réponds. Dans les phrases « Je suis ignorant ; je ne me connais pas ni ne connais les autres », la perception, avec un raisonnement ou bien seule, ne fournit pas la représentation de l'inconnaissance comme de quelque chose [qui existe]. Quant à l'opposition que tu mentionnes entre l'inconnaissance et le fait de la définir par l'inexistence antérieure de la connaissance, elle vaut aussi bien avec le fait de la définir par quelque chose. La réalité intérieure [appelée « soi »] est donnée ou pas, selon qu'elle exclut d'avoir pour objet et pour support l'inconnaissance. Si elle est donnée, comment l'inconnaissance, qui est supprimée par la véritable nature de cette réalité, peut-elle demeurer dans cette réalité ? Si elle n'est

1. L'inférence est constituée du sujet S qualifié par un prédicat P pour une raison R, comme dans l'exemple E. On comprend ici que l'inconnaissance forme le socle primordial de toute connaissance, son abîme obscur, dont il faut se détourner avec force pour obtenir la connaissance de la réalité. L'esprit se laisse prendre par ce quelque chose, qui l'attire vers l'obscurité, s'il ne se tourne pas vers la lumière de la connaissance. En ce sens, l'inconnaissance ne peut pas être, selon Śaṅkara, la simple contrepartie de l'absence de connaissance.

pas donnée, comment faire l'expérience de l'inconnaissance, si elle est privée de la possibilité d'être une connaissance qui exclut d'être l'objet ou le support [de cette réalité] ?[1] Mais si l'on se représente que la nature obscurcie [de la conscience] est incompatible avec la connaissance consciente de sa nature claire, il s'ensuit que même quand on a connaissance du support et de l'objet [dans l'expérience de la conscience], cela ne s'oppose pas à l'expérience de l'inconnaissance[2]. Hélas, l'inexistence antérieure de la connaissance est aussi d'une nature claire, mais la connaissance de la contrepartie du support [à savoir l'absence de support] n'est pas du tout d'une nature claire. Il en résulte qu'il n'existe [entre les deux positions] aucune différence, si ce n'est l'attachement[3] [à l'une plutôt qu'à l'autre]. Si l'inconnaissance a la nature de quelque chose, elle n'en est pas moins « inconnaissance », et cela vaut aussi pour établir le sens de l'inexistence antérieure[4]. Voici ce qu'il en est. Dire « inconnaissance », cela signifie soit l'absence de

1. Le raisonnement est le suivant. La réalité de la conscience est donnée en tant qu'elle exclut d'avoir pour objet ou pour support l'inconnaissance, dans la mesure où la réalité intérieure à soi se définit sans prendre appui sur l'inconnaissance. Inversement, celle-ci se définit par rapport à la réalité de la conscience, dont elle n'est ni l'objet ni le support. Autrement, que signifie une inconnaissance que l'on ne peut pas exclure d'être l'objet ou le support de la conscience ? Or, la conscience fait l'expérience de l'inconnaissance comme d'une connaissance qu'elle exclut soit en tant qu'objet soit en tant que support. L'inconnaissance n'est donc ni l'objet ni le support d'une expérience.

2. Quand on sait que la conscience s'atteste d'elle-même dans l'expérience de soi, cela ne s'oppose pas à la connaissance de sa nature obscurcie quand la conscience ne s'atteste pas d'elle-même.

3. Quand on évoque l'inconnaissance comme simple privation de connaissance, cela est clair, et l'on ne voit pas en quoi cela s'oppose à la connaissance d'une absence de support.

4. Dans les deux cas, le sens premier est l'inconnaissance au sens de l'absence de connaissance.

connaissance soit ce qui est différent de la connaissance soit encore ce qui s'oppose à la connaissance. Ainsi, dans les trois cas, on présuppose inévitablement la connaissance de sa véritable nature[1]. Bien que la compréhension de la nature de l'obscurité ne fasse pas appel à la lumière, on comprend que l'obscurité désigne ce qui s'oppose à la lumière et donc qu'il faut faire appel à la lumière pour comprendre l'obscurité. L'inconnaissance que tu soutiens ne s'atteste jamais en sa véritable nature, mais seulement en tant que non-connaissance ; de sorte que tu as autant besoin de présupposer la connaissance que moi, pour qui [l'inconnaissance] est l'absence de connaissance. Même toi, tu admets et te représentes ce qu'est l'inexistence antérieure de la connaissance. Par conséquent, dans des phrases comme « Je suis ignorant ; je ne me connais pas ni ne connais les autres », il faut bien admettre que seule l'inexistence antérieure de la connaissance, acceptée par nous deux, est au centre de l'expérience.

[*L'expérience de l'illusion n'existe pas dans l'absolu*]

Il est impossible d'accorder l'expérience de l'inconnaissance à l'absolu, lequel, par nature, est unicité, conscience éternellement libre, à soi-même sa lumière. Car il est, par nature, expérience de soi.

1. Le mot « inconnaissance » implique la connaissance, dont elle est la négation ; sans présupposer le sens de celle-ci, on ne peut établir le sens de celle-là. Les grammairiens indiens distinguent deux négations, l'une qui exclut purement et simplement ce qu'elle nie, comme dans le mot « ignorance », l'autre, qui nie ce qu'elle implique, comme dans le mot « inconnaissance ».

[Objection :] L'absolu fait l'expérience de l'inconnaissance au sens où, bien qu'il soit, par nature, expérience de soi, il se cache à soi sa véritable nature.

[Réponse :] Que signifie se cacher à soi sa véritable nature ?

Si cela veut dire « ne pas avoir sa véritable nature éclairée », comment sa nature peut-elle ne pas être éclairée alors qu'elle est expérience de soi ?

Si tu objectes qu'il [l'absolu] est par sa nature expérience de soi, mais qu'il lui arrive de n'être pas éclairé par sa nature, mais différemment, alors je répète ce qui a été dit plus haut : tu n'admets pas que la lumière soit une propriété de l'absolu, dans la mesure où elle forme sa véritable nature ; par suite, sa nature disparaîtrait si elle venait à être éclairée différemment.

En outre, l'inconnaissance, en tant qu'elle est la cause de la dissimulation de la véritable nature de l'absolu, s'éprouve elle-même existante, et existante elle dissimule l'absolu ; l'ayant dissimulé, elle est elle-même l'objet de l'expérience de l'absolu. Il existe donc une relation de dépendance réciproque[1] entre l'inconnaissance et l'absolu. [Objection :] Elle ne dissimule que l'absolu, devenu objet d'expérience[2] [mais pas l'absolu lui-même].[Réponse :] Si l'absolu, dont la véritable nature n'est pas dissimulée, fait l'expérience de l'inconnaissance, alors l'hypothèse

1. Il est dit plus haut que l'inconnaissance est l'objet de l'expérience de l'absolu, qui devient ainsi illusoire, mais le disciple de Śaṅkara affirme maintenant que l'inconnaissance est la cause de l'expérience de l'absolu, devenant ainsi illusoire. La même inconnaissance est donc à la fois la cause et l'effet de l'expérience illusoire de l'absolu, ce qui contredit le principe logique de la séparation entre la cause et l'effet.

2. Une certaine expérience de l'absolu devient, à cause de l'inconnaissance, illusoire, mais cela ne signifie pas que l'absolu soit illusoire lui-même.

d'une dissimulation devient inutile. Par suite, l'hypothèse d'une nature de l'inconnaissance[1] [devient inutile] dans la mesure où la doctrine du monde apparent (*prapañca*) qui résulte de l'inconnaissance est semblable à la doctrine de l'inconnaissance par l'absolu. De plus, l'expérience de l'inconnaissance par l'absolu, se fait-elle d'elle-même ou bien d'une autre manière ?

Si l'expérience de l'inconnaissance se fait d'elle-même, parce qu'on fait usage du concept de nature[2], la libération disparaît. Dans la mesure où la nature de l'absolu fait cette expérience, parce qu'il y a une nature de l'expérience de l'inconnaissance, voici ce qui en résulte : de la même façon que l'expérience de l'argent [illusoire] cesse, quand la connaissance [perceptive] vient la barrer, de même cesse la nature de l'absolu, sous la forme de l'expérience de l'inconnaissance, grâce à la connaissance qui la fait cesser. Si [ladite expérience] se fait d'une autre manière, quel est cet autre qu'elle ? S'il s'agit d'une autre inconnaissance, alors on obtient une régression à l'infini.

[Objection :] Seulement après avoir dissimulé l'absolu, l'inconnaissance devient-elle d'elle-même l'objet d'une expérience.

[Réponse :] S'il en est ainsi, l'inconnaissance en question existe par elle-même, comme la cataracte. Par son existence,

1. Si l'absolu peut devenir l'objet illusoire d'une expérience, alors l'hypothèse de l'inconnaissance est en trop, puisque sans elle on peut rendre compte de l'expérience illusoire. De la même façon, si l'absolu peut devenir l'objet du monde apparent, il est inutile de prouver que les apparences sont le résultat de l'inconnaissance.

2. L'expérience de l'inconnaissance par l'absolu ne peut pas se faire d'elle-même sans que l'absolu ait, d'une manière ou d'une autre, une nature. Cela signifie donc que l'absolu fait par nature l'expérience de l'inconnaissance, ce qui rend la libération impossible.

elle dissimule l'absolu, d'où il résulte que l'inconnaissance ne peut plus être barrée par une connaissance[1].

[*L'inconnaissance est-elle une dissimulation de la nature de l'absolu ?*]

[Objection :] Maintenant, l'inconnaissance en question, elle-même, est sans commencement ; elle fait qu'au moment même où l'absolu est témoin de soi, simultanément sa nature se dissimule. D'où il suit que la régression à l'infini[2] et les autres défauts n'en sont pas. [Réponse :] Cela ne va pas. Si l'absolu fait par sa nature l'expérience de soi, il n'est pas en mesure d'arriver à être témoin de soi sans dissimuler sa nature[3]. [Objection :] Sa nature est dissimulée par une cause différente.

[Réponse :] Hélas ! C'en est fini de sa nature infinie. À quoi s'ajoute une nouvelle régression à l'infini. Si l'absolu parvient à être témoin de soi sans que sa nature en soit dissimulée, c'est la continuité de l'expérience de soi qui

1. Si l'inconnaissance dissimule l'absolu, par sa seule existence, cela signifie qu'elle est semblable à un défaut purement physique : la cataracte prive par sa seule existence l'œil de la vision, qu'elle soit connue ou pas ; de la même façon, l'inconnaissance masque l'absolu par son existence, non pas par sa nature de connaissance illusoire, ce qui rend la connaissance qui la supprime inutile.

2. L'inconnaissance étant sans commencement, il est inapproprié de voir un défaut dans la régression à l'infini, puisque l'inconnaissance est elle-même infinie. Il en résulte que l'expérience de l'absolu et l'inconnaissance de l'absolu sont solidaires l'une de l'autre, et que l'une ne peut pas exister sans l'autre.

3. Dans la mesure où l'expérience de soi, le fait d'être témoin de soi et la connaissance de sa nature ne sont pas identiques, l'absolu ne peut pas être l'un sans abandonner l'autre. S'il est conscient de soi et s'éprouve soi-même, alors il n'a pas connaissance de sa nature, qui lui est dissimulée. Cela revient à dire que l'absolu se dissimule sa nature, ce qui est incompatible avec sa nature d'absolu.

en est interrompue[1]. En outre, s'il arrive à l'absolu d'être caché par l'illusion, alors n'éclaire-t-il plus du tout ou bien éclaire-t-il un peu ? Dans la première hypothèse, si l'absolu, dont la nature se réduit à la lumière, n'éclaire plus, cela revient toujours à affirmer son insignifiance. Dans la seconde hypothèse, sachant que l'absolu est, en son unité essentielle, existence, conscience, félicité[2], quelle est la partie de l'absolu qui est dissimulée, quelle est celle qui est éclairée ? Dans une réalité, indivisible, indifférenciée, pure lumière, où deux modalités d'être ne coexistent pas, la dissimulation et la lumière ne peuvent pas cohabiter en même temps.

[Objection :] Maintenant l'absolu qui est, en son unité essentielle, existence, conscience, félicité, voit sa nature cachée par l'illusion et devient sensiblement obscur, pour ainsi dire.

[Réponse :] Quelle est la nature de la clarté ou de l'obscurité qui concerne ce dont la nature est pure lumière ? Voici ce qu'il en est. Un objet éclairé comprend des parties différenciées ; quand on en a la pleine intuition, cette intuition est claire et distincte ; quand on en a l'intuition, mais privée de certaines distinctions, celle-ci est obscure et confuse. À l'égard de cet objet, quelque aspect qu'il adopte, si une partie n'est pas éclairée, la question de la clarté de la lumière ne se pose pas. Mais, quelle que soit la partie considérée, si elle est éclairée, la lumière qui la concerne est claire. Il en résulte que partout où la lumière

1. L'incompatibilité entre les trois attributs de l'absolu révèle seulement l'inconnaissance de Śaṅkara, selon Rāmānuja.

2. La triple caractérisation de l'absolu ne se trouve pas dans le corpus de Śaṅkara, mais elle appartient à l'école de l'Advaitavedānta. Śaṅkara qualifie l'absolu selon une triple formule, un peu différente, et tout aussi célèbre : vérité, connaissance, infinité (*satyaṃ jñānaṃ anantaṃ brahma*) que l'on trouve dans son commentaire à la *Taittirīya-Upaniṣad* (II. 1.1).

éclaire, la question de la clarté ne se pose jamais. Quand on se représente la véritable nature d'une chose, l'obscurité vient de ce que certaines distinctions qui lui appartiennent n'apparaissent pas. Par conséquent, en ce qui concerne l'absolu, qui n'est pas objet, sans différence, pure lumière, dont la nature est éclairée, une obscurité de cette espèce, où certaines distinctions seraient absentes, est impossible, au sens où elle résulterait de ladite inconnaissance[1].En outre, l'obscurité, qui résulterait de l'illusion, cesse-t-elle ou pas une fois que la connaissance de la réalité apparaît ? Si elle ne cesse pas, c'en est fini de la libération. Mais si elle cesse, quelle est la nature de la réalité ? Voilà ce qu'il faut examiner. Si tu dis que sa nature est claire, cette nature claire existe-t-elle avant [la disparition de l'obscurité] ou pas ? Dans le premier cas, l'obscurité, qui résulte de l'illusion, et sa disparition n'ont pas lieu d'être. Dans le second cas, la libération serait produite [par la disparition de l'obscurité] et deviendrait impermanente[2]. Enfin, il a déjà été dit plus haut que l'inconnaissance est impossible, tant il est difficile de savoir quel serait son support. À celui qui soutient que l'illusion sensible résulte à la base d'un défaut qui n'est pas absolument réel, il lui est difficile de ne pas en déduire que cette illusion se trouve privée de support. De la même façon que le support du défaut qui cause cette illusion pourrait ne pas être absolument réel,

1. Rāmānuja s'emploie ici à réfuter l'idée qu'il puisse y avoir une zone d'obscurité dans l'absolu, pure lumière. Il faudrait, pour cela, qu'il y ait des parties de sa nature non éclairées, ce qui contredit sa nature de lumière. Ou plutôt, s'il existe des parties ou des distinctions de l'absolu non éclairées, l'absolu ne peut en être rendu responsable, mais l'être humain seulement, à cause de sa faible intelligence.

2. Si la libération résulte de la disparition de l'obscurité qui dissimule la réalité, elle devient impermanente comme tout effet qui résulte d'une cause.

l'illusion se produirait alors même que son support serait irréel. De cette façon, on obtiendrait l'universelle vacuité[1].

[*Seule la non-dualité qualifiée peut faire cesser l'illusion*]

« Quant à enseigner la proposition suivante : « seule la connaissance intuitive de l'unité entre l'absolu et soi-même assure la cessation de l'illusion métaphysique », cela est infondé parce que la servitude [*bandha*], qui existe absolument, ne peut pas être supprimée par la connaissance intuitive. C'est comme si l'on se permettait de déclarer que la servitude est illusoire quand on sait que sa nature propre consiste dans le bonheur et le malheur, tels qu'ils échoient aux êtres célestes, aux humains et au reste des vivants, ainsi qu'à leurs corps respectifs et aux lieux qu'ils habitent, étant entendu que cela résulte des actes bons ou mauvais [commis dans des vies antérieures][2]. Nous l'avons déjà déclaré auparavant : la cessation de la servitude revêt la forme suivante : elle s'obtient uniquement par la grâce de la Personne suprême [*Viṣṇu*], que la dévotion intense de ses amis agrée.

[*La non-dualité absolue est une illusion*]

Or, l'intuition de l'unité absolue défendue expressément par toi, laquelle s'oppose à la réalité telle qu'elle a été

1. Dans la mesure où le support de l'illusion sensible comme de l'illusion métaphysique ne peut pas être absolument réel, ni absolument irréel, il en résulte que l'illusion se trouve comme sans support, puisqu'il est impossible de le caractériser. N'est-ce pas une façon de déréaliser le support et l'illusion ensemble, comme dans la doctrine madhyamaka de l'universelle vacuité ? (*cf.* Nāgārjuna, *Les strophes fondamentales du Milieu qui ont pour nom « sagesse »*, *infra*, p. 211)

2. Si les actes moraux (*karman*) sont la cause illusoire d'un résultat lui-même illusoire, alors c'en est fini de la doctrine de la rétribution morale, qui présuppose leur existence réelle.

analysée, prend donc la nature d'une erreur illusoire [*mithyārūpa*], ce qui n'a qu'un résultat, accroître la servitude [au lieu de la détruire].

En témoigne le traité : « Cela est faux parce qu'une substance ne devient pas substantiellement une autre. » [*Viṣṇupurāṇa*, II. 14.27]. Et cet autre : « Mais il en existe une autre, la Personne suprême. » [*Bhagavadgītā*, XV. 17] ; cet autre aussi : « Pensant de soi et de l'Incitateur qu'ils sont distincts. » [*Śvetāśvatara-Upaniṣad* 1.6][1]. Finalement, la connaissance de la différence entre le principe conscient individuel et l'absolu, tel qu'il réside dans l'intériorité, cette connaissance conduit à la libération si l'absolu est caractérisé par la personne suprême ; voilà ce qui est enseigné.

[La connaissance de l'illusion ne fait pas cesser l'illusion]

En outre, dans la mesure où, dans la doctrine que tu défends, la connaissance susceptible de faire cesser [la servitude] a la nature d'une erreur illusoire[2], il faut rechercher une autre connaissance pour la supprimer. [Objection :] la connaissance fait cesser [la servitude] dans la mesure où, après avoir détruit toute différence induite qui s'oppose à elle, elle se supprime elle-même par son caractère instantané.[3]

1. Les trois citations tendent à montrer, dans l'esprit de Rāmānuja, que seule la connaissance de la Personne suprême, à savoir Viṣṇu, peut procurer la libération, comme l'enseigne la *Bhagavadgītā*. Autrement, on peut se croire distinct de l'absolu (*Viṣṇupurāṇa*) ou bien séparé de lui (*Śvetāśvatara-Upaniṣad*).

2. Si la servitude est illusoire, la connaissance qui la supprime est, elle aussi, illusoire ; il faut donc une autre connaissance pour la supprimer, ainsi de suite à l'infini.

3. Le représentant de Śaṅkara adopte ici une doctrine instantanéiste, qui pourrait s'inspirer du bouddhisme.

[Réponse :] Si tu objectes cela, je réponds qu'il n'en est pas ainsi.

Est-il dans la forme propre d'une telle connaissance de se supprimer ou bien est-elle à l'origine de la suppression ? Dans le premier cas, si l'illusion métaphysique prend une forme fictive, à cause de la fiction de la suppression, elle se supprime de façon fictive ; il en résulte qu'il faut faire appel à une seconde connaissance pour faire cesser réellement la première.

[Objection :] C'est la nature de l'absolu qui est à l'origine de la suppression de l'illusion.

[Réponse :] S'il en est ainsi, la connaissance qui supprime l'illusion n'en est donc pas l'origine. Car si la connaissance demeure quand l'illusion est supprimée, alors il est impossible qu'elle en soit l'origine[1].

[*Quel est le sujet de la connaissance qui supprime l'illusion ?*]

En outre, dans la mesure où cette connaissance consiste à supprimer tout ce qui serait différent de l'absolu, qui n'est que conscience, qui est le sujet connaissant ?

[Première hypothèse :] tu avances que le sujet connaissant prend la forme d'une surimposition[2]. [Réponse :] je réponds « non ». Puisque ce sujet doit être supprimé, au sens où il est l'objet de la connaissance qui supprime [son illusion], il ne peut pas être le sujet de la connaissance.

[Deuxième hypothèse :] il n'est pas différent de la nature de l'absolu.

1. La connaissance qui supprime l'illusion n'en serait donc pas l'origine, ce qui contredit la seconde hypothèse.

2. Le sujet connaissant est surimposé au sujet conscient ; en vérité, selon Śaṅkara, la pensée surimpose des propriétés illusoires au sujet conscient, par exemple en le décrivant comme un sujet connaissant.

[Réponse :] le fait pour l'absolu d'être le sujet de la connaissance qui supprime [l'illusion], cela lui est-il propre ou bien lui est-ce surimposé ?

Dans le second cas, il y a la surimposition, puis une seconde illusion qui prend racine dans cette surimposition, mais cette illusion demeure parce qu'elle ne fait pas l'objet d'une seconde connaissance qui la ferait cesser. Quant à supposer une seconde connaissance de ce genre, en vertu de sa triple forme [sujet, objet et connaissance], elle suppose un second sujet connaissant, ainsi de suite à l'infini.

Dans le premier cas, si le sujet connaissant n'est proprement rien d'autre que la nature de l'absolu, cela coïncide avec ma thèse[1]. Quant à dire : « La nature de la connaissance qui supprime, en tant qu'elle appartient à l'absolu, et le sujet connaissant seraient inclus dans l'auto-suppression [de cette connaissance] par le fait d'être différents de l'absolu », un tel discours est aussi ridicule que si l'on disait que la totalité de la terre a été coupée par Devadatta à l'exception de sa surface : cela signifie qu'il faudrait admettre qu'il existe, relativement à l'unique action de couper, en plus du sujet qui coupe et de l'action elle-même, un troisième élément : ce qui mérite ou non d'être coupé[2]. Le sujet connaissant est surimposé ; la connaissance qui supprime étant devenue la cause de sa propre suppression, il n'en est donc pas l'agent car l'auto-

1. Cela revient à dire que le sujet connaissant n'est pas illusoire, contrairement à ce que veut démontrer Śaṅkara quand il parle de sujet surimposé (*adhyāsta*).

2. Voilà la version indienne du bûcheron qui scie la branche sur laquelle il est assis. En effet, si Devadatta a coupé la terre en deux, il a nécessairement tranché aussi sa surface, celle-là même sur laquelle il se tient, ce qui est risible.

suppression n'entre pas dans les buts de l'homme[1]. En admettant qu'il appartienne à l'absolu selon sa nature de s'auto-supprimer, il n'y a plus place pour l'hypothèse de l'illusion métaphysique, dont la racine se trouve dans la capacité du sujet à percevoir la différence. En voilà assez ! Inutile de frapper avec un marteau celui qui est abattu par le destin.

En conclusion, dans la mesure où la servitude prend racine dans l'inconnaissance sous la forme de la série sans début ni fin des actes [commis dans des vies antérieures], seule la connaissance, comme elle a été définie [à savoir comme dévotion à l'égard du dieu suprême], y met un terme. En effet, celui qui, au moment où il accomplit les offrandes s'abandonne à la personne suprême et qui, quand il agit dans le respect des diverses initiations propres à sa caste et à son stade de vie, conçoit le principe « soi » de manière correcte, celui-là obtient cette connaissance. Or, sans la connaissance de la nature propre des actes, on ne peut savoir ni que les actes, laissés à eux-mêmes, ont un résultat faible et impermanent ni que les actes, détachés de tout résultat grâce à l'adoration de la personne suprême, lorsque naît la connaissance pleinement dévotionnelle, ont un résultat infini et permanent qui n'est autre que l'intuition de l'identité avec l'absolu. De la même façon, il est impossible également d'aborder les actes selon leur nature propre, telle qu'elle vient d'être décrite, s'il faut au préalable les abandonner[2] selon leur simple modalité. D'où,

1. Aucun homme ne désire se supprimer ; par suite, l'idée du sujet d'une connaissance qui tend à s'auto-supprimer est absurde.

2. Rāmānuja reproche ici à son adversaire son inconséquence éthique (ou pratique), laquelle consiste à prôner d'abord l'abandon des actes, quitte à reconnaître ensuite qu'il faut les analyser selon leur nature propre. En réalité, l'étude du dynamisme des actes conduit naturellement à une réflexion sur l'absolu, et non l'inverse.

immédiatement après avoir mené une réflexion sur les actes, la nécessité de réfléchir sur l'absolu pour la raison évoquée. Voilà pourquoi [le traité] commence ainsi : « À présent donc, [on désire connaître l'absolu][1] ».

1. Rāmānuja termine la section consacrée à l'examen de l'illusion et de la misère par un retour à l'aphorisme initial des *Brahmasūtra*, qu'il vient de commenter : *athāto brahmajijñāsā*.

Īśvarakṛṣṇa

SĀṂKHYAKĀRIKĀ *
LES STROPHES DE L'ÉCOLE DE SĀṂKHYA

Présentation
Le problème du dualisme entre la nature et le principe conscient

Il se peut que le Sāṃkhya représente la plus ancienne[1] école philosophique de l'Inde. Selon la grande majorité des interprètes, le Sāṃkhya est une métaphysique[2] dualiste. De quoi s'agit-il ? Deux postulats gouvernent la construction métaphysique de cette école. Le premier concerne l'existence de deux principes (*tattva*) en l'être humain, la « Nature » (*prakṛti*) et le « principe conscient » (*puruṣa*). Par « Nature »,

* *Sāṃkhyakārikā*, *cf.* S.A. Srinivasan, *Vācaspatimiśras Tattvakaumudī*, Hambourg-Gram, De Gruyter & Co, 1967.

1. C'est le point de vue d'Erich Frauwallner (*Philosophische Texte des Hinduismus*, éd. G. Oberhammer, Wien, Verlag des Österreichischen Akademie des Wissenschaften, 1992), partagé par de nombreux spécialistes des philosophies indiennes.

2. Historiquement, le Sāṃkhya suscite l'intérêt des philosophes depuis le XIXe siècle, grâce à la parution de l'ouvrage fondamental de Richard Garbe, *Die Sāṃkhya-Philosophie* (Leipzig, H. Haessel, 1894), lequel n'hésite pas à forger le concept polémique de « rationalisme indien » contre les tenants d'un rationalisme spécifiquement européen.

le Sāṃkhya entend la puissance invisible de produire[1] tout ce qui existe, et en particulier tout ce qui fait de l'être humain un vivant pourvu d'une intelligence (*buddhi*), d'un moi (*ahaṃkāra*) et d'un esprit (*manas*). Or, autant la Nature est à l'origine des capacités, grâce auxquelles l'être humain devient capable à son tour d'agir dans le monde, autant elle est aussi responsable du malheur de la condition humaine, qui se retrouve dans le monde vivant, et que le Sāṃkhya nomme « misère » (*duḥkha*[2]). Les humains souffrent, du mal qu'ils font, de celui qu'ils subissent, du mal qu'ils se font les uns aux autres, parce qu'ils sont soumis à l'action de trois qualités (*guṇa*), présentes originellement dans la Nature, le lumineux, le passionnel et le ténébreux (*sattva*, *rajas*, *tamas*). Ce sont trois facettes de l'être humain qui sont décrites ici : sa rationalité, son impulsivité et sa passivité. Quand elles se contrarient les unes les autres et interagissent en lui, à des degrés différents, selon que l'une l'emporte sur les deux autres, il se comporte en fonction de la qualité dominante, comme s'il n'était qu'un pur produit de la Nature. Mais le Sāṃkhya enseigne aussi qu'il existe une téléologie inconsciente au sein même de la production naturelle, grâce à laquelle l'être humain découvre que le principe conscient qui le définit est la fin dernière de la Nature : l'évolution œuvre pour le bénéfice

1. Le sanscrit *prakṛti* vient de la racine *Kṛ*, « faire, agir », que l'on retrouve dans *karman*, l'acte moral bon ou mauvais qui relie l'être humain à la chaîne sans fin des êtres vivants, ce que l'on appelle imparfaitement la transmigration.

2. Le mot est formé sur le préfixe péjoratif *dus* et le nom *kha*, qui désigne l'espace vide dans le moyeu d'une roue ; le substantif signifie donc ce qui tourne mal, le désagrément, la douleur, la souffrance, d'où le malheur, la misère des humains et des vivants sur terre. Avec l'émergence des sotériologies, le concept va prendre une place considérable dans la philosophie indienne.

du principe conscient. Car ce dernier possède des attributs qui le distinguent entièrement des produits de la Nature : il est immuable, non affecté par ce qui arrive, dépourvu de la capacité d'agir. Il en résulte un paradoxe que le traité du Sāṃkhya ne cesse d'approfondir : la Nature agit contre elle-même puisqu'elle évolue pour que le principe conscient, présent en l'être humain, se libère de son règne. Mais comment la Nature peut-elle à la fois lier l'être humain à tout ce qui existe, par le jeu des qualités, et agir pour la libération (*kaivalya*) du principe conscient, présent en l'être humain ? Le Sāṃkhya laisse la question sans réponse : il énonce la raison de la solution (la conscience se libère parce qu'elle ne fait pas partie du domaine de la Nature), mais sans en montrer la réalisation effective, qu'il appartient au Yoga de mettre en œuvre.

Dualisme métaphysique ou heuristique ?

Le dualisme du Sāṃkhya pose l'existence de deux entités distinctes que rien ne peut relier, encore moins rapprocher, parce que leur nature propre le leur interdit. Ainsi, entre la Nature, caractérisée par la libre combinaison de ses trois qualités agissantes, et le principe conscient, immuable témoin de ce spectacle, aucune relation n'est possible ni permise. Mais l'expérience et la réflexion contredisent le dualisme. En effet, si l'être humain est fait de deux réalités absolument différentes, alors il doit subir alternativement l'influence d'elles deux, sans avoir même la possibilité de choisir entre elles, ce que ni l'expérience ni la réflexion ne confirment. Au contraire, elles enseignent plutôt que l'être humain se vit et se pense comme un tout, ou du moins comme un être non divisé entre ces deux domaines. D'où le problème : comment concilier le dualisme analytique et le holisme rationnel ?

Le Sāṃkhya fait appel à un tiers concept, en l'occurrence la finalité, pour expliquer la raison dernière du dépassement de ce dualisme. Plus précisément, les *Strophes de l'école de Sāṃkhya* (*Sāṃkhyakārikā*) montrent que la Nature agit de façon entièrement inconsciente pour le seul bénéfice du principe conscient. Ce cheminement conceptuel s'observe dans tous les systèmes dualistes, européens et indiens, parce qu'il se situe au centre de leur construction. En ce sens, il est inévitable que les dualismes recherchent à se dépasser eux-mêmes en recourant à un troisième élément, preuve qu'ils recèlent un défaut inhérent à leur logique. Dans le cas du Sāṃkhya, la finalité intervient explicitement pour résoudre le problème de son dualisme car, sans elle, l'être humain resterait divisé entre la Nature et le conscient.

Le dualisme en question prend une couleur particulière lorsqu'on s'arrête sur l'énumération[1] des produits de la Nature. La strophe 22 fait émerger de la Nature primordiale l'intelligence, le moi et les onze organes des sens, parmi lesquels l'esprit (*manas*) occupe une place prépondérante. Cela revient à faire de la pensée en général un produit naturel, sur le même plan d'existence que le corps. Or, les différents produits de la Nature apparaissent de façon spontanée et inconsciente, comme le lait naît spontanément de la digestion de l'herbe par la vache. Il en résulte donc que la pensée opère en l'être humain de manière entièrement inconsciente. Ce point est important car il soulève des difficultés. La thèse soutenue par le Sāṃkhya, et le Yoga qui la fait sienne, semble contredire l'observation quotidienne, où chacun a le sentiment d'une étroite union entre pensée et conscience : ne suis-je pas conscient de mes pensées, comme d'opérations qui se passent en moi ?

1. Le sanscrit sāṃkhya signifie littéralement « énumération, dénombrement ».

Le Sāṃkhya et le Yoga apportent la réponse suivante : les pensées se déroulent de façon inconsciente en moi jusqu'à ce que le « moi » précisément s'en saisisse et se les approprie, avant de les donner à voir au principe conscient. D'où le nouveau problème : qu'apporte la conscience à l'être humain ? En un sens, rien, mais en un autre sens, tout. Les pensées étant des processus non conscients qui opèrent en l'être humain, sous l'influence des trois qualités, le principe conscient qui assiste au spectacle de leurs actions n'est pas en mesure d'agir sur elles, encore moins de les modifier. Mais alors, quelle est son utilité, s'il n'ajoute rien aux productions mentales ? Une fois de plus, la téléologie de la Nature offre la solution : la Nature se résorbe et disparaît quand son œuvre est accomplie (*Strophe 61*). Le principe de conscience renvoie donc l'être humain à la question de sa destination : sa dignité réside-t-elle dans la pensée ou bien dans la conscience ? La réponse du Sāṃkhya ne fait pas de doute, puisque la Nature s'efface devant la présence de la conscience. Il ne reste donc plus que la conscience en l'être humain. Comment faut-il interpréter ce dépassement de la dualité vers la non-dualité ? Assurément, on l'a dit, tous les dualismes cèdent, d'une manière ou d'une autre, à l'attraction de la non-dualité car la dualité pose un problème qui demande à être résolu. En ce qui concerne l'être humain, cela signifie que la Nature en lui cède la place à la conscience, ou plutôt que la première doit se retirer quand son travail productif est terminé afin de laisser la conscience occuper la place qu'elle vient de libérer. Est-ce toujours le cas ? L'expérience montre que non. Il se peut que la Nature continue d'occuper l'esprit humain, au détriment de la conscience, ce qui arrive chaque fois que le travail intellectuel, par exemple, absorbe l'être humain au point de lui faire oublier que la perspective de la conscience devrait être sa priorité. La Nature accomplit sa fin, au contraire, quand la conscience occupe entièrement l'être humain, libre enfin de s'ouvrir à des problèmes qui ne sont plus du ressort de la pensée, elle-même une production naturelle.

Il résulte de tout cela que le dualisme du Sāṃkhya se révèle beaucoup plus heuristique que métaphysique. De quoi s'agit-il ? La conception dualiste qu'il propose de l'être humain dessine une manière idéale d'être au monde, bien plus qu'une doctrine de la nature humaine. En effet, le dualisme entre la pensée et la conscience ne révèle-t-il pas davantage ce que doit découvrir finalement l'être humain, à savoir la conscience, que ce qu'il est en fait, savoir une intelligence ? Rien ne serait donc plus inapproprié que le désir de définir l'humain par la pensée, c'est-à-dire, en dernier ressort, par la Nature. C'est le principe de conscience qui doit finir par se manifester en lui, du moins si l'on en juge par la finalité de la Nature.

Plus profondément, la reconnaissance d'une fin de la Nature pose une question troublante : l'être humain appartient-il à la Nature, lui qui aspire à s'en détacher progressivement pour découvrir en lui la conscience ? Le traité du Sāṃkhya reste silencieux sur ce point, comme si l'on abordait une interrogation qui dépasse les limites de son domaine. Ou plutôt, apporte-t-il une réponse difficile à interpréter. La Nature, d'où toutes les choses naissent par transformation sous l'effet des trois qualités, demeure invisible en tant que telle (*Strophe 8*). Pourquoi ? Parce que la perceptibilité ne concerne que les effets de la cause, jamais la cause en elle-même, d'où le fait qu'on infère son existence à partir de ses effets, elle-même demeurant imperceptible, « subtile ». Cette position du Sāṃkhya ne conteste pas l'existence de la Nature, au contraire, mais elle conduit à la soustraire au domaine de l'expérience. Cela signifie que la Nature demeure une puissance dont l'esprit ne voit que les effets, mais qu'il ne pourra jamais contempler directement. Présente en l'être humain par ses productions, la Nature lui échappe, reste voilée, comme Isis dans le monde égyptien, hors de portée des sens, secrète. Il n'en reste pas moins que, sans la Nature qui œuvre en sa faveur, l'être humain ne saurait pas qu'existe en lui un principe de conscience.

Mais quel est le mode d'existence de la conscience ? Elle désigne le sens et la finalité (*artha*) de la Nature, enseigne le Sāṃkhya ; mais comment l'humain existe-t-il une fois qu'il découvre la conscience en lui ? Car il faut bien que son existence change de sens et de finalité. Il revient au Yoga d'apporter les réponses attendues, que l'on peut résumer ainsi : par la pratique du yoga, l'être humain ne se laisse plus affecter négativement par ses pensées, ses désirs, ses pulsions ; s'il parvient à contrôler ainsi son mental, il peut s'absorber dans la conscience qui se découvre à lui. Parvenu à ce stade, il n'existe plus que par le principe de conscience ; inversement, celui-ci engendre de lui-même un nouveau mode d'existence, une manière d'être nouvelle, qui conviennent à la place qu'il occupe enfin en l'humain. Et si l'on demande à nouveau : où un être conscient existe-t-il ? S'il ne vit plus dans la Nature, puisque cette dernière a retrouvé son invisibilité, où demeure-t-il donc ? C'est présupposer qu'il y aurait un monde préexistant à la conscience, mais l'inverse vaut plutôt : il revient à chaque conscience humaine d'exister autrement dans un monde qui se redécouvre à elle.

Note sur le texte traduit

Il existe un très grand nombre de manuscrits de l'ouvrage, signe incontestable de sa popularité. Il se compose de 72 strophes, composées dans un sanskrit simple et clair en vue de présenter un tableau de l'école classique de Sāṃkhya. En ce sens, il a probablement été utilisé à la manière d'un manuel scolaire à destination aussi bien des adversaires que des partisans de l'école, comme cela est d'usage en Inde. Mais la grande popularité du traité a son revers, car les variantes se multiplient au fil de sa transmission. Aussi, l'édition critique de Srinivasan permet-elle d'offrir une lecture satisfaisante, qui repose sur une comparaison savante entre eux. Bien que son édition comporte les strophes accompagnées d'un commentaire, lui aussi très populaire, *Tattvakaumudī*, on choisit ici de ne traduire que les strophes, sans aucun commentaire. On a ajouté des intertitres pour en faciliter la lecture et, lorsque cela est nécessaire, une explication qui restitue en substance les autres commentaires.

L'auteur, Īśvarakṛṣṇa, est situé entre 450 et 500 de l'ère commune[1]. Comme il le confesse lui-même à la fin de son traité (*Strophe 71*), il opère la synthèse d'un grand nombre de thèses, de points de vue et d'analyses que d'autres, avant lui, ont élaborés, pour en extraire « la véritable doctrine », c'est-à-dire pour en donner une présentation classique et qui se veut définitive. Indirectement, le grand nombre de commentaires que son œuvre a suscités en prouve, indirectement, le caractère didactique, puisqu'il

1. Larson reste la référence presque absolue sur ce point comme sur beaucoup d'autres (*cf.* G. J. Larson, R. S. Bhattacharya, *Sāṃkhya : A Dualist Tradition in Indian Philosophy*, in *Encyclopedia of Indian Philosophies*, v. IV, K. Potter éd., Princeton, Princeton University Press, 1987) ; voir aussi M. Hulin, *The Sāmkhya Literature*, Wiesbaden, Otto Harassowitz, 1978.

se prête à des approfondissements et des interprétations divergentes, preuve que le traité donne à penser et provoque le débat. Au-delà des disputes internes et des polémiques avec d'autres interprètes du Sāṃkhya, l'ouvrage a le grand mérite[1] de s'en tenir à un exposé relativement clair et intelligible des vingt-cinq entités (*tattva*) de l'école, depuis la Nature jusqu'au principe conscient, sans se lancer dans des digressions ni des attaques destinées à ses adversaires.

1. Il demeure aussi le seul traité de Sāṃkhya que le temps a préservé.

LES STROPHES DE L'ÉCOLE DE SĀṂKHYA[1]

[LE POINT DE DÉPART DE L'ENQUÊTE PHILOSOPHIQUE]

Strophe 1

« En l'être humain, abattu par la triple misère[2], il y a le désir de connaître le moyen d'abolir la misère. Si l'on prétend que ce désir est vain, parce que le moyen existe et qu'il est visible, on répond par la négative : ce moyen n'a aucun caractère absolu ni ultime. »

Explication

Selon le commentateur Gauḍapāda, la triple misère désigne celle qui vient de soi, qui peut être corporelle, mentale, sociale ; il existe aussi la misère dont le monde vivant (les humains inclus) est la cause ; les êtres divins, au sens large du terme, sont la dernière source de misère, contre laquelle les humains sont dépourvus.

1. Le traité énumère, en effet, vingt-cinq entités (*tattva*) qui servent de fondement à la connaissance du monde et de l'être humain. Il existe plusieurs commentaires, dont le plus connu est celui de Gauḍapāda (VIIe e.c.). Mais on a découvert au XXe siècle un autre commentaire, (A. Wezler, S. Motegi (éd.), *Yuktidīpikā, the most significant commentary on the Sāṃkhyakārikā*, Stuttgart, Franz Steiner, 1998), daté du VIe siècle de l'ère commune, qui se révèle plus difficile et plus complet que les gloses connues à ce jour.

2. Le français « misère » traduit le sanscrit *duḥkha*, concept central des sotériologies indiennes, dont la signification va de « douleur » à « misère morale ».

Strophe 2

« Semblable au moyen visible, le moyen de la Révélation s'accompagne d'impureté, il détruit et pousse à l'excès.

Il existe un moyen, meilleur que celui-là, qui consiste à discerner le manifesté, le non manifesté et celui qui connaît. »

Explication

L'être humain désire abolir la misère qui l'asservit ; il recherche pour cela un moyen. Mais il existe déjà des moyens à sa disposition. Les uns sont bien connus, visibles de tous, mais ils ne suffisent pas à empêcher le retour de la misère provisoirement suspendue, comme un remède ne détruit pas l'origine de la maladie en calmant la douleur. Il existe surtout « le moyen de la Révélation », à savoir le sacrifice ou le rite, qui permet au sacrifiant d'espérer rejoindre le Ciel et les divinités y séjournant. Mais le Sāṃkhya rejette un tel moyen, pour trois raisons : le sacrifice, souvent sanglant, est cause d'impureté, il détruit dans le feu une nourriture susceptible de servir autrement et il gaspille des richesses en poussant à la démesure.

Au lieu de cela, la connaissance, « qui consiste à discerner », s'avère être le moyen absolu de détruire la misère, parce qu'elle s'attaque à sa cause originelle, comme le démontre la suite du traité.

Strophe 3

« La Nature[1] originelle n'est le produit de rien ; un groupe de sept, le « grand » et les autres, comprend les puissances de produire qui proviennent de la Nature. Mais il existe un groupe de seize, qui ne sont que des produits.

1. La majuscule qui accompagne le nom indique qu'il s'agit de la cause originelle du monde, si l'on entend par là l'ensemble des êtres vivants.

Le principe conscient[1] n'est ni la Nature ni les puissances de la Nature. »

Explication

Par « Nature » (le sanscrit *prakṛti* est un nom de genre féminin) le Sāṃkhya entend la puissance d'être et de faire à l'origine de tout ce qui est, en particulier de tout ce qui est produit en l'être humain. D'elle dérivent sept puissances de produire (*vikṛti*), l'intelligence, le moi et les cinq éléments subtils (cf. *infra*, *Strophe 22 sq.*), dont proviennent seize produits. Différent de la Nature et des puissances, le principe conscient (*puruṣa*) constitue le vingt-cinquième concept de la connaissance de la réalité.

Strophe 4

« On postule l'existence d'un triple moyen de connaître, la perception, l'inférence et la parole digne de foi, parce que tous les moyens de connaître sont fondés sur eux trois. En outre, il faut un moyen de connaître pour prouver l'existence d'un objet à connaître. »

Explication

Chaque école philosophique se distingue en Inde par le nombre de moyens de connaissance (*pramāṇa*) qu'elle utilise et dont elle reconnaît la validité. Le Sāṃkhya en admet trois, avec un privilège accordé à la perception, ce qui n'a rien de surprenant puisque toutes les écoles font commencer la connaissance avec la perception.

1. Principe conscient, homme, homme conscient, conscience, tous ces équivalents traduisent un mot de genre masculin d'usage courant et qui désigne l'homme, le « Mâle », comme le traduit Madeleine Biardeau (M. Biardeau, *L'hindouisme. Anthropologie d'une civilisation*, *op. cit.*, p. 44). Il représente le pôle positif d'un couple dont le rôle négatif (du moins en partie) est tenu par la Nature, féminisée à la fin du traité.

Strophe 5

« La perception assigne à [chaque sens] son objet respectif.

On déclare que l'inférence est triple et qu'elle est précédée par [la connaissance] du signe et de l'objet corrélé au signe.

La parole de foi, quant à elle, provient d'une personne digne de foi. »

Explication

L'inférence (*anumāna*) est une déduction logique qui repose sur trois termes, le sujet S dont on parle, le prédicat P qui dit quelque chose du sujet et la raison R, qui justifie ce que P dit de S. Elle est triple selon que la relation d'implication (*vyāpti*) entre P et R est saisissable *a priori*, ou bien *a posteriori*, ou encore par induction ou par analogie.

Strophe 6

« À la suite de la perception, on prouve, mais par une inférence inductive, l'existence [des objets] situés au-delà des sens.

Mais ce qui est au-delà du visible, et que l'inférence n'établit pas, il faut donc le prouver au moyen du témoignage d'une personne digne de foi. »

Strophe 7

« À cause d'une grande distance ou de la proximité, d'une infirmité des sens, de l'instabilité de l'esprit, de la subtilité, de la dissimulation, de la domination et de la ressemblance [des objets visibles ne sont pas perçus]. »

Strophe 8

« Elle [la Nature] n'est pas perçue, non pas parce qu'elle n'existe pas, mais à cause de sa subtilité. Elle est inférée à partir de ses effets [ses produits]. Le « grand » et les autres désignent ses produits, lesquels sont à la fois différents de la Nature et semblables à elle. »

Explication

La Nature est subtile, non manifestée, donc imperceptible. Par conséquent, il faut inférer son existence à partir des effets qu'elle produit (inférence *a posteriori*).

Le double sens de *kārya* « effet, ce qui doit être produit » est difficile à rendre par un seul mot français. On infère la Nature à partir de ses effets, qui sont précisément ses produits.

Strophe 9

« L'effet [le produit] existe réellement :

– parce que le non-être ne fait rien

– parce qu'on fait l'expérience de la cause matérielle

– parce qu'il est visible que tout ne se produit pas

– parce que la capacité [de la cause] rend possible [l'effet]

– parce qu'il existe [déjà] dans la cause. »

Explication

La doctrine de la causalité est exposée ici de la façon la plus nette. L'école de Sāṃkhya se distingue des autres écoles par sa thèse sur la causalité : l'effet (*kārya*) existe déjà dans la cause (*kāraṇa*). Tous les effets se trouvent donc déjà dans la cause, qui les contient potentiellement, comme la capacité contient potentiellement l'effet et le rend possible. De cette causalité immanente, l'école tire de grandes conséquences dans ses débats avec les autres écoles, en particulier lorsqu'il s'agit d'en déduire qu'il n'existe pas un dieu à l'origine du monde. L'indianiste allemand Richard Garbe s'est montré sensible à ce qu'il appelle le matérialisme athée du Sāṃkhya (Garbe, 1894).

Strophe 10

« Le manifesté est l'effet d'une cause, il est impermanent, non infini ; doué d'activité, il est multiple, interdépendant, destiné à se dissoudre, composé de parties et conduit par un autre. Le non manifesté est le contraire. »

Explication

Le non manifesté désigne la Nature, cause invisible du monde visible, parce que la cause originelle ne se montre pas, elle demeure au-delà des phénomènes qui la manifestent. Personne ne voit donc la Nature, mais ses effets visibles, ce qui fait une grande différence.

Strophe 11

« Le manifesté est constitué de trois qualités, sans pouvoir en être discerné ; il est le domaine objectif, le monde commun, il est inconscient et destiné en propre à évoluer. Il en va de même pour la Nature fondamentale. Le principe conscient est à la fois contraire [aux deux autres] et semblable [à eux]. »

Explication

La doctrine des trois constituants originels du monde manifesté, ce que la tradition indianiste nomme les trois « qualités », est un point central de la philosophie du Sāṃkhya. Dans la mesure où les qualités désignent les trois forces fondamentales de la Nature, toutes les choses produites portent leur marque, selon que l'une ou l'autre d'entre elles prédomine dans la production des choses. Cette théorie s'étend bien au-delà des frontières de l'école, puisqu'on la trouve partout, dans les débats avec les écoles adverses, dans la *Bhagavadgītā*, dans l'épopée du *Mahābhārata*, dans la culture populaire religieuse et dévotionnelle, dans la littérature moderne et contemporaine.

Elle joue probablement le rôle en Inde que le stoïcisme a occupé, et continue de le faire, dans la culture européenne.

Strophe 12

« Les [trois] qualités de la Nature se distinguent comme le plaisant se distingue du déplaisant et du dégoûtant. Elles ont pour finalité d'éclairer, de mettre en activité et de contraindre. Enfin, elles se dominent, se supportent, s'engendrent, s'accouplent et agissent les unes sur les autres. »

Strophe 13

« On pose que le lumineux (*sattva*) a légèreté et lumière, que le passionnel (*rajas*) procure excitation et mobilité, que le ténébreux (*tamas*) est lourd et enveloppant.

Leur action, comme pour la lampe, a une finalité. »

Explication

Trois mots suffisent pour élucider la nature des qualités. La première, exprimée par le sanscrit *sattva*, littéralement « l'être », renvoie à la clarté, la luminosité, la légèreté ; elle est prédominante dans l'intelligence, dans la connaissance, dans les études, et chaque fois que l'être humain tente de s'élever d'une façon ou d'une autre. Le sanscrit *rajas* dénote la deuxième qualité, l'impétuosité, associée à la passion, à l'action, au désir. La dernière qualité [*tamas*] est associée aux ténèbres, à la torpeur, à l'inertie.

La strophe se termine sur une indication précieuse : toute action naturelle tend vers un but ; or, les qualités naturelles ont une action ; donc elles obéissent à la finalité de la Nature. La téléologie est un trait dominant de la doctrine de la Nature, telle qu'elle va être exposée.

Strophe 14

« L'indiscernabilité ainsi que les autres caractères [du manifesté] sont prouvés par les trois qualités dont [le manifesté] est constitué et par leur absence dans ce qui est le contraire du manifesté [à savoir le principe conscient].

L'existence du non manifesté est prouvée également : l'effet a, par essence, les qualités de la cause. »

Explication

Tous les caractères qui appartiennent au manifesté, en particulier ceux qui découlent de la présence des trois qualités, appartiennent, par essence, à la cause non manifestée, la Nature, mais ils sont absents de ce qui est contraire à la fois au manifesté et au non manifesté, à savoir le principe conscient (*cf.* Strophe 11).

Strophes 15-16

« Par la limitation [qu'imposent] les différences [des effets], par leur connexion, parce que l'activité dépend d'une capacité, par la distinction de la cause et de l'effet et par l'indistinction du monde bigarré, [on infère] qu'une cause existe, c'est le non manifesté. Elle entre en action selon que les trois qualités se combinent et elle se transforme, à l'image de l'eau, en fonction des différents supports de chacune des qualités. »

Explication

Il est exceptionnel de traduire ensemble deux strophes, comme ici, mais le sens l'exige. Il faut considérer avec attention les effets de la cause (*Strophe 15*), à savoir l'action de la Nature, avant de pouvoir en inférer l'existence de la cause (*Strophe 16*). Il existe donc cinq raisons d'inférer l'existence de la Nature, en tant que cause originelle :

– les produits se limitent les uns les autres par leurs différences

– ils se lient aussi les uns aux autres

– les effets peuvent entrer en action parce qu'ils dépendent de la capacité d'action présente dans leur cause, la Nature, puissance infinie de production

– l'expérience montre qu'une cause se distingue logiquement de son effet

– le monde bigarré ne se distingue pas de la Nature, dont il est le produit

Quant à l'action de la Nature, la strophe en donne une première compréhension. Deux conditions déterminent la mise en mouvement de la Nature : la combinaison des trois qualités qui la constituent et, par suite, les différences de support de chacune d'elles. Il en résulte que la Nature évolue selon ce que lui permettent les différentes combinaisons entre ses qualités et les différents supports que les qualités adoptent. En un mot, la Nature agit en se transformant (*pariṇāma*).

Strophe 17

« [On infère] l'existence d'un principe conscient pour cinq raisons :

– un assemblage est fait pour servir à un autre

– ce qui est constitué des trois qualités a un contraire

– une instance contrôle

– Il faut un sujet qui éprouve

– l'activité a pour fin l'isolement libérateur [du principe conscient]. »

Explication

Après l'inférence qui établit l'existence de la cause non manifestée, l'auteur des *Kārikā* entreprend ici de prouver l'existence du principe conscient. Une objection, en effet, mérite d'être prise en considération : puisque la Nature se transforme selon la combinaison de ses qualités et produit tout ce qui existe, est-il nécessaire de prouver l'existence d'un principe conscient, distinct de la Nature, lui-même non manifesté à sa manière ? La strophe répond à cet argument en avançant cinq raisons, comme dans la strophe précédente, d'inférer le principe en question. Des cinq preuves, la dernière est révélatrice de la nature sotériologique du traité. Toute activité se fait en vue d'une fin ; or, la Nature agit ; donc son action est gouvernée par une fin. Le traité précise ici que la fin de l'activité naturelle se nomme « isolement libérateur » (*kaivalya*), ce qui renvoie directement à l'idée que la libération du principe conscient est la finalité à l'œuvre dans les productions de la Nature. Le paradoxe peut surprendre, mais il ne cesse d'être répété, surtout à la fin du traité. De quoi s'agit-il ? Il faut tenir ensemble deux concepts : d'un côté, la Nature agit, se transforme, produit ; de l'autre côté, il existe une fin qui dirige l'activité naturelle, et cette fin est proprement contraire à l'activité naturelle elle-même. En vérité, la Nature semble agir pour elle-même, mais elle agit pour « un autre » qu'elle, le principe conscient. La Nature existe donc pour une fin qui lui est étrangère, et cette fin est la libération du principe conscient. La fin du traité s'attache à le démontrer.

Strophe 18

« La pluralité des principes conscients est prouvée, parce qu'aucune nécessité ne relie les naissances, les morts, les activités des sens, parce que les activités ne sont pas simultanées et parce que les trois qualités ont des effets contraires. »

Explication

Dans son débat avec le monisme du Vedānta, le Sāṃkhya se prononce contre l'unicité d'un principe conscient absolu, identifié par Śaṅkara à l'absolu (*ātman*) des *Upaniṣad*[1]. La strophe prouve, au contraire, la nécessité d'admettre une pluralité de consciences, irréductibles, se distinguant par leurs expériences différentes ; d'où il suit qu'il est impossible logiquement d'unifier les consciences individuelles ou de chercher à les dépasser vers un absolu qui les transcende. Il existe donc autant de consciences que d'individus, sans que l'on sache encore ce qui caractérise la conscience individuelle.

Strophe 19

« En raison de ce rapport inverse, il est prouvé que le principe conscient a pour nature d'être témoin, isolé, indifférent, d'être spectateur et de n'être pas agent. »

Explication

En vertu des strophes 11, 14 et 17, il est établi que le rapport entre le principe conscient et la Nature est un rapport d'inversion (*viparyaya*). Cela signifie que ce qui vaut pour la Nature ne vaut pas pour la conscience, et inversement, que ce qui vaut pour l'une ne vaut pas pour l'autre. Or, on l'a vu, la Nature se caractérise par son activité, ses qualités, ses transformations et sa finalité. Par conséquent, *puruṣa* ne peut posséder aucun des traits de *prakṛti* : il est témoin de la finalité naturelle, isolé de la Nature, non affecté par les qualités qui s'y trouvent, spectateur au lieu d'être agent.

1. Cf. *Le commentaire au Chant du Bienheureux*, *infra*, p. 104 *sq*.

L'idée selon laquelle le principe conscient n'agit pas, n'est affecté par rien, reste immuable, pur témoin et spectateur des activités de la Nature, cette idée va considérablement influencer le traité de Yoga dans son débat avec le bouddhisme de l'école Yogācāra[1].

Strophe 20

« Ce pourquoi, entrant en relation avec le principe conscient, le monde périssable, qui est inconscient, devient conscient, pour ainsi dire. Inversement, l'indifférent [principe conscient] devient un agent, pour ainsi dire, alors que ce sont les qualités qui agissent. »

Explication

Strophe essentielle, où se devine l'épreuve cruciale de tout dualisme métaphysique : comment justifier que deux entités distinctes par nature puissent entrer en relation ? On sait déjà, par la précédente strophe, qu'il existe un « rapport inverse » entre Nature et Conscience : les qualités de la première sont absentes en l'autre ; les propriétés de l'autre sont absentes en la première. On pourrait même dire, en langage mathématique, qu'il existe un rapport inversement proportionnel entre les deux entités. Qu'en déduire ? L'auteur des *Kārikā* reste prudent. Il semble qu'il y ait un lien logique entre le « rapport inverse » et la relation évoquée ici. Or, quel est le résultat de cette relation ? Ce qui est inconscient, le monde périssable des qualités naturelles, semble conscient et inversement, le principe conscient semble inconscient. Il en découle donc que la relation a le pouvoir d'inverser, de renverser, la valeur de chaque entité, comme si l'on disait que le positif devient

1. *Cf.* Patañjali, *Les Yogasūtra*, trad. et commentaire M. Ballanfat, Paris, Albin Michel, 2023.

négatif, et le négatif, positif. Mais une question se pose alors : à quoi l'auteur des *Kārikā* pense-t-il quand il établit que la relation entre les deux entités crée l'illusion que l'une prend les qualités de l'autre ? Il revient à Patañjali, l'auteur mythique des *Yogasūtra*, de formuler la solution : « La conscience, sans perdre son immutabilité, prend connaissance de ses pensées en recevant l'apport de celles-ci. » (YS IV. 22) Cela signifie que la conscience en se reflétant dans les pensées semble en imiter les opérations, comme si elle opérait elle-même, alors que la conscience reste incapable de transformation, donc d'opération. Voilà comment la conscience peut sembler inconsciente.

Strophe 21

« La relation entre eux deux est semblable au couple que forment un boiteux et un aveugle : le but du principe conscient est de donner à voir [la Nature], le but de la Nature est d'acheminer vers l'isolement libérateur [le principe conscient]. De leur relation naît le monde. »

Explication

De cette relation inexplicable entre deux réalités que tout sépare naît le monde visible. Cette naissance (*sarga*) est un engendrement, qui n'a rien à voir avec une création *ex nihilo* puisque la Nature demeure la puissance productrice du monde.

[DANS QUEL ORDRE LA NATURE PRODUIT-ELLE LE MONDE ?]

Strophe 22

« De la Nature naît le « grand » ; du « grand » naît le moi ; du moi naît la troupe des seize ; parmi les seize, de cinq d'entre eux naissent les cinq éléments grossiers. »

Strophe 23

« L'intelligence est détermination. Vertu, connaissance, détachement et puissance sont la forme lumineuse de l'intelligence. La forme ténébreuse en est le contraire. »

Explication

L'intelligence (*buddhi*), appelée aussi « le grand » (*mahat*), est le premier produit de la Nature. On entend par là la faculté de circonscrire la réalité, de la délimiter, de la déterminer, de la penser, ce que la strophe 23 nomme la « connaissance ». Son domaine ne s'arrête pourtant pas là. Elle détermine aussi la conduite de l'être humain par la « vertu » (*dharma*), elle l'oriente vers le « détachement » et l'acquisition de « puissance ». Les deux derniers aspects de l'intelligence seront particulièrement développés dans les *Yogasūtra*, le premier dans le chapitre I, le second dans le chapitre III, où sont abordées les perfections ou puissances que l'ascète pense acquérir par la pratique du yoga. Après l'intelligence, apparaît le moi (*ahaṃkāra*). Cet ordre est significatif en soi. Le moi, en effet, est l'instance d'appropriation des pensées, des jugements et des connaissances, issues de l'intelligence. Il est normal qu'il ne précède pas celle-ci, puisqu'il en dépend, et plus il désire faire siennes les pensées qui le traversent, plus il trahit leur origine naturelle. Les pensées ne viennent pas de moi, c'est l'inverse : je m'approprie des productions qui ne dépendent pas de moi. Il ne peut donc surgir qu'après celle-ci, bien que certains indianistes s'en étonnent[1].

1. Michel Hulin propose d'inverser l'ordre d'apparition du moi et de l'intelligence, parce qu'il juge que l'*ego* devrait précéder celle-ci (voir M. Hulin, V. Lysenko, *Classical Indian Philosophy Reinterpreted*, Delhi, Decent Books, 2007).

Strophe 24

« Le moi est présomption. Une double naissance en procède, la troupe des onze et les cinq éléments subtils. »

Strophe 25

« Un groupe de onze est engendré par le moi évolué ; le groupe des cinq éléments subtils, de nature ténébreuse, provient du moi élémentaire ; les deux groupes [évoluent] sous l'effet du moi passionnel. »

Explication

Le moi possède la puissance de produire les onze organes ainsi que les cinq éléments subtils ; comme à son habitude, l'auteur du traité définit les concepts après les avoir posés (cf. *infra*). Il faut retenir ici l'idée que le moi succède à l'intelligence. Il y a d'abord de la pensée en l'être humain avant que le moi n'apparaisse, ce qui est une manière de dire que le moi s'approprie les fonctions de l'intelligence (vertu, connaissance, détachement, puissance) pour se constituer en tant que moi. Quand on dit « Je pense », le moi, qui dit « je », s'approprie la pensée qui lui vient de l'intelligence. Ce n'est pas l'inverse. Cela est lourd de conséquences, comme on va le voir plus bas.

Strophe 26

« Les organes de connaissance sont l'œil, l'oreille, le nez, la langue et la peau ; les organes d'action sont la bouche, la main, le pied, l'anus et l'organe de procréation. »

Strophe 27

« Procédant des deux groupes, l'esprit coordonne. Par sa similarité avec eux, il est un organe à part entière.

La diversité [des corps] et leurs apparences extérieures résultent de la différence entre les transformations [opérées par] les qualités. »

Explication

L'esprit (*manas*) est l'organe de l'intelligence, le coordonnateur de l'activité des organes des sens autant que l'instrument au moyen duquel l'intelligence détermine la réalité. La seconde partie de la strophe répond à une objection : si tous les corps sont formés des mêmes onze organes, comment justifier leur diversité ? Le Sāṃkhya répond par la spontanéité de la Nature : les transformations successives des choses sous l'effet des qualités de la Nature rendent compte de leur diversité et de leurs apparences extérieures. Cela s'applique donc également aux corps des êtres humains. Il est donc inutile de faire appel à l'hypothèse d'un dieu ordonnateur pour justifier la diversité humaine.

Strophe 28

« Il est postulé que l'opération des cinq organes [de connaissance] relativement au son et au reste est pure réception.

[L'opération] des cinq autres désigne la parole, la préhension, la marche, l'excrétion et la jouissance. »

Explication

Les organes de connaissance ne sont pas actifs comme le sont les organes d'action ; en ce sens, ils ont pour fonction de recevoir les données sensorielles qui leur viennent de l'extérieur, mais ils n'agissent pas sur les objets qu'ils appréhendent.

Strophe 29

« La caractéristique des trois est qu'ils opèrent[1] chacun spécifiquement ; cette [opération] ne peut pas leur être

1. Le sanscrit *vṛtti* « opération, fonction, action » vient du verbe *vṛt*, « tourner, avoir lieu, agir, opérer ». Son emploi va servir de base à la définition du yoga : *cittavṛttinirodha* (*Yogasūtra* I. 2).

commune. Les cinq souffles vitaux sont la fonction qui crée une communauté [entre eux]. »

Explication

L'intelligence, le moi et l'esprit sont désignés ici d'un seul mot « les trois », à savoir les trois productions de la Nature qui ont pour caractéristique d'opérer : l'intelligence opère en déterminant le rapport entre les choses, le moi opère *via* les dix organes et l'esprit opère en coordonnant. Or ils peuvent opérer parce qu'ils sont le produit des transformations causées par les qualités (*Strophe 27*), ce qui signifie que ce sont les qualités qui opèrent en réalité. L'action des cinq souffles forme une exception, parce qu'ils sont à l'origine d'une fonction vitale dont les qualités ne sont pas responsables, fonction qui a pour effet de profiter à l'intelligence, au moi et à l'esprit ensemble.

Strophe 30

« On observe que l'opération d'un groupe de quatre, par rapport au visible aussi bien qu'à l'invisible, est soit simultanée soit progressive. Elle précède l'opération des trois. »

Explication

La doctrine de la connaissance se précise ici : les opérations intellectuelles, accomplies par l'intelligence, le moi et l'esprit, doivent porter sur un objet ; or, elles ne peuvent pas se donner un objet, elles le reçoivent de l'extérieur, une fois qu'un organe (de connaissance ou d'action) entre en activité. Voilà pourquoi le groupe de quatre (les trois + un organe) précède nécessairement le groupe réduit à trois. C'est dire que l'intelligence humaine ne se met pas à opérer sans une donnée sensible qui lui est fournie par les organes des sens.

Strophe 31

« Ils accomplissent leur opération respective en raison de l'aide réciproque qu'ils s'apportent les uns aux autres. La fin en est le principe conscient. Un organe ne se met à l'œuvre pour aucune [autre fin]. »

Explication

La téléologie du Sāṃkhya peut être explicitée sous la forme d'une inférence indienne : tout organe a une fin parce qu'il accomplit sa fonction. En effet, toute fonction obéit à une fin ; sans fin, pas de fonction. Or, un organe accomplit sa fonction ; donc il a une fin.

Sa fin est le principe conscient, au sens où toute opération s'accomplit en vue de permettre au principe conscient de se libérer de la Nature (cf. *Strophe 21*). Le composé sanscrit *puruṣārtha* renvoie aussi à l'anthropologie brahmanique des quatre buts de l'homme. Il existe quatre objectifs, en effet, qu'un brahmane doit atteindre dans sa vie, le plaisir (*kāma*), la richesse (*artha*), le maintien de l'ordre cosmique (*dharma*) et la libération (*mokṣa*). Il est tentant de faire cette double lecture, ce qui laisserait entendre que l'école de Sāṃkhya se rapproche ici du brahmanisme.

Strophe 32

« L'organe, sous l'aspect des treize, appréhende, retient et fait apparaître. Sa fonction est de dix sortes, selon ce qu'il faut appréhender, retenir et faire apparaître. »

Explication

Il existe treize organes (le groupe de trois + les dix organes des sens), mais il n'existe que dix fonctions. Les trois organes intellectuels, en effet, n'ont pas d'objet propre, car ils s'exercent une fois que les autres organes leur ont fourni un objet. Ni l'intelligence ni le moi ni l'esprit ne sont capables de produire par eux-mêmes un objet, contrairement à ce que pensent les logiciens bouddhistes. On voit ici que le traité peut alimenter le débat philosophique entre le réalisme des Yogasūtra et l'idéalisme de l'école Yogācāra.

Strophe 33

« Le sens interne est triple. Le sens externe est de dix espèces et il est le domaine objectif du groupe de trois. L'organe externe agit dans le présent ; l'organe interne opère dans les trois temps. »

Explication

Les trois organes intellectuels sont appelés ici le « sens interne » (*antaḥkaraṇa*), lequel n'est pas condamné à opérer dans le présent, parce qu'en conservant des empreintes laissées par les vies antérieures, il participe à la formation du corps subtil[1].

Strophe 34

« Parmi eux, les organes de connaissance portent sur des objets spécifiques ou non. La parole a le son pour objet. Les [quatre] autres organes d'action possèdent cinq objets. »

Explication

Selon le commentateur Gauḍapāda, les organes humains de connaissance portent sur des objets qui leur sont spécifiques (le son, le toucher, la couleur, le goût et l'odeur), mais les dieux ou les ascètes (*yogin*) ont le pouvoir d'exercer leurs sens sur des objets non spécifiques, les éléments subtils, parce qu'ils peuvent entendre un son céleste ou voir une couleur subtile (*cf.* YS III. 36). Il n'en va pas ainsi

1. Cf. *infra*, p. 195.

pour la parole, dont l'objet, le son, est commun aux humains et aux êtres doués de pouvoirs surnaturels. Le son (*śabda*) est donc à la fois l'objet spécifique de l'oreille et l'objet non spécifique de la parole, humaine et surhumaine.

Strophe 35

« Dans la mesure où l'intelligence, et l'organe interne avec elle, pénètre tous les objets, le triple organe interne est le gardien, les [dix] autres organes sont les portes. »

Explication

Le verbe *avagāh* qualifie l'opération de l'intelligence, il signifie « plonger dans, s'absorber dans », d'où l'équivalent « pénétrer ». Les dix portes font communiquer l'organe interne avec le monde des objets extérieurs ; sans elles, le gardien, ne recevant aucune information sensorielle, ne peut pas agir, il reste à la porte, sans rien faire. Mais, quand l'information passe et arrive au gardien, il est en mesure de se plonger dans le domaine objectif qui se dessine et d'y pénétrer.

Strophe 36

« Les [organes] se différencient les uns des autres sous l'effet spécifique des qualités ; telles des lampes, ils éclairent [le domaine objectif] entier et l'offrent à l'intelligence pour le bénéfice du principe conscient. »

Explication

Comme on l'a vu (cf. *Strophe 32*), les organes remplissent trois fonctions, appréhender, retenir et faire apparaître. Il en résulte qu'après avoir éclairé le monde des objets (le même verbe *prakāś* est traduit soit par « faire apparaître » soit par « éclairer »), ce qui suppose qu'ils l'ont aussi appréhendé et retenu, ils le procurent à l'intelligence qui peut exercer sa fonction de détermination sur les objets perçus. Mais tout cela n'a qu'un objectif, permettre au principe conscient de se libérer de la Nature.

Strophe 37

« Tout comme l'intelligence réalise tout [ce qu'elle doit réaliser] pour que le principe conscient puisse en faire l'expérience, de même c'est elle qui discerne la subtile différence entre le Fondement et le principe conscient. »

Explication

Le traité explicite ici ce que les *Yogasūtra* ne cessent également de répéter, parce que cela forme un point important de la doctrine : l'intuition qui discerne la différence entre les deux entités est encore une activité de l'intelligence, ce qui signifie qu'elle ne peut pas par elle-même procurer la libération du principe conscient. Certes, il faut comprendre intellectuellement en quoi consiste la différence entre les deux réalités, mais cela ne suffit pas : sans la disparition de la Nature, appelée ici « fondement » (*pradhāna*), toute intellection demeure prise dans le domaine des opérations naturelles qui se passent dans l'être humain.

Strophe 38

« Les éléments subtils sont non spécifiques ; d'eux cinq proviennent les cinq éléments grossiers. Ceux-ci sont dits spécifiques et ils portent la marque de la sérénité, de la violence et de la torpeur. »

Explication

Les éléments subtils sont « non spécifiques » parce qu'ils ne sont pas l'objet des organes des sens. Il faut admettre qu'à chaque objet spécifique d'un organe de connaissance correspond un élément subtil ; il existe ainsi un son subtil à l'origine du son grossier que l'oreille perçoit habituellement, mais le son subtil n'est pas saisi par elle. Selon le commentateur, seuls des êtres divins peuvent percevoir ces objets subtils, plaisants et dépourvus de caractéristiques douloureuses. Mais alors, pourquoi le groupe des éléments subtils est-il qualifié de manière négative dans la Strophe 25, « de nature ténébreuse » ? Cela s'éclaire peut-être ici, dans la mesure où l'aspect subtil de l'objet appréhendé par les sens leur échappe, bien qu'il soit indispensable à son existence objective. (cf. *Strophe 25*) En ce sens, tout ce qu'un objet comporte de subtil reste dans l'ombre, du moins pour l'organe humain, qui ne saisit que l'aspect grossier d'un objet matériel.

Quoi qu'il en soit, les organes des sens exercent leur opération sur les éléments grossiers, qui sont les constituants de leurs objets spécifiques. Or, ces éléments grossiers sont des produits de la Nature, constitués des trois qualités naturelles. Voilà pourquoi ils portent les marques de ces qualités, selon que domine le lumineux, le passionnel ou le ténébreux. Il en résulte que les objets spécifiques des sens sont caractérisés, eux aussi, par les trois qualités ; ils sont donc susceptibles de procurer de la sérénité, ou de la violence ou encore de la torpeur.

[LE DOMAINE DU SUBTIL S'ARRÊTE-T-IL ICI ?]

Strophe 39

« Subtils[1], engendrés de mère et père avec l'aide des éléments primordiaux, voilà les traits distinctifs qui peuvent qualifier [le corps humain] de trois manières. Les traits

1. Le mot « subtil » s'applique à la fois aux éléments naturels les plus subtils, qui ne peuvent être appréhendés par les sens humains, et aux traits permanents qui appartiennent à une réalité destinée à changer

subtils sont permanents, les traits dus à la mère et au père disparaissent. »

Explication

Tous les traits physiques, où la composition matérielle du corps intervient, disparaissent avec le corps, mais il demeure des caractéristiques subtiles permanentes, dont la permanence est justifiée par le fait qu'elles permettent au corps subtil de transmigrer, comme on va le voir.

Strophe 40

« Le corps subtil résulte d'une existence antérieure ; il est sans attache, permanent et composé du « grand » jusqu'aux éléments subtils.

Équipé de dispositions, sans éprouver [directement quoi que ce soit], il transmigre. »

Explication

Toute la doctrine panindienne de la transmigration trouve ici sa formulation la plus nette. Le mot *liṅga*, traduit par « corps subtil », conformément à la tradition des indianistes, indique sémantiquement qu'il s'agit d'un corps destiné un jour à disparaître dans la Nature. En effet, le même mot est utilisé dans les Strophes 10 et 20 pour évoquer le caractère périssable du monde manifesté. D'où sa subtile permanence, puisqu'il demeure d'une existence l'autre, voué à disparaître. Dans cette strophe, il sert à désigner le corps qui n'est pas engendré par les parents, mais qui résulte des existences antérieures. Il est « sans

d'apparence, donc à devenir subtile. Le sanscrit use, à cet égard, de trois mots distincts, dont deux sont synonymes, pour signifier ces deux réalités. Ainsi, une chose est subtile soit parce que sa perception se situe au-delà des sens ordinaires (*taṅmātra*) soit parce qu'elle est une partie d'un ensemble permanent, pourtant destiné à devenir imperceptible (*sukṣma, liṅga*).

attache », au sens il n'est pas attaché à une existence plus qu'à une autre, puisqu'il transmigre, alourdi par la charge des dispositions (*bhāva*) dont il est équipé. Mais il n'éprouve rien directement, dans la mesure où ce n'est pas par son entremise que l'être humain fait des expériences et jouit des plaisirs de la vie. Qui est donc le sujet de l'expérience ? Le principe conscient, du moins aussi longtemps qu'il ne s'en est pas libéré[1].

Strophe 41

« De même qu'il n'existe pas une peinture sans un support ; de même que l'ombre n'existe pas sans un poteau ou autre chose qui la projette ; de la même façon, le corps subtil ne subsiste pas sans un support, à savoir sans traits subtils. »

Explication

Les traits subtils (*sukṣma*) du corps subtil (*liṅga*) désignent ici toutes les fonctions héritées des vies antérieures, qui passent d'une existence à la suivante aussi longtemps que le corps subtil subsiste (cf. *Strophe* 55). Les deux comparaisons qui forment l'analogie de la strophe frappent par leur intention esthétique : comment mieux exprimer la subtilité d'une réalité que peut cacher la beauté des apparences, fût-ce celle du corps subtil ?

Strophe 42

« Ce corps subtil, à cause de la relation de condition à conditionné, existe pour le bénéfice du principe conscient ; en vertu de la souveraineté de la Nature, il se comporte comme un acteur. »

1. Cf. *infra*, p. 203.

Explication

La téléologie qui gouverne la Nature est maintenant bien connue. Tout produit naturel, et le corps subtil est un produit naturel des existences antérieures, existe en vue de procurer une expérience au principe conscient (cf. *Strophe* 37) ; or, cette expérience peut être conditionnée par différents facteurs qui la rendent plus ou moins bonne moralement[1] ; donc, la relation de condition à conditionné détermine la façon dont un produit naturel comme le corps subtil agit pour le bénéfice du principe conscient.

La comparaison théâtrale prolonge l'atmosphère esthétique de tout ce passage, où le corps subtil prend l'apparence d'une fresque, puis d'une ombre, enfin d'un acteur. L'effet produit est saisissant : l'auditeur des Strophes imagine une scène, avec ses décors peints, ses ombres et ses lumières, et ses acteurs en train de jouer, « en vertu de la souveraineté de la Nature », les différents moments de leur vie, passée et présente. Nous sommes ces acteurs.

Strophe 43

« Les dispositions, la vertu et les autres, sont préformées, naturelles et acquises. Elles sont perceptibles quand elles ont [leur] organe pour support. Mais, quand elles ont [leur] effet pour support, elles deviennent l'embryon et le reste. »

Explication

Un aristotélicien[2] ne manquerait pas d'approuver la définition de la vertu donnée ici, qui n'est autre qu'une disposition à faire le bien. Mais la comparaison s'arrête là. En fait, les dispositions du corps subtil ne sont pas

1. Cf. *infra*, p. 200.

2. On trouve, dans *Éthique à Nicomaque*, plusieurs définitions de la vertu, plus ou moins précises, qui tournent autour de cette idée centrale (en particulier II. 6).

seulement acquises, comme chez Aristote, elles peuvent aussi être « préformées » par la Nature. En effet, à l'origine du monde, la Nature contient en tant que cause originelle les quatre dispositions primordiales de l'être humain, la vertu, la connaissance, le détachement et la puissance. Il revient ensuite à chacun de développer ou non ses dispositions innées. Les dispositions sont aussi « naturelles » au sens où elles résultent des actions accomplies dans des vies antérieures ; en ce sens, elles sont déjà acquises inconsciemment, mais elles se différencient des dispositions conscientes obtenues par l'éducation, lesquelles sont proprement « acquises ». La Strophe 23 évoque déjà les quatre dispositions, mais sans les appeler ainsi, en les rattachant à la forme lumineuse de l'intelligence. L'intelligence, en effet, est le support des dispositions visibles, dans la mesure où chacune d'entre elles exprime à sa manière une opération intellectuelle. La vertu a besoin d'être éclairée par l'intelligence, la connaissance est l'intelligence en acte, le détachement s'obtient par la domination de l'aspect lumineux de l'intelligence sur les deux autres qualités et la puissance sans l'intelligence n'est qu'un pouvoir de domination. Leur « effet » est le corps dans lequel elles prennent racine, car elles se développent et deviennent perceptibles d'une autre manière au moment où l'embryon se forme et commence à grandir.

Strophe 44

« Le bien fait progresser, le contraire du bien fait chuter ; [l'être humain] se libère par la connaissance si l'on postule qu'un attachement naît de [l'ignorance], laquelle est contraire à la connaissance. »

Explication

Les doctrines indiennes font du bien et du mal deux dispositions à accomplir des actions morales, si l'on entend par là des actes sanctionnés par la morale (le français « morale » vient du latin *mos* « mœurs ») de la société où ils prennent place. Il s'ensuit que l'auteur du bien s'élève personnellement autant qu'il élève la société ; inversement, le mal est une chute parce qu'il fait tomber l'individu aux yeux des autres autant qu'il abaisse le niveau de la morale sociale. On rappelle donc que le français « mal » traduit très imparfaitement un ensemble de termes sanscrits qui connotent l'action de déchoir, de salir la société, de se couvrir de honte (*pātaka*, *pāpa*, *pāpman*).

Strophe 45

« Du détachement naît la dissolution dans la Nature ; la transmigration vient d'un attachement passionnel. La puissance ne rencontre aucun obstacle ; elle s'inverse quand le contraire se produit. »

Explication

Le détachement, bien qu'il soit de nature positive, puisqu'il libère de l'attachement aux productions de la Nature, peut y reconduire, selon le commentateur, s'il n'est pas accompagné de connaissance. Le détachement, en effet, n'est pas un but en soi, mais il est au service d'un seul et unique objectif, le bénéfice du principe conscient. Autrement, au lieu de se libérer de la Nature par le détachement, on s'y dissout.

Les *Sāṃkhyakārikā* entendent par « puissance » (*aiśvarya*) ce que les *Yogasūtra* nomment « pouvoir » (*siddhi*), à savoir la capacité de dépasser les bornes de la condition humaine, avec cette différence que les YS laissent ouverte une interprétation symbolique de l'exercice du pouvoir, ce que les SK semblent interdire.

Strophe 46

« Cela donne naissance à la vie mentale, sous la forme de l'erreur, de l'incapacité, du contentement et de la réussite. Elle se divise en cinquante variétés, sous la pression inégale des qualités de la Nature. »

Explication

Strophe difficile, s'il en est. La description précédente des différentes dispositions conduit à la conclusion qu'il existe une « vie mentale » (*pratyaya*) qui se déroule en l'être humain, sous quatre formes. Toutes les dispositions, en effet, appartiennent au corps subtil (cf. *Strophe* 40) ; or, il est lui-même composé des facultés de l'intelligence, du moi et de l'esprit. Les dispositions servent donc à actualiser ces facultés humaines. Il faut lever ici une incertitude. Dire que le corps subtil d'un individu hérite de l'intelligence venue d'une vie individuelle antérieure signifie que l'intelligence de l'un devient l'intelligence de l'autre, à condition d'ajouter qu'il s'agit uniquement de la faculté[1] ; il en va de même pour les deux autres composants, le moi et l'esprit. Un individu se voit donc doté à la naissance de facultés subtiles (l'intelligence, la faculté de dire « je » et l'esprit) et de quatre dispositions, grâce auxquelles il développera ses facultés, selon que les circonstances le lui permettront. Voilà pourquoi la vie des idées (*pratyaya* désigne un événement mental, ce qui traverse le mental, une idée quelconque) s'accompagne d'erreurs, d'incapacité à connaître, de contentement prématuré, mais aussi de

1. Ce sont les fonctions qui transmigrent, et dont hérite l'individu en qui elles transmigrent, non leur contenu empirique. Autrement, un individu hériterait des pensées d'un autre, conclusion qui est absurde.

réussite. La diversité de cette vie mentale est évoquée ici : « Elle se divise en 50 variétés », selon qu'une des trois qualités (*guṇa*) l'emporte sur les deux autres ou inversement, comme on va le voir.

Strophes 47-51

« Il existe cinq variétés d'erreur et vingt-huit variétés d'incapacité, causées par des organes des sens défectueux. Le contentement est de neuf sortes, la réussite de huit espèces.

Il existe huit sortes de ténèbres et de torpeur, dix sortes de grande torpeur ; l'obscurité et l'aveugle obscurité sont de dix-huit sortes.

Les infirmités des onze organes ainsi que les défauts de l'intelligence forment ce que l'on appelle « l'incapacité » ; les dix-sept défauts de l'intelligence naissent de l'opposition avec le contentement et la réussite.

On s'entend pour dire qu'il existe neuf contentements : quatre sont internes, sous la forme du contentement dû à la Nature, du contentement dû à une cause matérielle, du contentement procuré avec le temps et du contentement qui compte sur le hasard. Cinq contentements sont externes parce qu'ils aident à se détourner des objets.

Les huit réussites sont la logique, la parole qui instruit, l'étude par soi-même, l'abolition de la misère, les trois rencontres avec des êtres aimés et la prodigalité. Les trois autres sortes [de vie mentale] entravent la réussite. »

Explication

Il est fréquent de lire des énumérations semblables dans d'autres traités indiens, qu'ils soient brahmaniques, bouddhiques ou jaïns ; un certain goût pour les chiffres en est la raison probable, et aussi un plaisir à détailler la complexité du réel.

Ici, 5 variétés d'erreur + 28 types d'incapacité + 9 sortes de contentement + 8 formes de réussite = 50 variétés de vie mentale. Cette doctrine des 50 représentations de la vie mentale est probablement à l'origine d'une réforme considérable de l'école philosophique de Sāṃkhya, sous l'influence d'un philosophe nommé Vārṣagaṇa, selon Frauwallner[1].

Strophe 52

« Le corps subtil n'existe pas sans dispositions ; l'accomplissement des dispositions n'existe pas sans corps subtil. Ce pourquoi la naissance procède d'une double manière, sous la forme du corps subtil et des dispositions. »

Explication

Les facultés du corps subtil peuvent s'actualiser sous l'effet des dispositions, en particulier celles qui sont préformées et naturelles (cf. *Strophe* 43), comme on vient de le voir, et la réciproque est vraie, les dispositions s'accomplissent grâce aux facultés subtiles déjà présentes à la naissance. Une double naissance (*sarga*) en résulte donc, où l'inné se révèle acquis, où l'acquis présuppose l'inné.

Strophe 53

« La naissance divine est de huit espèces ; la naissance animale[2] est de cinq sortes, mais la naissance humaine est unique en son genre. Ainsi se résume la naissance des êtres vivants[3]. »

1. E. Frauwallner, *Geschichte der indischen Philosophie*, I, Salzburg, Otto Müller Verlag, 1953, p. 320 *sq*.

2. Le composé *tairyagyona* signifie littéralement « qui est engendré de travers » ; cela désigne quatre classes d'animaux (les animaux domestiques, sauvages, les reptiles et les oiseaux) auxquelles sont associés les végétaux.

3. Certaines éditions ont une autre lecture : « En résumé, la naissance est triple » (*samāsato ayaṃ tridhā sargaḥ*)

Explication

Brahma, Prajāpati, Soma, Indra désignent quatre divinités du panthéon (védique et brahmanique), auxquelles se joignent quatre classes d'êtres divins et surnaturels, les Gandharva ou musiciens célestes, les Yakṣa ou gardiens célestes, les Rākṣasa, ou démons célestes et les Piśāca, êtres surnaturels démoniaques. Au contraire, l'espèce humaine naît d'une seule et unique façon.

Strophe 54

« Dans les naissances des régions supérieures, prédomine la qualité lumineuse ; les régions souterraines sont emplies de ténèbres ; entre les deux, domine la qualité passionnelle. Il en est ainsi, du dieu Brahma jusqu'au brin d'herbe[1]. »

[La dissolution de la nature et la libération]

Strophe 55

« C'est ici [sur terre, entre les mondes célestes et infernaux] que l'homme conscient fait l'expérience de la misère, sous les formes qu'engendrent la vieillesse et la mort, jusqu'à ce que le corps subtil cesse d'exister. Ce pourquoi la misère y existe par nature. »

Explication

La Strophe donne l'unique occurrence de l'expression « homme conscient » (*cetanaḥ puruṣaḥ*). Le sanscrit *puruṣa* ne pouvant pas signifier ici le principe conscient, puisqu'il y aurait un pléonasme, il faut admettre que la strophe joue sur le double sens du substantif *puruṣa*, qui renvoie à la fois à la personne de sexe masculin et au principe conscient en l'être humain. C'est aussi la première fois que le

1. La formule « du dieu Brahma jusqu'au brin d'herbe » deviendra classique dans la culture hindoue, populaire et savante.

destinataire du traité est mentionné : il s'agit d'un homme, sans plus de précisions, pas nécessairement d'un brahmane, juste un être masculin, la femme étant exclue[1]. Il est évoqué à la fin du traité parce qu'il est devenu « conscient » de sa naissance et de la naissance des choses, donc de la misère qui y est attachée « par nature », puisqu'il n'y a pas de naissance selon la Nature sans mort qui en résulte.

Strophe 56

« Cela est l'œuvre de la Nature, telle qu'elle s'étend du « grand » jusqu'aux éléments [grossiers] spécifiques, et cela pour que chaque homme conscient[2] se libère ; ce faisant, elle agit comme pour soi en agissant pour un autre. »

Explication

La téléologie qui gouverne la Nature est reprise ici avec force, mais non répétée simplement, parce qu'une précision importante est ajoutée : la Nature semble agir pour soi-même, parce qu'en produisant le monde pour le bénéfice de chaque homme conscient elle accomplit son destin.

Strophe 57

« De la même façon que le lait agit, sans le savoir, au profit de la croissance du veau, de même l'activité de la Nature fondamentale profite à la libération de la conscience. »

1. On serait tenté de traduire *puruṣa* par « mâle », comme le fait Madeleine Biardeau (M. Biardeau, *L'hindouisme. Anthropologie d'une civilisation*, *op. cit.*, p. 44).

2. Il s'agit bien en un sens de l'homme conscient, plus précisément de l'homme en qui le principe conscient se manifeste pleinement. En un autre sens, il est question ici de la conscience humaine, ce pourquoi on opte plutôt pour cet équivalent.

Strophe 58

« De même que les gens s'engagent dans des actions pour étancher leurs désirs, de même la [Nature] non manifestée entre en action pour que l'homme conscient s'en libère. »

Strophe 59

« De même qu'une danseuse arrête de danser, une fois qu'elle s'est montrée au public, de même la Nature marque un arrêt quand elle est apparue elle-même à l'homme. »

Strophe 60

« Par toutes sortes de moyens, la [Nature] prend soin d'un homme qui se montre négligent ; pourvue des [trois] qualités, elle œuvre, sans contrepartie, pour le bien d'un être que ses qualités ne concernent pas. »

Explication

Le traité glisse à nouveau de la sphère philosophique vers la sphère sociale : la Nature, qui est féminine[1], déploie son activité et s'épuise sans retour pour un mâle qui se contente d'en tirer profit.

Strophe 61

« M'est d'avis que rien n'est plus pudique que la Nature.

« Je suis mise à nu ». À ces mots, la Nature ne se montre plus devant l'homme conscient. »

Strophe 62

« En vérité, personne ne se lie, personne ne se libère, personne non plus ne transmigre.

1. L'opposition des genres -la Nature (*prakṛti*) est féminine, on le rappelle, alors que *puruṣa* est masculin-sera reconduite dans le tantrisme, mais presque inversée.

Elle transmigre, elle se lie, elle se libère, la Nature, quels que soient ses supports. »

Explication

Il faut sortir de l'illusion qui laisse croire que la conscience transmigre, se lie aux actes, se libère de la Nature. En vérité, la Nature seule transmigre (par le corps subtil), elle seule se lie aux actes parce qu'elle entre en action, elle seule se libère, pour ainsi dire, quand elle a accompli son œuvre et s'arrête d'elle-même. Le principe conscient ne fait rien pour se libérer, il attend que la Nature ait achevé de se manifester à lui. Alors seulement, il en est libéré.

Strophe 63

« Sous sept formes exactement, la Nature se lie elle-même, par elle-même.

Sous une unique forme, elle fait en sorte que l'homme conscient se libère[1]. »

Explication

Les sept formes désignent les dispositions, positives et négatives (cf. *Strophe 43*), à l'exception de la connaissance, unique forme par laquelle la Nature parvient à produire autre chose que de l'attachement. Elle agit de telle manière que son activité cause la libération des consciences pour qui elle a été déployée.

1. La syntaxe difficile de la strophe est le signe d'une difficulté majeure : comment une activité peut-elle produire la libération alors que celle-ci annule toute production ? La Nature fait que des hommes se libèrent, mais elle *le* fait de telle manière qu'elle ne le *fait* pas. Le philosophe Śaṅkara affronte un problème similaire, qu'il résout en montrant que la libération de la conscience n'est pas du tout *produite* : la conscience est toujours déjà libérée.

Strophe 64

« De la même façon, grâce à l'étude des [vingt-cinq] entités, se produit la connaissance complète, purifiée de l'erreur et libératrice : « Je ne *suis* pas ; cela n'est pas *à moi* ; il n'existe pas de *moi* ». »

Explication

La connaissance libératrice, qui se produit ici sous trois formes, est mise dans la bouche de l'homme conscient : « Je ne suis pas ; la Nature n'est pas à moi ; il n'y a pas de moi ». Mon existence absolue, l'existence de la Nature rapportée au moi, l'existence du moi, tout prend l'apparence d'une illusion pour l'homme conscient qui sait que la conscience seule existe.

Strophe 65

Grâce à cette connaissance, le principe conscient se tient tel qu'en soi-même. Comme un spectateur, il voit que la Nature a cessé d'engendrer, une fois son objectif atteint, et que les sept formes se sont dissoutes.

Explication

La strophe renvoie peut-être au début des *Yogasūtra* : « Alors, ce qui voit se tient dans sa forme propre. » (YS. I. 3), où le principe conscient est appelé « ce qui voit » (*draṣṭṛ*). Les chercheurs s'accordent aujourd'hui pour penser que les deux traités sont contemporains (Ve siècle de l'ère commune). Les sept formes désignent les sept dispositions évoquées plus haut (cf. *Strophe 53*).

Strophe 66

« L'un pense : « Je l'ai vue » et reste indifférent ; l'autre dit : « J'ai été vue » et s'arrête.

Ils ont beau se relier l'un à l'autre, nul motif ne préside à une [nouvelle] naissance. »

Explication

La strophe renvoie directement à la Strophe 21 pour la vider de son motif. Une fois que la Nature a accompli son objectif, il ne subsiste aucun motif qui pourrait causer une nouvelle naissance.

Strophe 67

« Bien qu'il comprenne par la connaissance vraie que la vertu et les autres [dispositions] ne peuvent plus causer quoi que ce soit, le principe conscient continue de supporter le corps, sous l'influence des empreintes, comme la roue continue de tourner. »

Explication

Les empreintes (*saṃskāra*) désignent les impressions inconscientes héritées des vies antérieures qui ne cessent d'influer sur la vie et les actions de l'homme. Les habitudes lui font faire ce que sa conscience lui refuse, et il continue d'agir comme si la vertu, par exemple, avait le pouvoir de le faire agir, alors qu'il n'en est rien. En réalité, ce sont toujours et encore les qualités de la Nature qui supportent l'activité du corps.

Strophe 68

Quand il se distingue du corps, et que la Nature fondamentale, son œuvre achevée, a cessé d'agir, il atteint l'isolement libérateur, à la fois absolu et ultime.

Explication

La réponse est finalement apportée à la question qui sous-tend la strophe initiale du traité : existe-t-il un moyen de libération, absolu et ultime ? Ce moyen existe si le principe conscient qui habite en l'homme parvient à s'isoler absolument de la Nature et du corps, auxquels il ne s'identifie plus. Autrement dit, la libération de la conscience est le moyen absolu et ultime de libérer l'être humain de la misère.

Strophe 69

« Voilà la connaissance secrète, que le grand sage a exposée pour le bénéfice du principe conscient : l'existence, l'origine et la dissolution des êtres y sont l'objet d'un questionnement. »

Explication

Le « grand sage » auquel il est fait allusion se nomme Kapila, auteur mythique que la tradition de l'école Sāṃkhya place à son origine.

Strophe 70

« L'ascète l'a confiée, inaltérée, sans égale, à Āsuri, par compassion.

Āsuri, à son tour, en a fait don à Pañcaśikha[1], qui en a fait un traité complet. »

Strophe 71

« Transmis par une lignée ininterrompue de disciples, il a été condensé en vers *ārya* par Īśvarakṛṣṇa, après qu'il en a discerné avec justesse la véritable doctrine grâce à sa pensée lumineuse. »

1. Āsuri est aussi mythique que Kapila. Pañcaśikha, en revanche, semble être l'auteur d'un traité perdu, que le commentateur des *Yogasūtra*, Vyāsa, cite plusieurs fois. Selon Larson, Vārṣagaṇya serait l'inspiration principale du traité d'Īśvarakṛṣṇa (*cf.* G.J. Larson, *Classical Yoga Philosophy and the Legacy of Sāṃkhya*, Delhi, Motilal Banarsidass, 2018, p. 15 *sq.*).

Strophe 72

« Les sujets abordés dans ce traité de soixante-dix strophes sont ceux-là mêmes du traité complet de soixante [chapitres], à ceci près que les histoires y sont absentes et les doctrines adverses omises. »

Explication

Le philosophe Īśvarakṛṣṇa, comme il se doit, clôt son ouvrage en l'inscrivant dans la lignée de l'école Sāṃkhya, puisqu'il condense, sous la forme d'un Septantaine, la teneur d'un immense traité appelé « Soixantaine » (*ṣaṣṭitantra*), attribué à Vārṣagaṇya et comprenant, comme son nom l'indique, soixante chapitres. Mais qu'entend-il par « histoires » ? Probablement s'agit-il de récits mythologiques, comme on en trouve souvent, en guise d'illustrations. Quant au grand traité perdu, le célèbre « Soixantaine », il reste introuvable.

NĀGĀRJUNA

MŪLAMADHYAMAKAKĀRIKĀ PRAJÑĀNĀMA *
LES STROPHES FONDAMENTALES DU MILIEU AU NOM DE « SAGESSE »

PRÉSENTATION
LE PROBLÈME DE LA VACUITÉ, ENTRE AFFIRMATION ET NÉGATION

Le philosophe indien Nāgārjuna (IIe siècle e.c.) est le représentant le plus illustre de l'école bouddhique du Milieu (*madhyama*, en sanscrit). Avec l'école Yogācāra (littéralement, « La conduite conforme au yoga »), qui enseigne que la conscience seule existe, elle forme le développement philosophique le plus remarquable du bouddhisme réformé, appelé « Grand véhicule » (*Mahāyāna*). Par opposition au « Petit véhicule » (*Hīnayāna*) qui exhorte le moine à travailler à sa propre libération, le Mahāyāna enseigne qu'il existe une lignée d'êtres, les « Éveillés » (*Strophe 8*), qui consacrent par compassion leur vie à la libération de tous les vivants sans exception. Reprenant cette idée, Nāgārjuna s'engage à libérer la pensée humaine des mots et des concepts qui lui barrent la route de la libération.

* *Mūlamadhyamakakārikā Prajñānāma*, Nāgārjuna, ed. J.W. de Jong (J.W.), Chennai, The Adyar Library and Research Center, 2004 (1977).

Pour ce faire, il entreprend de se tenir entre l'affirmation et la négation, le réalisme et l'idéalisme, la permanence et l'anéantissement, la réalité et le rien, précisément dans le milieu, qui n'est autre que le vide, vide d'existence comme vide d'inexistence, vide d'être et de néant. D'où le nom de « vacuité » qui sert aussi à désigner son école.

Or, la vacuité est difficile à comprendre, comme le reconnaît Nagarjuna lui-même (*Strophe 11*), surtout si on la confond avec le néant ou le rien. Dire que le monde est vide ne revient pas à affirmer son inanité ni son néant d'être. Tout d'abord, il faut comprendre que rien n'est vide dans l'absolu ; un phénomène est vide de quelque chose, à savoir de « nature propre » (*svabhāva*), comme l'enseigne le moine-philosophe à partir de la Strophe 16. Ce point est capital. Si l'on méconnaît la vacuité, on ne saisit rien de ce qui en découle, en particulier la doctrine de la « coproduction conditionnée » (*Strophe 18*). Pour le démontrer, Nagarjuna utilise une double dialectique, l'une qui s'identifie à la réfutation par l'absurde, l'autre qui consiste à se tenir entre l'affirmation et la négation.

Refuser la vacuité, en effet, affirmer qu'il n'y a pas de vide, cela se justifie si l'on accorde une nature propre aux choses. La doctrine réaliste de la substance des philosophes brahmaniques du Vaiśeṣika aussi bien que le réalisme des bouddhistes de l'Abhidharma reposent, tous deux, sur l'idée que les choses existent par soi, indépendamment de toute relation avec autre chose. Chaque chose est pourvue d'une nature (*bhāva*) qui lui est propre (*sva*), cela signifie que son essence est son existence ; par exemple, l'arbre existe en vertu de sa nature propre d'arbre, indépendamment d'un certain environnement. De la même façon, les réalistes s'appuient sur l'identité entre la nature propre et l'existence pour en déduire que les choses, qui possèdent une nature propre, existent en soi, avant d'exister en fait.

En réponse, Nagarjuna tire les conséquences absurdes de cette doctrine pour la réfuter. En effet, si les choses existent par soi, comment peuvent-elles se relier ? Si elles ne se relient pas, comment peuvent-elles avoir une relation de cause à effet, de condition à conditionné ? Si elles n'ont aucune relation entre elles, comment expliquer qu'un phénomène apparaisse, que disparaisse un autre, qu'un acte produise un résultat, qu'un agent soit l'auteur d'une action ? Le philosophe bouddhiste place son adversaire face à un dilemme : soit il maintient sa doctrine de la nature propre, mais dans ce cas il ne peut pas expliquer la relation de causalité entre les choses ; soit il reconnaît que les choses sont dans une relation de causalité, mais dans ce cas il doit renoncer à sa doctrine de la nature propre. Sa réfutation repose sur le postulat suivant : l'indépendance des choses et la causalité sont inconciliables. Par conséquent, soit les choses existent, mais elles ne peuvent pas entretenir une relation de cause à effet ; soit elles apparaissent et disparaissent, entrent dans une relation de condition à conditionné, mais alors ce ne sont pas des choses. Mieux vaut parler de phénomènes (*dharma*) plutôt que de choses (*vastu*). Voilà pour la dialectique négative.

La dialectique positive consiste à montrer que la vérité se situe toujours entre deux extrêmes, qu'il faut éviter pour se tenir au milieu (*madhyama*). Le réalisme désigne le premier extrême à éviter ; le pur phénoménisme, qui consiste à affirmer qu'il n'existe que des phénomènes sans lien les uns avec les autres, constitue le second. Entre les deux, la doctrine de la vacuité indique le milieu à adopter : un phénomène apparaît quand disparaît un autre. Mais on ne peut ni affirmer ni nier quoi que ce soit des phénomènes. Ils ne sont pas, dans la mesure où ils n'ont qu'une existence phénoménale, mais il est faux de dire qu'ils ne sont rien, dans la mesure où ils apparaissent et disparaissent. Enseigner la coproduction conditionnée entre les phénomènes revient donc à se tenir entre les deux positions intenables du réalisme et du phénoménisme.

Il en résulte que Nāgārjuna se montre critique à l'adresse des logiciens qui utilisent le principe du tiers exclu de façon restrictive. Sa formulation par Aristote[1] tend à enfermer le discours entre deux positions possibles, soit l'affirmation d'une seule proposition entre deux qui sont contradictoires soit la négation d'une seule des deux. Mais il reste deux autres possibilités : l'affirmation des deux et la négation des deux. Cela donne le plus célèbre des raisonnements formalisés par Nāgārjuna, le tétralemme[2]. Formé de quatre propositions, comme son nom l'indique, l'argument se schématise ainsi : 1) A est affirmé ; 2) A est nié ; 3) A est affirmé et nié ; 4) A n'est ni affirmé ni nié. Quand Aristote s'arrête après (2) et tranche avec le tiers exclu, Nāgārjuna poursuit jusqu'à (4) et va même au-delà. Car ce n'est pas le tiers exclu que Nāgārjuna attaque, mais son usage restrictif. Or, on peut très bien réfuter un énoncé A, contradictoire avec un autre B, sans admettre davantage B. Cela revient à n'accepter ni A ni B au lieu de choisir entre eux deux. Dans ce cas, on nie l'un sans affirmer l'autre, on refuse l'alternative du tiers exclu, parce qu'on peut l'ouvrir vers une troisième voie possible : l'énoncé B n'a pas de référent (*na vidyate*) parce que cela n'est pas possible (*na upapadyate*), et cela ne l'est pas parce que l'énoncé n'a pas de sens (*na yujyate*). Guy Bugault résume l'intention de Nagarjuna avec clarté : « Contrairement à

1. *Métaphysique*, Γ, 4, 1006 a 28-1008 a 37 ; Γ, 7, 1011 b 23-1012 a 28.

2. Il revient au philosophe japonais Yamauchi d'avoir montré tout ce qui sépare la logique orientale, centré autour du lemme, de la logique occidentale du discours (T. Yamauchi, *Logos et lemme*, Paris, CNRS Éditions, 2020).

nos habitudes implicites, il ne se croit nullement obligé d'endosser la contradictoire de l'hypothèse qu'il vient de congédier. »[1] Ainsi, entre les deux énoncés contradictoires, (1) « Les choses ont une nature » et (2) « il n'existe que des phénomènes », Nāgārjuna nie (1) tout en refusant d'endosser (2). Car si l'existence en soi des choses est absurde, la seule existence des phénomènes est non moins absurde. Pourquoi ? Parce qu'ils sont dans une relation de condition à conditionné. Il est faux d'affirmer seulement leur existence, mais il ne s'ensuit pas qu'on puisse la nier. Selon la quatrième position du tétralemme, on ne peut ni affirmer ni nier leur existence. En ce sens, la voie du milieu se caractérise par le refus de l'affirmation et de la négation chaque fois qu'il est question de déterminer le statut ontologique d'une entité que l'on cherche à définir, la vacuité, par exemple. Affirmer qu'elle existe peut laisser entendre que la vacuité possède une nature ou une existence propres, mais il n'en est rien. Quand Nāgārjuna dit que le monde est vide (*Strophe 20*), il ne renvoie pas à une réalité vide, ce qui est contradictoire ; il fait signe vers une réalité qui est privée de nature propre. Mais il n'existe aucun référent dans le monde qui corresponde à l'idée de vide. Il n'existe donc rien à affirmer. Nier le vide, de la même façon, si cela signifie présupposer ce qui est nié, alors cela est également contradictoire car on ne présuppose pas le vide pour nier son existence. En revanche, si cela consiste à refuser le vide, comme le font les adversaires de Nāgārjuna, alors cela conduit à des conséquences absurdes, qui rendent la négation absurde elle-même. Par conséquent, on ne peut ni affirmer la vacuité ni la nier. Son « existence », qui ne se laisse ni affirmer ni nier, échappe ainsi à un discours

1. G. Bugault, *L'Inde pense-t-elle ?* Paris, P.U.F., 1994, p. 265.

ontologique fort, où il faut qu'une entité « soit » pour qu'on puisse la penser et en faire le sujet d'un énoncé. Cela ne s'applique pas à la vacuité ni au vide.

Le chapitre traduit ici concerne la partie la plus connue de la doctrine bouddhique, que l'on a pris l'habitude de nommer « Les quatre nobles vérités ». D'après le canon pāli du bouddhisme ancien (IVe siècle a.e.c.), qui rassemble l'enseignement oral du Bouddha[1], celui-ci aurait formulé ces quatre énoncés à l'occasion de son premier sermon, près de Bénarès.

Première noble vérité : la misère existe.

Deuxième noble vérité : il existe des conditions d'apparition de la misère.

Troisième noble vérité : la misère cesse.

Quatrième noble vérité : un chemin conduit à la cessation de la misère.

Tout nouvel adepte apprend ces vérités par cœur, avant de les commenter, de les méditer et d'être capable de les expliquer pour le bien du monde. En ce sens, elles forment la base incontestée de la doctrine (*dharma*) bouddhique. Voilà pourquoi les adversaires bouddhistes de Nāgārjuna veulent le déstabiliser en affirmant que la vacuité contredit et ruine la doctrine des nobles vérités. Plus précisément, en représentants de la Scolastique (*Abhidharma*) du bouddhisme ancien, ils essaient de démontrer que la première vérité – « La misère existe » – prend un sens si l'on accorde une existence réelle à la misère. Mais la vacuité ruine, selon eux, cette doctrine en affirmant l'inexistence de la misère. Car si le monde est vide, la

1. Il existe plusieurs ouvrages en français qui donnent une idée précise de ce que fut l'enseignement oral du Bouddha, tel qu'il est conservé dans la « corbeille » du canon pāli contenant tous ses sermons. W. Rahula, *L'enseignement du Bouddha*, Paris, Seuil, 1961 ; M. Wijayaratna, *Sermons du Bouddha*, Paris, Cerf, 1988.

misère est vide elle aussi ; mais comment faire cesser une réalité si cette dernière est vide d'existence ? Par conséquent, il faut que la misère existe, ce que contredit la vacuité. Nāgārjuna réplique méthodiquement, à partir de la Strophe 7, en montrant à ses adversaires qu'ils confondent systématiquement vacuité et néant, vide et rien, ce qui leur interdit de comprendre la doctrine du vide et d'entrer dans la voie du milieu, qui n'est autre que le bouddhisme, selon lui.

Note sur le texte traduit

L'édition établie par de Jong en 1977 (et republiée en 2004) demeure la référence. L'école du Milieu fait l'objet, depuis longtemps, de nombreux travaux, aussi bien en Occident, en Inde qu'au Japon, où le bouddhisme suscite toujours beaucoup d'attention, presque de ferveur. Or, on constate que les traités de Nāgārjuna en général, et celui-ci en particulier, sont l'objet d'interprétations très différentes les unes des autres, pour ne pas dire incompatibles. Le sanscrit très dense du philosophe y est pour beaucoup, mais cela ne suffit pas à expliquer ces divergences. La doctrine de la vacuité, en elle-même, présente de redoutables difficultés de compréhension, au point que personne ne s'aventurerait à dire : « J'ai compris. », à l'issue de son analyse. Il est probable que toute philosophie qui essaie d'échapper aux contraintes logiques des trois P –Principe d'identité, de non-contradiction, de tiers-exclu- prend le risque de dépasser les limites du discours logique. On peut s'en réjouir ou bien le déplorer ou bien encore tenter de suivre le philosophe dans les subtilités de sa dialectique. Qu'enseigne-t-il donc, s'il est possible de nommer sa parole un « enseignement » ?

La vacuité ne consiste pas à vider le monde de sa réalité, encore moins à le réduire à néant. Elle décrit plutôt le subtil chemin qui sépare l'affirmation de la négation. Il ne s'agit pas, tout d'abord, de nier l'existence du monde, car une telle négation présuppose l'affirmation de l'existence du monde. Or, il est absurde d'affirmer que le monde existe, pour le nier l'instant suivant. Il ne s'agit pas non plus de refuser d'accorder une existence au monde, selon un certain « illusionnisme » bouddhique que le philosophe rejette aussi. Entre les deux positions logiques inhérentes au discours, le moine-philosophe trace la voie du milieu : le monde existe relativement, non absolument. Cela signifie qu'il ne convient ni de le nier –le monde n'est pas- ni de le déréaliser –il n'est pas de monde-, mais de le situer sur un certain plan d'existence, entre l'existence présupposée et le refus d'existence. Ainsi, ce qui existe, existe relativement à un certain plan, le monde, comprenant le sujet humain qui s'interroge sur le monde. Si l'absolu désigne ce qui échappe à tout plan relatif, alors il ne se trouve pas d'absolu. Cela revient donc à dire qu'il ne faut pas absolutiser le discours de Nāgārjuna, ce qui irait à l'encontre de son intention, si tant est que l'on puisse la reconstruire à partir de ses traités.

La traduction des strophes est suivie, comme dans le chapitre précédent, d'une explication qui en atténue les difficultés. Toutes deux doivent beaucoup au travail de Guy Bugault, infatigable interprète des subtilités de la doctrine de la vacuité.

LES STROPHES FONDAMENTALES DU MILIEU AU NOM DE « SAGESSE »

CHAPITRE XXIV : EXAMEN APPROFONDI DES [QUATRE] NOBLES VÉRITÉS

Strophe 1

Si tout est vacuité, rien ne naît rien ne disparaît. L'inexistence des nobles vérités en résulte pour toi. »

Explication

Le chapitre s'ouvre sur les objections que les bouddhistes de l'Abhidharma, hostiles à la vacuité, adressent à Nāgārjuna. Elles portent, en particulier, sur le premier sermon que la tradition attribue au Bouddha, celui qui a pour nom « les quatre nobles vérités ».

L'argument de l'adversaire de Nāgārjuna consiste à dire que l'enseignement des quatre vérités présuppose que la misère existe. Autrement, à quoi bon affirmer « La misère existe » ? Mais la vacuité vide la misère de son existence. Par conséquent, il y a contradiction entre le sermon du Bouddha et la vacuité.

Strophe 2

« Si les nobles vérités n'ont aucune existence, rien ne s'applique : ni compréhension ni suppression de la misère, ni vision du chemin de la libération ni libération effective. »

Strophe 3

« En l'absence de cela, les quatre résultats sont également inconnus. Sans résultats, personne pour les recueillir ni pour y prétendre. »

Explication

Si les vérités ne peuvent plus trouver une application dans la vie, alors elles se privent de tout résultat ; or, sans les quatre résultats attendus, les personnes qui les désirent et celles qui les recueillent n'existent pas non plus. Ce sont les « huit personnes » de la strophe suivante.

Strophe 4

« Si ces huit personnes n'existent pas, la communauté n'existe pas.

En l'absence des nobles vérités, la bonne doctrine n'est pas connue non plus. »

Explication

Sans les huit personnes, la notion de communauté (*saṃgha*) perd tout sens ; de la même façon, sans les quatre vérités, la doctrine (*dharma*) perd son fondement.

Strophes 5-6

« Sans doctrine et sans communauté, comment un Éveillé existerait-il ?

Avec ton discours sur la vacuité, tu rejettes ainsi les trois joyaux, l'existence réelle d'un résultat, le vice et la vertu. Tu rejettes en bloc toutes les interactions ordinaires. »

Explication

Si la communauté et la doctrine s'évaporent, comment l'existence de l'Éveillé peut-elle se justifier ? Dans le bouddhisme ancien, en effet, le Bouddha, la Doctrine et la Communauté forment ensemble le Triple Joyau, que le bouddhiste doit garder en son cœur. Sans les trois joyaux, les fidèles perdent ce qui fonde leurs échanges humains et sociaux, à savoir la croyance qu'un acte produit un résultat pratique, qu'on appelle bon ou mauvais. Sans cette croyance, les « interactions ordinaires » sont réduites à néant. L'adversaire de Nāgārjuna lui reproche ici de professer un enseignement nihiliste, qui anéantit toutes les bases du bouddhisme. L'argument du nihilisme se retrouve aussi chez les philosophes brahmaniques, avec cette différence, qu'ils l'appliquent au bouddhiste en général et n'hésitent pas à le qualifier de « négateur » (*nāstika*). Dans ce cas, cela signifie que le philosophe bouddhiste nie les fondements du brahmanisme, à savoir la validité des Veda, la nécessité du sacrifice, l'immutabilité de la société de classes. Comme on le voit, on trouve toujours, si l'on cherche bien, un nihiliste que l'on accuse de ruiner l'ordre social.

Strophe 7

« À tout cela, nous répondons : tu ne comprends pas la raison pratique de la vacuité, ni la vacuité ni sa signification. Voilà pourquoi tu te tourmentes de cette manière. »

Explication

La doctrine de la vacuité ne consiste pas à enseigner des vérités abstraites, issues de l'imagination conceptuelle, ni à détourner le fidèle de sa vie ordinaire, mais à l'apaiser en lui montrant que ses tourments reposent sur une vision erronée du monde. Les passions, en effet, qui agitent les esprits se justifient par leur croyance aux choses : ils vivent dans un monde d'objets à posséder, d'actions à entreprendre, de menaces à éviter, parce qu'ils font de ces objets, de ces actions et de ces menaces autant de choses qui existent en soi. Au contraire, l'enseignement de la vacuité tend à prouver, comme on va le voir (*Strophe 18*), qu'il n'existe dans le monde que des relations de condition à conditionné. Savoir cela, c'est se libérer de la croyance aux choses, qui est à l'origine des tourments. En ce sens, la philosophie de la vacuité possède bien une « raison pratique », ce qui fait d'elle une sotériologie à part entière.

Il en résulte que l'adversaire ābhidharmika confond la vacuité avec ce qu'elle n'est pas. Elle n'est pas un nihilisme, qui professe le néant de toutes les choses, mais elle dit au contraire qu'on ne peut ni affirmer ni nier l'existence des choses, parce qu'elles se tiennent dans une relation de « coproduction conditionnée » (*Strophe 18*). Enseigner que les choses sont vides, cela ne veut pas dire qu'elles soient vidées de leur raison d'être, mais simplement qu'elles sont vidées de leur existence substantielle : elles n'existent pas en soi.

Par conséquent, tant que l'on ne donne pas à la doctrine de la vacuité la signification véritable qui lui convient, on risque de commettre des contresens et de la prendre pour ce qu'elle n'est pas. L'interpréter convenablement consiste donc à ne pas en faire une école avec une thèse à défendre, dans la mesure où elle récuse justement les thèses, aussi bien celles qui affirment que celles qui nient. Or, le fait de se tenir dans la voie du milieu, entre la thèse de l'être et celle du néant, n'est pas une nouvelle thèse, mais plutôt une manière d'éviter les positions ontologiques, ce qui renvoie à la raison pratique déjà expliquée.

Strophe 8

« Les Éveillés, pour enseigner la doctrine, prennent appui sur deux vérités,

La vérité d'usage ordinaire et la vérité de sens transcendant. »

Explication

Voilà probablement la plus célèbre strophe de tout le traité. La dualité de la vérité énoncée ici trouve son fondement dans certains sermons du bouddhisme ancien[1], cela est incontestable. Nāgārjuna n'invente pas les deux vérités pour se sortir d'un embarras doctrinal ni pour embarrasser son adversaire. Par son histoire, le bouddhisme n'ignore jamais qu'il s'adresse à deux publics, d'un côté la communauté des moines, rassemblés à l'écart de la société, détachés des obligations sociales, dont le seul but est la compréhension de la doctrine et le chemin vers l'Éveil, de l'autre côté les fidèles laïcs, qui vivent dans le monde des échanges, indispensable soutien économique de la communauté monacale. Au contraire, les philosophes du brahmanisme, brahmanes eux-mêmes, jouissent d'un certain prestige dans la société, ce qui leur permet de bénéficier de dons et de patronages royaux sans avoir forcément à les demander. Mais la nouveauté de Nāgārjuna réside en ceci, qu'il prend appui sur l'existence de deux vérités pour montrer que sa propre doctrine se situe dans la continuité de la parole du Bouddha. Les adversaires se trompent, en effet, sur la finalité comme sur la signification de la vacuité, parce qu'ils restent sur le plan de la « vérité d'usage ordinaire ». Prenant les mots de Nāgārjuna au sens littéral, ils pensent que le mot « vide » (*śūnya*) signifie « vidé ou vide de », mais le monde n'est vidé ni vide de rien. Dire qu'il est vide, ce n'est rien d'autre qu'évoquer les relations que l'on peut y observer. Mais, de même que les mots ont aussi un sens métaphorique, il existe un second

1. Le philosophe et traducteur des Strophes de Nāgārjuna, Guy Bugault, donne une référence précise (*cf.* Nāgārjuna, *Stances du milieu par excellence*, trad. fr. G. Bugault, Paris, Gallimard, 2002, p. 306).

plan de réalité, qui transcende le premier au sens où il le dépasse. Or, cette vérité « de sens transcendant » ne peut pas être affirmée ni niée ; le philosophe qui le ferait retomberait sur le premier plan, où l'on affirme qu'il existe des choses, des actions, des buts, des résultats, pour lesquels les humains vivent. Que reste-t-il donc à faire ? On ne peut qu'indiquer ce second plan, comme on indique le chemin à une personne égarée. Les commentateurs, indiens et non indiens, font observer que Nāgārjuna emploient pour cela des verbes dont la signification repose sur l'idée que l'on montre, que l'on signale l'existence d'une réalité que l'on ne peut pas énoncer sur le mode affirmatif ni nier sur le mode négatif, comme l'adulte montre la lune du doigt à l'enfant en lui demandant de regarder dans la direction indiquée par son doigt. Cela est parfaitement cohérent : ce qui est au-delà de l'usage kataphatique du langage, on ne peut pas le dire, on ne peut que le montrer. Mais si l'adversaire de la vacuité demande pourquoi il se trouve une vérité au-delà de ce que le discours affirme, alors Nāgārjuna tient sa réponse prête, que la Strophe 10 explicite : qui fait l'expérience de la vérité transcendante se libère de l'usage ordinaire. Demande-t-on au sage qui s'est libéré de ses chaînes pourquoi il ne préfère pas rester enchaîné ?

Strophe 9

« Ceux qui ne perçoivent pas la ligne de partage entre ces deux vérités ignorent ce que contient l'enseignement profond des Éveillés. »

Strophe 10

« Sans prendre appui sur l'usage commun, on n'indique pas le sens transcendant.

Sans entrer dans l'intelligence du sens transcendant, on n'arrive pas à la libération. »

Explication

La doctrine des deux plans de vérité consiste à reconnaître que chacun d'eux a son utilité et se justifie. Le plan transcendant présuppose le plan de l'usage commun, comme le pic le plus élevé d'une montagne présuppose qu'il existe des sommets qui le sont moins. Mais on peut demeurer sur le plan commun sans s'élancer vers le sens qui le dépasse. Beaucoup s'en contentent, et il n'est pas question de les en blâmer. À l'inverse, il serait présomptueux de croire atteindre le sens ultime sans « prendre appui » sur l'usage ordinaire. Il est nécessaire de s'habituer à voir les choses sur le plan des échanges communs avant de comprendre pourquoi ce plan ne suffit pas au sage. Il ne s'en contente pas parce qu'il aspire à la libération (*nirvāṇa*). Mais pour cela, encore lui faut-il quitter le plan ordinaire et gravir la pente du sens transcendant.

Strophe 11

« La vacuité, mal comprise, perd celui qui a l'intelligence lente, comme le serpent que l'on ne sait pas saisir ou bien la science que l'on ne sait pas appliquer. »

Explication

Sans la compréhension juste de la vacuité, celle-ci devient la doctrine du vide, par exemple, ou du néant. Il s'agit donc d'en avoir la compréhension la plus juste possible. Comment ? Comprendre est un acte intellectuel, en effet, qui suppose un ajustement à son objet ; on ne comprend pas un théorème comme on le fait d'un poème. De la même façon, on peut ne pas savoir comment attraper un serpent et s'y prendre mal ou bien avoir appris beaucoup et ignorer comment appliquer tout ce que l'on sait. Comprendre est une chose, bien comprendre en est une autre, qui relève de la sagesse, non pas de la science.

Strophe 12

« C'est pourquoi la pensée du Sage répugnait à enseigner la doctrine car l'opinion que s'en font les esprits lents la rend impénétrable. »

Explication

Les hagiographies du Bouddha laissent entendre qu'il hésita, immédiatement après l'Éveil, avant de consentir à s'adresser à un large cercle de disciples.

Strophe 13

« L'objection que tu adresses à la vacuité ne s'applique pas au vide [bien compris], et la réfutation par l'absurde ne nous concerne pas. »

Strophe 14

« Ce à quoi la vacuité s'ajuste, tout s'y ajuste.
Ce à quoi le vide ne s'ajuste pas, rien ne le peut. »

Explication

La vacuité, bien comprise, peut se relier à tout ce qui est, dans la mesure où elle signifie que tous les phénomènes se relient ; sa portée est donc universelle car il n'existe pas d'exception à la vacuité. En retour, tout essai de relier l'existence à autre chose que la vacuité échoue. Pourquoi ? Parce qu'on prend le verbe « relier » au sens ordinaire en imaginant qu'un lien est tendu entre deux réalités ; en vérité, aucun lien réel ne relie quoi que ce soit, pas plus qu'il n'existe une chose qui « fonde » une autre. La vacuité n'est pas semblable aux fondations d'un édifice ni aux liens qui réunissent les choses. Par conséquent, la vacuité peut tout fonder, à condition d'ajouter qu'elle le fait sans être un « fondement » dans l'absolu. Au sens absolu, rien ne fonde, rien n'est fondé. Ce que dit ici Nāgārjuna soulève un problème, que les philosophes ont peine à affronter : le discours philosophique use de métaphores (le fondement, la relation, ainsi de suite) qui présupposent le plan de la vérité de sens commun et induisent en conséquence une compréhension commune de la réalité. Par exemple, dire que le vide « s'ajuste » à la réalité est une façon métaphorique d'exprimer le fait qu'il existe, entre le vide et la réalité, une forme de congruence. Mais, à proprement parler, le vide n'est pas congruent, car seule une chose est congruente ; or, le vide n'a pas le caractère d'une chose, comme Nāgārjuna le rappelle sans cesse. Par conséquent, on ne devrait même pas dire qu'il s'ajuste à la réalité. Concéder l'usage métaphorique des mots (*cf.* Strophe 18) ne signifie donc pas qu'ils cessent de signifier en accord avec l'usage commun. Nāgārjuna a conscience que les concepts du discours philosophique se prêtent mal à l'expression de la vacuité.

Strophe 15

« Tu fais retomber sur nous tes propres fautes, à l'image de celui qui oublie le cheval qu'il monte. »

Strophe 16

« Si tu considères que les choses ont, par leur nature propre, une existence réelle, alors tu te vois obligé, dans ce cas, de les priver de cause et de condition. »

Explication

Si les choses sont pourvues d'une existence substantielle, d'une nature propre (*svabhāva*), alors elles sont indépendantes les unes des autres ; dans ce cas, il est impossible de les relier les unes aux autres. Comment dire qu'elles ont une cause ou bien une condition ?

Strophe 17

« En vérité, tu t'opposes à l'effet, à la cause, aussi bien qu'à l'agent, à l'instrument, à l'action, à la production, à la cessation et au résultat. »

Explication

La doctrine de la causalité est rendue impossible, en effet, par la doctrine de l'existence substantielle des choses : une chose n'est pas la cause d'une autre. Cela signifie que la notion de causalité s'analyse autrement qu'en termes substantiels, par exemple en termes d'événements temporels : si A est toujours suivi de B, alors on est en droit de prévoir qu'après l'apparition de A vient B. Mais ce qui s'appelle A ne peut pas être indépendant ; sinon cela ne pourrait jamais être suivi de B.

Strophe 18

« La coproduction conditionnée, nous considérons qu'elle est la vacuité.

C'est une désignation à concéder. Telle est la voie du milieu. »

Explication

Beaucoup de commentateurs jugent que cette strophe contient l'essentiel du chapitre. Dire la vacuité de toutes choses, ce n'est rien d'autre que dire l'universelle « coproduction conditionnée » (*pratītyasamutpāda*) : tout ce qui se produit est conditionné ; rien ne se produit sans condition. En ce sens, dire que les choses sont vides de nature propre, cela revient à dire qu'elles sont conditionnées dans leur manière de se produire. Cette doctrine causale remonte directement aux sermons du Bouddha, en particulier à tous ceux où il formule la chaîne des douze facteurs[1]

1. On en trouve une formulation célèbre dans le recueil des longs discours : la misère de la mort est conditionnée par la naissance ; celle-ci

responsables de la condition humaine. Mais il ne faut pas oublier que l'énoncé de la doctrine reste pris dans les métaphores du langage ordinaire, ce qui fait dire à Nāgārjuna que l'expression de « coproduction conditionnée » est « une désignation à concéder ». En vérité, au sens transcendant, un facteur ne « produit » pas un autre ; l'un suit l'autre, et l'intelligence ne devrait pas imaginer entre eux un lien réel, au-delà de la simple succession.

Strophe 19

« Dans la mesure où aucun phénomène n'existe qui ne soit le résultat de la coproduction conditionnée, aucun phénomène n'existe qui ne soit vide. »

Explication

On en arrive ainsi à l'idée qu'il se produit de façon conditionnée des phénomènes vides de toute nature propre. La vacuité et la coproduction conditionnée sont parfaitement équivalentes.

Strophe 20

« Si le monde que voici n'était pas vide, il n'y aurait ni apparition ni disparition. Il te faudrait en conclure à l'inexistence des quatre nobles vérités. »

Explication

Le sermon sur les quatre vérités repose en vérité sur l'idée que la misère de la condition humaine apparaît en raison de certaines conditions (les douze facteurs du sermon

par le devenir ; celui-ci par l'appropriation ; celle-ci par la soif du désir ; celle-ci par la sensation ; celle-ci par le contact ; celui-ci par les six sens ; ceux-ci par le mental ; celui-ci par la conscience ; celle-ci par les compositions mentales ; celles-ci par l'ignorance (*Dīgha-Nikāya*, tome II, trad. fr. M. Wijayaratna, Paris, Éditions Lis, 2008).

consacré à la coproduction conditionnée) et doit donc disparaître en l'absence de ces conditions.

Strophe 21

« Comment la misère se produira-t-elle si elle n'est pas le résultat de la coproduction conditionnée ? En vérité, il est dit que la misère est impermanente. Elle ne l'est pas si elle possède une nature propre. »

Explication

Le sermon du Bouddha sur les quatre vérités enseigne l'impermanence de la misère ainsi que sa production conditionnée, mais les deux sont impossibles si la misère possède une nature propre. Pourquoi ? Parce que la nature propre d'une chose lui confère une forme de permanence ; étant permanente, la misère ne peut plus se produire ni cesser d'être.

Strophe 22

« Mais comment peut-on désirer qu'une chose possède une nature propre et existe en même temps ? Par conséquent, rien n'apparaît pour celui qui nie la vacuité. »

Explication

Si exister, c'est toujours apparaître en fonction de certaines conditions, une chose ne peut pas en même temps exister et posséder une nature propre puisque celle-ci confère permanence à la chose. Par conséquent, toute existence est impermanente ; ce qui semble permanent n'existe pas.

Strophe 23

« Il n'existe pas de cessation de la misère si celle-ci est pourvue d'une nature propre. Tu combats sa cessation en prêtant une nature propre [à la misère]. »

Strophe 24

« Si l'[octuple] chemin existe par soi-même, il ne se peut pas qu'on le crée mentalement.

En revanche, si on le crée, sa subsistance par soi cesse d'exister pour toi. »

Explication

La création mentale (*bhāvanā*) est l'effort par lequel on visualise l'existence d'un chemin qui conduit à la cessation de la misère. Solidaire de la méditation, cet exercice spirituel du bouddhisme répond en partie au problème soulevé plus haut (*cf.* Explication ad *Strophe 14*) : au lieu de croire à la vérité de la métaphore du chemin, il est préférable de créer mentalement le sentier de la libération en ayant conscience que cette fiction libère.

Strophe 25

« Quand ni la misère ni l'apparition ni la disparition n'existent, lequel d'entre eux le chemin permettra-t-il d'atteindre, lui qui conduit à la cessation de la misère ? »

Strophe 26

« Si la connaissance complète de la misère est rendue impossible à cause de son existence par soi-même, comment une nouvelle connaissance serait-elle complète ? Ne sait-on pas que l'existence par soi se suffit à elle-même ? »

Explication

Une fois que la connaissance complète de la misère est rendue impossible par la croyance en sa nature propre, il est vain de répéter et d'approfondir cette connaissance en espérant qu'une nouvelle puisse achever ce qu'une première n'a pas réussi à procurer.

Strophe 27

« Le désir d'abandonner [la misère], la perception directe de son arrêt et, de la même façon, le chemin mental qui y conduit ainsi que la connaissance complète [qui en résulte], tout cela ne s'ajuste plus ; les quatre résultats non plus. »

Explication

Nāgārjuna répond directement à l'objection de la Strophe 3 : les quatre résultats évoqués sont l'abandon de la misère, sa cessation, le chemin qui y conduit et la libération. Or ces fruits sont en relation d'interdépendance avec les facteurs qui les conditionnent, ce que la doctrine de la nature propre empêche de comprendre.

Strophe 28

« Il se peut qu'on embrasse complètement la doctrine de la nature propre des choses. Dans ce cas, comment un résultat, qui n'est pas obtenu à cause de la doctrine de la nature propre, peut-il être obtenu plus tard ? »

Strophe 29

« En l'absence d'un résultat, personne pour le recueillir ni pour y prétendre ; la communauté n'existe pas sans ces huit personnes. »

Explication

Les huit personnes représentent celles qui recueillent les quatre résultats, évoqués à la Strophe 27, et celles qui aspirent à les obtenir. Cela répond aux huit personnes mentionnées à la Strophe 4.

Strophe 30

« En l'absence des nobles vérités, la doctrine de la vérité cesse d'exister. Mais, sans la doctrine ni la communauté, comment le Bouddha existerait-il ? »

Explication

La doctrine (*dharma*), la communauté (*saṃgha*) et le Bouddha forment le triple joyau du bouddhisme. Mais sans vérité obtenue, la doctrine disparaît ; sans doctrine, la communauté devient impossible ; sans communauté, le Bouddha est une illusion (cf. *Strophes 3* et *4*).

Strophe 31

« Il s'ensuit pour toi que l'Éveillé existe sans dépendre de l'Éveil, et inversement, que l'Éveil se produit sans dépendre de l'Éveillé. »

Strophe 32

« Mais celui qui n'est pas, par sa nature propre, destiné à l'Éveil, quelque effort qu'il entreprenne, il ne l'atteindra jamais dans sa carrière d'être destiné à l'Éveil. »

Strophe 33

« Personne n'accomplira d'actions bonnes ni mauvaises.

Quelle action entreprendre s'il n'y a pas de vide ? Ce qui existe par soi-même n'a pas besoin d'être fait. »

Explication

Dans un monde où les relations entre les phénomènes sont déterminées par la nature propre de ces derniers, il n'y a pas place pour l'action. En effet, le postulat de l'agir réside dans la possibilité de modifier les relations, les êtres, les événements, bref, le monde. Mais un monde de choses qui existent par soi n'a pas besoin d'être changé par l'action humaine. Par conséquent, s'il n'y a pas de vide, il n'y a plus rien à faire. Mais si rien n'est digne d'être entrepris ni digne d'être atteint, quel but peut se donner l'être qui se destine à l'Éveil (*bodhisattva*) ? Le concept de « *bodhisattva* » représente probablement la création culturelle la plus riche du Mahāyāna, tant il est présent à la fois dans les traités philosophiques les plus arides et les cultes les plus populaires. Qui désigne-t-il ? Le bouddhisme fait l'hypothèse qu'il se trouve quelques êtres, parmi les milliards d'êtres que compte l'univers, dont l'existence a pour but non seulement leur propre Éveil (*bodhi*), mais l'Éveil libérateur de tous les êtres vivants en proie à la misère existentielle. En ce sens, ils cultivent au cours de leur existence une disposition émotive, la compassion, qui les guide dans leur démarche et les distingue de tous les autres êtres divins.

Strophe 34

« Le résultat que tu obtiens visiblement se passe des actions bonnes et mauvaises.

Ton résultat visible, ni les unes ni les autres n'en sont la cause. »

Strophe 35

« Si les unes ou les autres sont la cause visible du résultat que tu obtiens, comment un tel résultat est-il coproduit par les unes et les autres, lui qui n'est pas vide, selon toi ? »

Explication

La même contradiction entre la notion de nature propre et la coproduction conditionnée rend impossible la rétribution des actes. Une action et son résultat se trouvent dans une certaine relation, en effet, à condition de préciser que l'action n'est pas bonne en soi ; elle ne l'est que par son résultat. Inversement, un résultat n'est pas bon en soi, mais seulement parce qu'il se relie à une condition. Il faut donc tenir ensemble toutes les conditions d'un résultat pour affirmer qu'il est bon ou mauvais, ce que la doctrine de la nature propre interdit de faire.

Strophes 36-38

« Et tu t'opposes à toute communication ordinaire, toi qui contestes la vacuité qu'est la coproduction conditionnée. »

« Pour celui qui nie la vacuité, rien n'est plus à faire, aucune action n'est à entreprendre et aucun facteur n'est agissant. »

« Sans raison de naître et sans disparaître, privé de la diversité de ses états, le monde, s'il a une nature propre, deviendra absolu. »

Explication

Dans un monde où les choses existent en soi, rien ne naît rien ne disparaît. Par suite, la diversité des états se trouve sans fondement. Le monde acquiert l'immutabilité de l'absolu. Le composé sanscrit *kūṭastha*, qu'on traduit par « absolu », signifie littéralement « qui se tient sur la crête, sur la pointe », telle une chose en équilibre absolu, ce qui n'existe pas.

Strophes 39-40

« Pour obtenir ce que l'on n'a pas encore recueilli, mettre fin à la misère et supprimer tous les tourments, on doit faire l'hypothèse qu'il n'existe rien qui ne soit vide. »

« Celui qui voit la coproduction conditionnée voit ceci, à savoir la misère, sa naissance, sa disparition et le chemin qui y conduit. »

Explication

Savoir parfaitement que tous les phénomènes s'articulent selon qu'ils sont causes et conditions, causés et conditionnés, c'est bien interpréter les quatre nobles vérités, telles que le Bouddha les a exposées dans le sermon de Bénarès. Nāgārjuna réaffirme, dans la strophe finale, ce qui se trouve au cœur de son chapitre : la deuxième vérité du premier sermon bouddhique concentre l'essentiel de ce qu'il y a à comprendre. Car celui qui voit que la misère apparaît (2e vérité) peut en déduire que cela disparaît (3e vérité), et rechercher le chemin qui y conduit (4e vérité). Et sans l'idée que les phénomènes apparaissent, pas de vacuité possible ni pensable. Il faut donc partir de l'expérience, qui fournit « la vérité d'usage ordinaire », pour arriver à « la vérité de sens transcendant » (*Strophe 8*), laquelle conduit vers la libération (*Strophe 10*).

PRABHĀCANDRA

PRAMEYAKAMALAMĀRTAṆḌA *
LE SOLEIL [QUI FAIT S'OUVRIR] LE LOTUS DIURNE QU'EST L'OBJET DE CONNAISSANCE

PRÉSENTATION
L'ÉPISTÉMOLOGIE JAÏNE DES POINTS DE VUE

Prabhācandra est un philosophe jaïn ayant vécu entre 980 et 1065. Après une éducation à Śravaṇa Belgolā, centre religieux d'importance pour le jaïnisme, situé dans l'actuel Karnāṭaka, Prabhācandra fit sa carrière sous le règne du roi Bhoja à Dhāra, dans l'actuel Madhya Pradesh.[1] Le jaïnisme est l'une des principales traditions philosophico-religieuses du sous-continent indien. C'est également l'une des religions les plus anciennes du monde, avec une identité forte depuis les enseignements de Mahāvīra (dates traditionnelles : 599–527/510 a.e.c.). Tout comme le

* *Prameyakamalamārtaṇḍa*, Prabhācandra, éd. M.K. Shastri, Sri Garib Dass Series 94, Delhi, Sri Satguru Publication, 1990 (1912). Cette publication a été rendue possible grâce au support de la *John Templeton Foundation*. Les opinions qui y sont exprimées sont celles de l'auteur uniquement et ne reflètent pas nécessairement les vues de la fondation.

1. Bhoja est un mécène célébré pour avoir fait de Dhāra l'un des grands centres culturels de l'époque.

bouddhisme, le jaïnisme est une tradition qui offre une méthode pour progresser de notre condition humaine faite de limitations et de souffrances jusqu'à un état libéré. Les jaïns souscrivent à une conception du monde complexe, que l'on trouve dans un corpus canonique et postcanonique, dans des traités systématiques de philosophie, dans une vaste littérature narrative, ainsi que dans d'autres types de corpus, représentant également une pluralité de sphères linguistiques.[1] Prabhācandra écrit en Sanskrit, la *lingua franca* des discussions philosophiques inter-doctrinales en Inde classique. Conformément aux préoccupations de l'époque, c'est un auteur qui traite essentiellement de questions d'épistémologie. Il est notamment réputé pour avoir composé les traités systématiques de philosophie que sont le *Nyāyakumudacandra*, *La lune [qui fait s'ouvrir] le lotus nocturne de la logique*, ainsi que le *Prameyakamalamārtaṇḍa*, *Le soleil [qui fait s'ouvrir] le lotus diurne qu'est l'objet de connaissance*, dont le présent chapitre offre une traduction partielle. Prabhācandra est un auteur prolifique qui a également rédigé d'autres traités épistémologiques et métaphysiques, des traités d'éthique et de règle de conduite monastique, ainsi que des recueils de contes. Le *Prameyakamalamārtaṇḍa* se présente comme un commentaire au *Parīkṣāmukha*, *Introduction à l'analyse philosophique*, de Māṇikyanandin (IXe siècle), qui lui-même est un abrégé des œuvres philosophiques d'Akalaṅka (720–780). Dans le paradigme de la philosophie indienne classique, rédiger un commentaire n'est pas un exercice d'histoire de la philosophie, mais une façon de développer

1. Le Sanskrit est en effet loin d'être la seule langue du jaïnisme, dont les textes sont rédigés en Ardhamāgadhī, Māhārāṣṭrī jaïne, Śaurasenī, Apabrahṃśa, Braj Bhāṣā, Kannada, Tamil, Gujarati ou Hindi, pour ne citer que les langues principales.

des conceptions innovantes tout en s'inscrivant dans une tradition déterminée. Dans le cas de Prabhācandra, c'est l'occasion de se positionner dans la lignée d'Akalaṅka, qui fut le premier philosophe jaïn Digambara[1] à proposer une épistémologie jaïne systématique en réaction aux critiques adressées par les philosophes bouddhistes de la lignée de Dharmakīrti[2].

Le *Prameyakamalamārtaṇḍa* est un ouvrage de 700 pages divisé en six chapitres, à commencer par (I) la présentation des caractéristiques communes à tous les modes de connaissance (*pramāṇa*) ; suivie de (II) l'étude au cas par cas des modes de connaissance directs (*pratyakṣa*) que sont pour Prabhācandra, soit la perception par les organes des sens (audition, vision, toucher, gustation, olfaction), soit la connaissance directe par l'âme (clairvoyance, perception des phénomènes mentaux, omniscience) ; et (III) l'examen des modes de connaissances indirects (*parokṣa*) que sont la mémoire, la reconnaissance, la conjecture, l'inférence et la parole d'autorité ; (IV) une discussion sur la nature des objets de connaissance, suivie d'une brève évocation des effets éthiques de telles investigations épistémologiques ; (V) un examen de ce qui peut causer les conceptions erronées, tels que les raisonnements non valides ; et (VI) une discussion sur la validité contextuelle d'un énoncé de connaissance. Le *Prameyakamalamārtaṇḍa* est précieux pour son traitement

1. L'une des deux principales traditions du jaïnisme, par opposition à la tradition Śvetāmbara. Les deux traditions divergent principalement sur des questions de pratiques monastiques et d'appartenance à une tradition textuelle donnée.

2. Siddhasena Mahāmati, un contemporain Śvetāmbara cadet d'Akalaṅka, développa lui aussi une épistémologie jaïne systématique qui engendra une autre lignée de commentaires.

précis des divergences entre les conceptions des différentes écoles de pensée. Plus précisément, suivant l'usage traditionnel, la présentation d'une thèse jaïne y est habituellement l'occasion de présenter l'état des lieux des controverses interdoctrinales sur une question philosophique donnée et d'apporter les dernières réponses jaïnes à ces controverses. Dans cette dynamique, le *Prameyakamalamārtaṇḍa* est notamment l'occasion (I) de confronter les différentes opinions concernant la relation entre modes de connaissance et objets de connaissance ; (II) de prouver l'omniscience des Jinas,[1] de critiquer les conceptions de la divinité des autres écoles, de considérer les causes du monde empirique, ou encore la nature de la libération ; (III) de critiquer la conception selon laquelle les Vedas sont des textes d'origine non-humaine venant du pouvoir du langage lui-même, de se demander d'où vient que l'on attribue une signification déterminée à une succession de phonèmes ; (IV) de prouver que tout objet de connaissance est à la fois universel et particulier, d'introduire deux types d'universaux, de réfuter les conceptions erronées concernant la nature du langage, de démontrer que l'existence de l'âme excède l'existence des instants de joie, de peine, etc., de critiquer la distinction stricte que les philosophes Vaiśeṣika établissent entre chaque catégorie d'être ; (V) d'établir une liste des types de sophismes ; ou (VI) d'introduire la théorie jaïne des points de vue (*naya-vāda*).

Le présent chapitre est une traduction de l'analyse par Prabhācandra de la théorie des points de vue. La théorie des points de vue est la contribution la plus célébrée des philosophes jaïns, elle ne se trouve que dans le jaïnisme

1. Les Jinas sont les « vainqueurs [de leurs passions] » et les « jaïns » ceux qui considèrent ces êtres libérés comme autant de guides spirituels.

et y a une longue histoire. Selon cette version du pluralisme épistémologique, plusieurs énoncés de connaissance – ou ensembles d'énoncés de connaissance – apparemment conflictuels les uns envers les autres peuvent être simultanément valides, car chacun est valide dans un contexte déterminé. Au commencement de leurs réflexions sur la nature du réel, les philosophes jaïns considèrent que les paradoxes et les tensions entre écoles générés par les différentes conceptions de la causalité,[1] sont dus à ce que les uns et les autres développent une vision unilatérale d'une réalité essentiellement complexe. Selon les jaïns, toute explication unilatérale, qu'elle privilégie le caractère persistant ou le caractère éphémère des choses, échoue par définition à rendre compte de la dynamique de ce qui est. À partir de ce constat, les philosophes jaïns développent une ontologie composée d'objets essentiellement complexes, la théorie de la non-unicité des choses (*anekānta-vāda*) ; ainsi qu'un cadre sémantique permettant de spécifier lequel des nombreux aspects de cet objet complexe est pris en compte lorsqu'une description en est faite. C'est ainsi que deux énoncés apparemment contradictoires peuvent être analysés comme ayant une emphase sur deux aspects distincts d'un même objet. Par exemple, les caractéristiques d'une âme considérée du point de vue de sa substance ou de son étendue sont en nombre fini ; alors que les caractéristiques d'une âme considérée du point de vue de sa durée et de ses modifications sont en nombre infini. Ou encore, si l'on considère sa substance, l'âme est permanente, mais si l'on considère son état, elle est éphémère. La théorie des angles d'analyse (*nikṣepa-vāda*) et la théorie des points

1. Si l'objet qui subit une transformation persiste, alors il n'est pas réellement transformé ; et s'il est réellement transformé, alors il ne persiste pas.

de vue sont les principales théories développées dans ce cadre sémantique. De nombreuses versions de ces théories existent, la version la plus répandue présente quatre angles d'analyse (nom, représentation, substance, état) et sept points de vue (général, synthétique, empirique, actuel, sémantique, étymologique et étymologique actuel), comme nous allons le voir. Pour résumer, la théorie des points de vue est tout d'abord efficace pour permettre de décrire à la fois l'aspect persistant et l'aspect changeant d'une chose. Au cours des âges, cette théorie sera principalement utilisée dans trois contextes, à savoir les discussions sur 1) la triple nature de ce qui existe (création, persistance, destruction); 2) la relation entre universaux et particuliers ; et 3) la relation entre substances et modes. De plus, les philosophes jaïns prennent l'habitude d'associer les différents points de vue aux conceptions historiques des écoles rivales. Enfin, l'œuvre de Prabhācandra est révélatrice du fait que les préoccupations linguistiques occupent une place centrale dans la philosophie indienne classique, en ce que sa préoccupation première est d'analyser si une expression en sanskrit représente de façon correcte un fait du monde. C'est ainsi que dans son *Prameyakamalamārtaṇḍa*, notre auteur utilise la théorie des points de vue pour offrir une vue d'ensemble des différentes conceptions sur la relation entre l'aspect substantiel et modal, ou encore sur la relation entre l'aspect particulier et universel, d'un objet de connaissance décrit par un énoncé donné. Introduisons chaque point de vue un par un, en commençant par le deuxième point de vue, appelé « point de vue synthétique » (*saṃgraha-naya*). Le point de vue synthétique regroupe l'ensemble des théoriciens qui se spécialisent dans la caractérisation de ce qui a la portée la plus vaste possible. Les penseurs de l'Advaita-Vedānta, ainsi que ceux du

Sāṃkhya, pourraient être des représentants de ce point de vue car, considérant que la réalité robuste est une réalité permanente incluant tout le reste, ils excellent à identifier les connexions imperceptibles, l'homogénéité et l'unité sous-jacentes à la diversité des choses. Toutefois, ils échouent à comprendre qu'il y a également des différences fondamentales entre les types d'objets de connaissance.

Contrairement à cette attitude épistémique, le quatrième point de vue, appelé « point de vue actuel » (*ṛjusūtra-naya*), regroupe l'ensemble des théoriciens qui se spécialisent dans la caractérisation de ce qui a la portée la plus restreinte possible. Les penseurs bouddhistes pourraient être des représentants de ce point de vue car, considérant que la réalité robuste est cette réalité qui inclut le moins possible et ne persiste ni dans la durée ni dans l'étendue, ils excellent à identifier le caractère éphémère des objets de connaissance et les constructions épistémiques actives lors des opérations de synthèse effectuées lorsque nous concevons et parlons de ces objets. Toutefois, ils échouent à comprendre qu'il y a également des éléments fondamentaux de persistance qui existent dans ces objets de connaissance.

Ensuite, le troisième point de vue, appelé « point de vue empirique » (*vyavahāra-naya*), regroupe l'ensemble des théoriciens qui se spécialisent dans la caractérisation de ce qui a une portée intermédiaire, ni la plus vaste, ni la plus restreinte, mais celle des choses qui sont directement utiles. Les penseurs du Cārvāka pourraient être des représentants de ce point de vue car, reconnaissant que la réalité robuste est celle que l'être humain rencontre tous les jours et qui lui est utile, ils excellent à identifier les constructions épistémiques actives dans la formulation des thèses métaphysiques, c'est-à-dire des thèses qui s'appuient sur davantage que sur les facultés des sens. Toutefois, ils échouent à développer leurs propres thèses métaphysiques, alors que ce type d'investigation est également pertinent.

Quant au premier point de vue, appelé « point de vue général » (*naigama-naya*), il est très proche de la position jaïne et regroupe l'ensemble des théoriciens capables de caractériser des choses ayant différentes portées. Les penseurs du Nyāya-Vaiśeṣika pourraient être des représentants de ce point de vue car, reconnaissant que la réalité robuste est, soit une réalité permanente, soit une réalité éphémère, ils excellent à identifier les différences fondamentales entre les types d'objets de connaissance. Toutefois, ils échouent à comprendre que universaux et particuliers ne sont pas deux types d'entités connectés par une relation d'inhérence, mais que c'est *un même objet* qui est à la fois universel et particulier, selon l'aspect sous lequel il est considéré.

Pour finir, lorsque Prabhācandra utilise l'expression « point de vue sémantique », il entend parfois le cinquième point de vue, parfois l'ensemble des trois derniers points de vue, à savoir le point de vue sémantique (*śabda-naya*) ; le point de vue étymologique (*samabhirūḍha-naya*) ; et le point de vue sémantique actuel (*evaṃbhūta-naya*). Cela s'explique par le fait que cette famille de points de vue regroupe les théories de la connaissance qui sont premièrement des théories de la signification et qui se spécialisent dans l'étude du langage comme moyen pour accéder à une connaissance des états du monde. Les grammairiens pourraient être des représentants de ce point de vue car, reconnaissant que la réalité robuste est l'élément linguistique qui exprime le monde, ils excellent à identifier les distinctions sémantiques pertinentes dans la dénotation d'un référent donné – particulier ou universel. Toutefois, ils échouent à comprendre que seulement une pluralité de grilles d'analyse pourrait permettre de couvrir l'intégralité des situations de référence dont il est possible d'avoir l'expérience. Le cinquième point de vue s'intéresse aux règles grammaticales, alors que les sixième et septième points de vue traitent des étymologies et des règles d'usage d'une expression.

Au final, le constat est toujours le même : l'objet de connaissance est d'une telle complexité que par définition, aucune théorie qui, dans un processus de résolution de la diversité, se concentre sur un aspect déterminé du connaissable ne peut en rendre compte de façon exhaustive. Et une tradition grammaticale est, de même que les systèmes philosophiques considérés dans les quatre premiers points de vue, une grille d'analyse unilatérale. Par conséquent, les traditions philosophico-religieuses susmentionnées sont utiles, mais ne seront pas de véritables représentants d'un point de vue tant qu'elles ne réaliseront pas le caractère contextuel de leurs perspectives.

À la suite de son étude sur les points de vue, Prabhācandra présente la théorie des modes de prédication (*syād-vāda*). Ce cadre sémantique permet d'exprimer, non seulement la théorie des points de vue, mais toute méthode de contextualisation, dans un langage technique reconnu. D'une part, grâce à l'utilisation de l'expression "*syāt*" qui place la phrase dans un contexte déterminé. Par exemple, si nous reprenons l'exemple de l'âme, à la question « est-ce que l'âme est permanente ? », ce cadre sémantique nous permet de répondre « en ce qui concerne la substance, l'âme est permanente ; en ce qui concerne l'état, l'âme n'est pas permanente ». En réalité, Prabhācandra considère qu'il n'y a pas deux, mais sept modes d'assertion, consistant en l'affirmative, la négative, l'inexprimable, et leurs combinaisons. De cette manière, il y a là aussi sept types de réponses possibles à la question « est-ce que l'âme est permanente ? ».

Pour conclure, les trois principes éthiques qui forment le cœur du jaïnisme sont la non-violence, le non-attachement et le non-absolutisme. La théorie des points de vue a souvent été présentée comme le pendant intellectuel du principe éthique de non-violence, car en théorie, la mettre en œuvre revient à accepter la validité contextuelle des thèses rivales. Mais force est de constater que dans les débats philosophiques historiques, les théories rivales sont absolument réfutées par les philosophes jaïns, qui présentent leurs propres thèses comme les seules correctes. J'aimerais suggérer que la théorie des points de vue soit plutôt considérée comme faisant partie d'une attitude éthique générale en lien avec le principe de non-absolutisme. Plus précisément, les techniques d'interprétation contextuelle développées dans le jaïnisme renforcent notre conscience du caractère essentiellement complexe des choses qui nous entourent et de la propension qu'à l'être humain à ne saisir qu'une – ou un sous-ensemble – des nombreuses facettes d'une situation donnée.

Note sur le texte traduit

La présente traduction s'appuie principalement sur l'édition que M. K. Shastri a réalisée en 1912, qui est la reprise corrigée de l'édition réalisée par le pandit Baṃśīdhara Śāstrī sur la base d'un seul manuscrit. J'ai quant à moi comparé cette édition à deux autres manuscrits trouvés au *Bhandarkar Oriental Research Institute* de Pune, le manuscrit n° 836 datant de 1875-6 ; et le manuscrit n° 638 de 1875-6.

LE SOLEIL [QUI FAIT S'OUVRIR] LE LOTUS QU'EST L'OBJET DE CONNAISSANCE CHAPITRE VI[1]

« Certes, les caractéristiques des modes de connaissance (*pramāṇa*) et de l'erreur ont été correctement exposées, mais nous n'avons pas encore exposé les caractéristiques du point de vue (*naya*) et de sa contrepartie erronée. Or il est nécessaire de le faire, car si ce n'est pas dit, l'enseignement des élèves ne serait pas complet. Afin de prévenir ce type d'objection, [l'auteur] dit :

Quelque chose d'autre qui existe doit être examiné [Māṇikyanandin, *Introduction à la recherche philosophique* 6.74].

Parce que [ce] chapitre de l'*Introduction à la recherche philosophique* concerne exclusivement l'indication de jalons, [l'auteur] précise que les suivants [de la doctrine] des points de vue doivent étudier les caractéristiques existantes, réelles, du point de vue et du point de vue erroné, qui diffèrent des caractéristiques déjà mentionnées des modes de connaissance et de l'erreur. De plus, la

1. La traduction qui suit a grandement bénéficié, d'une part de mes discussions avec Judit Törzsök en 2006-2007 ; d'autre part, d'un groupe de lecture avec Anil Mundra, Himal Trikha, Jinesh Sheth et Jane Allred commencé fin 2021. Bien évidemment, je porte l'entière responsabilité de toute erreur d'interprétation du passage qui suit.

caractérisation de cela (du point de vue et du point de vue erroné) est possible soit de façon générale, soit de façon particulière. Nous allons l'exposer ainsi. Pour commencer, le point de vue est la perspective du sujet connaissant, il saisit une partie de la chose et consiste en une thèse qui ne réfute pas [les parties sur lesquelles l'emphase actuelle ne porte pas]. En revanche, le point de vue erroné est une thèse qui réfute [ces autres parties]. Voilà pour la caractérisation générale des deux. Ensuite, il y a deux types de point de vue, selon que l'on a pour objet une substance (*dravya*) ou un mode (*paryāya*). Le point de vue qui a pour objet la substance est celui dont l'objet, c'est-à-dire le domaine, est uniquement la substance. Le point de vue qui considère le mode est celui dont le domaine est uniquement le mode. Voilà pour la caractérisation particulière des points de vue. Au sein de cette [distinction], le premier [type de point de vue] a [lui-même] trois sous-types, avec les alternatives que sont le général, le synthétique et l'empirique. Quant au second, il a trois sous-types, avec les alternatives que sont l'actuel, le sémantique, l'étymologique et le sémantique actuel.

[Point de vue général (*naigama-naya*)] [Premier sens] Parmi ces [points de vue], le [point de vue] général est celui qui saisit seulement l'intention dont l'objectif n'est pas [encore] réalisé. Car "*nigama*" [signifie] "intention" et "*naigama*" est soit le substantif abstrait de cela; soit [une expression qui signifie] "celui dont l'objectif est cela". Par exemple, si un homme qui marche en portant une hache est questionné [ainsi] : "Monsieur, quel but poursuivez-vous ?", il répondrait "[je veux] ramener chez moi un mètre cube [de bois]". Ou encore, s'il est demandé à celui qui est occupé à transporter du fuel, de l'eau, *et cætera*, "Monsieur, que faites-vous ?", il dira "je cuisine du riz".

Mais ce mode du mètre cube [de bois] ou ce mode du riz cuit ne sont pas encore réalisés, puisque le mètre cube [de bois], etc., sont utilisés seulement [pour exprimer] l'intention de les réaliser. [Deuxième sens] Ou sinon, "*naigama*" [signifie] "ce qui va de façon non unique" parce qu'il considère comme son domaine les propriétés (*dharma*) et les substances (*dharmin*) comme ce qui est soit principal, soit secondaire. Plus précisément, dans "le bonheur est une qualité de l'individu", l'individu n'est pas principal puisqu'il est ce qui qualifie [grammaticalement], et le bonheur est principal, parce qu'il est qualifié [grammaticalement]. Au contraire, dans des énoncés du type "l'individu est heureux", c'est l'individu qui est principal et non le bonheur ou autre [propriété], par l'[argument] inverse.

[Preuve qu'il n'y a pas de redondance avec les modes de connaissance] D'autre part il n'y a pas pour ce [point de vue] la conséquence indésirable d'avoir la nature d'un mode de connaissance [en étant caractérisé] de cette façon, parce qu'ici (dans la portée de ce point de vue), il n'est pas possible de comprendre comme principal [simultanément] les propriétés et les substances. Car seulement l'un de ces deux est compris comme principal par le point de vue général. Et parce qu'il faut comprendre un mode de connaissance comme une cognition qui saisit l'objet comme ayant une nature double, constituée de façon principale [simultanément] de substance et de propriété, et pas autrement.

[Point de vue général erroné] Mais la perspective selon laquelle ces [propriétés et substances] sont dans tous les cas deux différents types d'objet est l'[alternative] erronée du général. Car si les propriétés et les porteurs constituent deux catégories absolument différentes, il devient impossible pour les propriétés d'exister dans les substances.

[Point de vue synthétique (*saṃgraha-naya*)] [Deuxièmement, il y a le point de vue qui s'appelle le point de vue] synthétique, car après avoir présenté les objets contenant des différences d'une manière qui n'est pas contre leur genre, il [les] saisit dans une unité. Et ce [point de vue] est soit ultime, soit intermédiaire. [Première sous-classe] Dans cette [distinction], l'ultime recherche l'unité par la [commune] nature "existante" de toutes les choses. Car si l'on dit "tout est un, par l'absence de particularité distinctive entre ce qui est existant", [alors] on obtient l'unité de tous les objets par leur [commune] nature "existant", [unité] inférée par l'évidence [c'est-à-dire par la connaissance évidente du fait que tout est existant] en conformité avec la compréhension de l'expression "existante"[1]. [Point de vue synthétique ultime erroné.] Mais la perspective non duale de l'existence, qui élimine toutes les particularités, est l'alternative erronée de ce [point de vue synthétique ultime], parce que cette dernière n'est ni validée par la perception ni par l'inférence.

[Deuxième sous-classe] D'autre part, le [point de vue] synthétique intermédiaire est ce qui recherche l'unité de toutes les substances par le fait d'être une substance. Plus précisément, si l'on dit "substance", il y a le rassemblement en une unité des distinctions et des sous-distinctions de l'âme (*jīva*) et de l'inanimé (*ajīva*), [distinctions et sous-distinctions] qui existent dans les trois temps du passé, du

1. Ici, il faut reconstruire la forme canonique d'un raisonnement inférentiel, à savoir : « Thèse : Tout est un. Évidence : Car tout est existant. Explication : [Par définition de l'existence,] tout ce qui est existant forme une unité, comme la vague et l'océan. Application : Or cet objet est existant. Conclusion : Donc cet objet est un avec le reste de ce qui existe ». En conséquence, dans une telle perspective, il suffit de savoir que quelque chose est existant pour être légitimé à inférer qu'il forme une unité avec le reste de ce qui existe.

futur et du présent, que l'on veut exprimer ou non, et qui possèdent des modes et des qualités. Par exemple, si l'on dit "pot", il y a le rassemblement en une unité de toutes les manifestations de pot du fait de leur *potité*.

[Point de vue synthétique intermédiaire erroné] Mais la perspective pour laquelle l'altérité entre les concepts d'universel et de particulier est absolue, ainsi que la perspective pour laquelle l'altérité est sans objet [au sens où les caractéristiques particulières n'existent pas], sont des [alternatives] erronées du synthétique intermédiaire, parce que ceci contredit la façon que nous avons de connaître les choses.

[Point de vue empirique (*vyavahāra-naya*)] [Troisièmement], le [point de vue] empirique est une présentation avec différenciation, c'est-à-dire que, rejetant les préceptes antérieurs, il distingue les objets saisis par le [point de vue] synthétique. Plus précisément, par le [point de vue] synthétique ultime, tout est rassemblé en une unité lorsque l'on dit "ça existe", puisque [cette unité] est le substrat de la propriété "existant'. Mais le [point de vue] empirique recherche la distinction dans cela : soit les modes, soit la substance est ce qui existe. De la même façon, le [point de vue] synthétique intermédiaire rassemble toutes les substances lorsque l'on dit "substance"; et tous les modes lorsque l'on dit "mode". Mais le [point de vue] empirique recherche la distinction dans cela : ce qui est la substance est de six sortes, à savoir l'âme, etc.[1] ; ce qui est mode est de deux sortes, à savoir ce qui est simultané et ce qui est successif. Il faut comprendre les développements

1. L'auteur fait ici référence à la liste jaïne des six substances que sont l'âme, l'inanimé, le médium du mouvement, le médium du repos, l'espace et le temps.

du synthétique intermédiaire et de l'empirique comme succédant à [ceux du] synthétique ultime et précédant [ceux de] l'actuel, puisqu'il est possible pour toutes les choses d'être constituées à la fois d'universel et de particulier d'une façon ou d'une autre.[Preuve qu'il n'y a pas de redondance avec d'autres modes de connaissance] Mais il n'y a pas ainsi (avec cette définition) la conséquence indésirable du fait d'être [redondant avec] le point de vue général, car [l'empirique] établit des distinctions plus spécifiques que ce qui forme le domaine du synthétique ; alors que le général [est moins spécifique que le synthétique, car il considère] les deux domaines des choses [considérées comme] principales et des [choses considérées comme] secondaires.

[Point de vue empirique erroné] D'autre part, l'empirique erroné considère que la distinction entre modes et substances est imposée par l'imagination. [Cette conception est erronée], car elle n'est pas validée par les modes de connaissance. En effet, la différenciation entre substances, etc. n'est pas uniquement imposée par l'imagination, puisque cela produirait la conséquence indésirable qu'il ne pourrait pas y avoir [pour les substances, etc.] la propriété d'être une cause de leur propre capacité causale, comme dans [le cas] du lotus du ciel[1]. Et si le bien-fondé de l'expérience était nié, alors [le fait d'être un mode de connaissance] des modes de connaissance ne serait pas [établi] en

1. Il est possible d'*imaginer* un lotus du ciel, alors même que celui-ci n'existe pas. Ce n'est donc pas le fait que le lotus du ciel existe d'une certaine manière qui produit cette image. En revanche, il n'est pas possible de *connaître* un lotus du ciel qui n'existe pas, car la connaissance d'une chose par un mode de connaissance est la conséquence du fait que cette chose existe de la manière dont on la connaît et, par conséquent, constitue une preuve que la chose ainsi connue existe ainsi. Dans le cas étudié par Prabhācandra, c'est *parce que* les substances, etc. existent avec certaines différenciations que l'on connaît ces différenciations.

conformité avec cela [l'expérience]. Autrement [s'ils demeurent en conformité avec l'expérience même lorsque le bien-fondé de cette dernière est ébranlé, alors], par leur conformité même avec des fausses cognitions, comme les cognitions oniriques, etc., il y aurait pour ces [fausses cognitions] la conséquence indésirable d'être [considérés comme] cela [des modes de connaissance]. Et il a été dit :

Mais pour un mode de connaissance, la qualité d'être un mode de connaissance [est assurée] par sa conformité à l'expérience, et pas autrement. Car sinon, il y aurait la conséquence indésirable que des cognitions réfutées soient [considérés comme] cela [un mode de connaissance] [*Laghīyastrayam*, *Les trois compendiums* 70, Akalaṅka].

[Point de vue actuel (*ṛjusūtra-naya*)] Le [point de vue] actuel considère [les choses] directement, immédiatement, c'est-à-dire seulement dans l'instant présent, [et effectue des énoncés] du type “en cet instant, il y a un moment de bonheur”. Parce que la substance ne se donne pas [au-delà de cet instant], même si elle existe ; et parce que les instants passés et futurs n'existent pas, du fait qu'ils sont soit [déjà] détruits soit pas [encore] produits. Et il n'y a pas ainsi la conséquence indésirable de perdre la pratique quotidienne, parce que ce point de vue considère que [les choses] sont objets [de connaissance] de cette manière. Assurément, l'expérience mondaine doit être établie pour l'ensemble de tous les points de vue[1].[Point de vue actuel erroné] Cependant, ce qui contredit de façon absolue la substance [persistante] interne et externe à cause de la conception

1. L'argument ici semble être que les descriptions du point de vue actuel ne sont pas redondantes avec celles de la pratique quotidienne. En effet, seuls les modes présents d'un connaissable sont considérés du point de vue actuel, alors que la pratique quotidienne est la base de chaque point de vue, incluant donc à la fois modes et substances, et ce dans les trois temps.

[erronée] selon laquelle toutes les choses sont à chaque instant [uniquement] passagères, cela est [l'alternative] erronée de ce [point de vue actuel], parce que cela transgresse la compréhension intuitive. Plus précisément, au moment de prouver [l'existence] de l'universel vertical[1], il a été dit :

La compréhension intuitive, comme la reconnaissance, etc., qui n'est pas contredite, établit une substance externe et interne qui existe dans des transformations précédentes et ultérieures.

Et [la théorie de] l'instantanéité à chaque instant est ainsi mentionnée (en vue d'une réfutation) à cet endroit[2].

[Point de vue sémantique (*śabda-naya*)] [C'est] le point de vue sémantique, car ce qui est principal est le mot. Plus précisément, [ce point de vue] proclame le sens comme différencié par les différences de temps, de fonction, de genre, de nombre, de personne verbale et de préverbe. À partir de là, ce qui est considéré par les grammairiens est réfuté.

[Temps] Car ceux-ci, s'imposant la règle :

[La valeur temporelle des] affixes dérivés [doit être comprise] en concordance avec [la valeur temporelle de] la racine verbale [principale] [Pāṇini, *Aṣṭādhyāyī*, *Les huit enseignements* 3.4. 1].

veillent à ce que, même quand il y a une différence au niveau des temps grammaticaux, comme dans "il aura un

1. L'universel vertical représente la persistance des propriétés d'une entité dans le temps, ce qui me permet de reconnaître Devadatta même quand il grandit et vieillit. Par opposition, l'universel horizontal représente la présence de propriétés similaires dans les entités d'un même type, comme la bovinité dans toutes les vaches.

2. Prabhācandra fait ici référence à la réfutation jaïne de la doctrine bouddhique selon laquelle rien ne persiste, tout émerge et disparaît à chaque instant.

fils qui a tout vu", il y a une seule signification. Car on constate que l'usage courant [fonctionne] de cette manière, puisque l'on emploie le temps passé comme non différent du temps futur [étant donné que l'on dit couramment] "celui qui verra tout, celui-là sera son fils" [en tant que paraphrase de "il aura un fils qui a tout vu"]. Cela n'est pas correct, car il y a la conséquence indésirable de l'absence de différence de sens, même lorsqu'il y a une différence entre les temps grammaticaux.[1] [Et ceci est une conséquence indésirable] car même dans le cas de deux expressions comme "Rāvaṇa" et "empereur universel", dont les domaines de signification sont [respectivement] le passé et le futur, on obtiendrait une signification unique[2]. Dans cet exemple,

1. Cette discussion s'ouvre sur une situation de futur antérieur, « il aura un fils qui aura tout vu », dans laquelle le verbe secondaire a une valeur passée non pas en référence au moment du discours, mais en référence à un moment au cours duquel le verbe principal aura été réalisé. De cette façon, il n'est pas exclu que le verbe secondaire soit futur par rapport au moment du discours. Puisque les grammairiens proposent une théorie du sens commun, leurs règles doivent permettre d'orienter vers cette interprétation. Maintenant, si ces règles ont une portée universelle, alors cette mesure, utile dans ce contexte déterminé, est généralisée au-delà de ce contexte. Par conséquent, un théoricien appartenant au point de vue sémantique ne peut se permettre de formuler des règles qui suivent l'usage quotidien du langage.

2. Ce type d'expression, « un ayant-tout-vu » (expression rare en sanskrit, formée à partir de la règle 3.2. 94 de la grammaire de Pāṇini), contient une variable temporelle et provoque des problèmes de dénotation, comme dans l'exemple suivant : lorsque l'on dit « le premier ministre a démissionné », au moment où cet énoncé est prononcé, le premier ministre n'est plus la personne qui a effectivement démissionné, mais c'est son remplaçant qui, lui, n'a probablement pas démissionné. Il en va de même pour « il aura un fils qui a tout vu », car cette expression indique une situation dans laquelle la personne ayant tout vu est potentiellement différente selon le moment de référence choisi. Cette attention particulière à la possibilité pour une expression de dénoter différents individus dans le temps est notamment exploitée par les bouddhistes dans leur réfutation de la persistance du soi.

il n'y a pas d'unité de signification, parce que ces deux [expressions] ont différents domaines. [Mais c'est] précisément pour cela que cette [unicité] des deux [temps grammaticaux] doit [également] ne pas être [admise] pour "il y aura quelqu'un qui a tout vu". Certes, il n'est pas correct [de comprendre] le sens passé de l'expression "ayant tout vu, celui qui a tout vu'[lorsque l'on comprend] le sens futur de l'expression "il sera", car il y aurait la contradiction de l'état passé d'un fils [encore] à naître. Mais si [l'on suppose que] la signification est unifiée à cause de l'attribution erronée du caractère futur même pour le temps passé, alors la signification non-différenciée serait établie même lorsqu'il y a une différence de temps grammatical, et cela ne peut être [accepté] dans un sens ultime [en tant que règle universelle].[Fonction] De façon similaire, ces mêmes [grammairiens] veillent à ce que, même lorsqu'il y a une différence de fonction, par exemple entre l'agent et l'objet, comme dans "il fait, il est fait", [ces expressions] puissent désigner un seul objet. Car ils admettent que "celui qui fait quelque chose, celui-là même est fait par quelque chose". Cela non plus n'est pas correct, car même dans un cas comme "Devadatta se fait une natte", il y aurait la conséquence indésirable de l'absence de différence entre l'agent et l'objet, c'est-à-dire entre Devadatta et sa natte[1]. [Genre] Toujours de cette façon, ils veillent à

1. Il y a traditionnellement sept fonctions considérées par les grammairiens, à savoir l'origine, la destination, l'instrument, le lieu, l'objet, l'agent et la cause. Ici, l'argument de Prabhācandra, qui caricature l'approche grammairienne, se comprend mieux en référence avec la règle 3.1. 87 de la grammaire de Pāṇini, selon laquelle l'agent qui dans une action se comporte également comme un objet, comme dans « le bois se fend », fonctionne comme un objet. Dans notre exemple, bien que Devadatta (Dieudonné) se fasse une tresse à lui-même, l'objet est la tresse et non Devadatta.

ce que, même lorsqu'il y a une distinction de genre, comme pour [les expressions] "astre Puṣya, étoile Tārakā", celles-ci puissent désigner un unique corps céleste, et qu'il n'est pas nécessaire d'enseigner le genre car celui-ci repose sur l'usage. Cela n'est pas correct, car il y a la conséquence indésirable de l'unité même dans le cas de "ce qui est tissé, ce qui est courbé" [comme désignant la hutte][1]. [Nombre] De façon similaire, ils pensent que ce que l'on nomme "liquide", même dans la différence de nombre, comme dans "eaux, eau", peut désigner une chose unique, car la distinction de nombre ne produit pas de différence, comme dans "votre Majesté", etc.[2] Cela non plus n'est pas correct, car il y a la conséquence indésirable de l'unité même dans le cas de l'étoffe et des fils [qui la tissent].

[Personne verbale] Toujours de cette façon, ils veillent à ce que, même quand il y a une différence de personne verbale comme dans : "J'ai beau penser : allez, tu vas y aller en carriole ! Tu n'iras pas, car ton père est parti [avec]", ces [personnes grammaticales] désignent le même [individu]. Car il est enseigné :

1. Ici, Prabhācandra fait référence à la règle 1.2. 53 de la grammaire de Pāṇini, qui soutient qu'il n'est pas nécessaire d'enseigner le genre, car ce dernier est pure convention. Notre auteur insiste donc sur le fait que, bien que l'attribution d'un genre soit conventionnelle, elle a une importance telle qu'il est nécessaire de l'enseigner. Par exemple, « ce qui est tissé » ne peut désigner une hutte qu'au masculin et au neutre (alors qu'au féminin, cela désigne un vêtement) ; et « ce qui est courbe » ne peut désigner une hutte qu'au féminin (alors qu'au masculin, cela désigne un arbre ou le corps).

2. L'argument ici est qu'il ne faut pas utiliser un pluriel pour désigner un individu, même dans les cas de formes de politesse, afin d'éviter les situations problèmatiques.

Lorsqu'il s'agit d'une expression ironique dans la portée du verbe "penser", la deuxième personne est considérée comme une première personne [Pūjyapāda, *Grammaire de Jainendra* 1.2. 153][1].

Or cela n'est pas correct, car il y a la conséquence indésirable qu'il n'y a qu'un seul individu, même dans le cas de "moi je cuisine, toi tu cuisines".

[Préverbe] De la même manière, ils reconnaissent qu'il n'y a qu'un seul acte, même quand il y a la distinction des préverbes, comme dans "il se tient là, il se tient là", parce que le préverbe éclaire seulement le sens de la racine verbale. Cela non plus n'est pas correct, car il y a la conséquence indésirable de l'absence de différence entre les deux actes que sont la marche et la station immobile même là, c'est-à-dire dans "il reste là, il avance"[2]. [Remarques conclusives sur le point de vue sémantique] À partir de là, l'objet du [point de vue] sémantique est différencié selon les distinctions de temps, etc. Plus précisément, l'énoncé contenant des distinctions de temps, etc. dont on discute (par exemple "celui qui sera son fils" et "celui qui a tout vu") exprime des sens différents parce qu'il a la qualité d'être un énoncé qui contient des distinctions de temps, etc., tout comme les [autres] énoncés qui tombent sous la [même] règle (par exemple "Rāvaṇa" et "empereur universel"). Certes, si [l'on réplique qu'] avec cette méthode

1. Prabhācandra cite ici une grammaire jaïne, mais une règle similaire se trouve dans la grammaire de Pāṇini en 1.4. 106. En français, nous pourrions également prononcer un énoncé du type « eh bien, tu as tout gagné là ! » pour parler ironiquement de nous-même et décrire une situation d'échec.

2. L'argument est qu'une langue devrait être compositionnelle. Or ici, bien que le préfixe « *sam* » indique la station immobile et le préfixe « *prati* » le mouvement, ils aboutissent à la même signification lorsqu'ils sont utilisés avec la racine verbale « *sthā-* », se tenir.

il y aurait la contradiction avec l'usage commun, [nous répondons] "que cet [usage] soit contredit !" C'est certes la vérité que l'on poursuit. En effet, le médicament ne suit pas le désir du malade.

[Point de vue étymologique (*samabhirūḍha-naya*)] Le [point de vue] étymologique se développe en étant tourné vers, c'est-à-dire en considérant, les référents [du langage] dans leur diversité. Plus précisément, le point de vue sémantique ne recherche pas la différence de référent à partir d'une différence entre des énoncés qui sont synonymes, car il recherche la différence de référent seulement à partir de la différence de temps, etc. Mais ce [point de vue étymologique] recherche la différence de référent également lorsqu'il s'agit d'une différence entre synonymes. Concrètement, les expressions "Indra, Śakra, Purandara, etc." ont des domaines de référence distincts par le simple fait qu'ils sont des expressions distinctes, au même titre que les expressions "cheval, éléphant". [1]

[Point de vue étymologique actuel (*evaṃbhūta-naya*)] Le point de vue étymologique actuel est celui qui considère l'objet [du discours] dans ses transformations, c'est-à-dire dans ce qu'il est [en ce moment même], conformément aux modifications de l'action que l'on veut exprimer ainsi, de cette façon [c'est-à-dire que l'on veut exprimer en choisissant d'employer cette expression précise]. Car l'étymologique considère que le nom "Śakra" [qui vient d'une racine verbale signifiant "pouvoir"] a pour référent

1. Les expressions « Indra », « Śakra » et « Purandara » peuvent toutes désigner le même individu, à savoir le roi des dieux. Mais chacune de ces expressions peut également désigner d'autres individus ou objets. Notamment, « Indra » est un nom approprié pour celui qui possède la suprématie divine ; Śakra pour celui qui est puissant ; et Purandara pour celui qui détruit les forteresses ennemies.

le roi des dieux, que celui-ci soit ou non dans l'activité du pouvoir ; de même que le nom "vache" [traditionnellement reconnu comme venant d'une racine verbale signifiant "ce qui va"][1] [désigne] le bétail, qu'il soit ou non dans l'activité de se mouvoir. Parce que l'usage quotidien a cours de cette façon. Mais ce [point de vue-ci] considère "Śakra" [comme désignant le roi des dieux] seulement lorsque ce dernier est en train de faire usage de son pouvoir, et non lors de l'adoration ou de la consécration, car cela aurait des conséquences qui iraient trop loin. De plus, selon la perspective du point de vue étymologique actuel, il n'existe aucune expression qui ne contienne un nom d'action, car le nom d'action [se trouve] même là où l'on croit qu'il y a un nom de genre, comme pour "vache" et "cheval", [que l'on peut analyser comme suit :] "la vache (*go*) est ce qui va (*gam*)" et "le cheval (*aśva*) est ce qui va vite (*āśu*)". [De plus,] même les noms qui expriment la qualité, comme "blanc' ou "bleu foncé', sont des noms d'action : "c'est blanc (*śukla*) grâce à un processus de purification (*śuci*)" et "c'est bleu (*nīla*) parce que ça s'assombrit (*nīlana*)". [En outre,] même les noms propres, comme Devadatta et Yajñadatta, sont des noms d'action : "Devadatta" signifie "que les dieux le donnent' et "Yajñadatta" "qu'on le donne en sacrifice". De même, les noms [désignant] des substances qui sont en relation de possession ou d'inhérence sont également des noms d'action. Par exemple, "celui qui possède un bâton" signifie "un bâton existe qui appartient à celui-ci" et "celui qui possède une corne" signifie "des cornes existent qui appartiennent à celui-ci". Mais le maniement des mots

1. Ce n'est pas sans rappeler l'étymologie latine de l'expression « animal ».

selon cinq [types] vient uniquement de l'usage commun, non de l'enquête philosophique.

[Domaine des points de vue] Ainsi, il faut comprendre que les points de vue sémantique, étymologique et étymologique actuels, sont corrects s'ils dépendent [les uns des autres] ; mais sans dépendance mutuelle, ils sont incorrects. Et parmi ces points de vue, les quatre qui se terminent par le point de vue actuel doivent être compris comme ayant pour objet principal la chose ; tandis que les trois restants ont pour objet principal le mot. Toujours à ce sujet, si [on nous demande] : "quel point de vue a pour domaine un grand [nombre de choses] et lequel un petit, lequel est la cause et lequel l'effet ?" Nous répondons que dans chaque cas, celui qui précède a un domaine étendu et qu'il est condition ; et dans chaque cas, celui qui succède a un petit domaine et il est conséquence[1]. Plus précisément, le domaine du [point de vue] général est plus étendu que celui du synthétique, car il a pour domaine à la fois ce qui est et ce qui n'est pas. Car de même que [s'y produit] la conception qui concerne ce qui existe, de même [s'y produit] la conception qui concerne ce qui n'existe pas [en ce moment]. Mais le synthétique a un domaine plus petit que ce [dernier], car il n'a pour domaine que ce qui existe et il est la conséquence de ce [point de vue général] car il est causé par celui-ci. De plus l'empirique, qui est conséquence de ce [synthétique], a un domaine plus petit que le synthétique, car il enseigne les particularités de ce qui existe. En outre, le point de vue actuel, qui est conséquence de cet [empirique], a un domaine plus petit que l'empirique dont le domaine sont les choses qui existent

1. Qu'un point de vue soit la conséquence d'un autre qui est sa condition se comprend au sens où le concept de « vert pomme » ne se pense que si le concept de « vert » est déjà acquis.

dans les trois temps, car le domaine [de l'actuel] ne concerne que les choses présentes. Par ailleurs, le point de vue sémantique, qui est conséquence de cet [actuel], a un domaine plus petit que l'actuel, qui enseigne le sens non différencié par les différences d'agent, etc., car [le sémantique] a pour domaine des choses qui sont le contraire [de cela]. D'autre part, l'étymologique, qui est conséquence de ce [sémantique], a un domaine plus petit que celui du sémantique qui enseigne l'unité de référent lorsqu'il y a une différence entre des synonymes, parce que [l'étymologique emprunte une direction] opposée à cela. Enfin, l'étymologique actuel, qui est conséquence de cet [étymologique] a un domaine plus petit que celui du point de vue étymologique qui enseigne le sens comme non différencié par les différences d'activité [en cours], parce que [l'étymologique emprunte une direction] opposée à cela. Certes [si l'on nous demande] : "est-ce que ces points de vue fonctionnent sans distinction dans un domaine ou est-ce qu'ils fonctionnent de façon distincte ?" Dans ce cas, nous répondrons que dans chaque cas, le point de vue postérieur fonctionne sur une partie du domaine précis sur lequel le point de vue antérieur fonctionne, de la même façon qu'un nombre antérieur fonctionne sans contradiction dans un nombre postérieur, par exemple huit cent dans mille[1], cinq cent dans ce dernier, etc. Mais dans chaque cas, là où le point de vue précédent fonctionne, le point de vue postérieur ne fonctionne pas, de même que huit

1. Prabhācandra fait ici appel à la certitude fondée sur le raisonnement analytique : s'il y a mille individus d'une espèce, il y en a certainement également huit cents. De la même façon, si un point de vue est capable de considérer ce qui existe et ce qui existera, il est certainement capable de considérer ce qui existe ; et le concept de « vert pomme » ne contredit pas celui de « vert ».

cent, etc. dans cinq cent, etc. Ainsi, également les modes de connaissance qui connaissent la chose dans sa totalité se consacrent sans contradiction à l'objet [que considère] un point de vue, mais les points de vue qui connaissent seulement une partie de la chose [ne se consacrent] pas à l'objet [que considère] un mode de connaissance (au risque, sinon, de résoudre une partie de sa complexité essentielle).

[Les sept modes [d'assertion] (*sapta-bhaṅgī*) appliqués aux points de vue] Certes, si [l'on nous demande] encore : "comment fonctionnent les sept modes [d'assertion] relativement aux points de vue ?" Nous répondrons : "[ils fonctionnent] en réalisant l'affirmation et la négation sans contradiction au sujet d'une chose [unique] selon ses [différentes] modalités". Plus précisément, quand on a recours au [point de vue] général qui peut saisir seulement l'intention, on réalise l'affirmation "d'une certaine façon (*syāt*), le mètre cube [de bois], etc. existe", [même s'] il y a uniquement l'intention (et non l'existence actuelle) du mètre cube [de bois], etc. Mais quand on a recours au synthétique, on réalise la négation : [s'il est conçu] uniquement en tant qu'intention, le mètre cube [de bois] n'existe pas, car la connaissance ainsi (que c'est un mètre cube de bois, etc.) [concerne] seulement ce qui existe en tant que mètre cube [de bois], etc., car la connaissance de ce qui n'existe pas contredit (la définition de ce qu'est une connaissance).[1] Ou alors, quand on a recours à l'empirique, [on réalise également la négation, car] la connaissance du mètre cube [de bois] [concerne] soit une substance, soit un mode, car il est impossible de connaître la non existence ou l'existence de quelque chose différent de cela. Ou alors,

1. On obtient alors la forme canonique « d'une certaine façon, le mètre de cube [de bois], etc. n'existe pas ».

quand on a recours à l'actuel, [on réalise également la négation, car] la connaissance qui procède du fait d'être un mètre cube [de bois] [concerne] seulement un mode, car une connaissance [qui procèderait] autrement serait erronée. Ou alors, quand on a recours au point de vue sémantique, [on réalise également la négation, car] le fait d'être un mètre cube de bois, etc. [concerne uniquement] l'objet différencié par le temps, etc., car autrement il y aurait des conséquences indésirables. Ou alors, quand on a recours au point de vue étymologique, [on réalise également la négation, car] le fait d'être un mètre cube de bois [concerne uniquement] l'objet différencié par la distinction entre les synonymes, car autrement il y aurait des conséquences indésirables. Ou alors, quand on a recours au point de vue étymologique actuel, [on réalise également la négation, car] le fait d'être un mètre cube de bois [concerne uniquement] l'objet [actuellement] affecté par l'activité du mètre cube de bois, etc., et pas un autre, car il y aurait des conséquences indésirables. De cette manière, lorsque l'on a recours à deux points de vue considérés successivement, [il est possible de déclarer] les deux "d'une certaine façon" (à savoir, d'une certaine façon ça existe et d'une autre ça n'existe pas). [Et] lorsque l'on a recours à deux points de vue considérés simultanément, [il est possible de déclarer] "d'une certaine façon c'est inexprimable". C'est de la sorte que les trois modes d'assertion restants, postérieurs au caractère inexprimable, sont à présenter comme il convient.[1]

1. Prabhācandra est ici aussi sibyllin que les autres auteurs jaïns. Tentons de clarifier cela en développant l'exemple qu'il utilise :

(i) Selon le point de vue général, le mètre cube de bois que l'on a l'intention d'aller chercher existe, car il existe en tant qu'intention.

(ii) Selon le point de vue synthétique, le mètre cube de bois que l'on a l'intention d'aller chercher n'existe pas, car il n'est ni un mode, ni une

[Les sept modes [d'assertion] (*sapta-bhaṅgī*) appliqués aux modes de connaissance] Si [maintenant l'on nous demande] : "les sept modes [d'assertion] ont été exposés relativement aux points de vue, mais qu'est-ce qui les distingue des sept modes [d'assertion] pour les modes de connaissance ?" Nous répondons que [cette distinction] est faite, car la description est soit complète, soit incomplète. Plus précisément, les sept modes [d'assertion] relatifs aux points de vue sont par nature une description incomplète, car ils décrivent seulement une partie de la chose. Tandis que les sept modes [d'assertion] relatifs aux modes de connaissance sont par nature une description complète, car ils décrivent la forme de la chose telle qu'elle est. De cette manière [nous obtenons] :

substance. [Et de façon similaire, il n'existe pas non plus pour les autres points de vue]

(iii) Selon les points de vue général et synthétique considérés successivement, le mètre cube de bois que l'on a l'intention d'aller chercher existe et n'existe pas.

(iv) Quelqu'un dont la théorie de la connaissance prendrait en compte à la fois les impératifs du point de vue général et ceux du point de vue synthétique ne pourrait rien dire de l'existence ou non du mètre cube de bois que l'on a l'intention d'aller chercher.

(v) Selon le point de vue général et selon une théorie de la connaissance relevant à la fois du général et du synthétique, le mètre cube de bois que l'on a l'intention d'aller chercher existe et il n'est pas possible d'en dire quoi que ce soit.

(vi) Selon le point de vue actuel et selon une théorie de la connaissance relevant à la fois du général et du synthétique, le mètre cube de bois que l'on a l'intention d'aller chercher n'existe pas et il n'est pas possible d'en dire quoi que ce soit.

(vii) Selon le point de vue général et selon le point de vue actuel et selon une théorie de la connaissance relevant à la fois du général et du synthétique, le mètre cube de bois que l'on a l'intention d'aller chercher existe et n'existe pas et il n'est pas possible d'en dire quoi que ce soit.

(i) Selon le quadruple de la substance, etc.[1] qui lui sont propres, d'une certaine façon la chose qu'est l'âme (*jīva*), etc. existe.

(ii) Selon le quadruple de la substance, etc. qui lui sont étrangers, d'une certaine façon [l'âme] n'existe pas.

(iii) Selon les deux [quadruples] considérés successivement, d'une certaine façon les deux (l'âme existe et n'existe pas).

(iv) Selon les deux [quadruples] considérés simultanément, c'est inexprimable.

(v–vii) C'est de cette manière que doivent être conçus les trois modes [d'assertion] qui se trouvent après le caractère inexprimable.[2]

[Des causes combinatoires du nombre de modes d'assertion] Et si [l'on demande] encore : "pourquoi dans le discours relatif aux points de vue et dans le discours relatif aux modes de connaissance il y a précisément sept

1. C'est-à-dire selon la substance, le lieu, le temps et l'état.

2. Plus précisément, les modes d'assertions restants sont des combinaisons des quatre premiers modes. Rares sont les traités jaïns dans lesquels ces modes sont explicités. Même lorsqu'il commente la strophe 62 des *Trois traités* (*Laghīyastraya*) d'Akalaṅka dédiée à ce sujet, Prabhācandra demeure elliptique. Heureusement, Abhayacandra, un commentateur du XIIIe siècle, dans son *Ornement à la théorie du « d'une certaine manière »* (*Syādvādabhūṣaṇa*) poursuit ainsi :

(v) Selon la substance, etc. qui lui sont propres et selon la substance, etc. qui lui sont simultanément propres et différents, d'une certaine façon [l'âme] existe et on ne peut rien en dire (combinaison de (i) et (iv));

(vi) Selon la substance, etc. qui sont différents et selon la substance, etc. qui lui sont simultanément propres et différents, d'une certaine façon [l'âme] n'existe pas et on ne peut rien en dire (combinaison de (ii) et (iv));

(vii) Selon la substance, etc. qui lui sont propres et selon la substance, etc. qui sont différents et selon la substance, etc. qui lui sont simultanément propres et différents, d'une certaine façon [l'âme] existe et n'existe pas et on ne peut rien en dire (combinaison de (i), (ii) et (iv)).

modes [d'assertion] ?" [Nous répondrons :] Parce qu'il y a précisément cette quantité de [types de] questions qu'il est possible de traiter et que la restriction à sept modes [d'assertion] dépend des [types de] questions. Mais pourquoi y a-t-il sept types de questions ? Parce que le désir de connaître est de sept types. Et pourquoi celui-ci est de sept types ? Parce que le doute se produit de sept façons. Et pourquoi ce [doute] est-il de sept sortes ? Parce qu'il y a sept types de propriétés de la chose qui est le domaine de cela (des actes d'assertion et de connaissance).

[Des sept types de propriétés de la chose] Plus précisément, l'existence est de fait une propriété de la chose, parce que (par définition), il n'est pas possible qu'une chose qui n'est pas comprise comme cela (existante) soit une chose, comme les cornes d'un âne. Aussi, la non-existence est d'une certaine manière une propriété de la chose. [Autrement,] la chose particulière serait réfutée, car si la non-existence de la chose n'était pas reconnue même lorsqu'il s'agit des formes qui lui sont autres, etc., comme [l'existence est reconnue] lorsqu'il s'agit des formes qui lui propres, etc., [alors] la forme propre particulière serait impossible[1]. Il faut comprendre que de cette manière, les [cinq modes d'existence] qui commencent par "les deux considérés successivement" sont établis comme étant propriétés de la chose. Car s'ils ne l'étaient pas, d'une part la pratique linguistique qui alterne successivement existence et non-existence serait contredite ; d'autre part il y aurait la conséquence indésirable que la pratique linguistique de

1. Une chose est particulière si l'on est capable de la distinguer de ce qui est autre, c'est-à-dire de pouvoir déclarer « cette chose n'est pas ceci, ni cela, etc. ». Cela suppose pour une chose particulière d'être capable d'assumer de l'inexistence au sens où, par exemple, le pot n'existe pas *en tant que table*.

l'alternance des trois propriétés ultérieures incluant le caractère inexprimable n'aurait pas lieu. Or ces usages-là ne sont pas sans objet, car [c'est en utilisant implicitement ces sept modes d'assertion que] nous entreprenons l'activité qui résulte de la connaissance de la chose, de la même façon que nous agissons envers une chose qui a cette forme particulière, etc. Certes, [on pourrait] également [objecter] que la nécessité de [reconnaître] sept sortes de propriétés n'est pas établie, car des propriétés supplémentaires peuvent être générées en considérant successivement et simultanément la première et la troisième propriété, et ainsi de suite, de la même manière que [l'on avait obtenu les cinq dernières propriétés en considérant successivement et simultanément] la première et la deuxième propriété. Cela est incorrect, car il n'est pas possible de concevoir une propriété supplémentaire en considérant successivement la première et la troisième propriété, parce qu'il est impossible qu'il y ait deux [sortes d'] existence, à cause du caractère unique de l'existence en ce qui concerne la forme propre, etc. que l'on veut exprimer[1]. Et si l'on considère qu'une seconde existence est possible à partir de la forme propre, etc., de quelque chose d'autre, une autre série de sept modes [d'assertion] serait établie par cette description particulière, puisqu'une autre série de sept propriétés le serait, en vertu du fait qu'une autre non-existence qui serait le complémentaire de cela serait possible. Il n'y a aucun problème [avec cet état de fait]. Par cela [par la réfutation de la possibilité de générer une nouvelle propriété en considérant successivement

1. Générer un nouvel ensemble de sept propriétés supposerait que « d'une certaine façon cela existe et cela existe et cela n'existe-pas » constitue un mode d'assertion différent de « d'une certaine façon, cela existe et cela n'existe pas ». Or cela équivaut à supposer qu'il y a plusieurs types d'existence.

la première et la troisième propriété], on rend également compte du fait qu'une propriété supplémentaire [générée] en considérant successivement la seconde et la troisième propriété n'est pas ce qui est généralement admis.

Si [l'on objecte] "comment de cette manière de nouvelles propriétés sont générées par la combinaison de la première et de la quatrième propriété, de la seconde et de la quatrième, ainsi que de la troisième et de la quatrième ?" [Nous répondrons que] c'est parce que dans la quatrième propriété "inexprimable", il n'y a saisie ni d'existence ni de non-existence. En effet, l'expression "inexprimable" n'indique pas les deux [existence et non-existence] considérées simultanément. Alors quoi ? Par cela [par le recours à l'expression "inexprimable"], l'intention est de faire connaître la propriété supplémentaire "inexprimable" qu'est l'impossibilité d'exprimer dans tous les cas ces deux [que sont l'existence et la non-existence] considérées ainsi [simultanément]. Et soit nous ne connaissons pas l'existence, la non-existence et les deux associés avec cet [inexprimable], soit [ces combinaisons constatées génèrent] l'établissement d'autres propriétés. [C'est évidemment la dernière option qui est le cas] Car tout le monde a bien compris l'existence comme fondamentale dans le premier mode [d'assertion] puisque l'existence y est considérée principale ; la non-existence au contraire dans le second ; l'existence et la non-existence considérées successivement dans le troisième ; au contraire l'inexprimable dans le quatrième ; l'association [de l'inexprimable] avec l'existence dans le cinquième ; l'association [de l'inexprimable] à nouveau, [cette fois] avec la non-existence dans le sixième ; et ensuite l'association des deux [existence et non-existence] avec cet [inexprimable] dans le septième en suivant cet ordre.

Et si [l'on s'interroge] encore : puisque, dans le cas où le caractère inexprimable constitue une propriété indépendante, le caractère exprimable [au sens où il est son complémentaire] deviendrait une autre, la huitième, propriété de la chose, comment les sept modes [d'assertion] pourraient avoir pour domaine seulement sept types de propriétés ? [Nous répondrions que] cela n'est pas correct. Car dès qu'il est possible d'exprimer, de façon générale ou particulière, le caractère exprimable est établi également, puisque c'est par le fait même de pouvoir s'exprimer en ce qui concerne l'existence, etc. que le caractère exprimable est établi.

Ou, supposons que les caractères exprimable et inexprimable soient établis en tant que propriétés [de la chose]. Même ainsi, il n'y aurait pas la réfutation de la nécessité des sept types de propriétés dont le domaine est cela [la chose], car une autre série de sept modes [d'assertion] existerait à partir de l'alternance entre cette affirmation et cette négation, de même que [la théorie des sept modes d'assertion que nous considérons avait été générée] à partir de l'existence et de la non-existence. Si une telle situation était le cas, il n'y aurait pas le doute de sept sortes dont le domaine est cela [la chose], ni le désir de connaître, qui est la cause de ce [doute], ni la question causée par ce [désir de connaître], ni la cause de la nécessité de la formulation en sept sortes en ce qui concerne une chose unique. De cette manière, ces sept modes [d'assertion] qui par la force du questionnement alternent affirmation et négation sans contradiction en ce qui concerne une chose unique, sont justes. Par l'expression "sans contradiction", on évite que les sept modes [d'assertion] soient constitués par une alternance d'affirmations et de négations qui serait en contradiction avec la perception, etc. Et par l'expression "en ce qui concerne la chose unique", [on évite que les sept modes d'assertion soient constitués] par une alternance d'affirmations et de négations qui considère plusieurs choses. »

KUMĀRILA BHAṬṬA

*ŚLOKAVĀRTTIKA** GLOSE VERSIFIÉE [SUR LE COMMENTAIRE DE ŚABARASVĀMIN]

PRÉSENTATION CONTRE L'HYPOTHÈSE D'UN DIEU CRÉATEUR

La controverse théologique dans l'Inde ancienne

Lorsque Kumārila Bhaṭṭa rédige, au VIe ou VIIe siècle de notre ère[1], sa « Glose versifiée [sur le Commentaire de Śabarasvāmin] » (*Ślokavārttika*), le débat indien sur l'existence de Dieu est déjà vieux de plusieurs siècles. C'est pourtant à ce penseur exceptionnel, figure de proue de l'école philosophique de la Mīmāṃsā (« l'Exégèse »

* *Ślokavārttika*, Kumārila Bhaṭṭa, ed. R.S. Tailanga, Benarès, 1898-1899.

1. La période d'activité de Kumārila n'est pas entièrement certaine, et dépend largement de celle de Dharmakīrti, dont on est sûr qu'il connaissait au moins le *Ślokavārttika*. Les dates du philosophe bouddhiste, traditionnellement fixées à 600-660 depuis les travaux d'Erich Frauwallner, ont été révisées récemment par certains spécialistes, qui considèrent qu'il aurait pu vivre un peu plus tôt, dans le courant du VIe siècle. Voir H. Krasser, « Bhāviveka, Dharmakīrti and Kumārila », *in* F. Voegeli *et al.* (eds.), *Devadattīyam. J. Bronkhorst Felicitation Volume*, Berne, Peter Lang, 2012, p. 535-594. Si cette hypothèse toujours débattue devait être confirmée, les dates 600-650 généralement proposées pour Kumārila devraient à leur tour être reculées de quelques décennies.

du Veda, du nom de la discipline d'herméneutique ritualiste dont cette école est issue) que l'on doit de lui avoir donné sa forme classique. Certes, pour qui connaît la position cardinale qu'occupe en Occident la question théologique depuis la *Métaphysique* d'Aristote jusqu'à l'époque moderne, le problème de l'existence d'un Dieu créateur de l'univers, énonciateur des textes révélés et maître des destinées ne manquera pas d'apparaître relativement marginal en contexte indien. Parmi les écoles anciennes, seules celles du Yoga de Patañjali[1] et du Nyāya[2] admettent sans réserve l'existence d'un « Suprême Seigneur » (*Īśvara*), et encore n'est-ce que dans le second de ces courants qu'on lui attribue régulièrement la double fonction créatrice et de révélation contestée avec virulence dans le texte qu'on va lire[3]. La controverse autour d'*Īśvara* n'en traverse pas moins l'histoire de la pensée indienne, et constitue une importante ligne de partage entre des penseurs (logiciens, grammairiens, exégètes, etc.) que leur référence commune aux Écritures védiques inviterait de prime abord à rassembler sous l'unique bannière de la « philosophie brahmanique ». De fait, la religion brahmanique, fondée sur l'autorité du Veda et de la Smṛti, la « Tradition » cultuelle et juridique qui s'en réclame, n'est par essence ni théiste, ni « athée »[4].

1. Cf. *Yogasūtra* 1.23-28.

2. Cf. *Nyāyasūtra* 4.1.19.

3. Le Vedānta de Śaṅkara et Maṇḍana Miśra, forme dissidente de la Mīmāṃsā classique, n'adoptera pas l'attitude intransigeante qui est encore celle de l'auteur du *Ślokavārttika* à l'égard d'*Īśvara*, et certains adhérents même de la Mīmāṃsā la plus orthodoxe éprouveront à date plus tardive le besoin de réintroduire la référence à Dieu. La Mīmāṃsā n'en reste pas moins, durant tout le premier millénaire, un système foncièrement non théiste.

4. J'utilise ici le terme d'« athéisme » dans un sens restreint, pour désigner une position philosophique niant l'existence d'un Dieu créateur, auteur des Écritures révélées. Une telle position n'exclut pas la croyance,

Lorsque le logicien Udayana produit, au XIe siècle, sa grande synthèse de cette polémique – dans une perspective théiste – sous le titre de « Bouquet de fleurs de la Logique » (*Nyāyakusumāñjali*), certains de ses adversaires sont, certes, bouddhistes ou matérialistes, mais d'autres non moins nombreux sont issus du brahmanisme, signe que la dimension philosophique supplante ici la composante religieuse. Kumārila lui-même nomme Dieu « Prajāpati », « le Maître des Créatures », un nom générique qui désigne dès les textes védiques la divinité suprême et créatrice. La croyance en Dieu à laquelle il s'attaque n'est donc pas la foi de telle ou telle affiliation religieuse ou dévotionnelle (śivaïsme, viṣṇouïsme, śāktisme, etc.), mais bien une thèse philosophique, une théologie « rationnelle » pour laquelle on est en droit d'exiger des preuves, autrement dit qu'on exhibe les « moyens de connaissance valides » (*pramāṇa*) sur lesquels elle s'appuie[1].Dans la préface à son étude classique sur l'ouvrage d'Udayana, George Chemparathy montre comment cette théologie rationnelle indienne connaît aux VIe-VIIe siècles un resserrement d'une réflexion générique sur Dieu, sa nature et ses attributs vers un débat exclusivement consacré à son existence, et rend responsable de cette réorientation le célèbre penseur bouddhiste, Dharmakīrti[2]. Si le diagnostic de Chemparathy apparaît

fondée dans la Révélation, en l'existence d'autres êtres divins n'occupant pas cette position architectonique, comme c'est le cas des « divinités » (*devatā*) reconnues tant par la Mīmāṃsā que par l'hindouisme populaire. Sur la conception proprement mīmāṃsaka des divinités, adoptée par Kumārila, voir *infra*.

1. Sur la notion cruciale de « moyen de connaissance valide » (*pramāṇa*), pierre d'angle de la théorie indienne de la connaissance, voir *supra*, p. 37, 52 et p. 57 *sq*.

2. Voir G. Chemparathy, *An Indian Rational Theology : Introduction to Udayana's Nyāyakusumāñjali*, Wien, Publications of the De nobili Research Library, 1972, p. 77-78.

généralement exact, le premier artisan de ce mouvement n'est peut-être pas Dharmakīrti, comme il le suppose, mais bien Kumārila, qui opère en même temps une certaine technicisation du débat par l'examen systématique des arguments disponibles à son époque en faveur de l'existence de Dieu. Sa réflexion théologique prend place au sein d'une structure argumentative complexe, dont il importe de restituer ici les grandes lignes. La position théiste que critique Kumārila s'articule selon trois dimensions principales : linguistique (Dieu comme créateur de la relation de signification), cosmologique (Dieu comme créateur de l'univers) et anthropologique (Dieu comme responsable de la rétribution des actes bons ou mauvais). Comme c'est souvent le cas dans la Mīmāṃsā, c'est ici la dimension linguistique qui prime, et donne lieu au débat. La véracité du Veda[1], la Révélation (*śruti*) dont découle selon nos Exégètes toute connaissance du rite et toute perspective de salut, est en effet dépendante du fonctionnement véridique de la parole en général, lequel repose sur le ferme établissement d'une relation (*saṃbandha*) entre le langage (les mots, les énoncés) et les choses extérieures telles qu'elles se présentent – ou, pour certaines, ne se présentent pas[2] ! –

1. Les exégètes brahmaniques parlent sans différence notable « du » Veda (au singulier) ou « des » Vedas (au pluriel), selon qu'ils envisagent le corpus védique dans son ensemble ou sa division en trois sous-ensembles : le *Ṛgveda*, le *Sāmaveda* et le *Yajurveda*, auxquels vient parfois s'ajouter un quatrième, l'*Atharvaveda*, dont l'autorité est cependant disputée.

2. Il est essentiel à la cohérence de la théorie de la connaissance de la Mīmāṃsā que les moyens de connaissance valide puissent fonctionner de manière « non redondante », autrement dit que chacun donne accès à un objet « nouveau » (*apūrva*), inaccessible aux autres sources de connaissance. La légitimité de la parole au sein du système des *pramāṇa* reconnu par cette école est donc l'accès qu'elle assure aux objets

aux autres sources de notre connaissance : la perception sensible, le raisonnement inférentiel, etc.[1] Comment, cependant, une telle relation est-elle établie, et par qui ? Est-elle « éternelle » (*nitya*), ou créée ? Les positions opposées à la thèse éternaliste qui sera celle de Kumārila, et plus généralement de la Mīmāṃsā, sont bien saisies dans les deux stances qui suivent, empruntées à la même section, qui présentent le point de vue de son adversaire :

> 12-13. [L'entité] qui exprime et [l'objet] exprimé ne sont jamais par eux-mêmes (*svatas*) unis mutuellement par le pouvoir d'expression[2]. Quant à la connaissance [de l'objet par la parole], elle advient en vertu d'une convention [passée] entre les hommes (*samayaḥ puṃsām*), à la manière dont [on apprend la signification d']un clin d'œil. Cette convention est établie de l'une des trois manières suivantes : (a) par chaque mortel, (b) à chaque énonciation ou encore (c) une fois pour toutes par un seul être, au commencement du monde[3].

suprasensibles – les divinités du sacrifice, son efficacité invisible, le Ciel qui en est le résultat, etc. –, lesquels ne peuvent en aucun cas être perçus, inférés, etc.

1. Voir M. Biardeau, *Théorie de la connaissance et philosophie de la parole dans le brahmanisme classique*, Paris-La Haye, Mouton & Co., 1964, p. 76-77 : « (…) ce n'est pas, comme on le croirait trop facilement, l'éternité des Veda et du langage posée *a priori* qui fonde la validité de la Révélation. Celle-ci apparaît au contraire comme une nécessité épistémologique que fait découvrir une simple réflexion sur le contenu des Veda ». Le livre déjà ancien de M. Biardeau reste à ce jour la meilleure introduction disponible en français aux théories brahmaniques du langage, notamment pour ce qui concerne la Mīmāṃsā.

2. L'objecteur nie ici d'emblée la thèse « éternaliste », que Kumārila va au contraire s'efforcer de démontrer tout au long de la section.

3. *Ślokavārttika*, *Saṃbandhākṣepaparihāravāda*, *k.* 12-13 : *svato naivāsti śaktatvaṃ vācyavācakayor mithaḥ | pratītiḥ samayāt puṃsāṃ*

Trois hypothèses « créationnistes » sont donc considérées :

a) Chaque individu parlant établit *ex novo* la relation.
b) Cette dernière est établie chaque fois qu'une phrase est prononcée.
c) C'est Dieu qui, lors de la création du monde, crée la relation une fois pour toutes.

Si la première hypothèse est discutée en une trentaine de stances (*k.* 14-40) et la seconde rapidement évacuée à l'aide d'un argument emprunté à Śabara (*k.* 42ab, ici traduite), la troisième justifie à elle seule l'entrée de Kumārila sur le terrain théologique, inédite à son époque au sein de l'école. Deux modèles sont alors examinés, et rejetés tour à tour.

Le premier est celui d'un Dieu architecte ou artisan, qui façonnerait l'univers à la manière d'un potier, travaillant une matière préexistante et lui donnant une forme conçue au préalable en son esprit. Cette théologie du Dieu « fabricateur » d'un agencement complexe (plutôt que créateur *ex nihilo*) est, à l'époque qui nous concerne, celle du Nyāya et du Vaiśeṣika[1]. À l'instar du potier, Dieu a à sa disposition un ensemble de substances (les atomes, les âmes, etc.) qu'il arrange pour créer des formes diverses, auxquelles il confère le mouvement. Au centre de ce premier modèle se trouve le désir (*icchā*, *cikīrṣā*) de Dieu, condition

bhaved akṣinikocavat || *samayaḥ pratimartyaṃ vā pratyuccāraṇam eva vā* | *kriyate jagadādau vā sakṛd ekena kena cit* ||

1. Le Vaiśeṣika le plus ancien, celui des *Vaiśeṣikasūtra* attribués à Kaṇāda, ne laisse aucune place à un Dieu créateur, lequel ne fait son entrée dans ce système qu'avec Praśastapāda (VIe siècle). Voir J. Bronkhorst, « God's arrival in the Vaiśeṣika system », *Journal of Indian Philosophy* 24 p. 281-296. Les références à Dieu (*Īśvara*) dans le Nyāya sont, comme on l'a vu, aussi anciennes que le système lui-même, puisqu'on trouve mention d'*Īśvara* dès les *Nyāyasūtra* de Gautama.

sine qua non de l'acte créateur, mais aussi le « mérite » (*adṛṣṭa*) accumulé par les âmes dans leurs vies passées, qui oriente la création et empêche que l'arbitraire en soit le seul principe. Tout comme le potier ne produit pas son œuvre de sa seule volonté, mais a besoin pour cela d'un instrument (l'argile, la roue, etc.), ainsi Dieu se sert-il du mérite accumulé comme d'un moyen pour accomplir son œuvre créatrice. *Que* l'univers existe, c'est bien le désir divin qui en est responsable ; que *cet* univers existe, avec telles ou telles caractéristiques, telle est, selon le Nyāya-Vaiśeṣika, l'œuvre du principe de rétribution qu'est l'*adṛṣṭa*. À ce modèle du Dieu « fabricateur » de l'univers s'oppose celui, hérité des Upaniṣad, d'un Dieu créant l'univers de sa propre substance, sans avoir recours à une matière qui lui serait préexistante. Sucarita Miśra, l'auteur du plus ancien commentaire sur cette section du *Slokavārttika*, en donne une formulation simple, dont la tonalité vedāntique est immanquable : « Tout n'est qu'une modification du *Brahman* » (*brahmaṇa eva viśvam vikāra[ḥ] – Kāśikā* p. [3005][1]). Si Kumārila ne désigne pas le principe premier par son « nom » upaniṣadique d'élection, *Brahman*, mais comme la « Personne » (*puruṣa*) – autre appellation védique du principe suprême[2] –, il n'en est pas moins clair qu'il s'attaque à une position moniste, dans laquelle l'Absolu crée sans introduire entre lui-même et la création aucune

1. Sur le commentaire de Sucarita, que je cite ici d'après les sources manuscrites, voir *infra*, « Note sur le texte traduit », p. 283-284.

2. L'usage du terme *puruṣa* en ce sens n'est pas exceptionnel dans les sources philosophiques, et se retrouve dans certains exposés doxographiques contemporains de Kumārila traitant du Vedānta, comme le *Vedāntatattvaviniścaya* du bouddhiste Bhāviveka (VIe siècle ?). Voir sur ce point O. Qvarnström, *Hindu Philosophy in Buddhist Perspective*, Lund, Plus Ultra, 1989, p. 62-63 (n. 13).

forme de différence (*vyatireka*). À ces deux modèles permettant d'accommoder l'idée, dominante dans l'hindouisme médiéval, de l'univers comme d'une alternance cyclique de créations (*sṛṣṭi*) et de dissolutions (*laya*, *pralaya*) périodiques, Kumārila oppose sa thèse de l'éternité du monde et de sa fondamentale immutabilité, bien résumée par le « slogan » souvent cité tant par les exégètes que par leurs adversaires : *na kadā cid anīdṛśaṃ jagat*, « L'univers ne fut jamais autrement qu'il n'est »[1]. S'il est possible à l'enfant d'apprendre le Veda, de comprendre son sens à l'aide des techniques exégétiques enseignées par son maître et de prétendre par ce moyen avoir accès au suprasensible (Pourquoi sacrifier ? Quel résultat en attendre ?), c'est parce que les éléments du langage – les mots, leurs sens, leur relation – préexistaient au maître comme ils préexistent à l'élève. Point n'est besoin de « voyants » (*Ṛṣi*) védiques inspirés, de Grands Éveillés ou autres maîtres charismatiques là où la parole tient plutôt son autorité d'une forme d'antécédence absolue :

> Toute récitation du Veda [par un élève] est précédée par la récitation [du Veda] par son maître, car c'est là l'essence de la récitation du Veda ; il en va de même que pour les récitations [qu'on peut observer] de nos jours[2].

1. On le trouve par exemple cité dans le commentaire de Pārthasārathi Miśra à la stance 49cd de notre section (p. 652, l. 7-8). Pour une occurrence ancienne hors de la Mīmāṃsā, voir par exemple le *Tattvasaṃgraha* du bouddhiste Śāntarakṣita (VIIIe siècle), stance 2274ab (*iṣyate hi jagat sarvaṃ na kadā cid anīdṛśam*, édition de Dwarikadas Shastri, Bénarès, 1981, p. 734).

2. *Ślokavārttika*, *Vākyādhikaraṇa*, *k.* 366 : *vedasyādhyayanaṃ sarvaṃ gurvadhyayanapūrvakam* | *vedādhyayanavācyatvāt adhunādhyayanaṃ yathā* ||.

Si la Mīmāṃsā est donc bien, selon la formule célèbre de Louis Renou, « le plus athée des systèmes philosophiques de l'Inde brahmanique », et si Kumārila est à n'en pas douter le premier à donner à cet « athéisme » une forme argumentative achevée, il importe pourtant, avant d'entamer la lecture du passage, de nuancer cette position en la confrontant à d'autres passages du *corpus* exégétique traitant des divinités (*devatā*). En effet, le sacrifice védique, pratique religieuse que la Mīmāṃsā prône par-dessus tout, consiste essentiellement dans l'offrande d'une substance (*dravya*) à une divinité (*devatā*) : Indra, Agni (= le feu), Vāyu (= le vent), etc. Il y a donc bien des divinités, et il est légitime de leur adresser des offrandes [1]. L'erreur serait cependant de leur attribuer précisément les fonctions démiurgiques que les théistes prêtent à leur Dieu suprême. Tout aussi erronée selon la Mīmāṃsā est la croyance, répandue dans l'hindouisme populaire, selon laquelle les divinités participeraient *réellement* à l'œuvre sacrificielle en accomplissant une série d'activités propres aux êtres incarnés (consommation des substances offertes, rétribution des actes pieux et méritoires, etc.). La supposition d'une telle corporéité est en effet non seulement difficile à établir sur une base scripturaire (faut-il interpréter au pied de la lettre les passages védiques sur la « main d'Indra », par exemple ?) ; elle est aussi sans réelle utilité pour rendre

1. La présence de divinités est suffisamment fondamentale, et nécessaire à l'intégrité du sacrifice, pour que la Mīmāṃsā refuse sur cette base aux divinités elles-mêmes le droit de sacrifier : à quelles autres divinités pourraient-elles en effet s'adresser ? Voir sur ce point les *Mīmāṃsāsūtra* 6.1. 4-5 avec le commentaire de Śabara et l'article de F.-X. Clooney, « *Devatādhikaraṇa* : a Theological Debate in the Mīmāṃsā-Vedānta Tradition », *Journal of Indian Philosophy* 16, 1988, p. 277-298.

compte de l'efficacité primordiale du sacrifice, garantie par l'autorité du Veda. Le sacrifice n'est donc pas « vénération de la divinité » (*devatāpūjā*), comme certains le supposent, mais simple abandon d'une substance *pour* une divinité. Or l'être purement verbal de la divinité – le fait qu'elle puisse être invoquée – suffit à accomplir cette fonction « dative ». Que le nom du dieu corresponde ou non à une réalité indépendante importe finalement assez peu, puisqu'un sacrifice ainsi « orienté » par le nom divin peut très bien s'en passer : c'est le sacrifice lui-même, et non la divinité à laquelle il s'adresse, qui produit un résultat[1]. Cette « théologie » si particulière, et si inhabituelle même en contexte indien, suffit pourtant à distinguer la position de Kumārila de celle de son grand rival Dharmakīrti, lequel un siècle plus tard niera non seulement l'existence d'un Dieu créateur, mais aussi l'efficacité des sacrifices védiques et des divinités qu'il invoque.

Note sur le texte traduit

Malgré son importance dans l'histoire du débat indien sur l'existence de Dieu, la présente section n'a à ce jour fait l'objet d'aucune étude spécifique, si l'on excepte un résumé du chapitre par Peri Sarveswara Sharma[2] et un bref (mais important) article d'Helmut Krasser[3], lequel comprend

1. *Cf. Mīmāṃsāsūtra* 9.1. 6-10.

2. P.S. Sharma, « Kumārila Bhaṭṭa's Denial of Creation and Dissolution of the World », *in* R. C. Dwivedi (éd.), *Studies in Mīmāṃsā. Dr. Mandan Mishra Felicitation Volume*, Delhi, Motilal Banarsidass, 1994, p. 53-77.

3. H. Krasser, « Dharmakīrti and Kumārila on the Refutation of the Existence of God », *in* S. Katsura (éd.), *Dharmakīrti's Thought and Its Impact on Indian and Tibetan Philosophy. Proceedings of the Third International Dharmakīrti Conference, Hiroshima, November 4-6, 1997*, Vienne, Presses de l'Académie des Sciences d'Autriche, 1999, p. 215-223.

en outre une traduction anglaise des stances 74-82ab. Les deux traductions intégrales de l'ouvrage de Kumārila, en anglais par Gaṅganātha Jhā (Calcutta, 1908, ouvrage réimprimé sans changement à Calcutta en 1985) et en japonais par Megumu Honda (Kyōto, 1996)[1], incluent bien entendu les stances ici traduites, et on a fait largement usage de la première. H. Krasser[2] signale également l'existence d'une traduction anglaise inédite des stances 42cd-114ab par Alexis Sanderson, à laquelle je n'ai malheureusement pas eu accès. La traduction qui suit est cependant la première d'un texte de Kumārila en français. Le texte traduit est celui de l'édition de Rāmaśāstrī Tailaṅga, publiée à Bénarès en 1898-1899, dont je conserve également la numérotation (même si celle-ci pourrait être améliorée à l'occasion, notamment pour rendre compte des stances à six vers, et non quatre)[3]. L'espace réservé à l'annotation

1. Voir les références complètes de ces deux ouvrages en bibliographie. L'article de M. Honda, « Kumārila no Sōzōshu Hihan » (« La critique par Kumārila du Dieu Créateur ») (1990), comprend une première traduction en japonais d'une sélection de stances issues de la section *Saṃbandhākṣepaparihāra* du *Ślokavārttika* (stances 44-71, 78, 82, 85, 113-114 et 116), plus tard incluse dans la traduction japonaise intégrale de l'ouvrage.

2. H. Krasser, « Dharmakīrti and Kumārila on the Refutation of the Existence of God », art. cit., p. 219, note 11.

3. *The* Mīmāṃsāślokavārttika *of Kumārila Bhaṭṭa with the commentary called* Nyāyaratnākara *by Pārthasārathi Miśra*, texte édité par Rāmaśāstrī Tailaṅga, Bénarès, Vidya Vilas Press, 1898-1899 (The Chowkhambā Sanskrit Series n° 3). L'extrait et son commentaire par Pārthasārathi Miśra occupent les pages 649-674 de cette édition. Comme l'a montré en détail K. Kataoka (cf. *Kumārila on Truth, Omniscience, and Killing. Part 1 : A Critical Edition of* Mīmāṃsā-Ślokavārttika *ad 1.1. 2 (Codanā-Sūtra)*, Vienne, Presses de l'Académie des Sciences d'Autriche, 2011, p. XXV-XXXVII), les nombreuses éditions ultérieures du texte de Kumārila et de son commentaire n'utilisent aucune source manuscrite nouvelle, et sont sans valeur éditoriale indépendante.

du texte traduit étant limité, il ne m'a pas été possible de faire autant qu'il aurait été souhaitable référence aux deux commentaires indiens conservés pour cette section : la *Kāśikā* (« Glose de Bénarès ») de Sucarita Miśra (seconde moitié du Xe siècle), préservée pour la présente section uniquement sous forme manuscrite[1], et le commentaire légèrement plus tardif de Pārthasārathi Miśra (XIe-XIIe siècle), imprimé dans la plupart des éditions courantes du *Ślokavārttika*[2]. Ces deux gloses ont cependant été systématiquement consultées, et c'est généralement à la première, beaucoup plus précise et détaillée, qu'il m'a fallu donner raison en cas de désaccord.

1. Le texte du commentaire de Sucarita Miśra établi pour les besoins du présent travail, préliminaire à une première édition du texte, est pour l'essentiel une simple transcription du manuscrit TR 66.6 (p. [2945-3054]) conservé à l'Adyar Library and Research Centre (Chennai, Tamil Nadu), dont la pagination est indiquée entre crochets. Je remercie vivement le conservateur en chef et le personnel de la bibliothèque de l'Adyar pour m'avoir permis de réaliser, en 2016, une copie numérique de cet important document. Pour davantage de détails sur les manuscrits aujourd'hui disponibles du commentaire de Sucarita, voir notamment l'article de T. Shida, « On the Testimonies of the *śabda(nityatā)dhikaraṇa* Section of the *Ślokavārttikakāśikāṭīkā* », *Journal of Indian and Buddhist Studies* 61.3 (2013) : 1108(50)-1113(55).

2. Le commentaire le plus ancien qui nous soit parvenu sur le *Ślokavārttika*, la *Tātparyaṭīkā* d'Umbeka Bhaṭṭa (VIIIe siècle), n'est malheureusement pas disponible pour la section *Saṃbandhākṣepaparihāra*, pas plus que le commentaire (non daté) de Jayamiśra sur les portions non couvertes par Umbeka, nommé *Śarkarikā*. Le commentaire de Pārthasārathi est cité d'après l'édition du *Ślokavārttika* par Rāmaśāstrī Tailaṅga (*op. cit.*).

GLOSE VERSIFIÉE [SUR LE COMMENTAIRE DE ŚABARASVĀMIN]

[1. CONTEXTE GÉNÉRAL : LA RELATION DE SIGNIFICATION EST SANS COMMENCEMENT]

41. La relation (*saṃbandha*) [entre la parole et son objet], pour toute personne qui ne la connaît pas, est établie en vertu de son établissement antérieur [pour quelqu'un d'autre], c'est pourquoi il n'existe pas de commencement à cette relation[1].

42. La production [de la relation de signification] à chaque acte d'énonciation a déjà été réfutée dans le Commentaire [de Śabarasvāmin][2]. Qui plus est, sa confection

1. C'est là la thèse principale de l'auteur dans cette section de l'ouvrage. L'« établissement antérieur » de la relation est celui des aînés (*vṛddha*), qui enseignent à l'enfant qu'« il est courant d'employer tel mot à propos de tel objet » (*atrārthe 'yaṃ śabdaḥ prasiddhaḥ* – *Kāśikā* p. [2945]).

2. Il s'agit du Commentaire de Śabarasvāmin sur les aphorismes de la Mīmāṃsā (*Mīmāṃsāsūtra*) attribués à Jaimini, dont l'ouvrage de Kumārila constitue une glose versifiée. Kumārila fait ici référence à une affirmation qu'on trouve dans une section ultérieure du commentaire de Śabara, à savoir le chapitre sur l'éternité des sons (*śabda-nityatā*). Voir le *Bhāṣya* sur le *Mīmāṃsāsūtra* 1.1. 18 : *na cātraikenoccāraṇayatnena saṃvyavahāraś cārthasaṃbandhaś ca śakyate kartum* ; « Il est impossible, par un unique effort d'énonciation, de produire aucune communication, ni aucune relation avec un quelconque objet » (texte cité d'après K. Kataoka, « A Critical Edition of *Śābarabhāṣya* 1.1. 6-23 » ; *The Memoirs of the Institute of Oriental Culture* 152, 2007, p. 70 ; texte plus ou moins équivalent dans l'édition de Subbaśāstrī, vol. 1, p. 86).

ne peut avoir eu lieu au commencement de la création, car on n'admet pas qu'un tel moment ait jamais existé.

43-44ab. [On objecte :] « Supposons que quelqu'un, au commencement, ait d'abord créé le monde, le mérite et le démérite et leurs moyens de réalisation respectifs et que, pour le bien de ce monde, il ait mis en usage la parole, son objet, leur relation, [ainsi que] les Vedas ; aucun défaut n'affecterait le Veda dans cette hypothèse ! »[1].

44cd. Mais [cette hypothèse] est tout aussi difficile à prouver que celle d'un Être Omniscient[2], c'est pourquoi

1. Cette hypothèse pourrait certes se réclamer de nombreux passages des Écritures brahmaniques, voire de certains textes védiques, comme celui que cite Śabara dans son commentaire à l'aphorisme 3.3. 2 de Jaimini : *prajāpatir vā idam eka āsīt. sa tapo 'tapyata. tasmāt tapas tepānās trayo devā asṛjyanta – agnir vāyur ādityaḥ. te tapo 'tapyanta. tebhyas tepānebhyas trayo vedā asṛjyanta – agner ṛgvedo vāyor yajurveda ādityāt sāmavedaḥ* ; « Au commencement, tout cela était Prajāpati, l'Unique. Il pratiqua l'ascèse et de lui, qui pratiquait l'ascèse, furent créées trois divinités (*deva*) : Agni (= le feu), Vāyu (= le vent) et Āditya (= le soleil). Elles pratiquèrent l'ascèse, et de ces trois [divinités], qui pratiquaient l'ascèse, furent créés les trois Vedas : d'Agni le *Ṛgveda*, de Vāyu le *Yajurveda*, et d'Āditya le *Sāmaveda* » (éd. Subbaśāstrī vol. 2, p. 806). Il est cependant plus probable, comme le suggère le commentaire de Sucarita (p. [2947-2950]) et comme la suite du texte semble le confirmer, que Kumārila songe moins à tel ou tel passage des Écritures qu'à leur réélaboration philosophique par l'école atomiste du Vaiśeṣika. Voir « introduction ».

2. L'hypothèse d'un Être Omniscient est au fondement de doctrines religieuses qui, à l'instar du bouddhisme ou du jaïnisme, considèrent que l'autorité des textes sacrés découle directement de celle de la personne qui les professe, le Bouddha par exemple. Cette hypothèse philosophique est réfutée en détail par Kumārila dans son commentaire au second chapitre du *Bhāṣya* de Śabara sur les *Mīmāṃsāsūtra* (commentaire à l'aphorisme 1.1. 2), qui reflète plus généralement l'attitude férocement hostile de Kumārila à l'égard des religions « à fondateur » (notamment du bouddhisme). Sur cette critique, on consultera V. Eltschinger, *Penser l'autorité des Écritures. La polémique de Dharmakīrti contre la notion brahmanique orthodoxe d'un Veda sans auteur*, Vienne, Presses de

mieux vaut ne pas y avoir recours dans le présent contexte[1].

[2. DIEU N'EST PAS L'AUTEUR DE LA CRÉATION. CRITIQUE DE LA THÈSE DU NYĀYA-VAIŚEṢIKA]

[*Comment connaître Dieu avant la création ?*]

45-46. Alors que tout cet [univers] n'existait pas, dans quelle condition (*avasthā*) doit-on concevoir qu'existait Prajāpati [= le Dieu créateur], en quel lieu (*sthāna*), et sous quelle forme (*kiṃ rūpam*) pouvait-il être connu[2] ? Qui pouvait alors le connaître et qui, le connaissant, aurait pu le faire connaître [à d'autres] ? Or, à moins qu'il n'ait été saisi [par quelqu'un], comment peut-on être certain de tout cela[3] ?

[*La création est impensable si Dieu n'a pas de corps*]

47. Comment, par ailleurs, comprendre la première mise en branle (*pravṛtti*) de l'univers ? Sans un corps et

l'Académie des Sciences d'Autriche, 2007, p. 38-46 et K. Kataoka, *Kumārila on Truth, Omniscience and Killing*, Vienne, Presses de l'Académie des Sciences d'Autriche, 2011.

1. C'est de cette manière que Kumārila introduit le problème fondamental qui l'occupera désormais jusqu'à la fin de cette section, à savoir celui de l'existence de Dieu.

2. Je corrige ici l'édition de Bénarès, qui lit *kiṃrūpaṃ* (« quelle forme ? ») en composé, en suivant l'analyse de Sucarita (*bandhamokṣayoḥ kim asya rūpam* – p. [2953]). Les deux commentaires ne s'accordent pas sur la difficulté ici soulignée par Kumārila : pour Sucarita, il s'agit de savoir si Dieu sur le point de créer est soumis au *saṃsāra* ou en est libéré (*mukta*), alors que pour Pārthasārathi c'est la présence ou non d'un corps qui fait problème.

3. Le référent du pronom *etad* n'est pas entièrement clair. Je l'interprète comme désignant globalement le processus créateur décrit dans les stances 43-44ab.

[des organes sensoriels et d'action][1], comment [Dieu] aurait-il pu concevoir le désir (*icchā*) même de créer ?

48-49ab. Si [l'on suppose] qu'il possédait bien un corps et [des organes], [nous répondons que] la production de ce [corps, etc.] tout au moins n'est pas le fait du [désir originel de Dieu] ; il s'ensuit la supposition indésirable d'un autre [Dieu] similaire à lui[2]. Si l'on admet [pour l'éviter] qu'il [= le corps de Dieu] est éternel, de quoi sera-t-il donc fait [avant la création,] alors que [les éléments] comme la terre n'avaient pas encore été produits ?

[*Le problème de la souffrance*]

49cd. Qui plus est, on ne s'explique pas le désir qu'aurait [Dieu] d'une création qui n'est pour l'essentiel que souffrance pour les êtres vivants.

[*Pas de création sans instrument ni support*]

50. De plus, aucun moyen de réalisation (*sādhana*) – mérite, [démérite] – n'existait alors pour [Dieu] ; or aucun agent ne crée quoi que ce soit sans un moyen de réalisation.

1. L'anthropologie indienne regroupe sous la catégorie d'« organe [sensoriel ou d'action] » (*indriya*) les cinq organes correspondant aux cinq facultés sensorielles (vue, ouïe, odorat, toucher, goût) et les cinq principaux instruments d'action (parole, mains, pieds, anus, organes génitaux). C'est à ces deux séries, ajoutées au corps fait des quatre éléments grossiers (terre, feu, eau, air), que fait référence Kumārila lorsqu'il évoque de manière répétée « le corps, etc. » (*śarīrādi*).

2. La supposition d'un autre être divin capable de créer le corps de Dieu du fait de son propre désir est, techniquement parlant, une « supposition indésirable » (*prasaṅga*) car ce second Dieu, par le même raisonnement, aurait besoin à son tour d'un corps pour créer, lequel devrait lui-même être créé par un troisième être divin ; on aboutit ainsi à une régression à l'infini (*anavasthā*).

51. Même pour l'araignée [qui tisse sa toile de sa propre substance][1], on n'admet pas qu'elle crée sans aucun support (*ādhāra*) ; d'ailleurs, sa salive n'opère [pour tisser cette toile] qu'après qu'elle a consommé [d'autres] êtres vivants.

[*Le motif de la création et la théodicée*]

52. Qui plus est, [Dieu au moment de créer] n'est pas sujet à la compassion (*anukampā*), en l'absence d'aucun objet qui pourrait éveiller cette compassion[2] ; de plus, celui qui est mû par la compassion ne saurait créer que de belles choses (*śubha*).

53-54ab. On objectera qu'aucune création (*sṛṣṭi*), ni [d'ailleurs] aucun maintien dans l'existence (*sthiti*), ne sont concevables sans quelque vice (*aśubha*) ; mais qu'on y pense ! Celui dont le moyen de réalisation (*abhyupāya*) ne dépend que de lui-même, que ne pourrait-il pas accomplir ? En effet, si [Dieu en créant] dépendait de [quoi que ce soit d'autre], sa liberté (*svātantrya*) en serait d'autant diminuée.

54cd-55. Supposons maintenant que [Dieu] n'ait pas créé le monde, que lui resterait-il à désirer qui ne soit déjà réalisé ? Or même un simple d'esprit n'agit pas sans un

1. Analogie fréquemment usitée dans les Upaniṣad pour penser la création par un être de sa propre substance, sans l'aide d'un matériau extérieur. Le passage le plus célèbre est peut-être cette belle stance de la *Muṇḍaka-Upaniṣad* 1.1. 7 citée par Sucarita : *yathorṇanābhiḥ sṛjate gṛhṇate ca, yathā pṛthivyām oṣadhayaḥ saṃbhavanti* | *yathā sataḥ puruṣāt keśalomāni, tathākṣarāt saṃbhavatīha viśvam* || ; « De même que l'araignée émet et résorbe (son fil), de même que les plantes naissent de la terre, les poils et les cheveux de l'homme vivant, de même ici-bas tout naît de l'Impérissable » (trad. fr. J. Maury, Paris, Maisonneuve, 1943, p. 8).

2. Les deux commentateurs considèrent ici que l'objection ne repose pas sur l'absence pure et simple d'êtres autres que Dieu (un argument en soi également concevable), mais sur l'état libéré des êtres autres que Dieu, qui les préserve de toute souffrance.

quelconque motif ! Si [Dieu] agissait tout de même dans ces conditions[1], quel usage aurait-il encore de sa pensée (*caitanya*)[2] ?

56-57ab. Et même si son activité avait lieu par simple jeu (*krīḍā-artha*), son état de [perpétuelle] satisfaction (*kṛta-arthatā*) en pâtirait, de plus une très grande fatigue résulterait assurément d'une opération aussi profuse ! En outre, son désir de résorption (*saṃjihīrṣā*) serait lui aussi dépourvu de toute raison[3].

[*La connaissance de Dieu comme auteur de la création est impossible ; le sens des énoncés théologiques du Veda*]

57cd-58ab. Qui plus est, nul ne peut connaître [Dieu] à aucun moment[4]. [En effet,] quand bien même nous pourrions [à présent] le saisir dans son existence (*svarūpa*),

1. C'est-à-dire : sans motif.

2. Toutes les écoles indiennes théistes insistent en effet sur le caractère « conscient » (*cetana*) de Dieu, qui le distingue d'un principe « inconscient » (*acetana*) comme la Nature Primordiale (*prakṛti*) du système Sāṃkhya (cf. *infra*, p. 300, n. 1), entité aveugle de laquelle évolue le monde sans aucun motif qui lui serait inhérent.

3. L'argument n'est identique qu'en apparence à celui qui sera formulé plus avant, dans la stance 68. En effet, la question n'est pas ici celle du motif de la dissolution cosmique (*pralaya*) en général, mais celle de savoir pourquoi Dieu, s'il crée l'univers simplement « par jeu », devrait à un certain point cesser cette activité pourtant accomplie pour son propre plaisir.

4. Comme le suggère Sucarita (*Kāśikā* p. [2969]), on infère de l'absence de perception de Dieu au moment présent l'absence de sa perception par le passé. Un argument similaire avait été employé par Kumārila dans la section de son commentaire sur l'injonction, contre la supposition d'un Être Omniscient (voir le commentaire au *Mīmāṃsāsūtra* 1.1. 2, stance 117).

nous ne le connaîtrions pas en tant que créateur [de l'univers][1].

58cd-60. Quant aux êtres vivants [qui vécurent] aux premiers temps de la création, que pouvaient-ils bien alors connaître ? Ils ne pouvaient, premièrement, pas répondre à la question « D'où venons-nous ? », pas plus qu'ils ne connaissaient l'état du monde antérieurement [à la création], ou encore le fait qu'il avait été créé par Prajāpati. Et la connaissance même qu'ils ont pu acquérir par la parole [de Dieu] n'était pas parfaitement certaine, car il se peut tout à fait que, sans avoir rien créé, Il ait néanmoins prétendu [avoir créé l'univers] afin de manifester sa propre puissance (*aiśvarya*).

61. De même, le Veda, s'il présuppose le [Créateur] (*tat-pūrva*)[2], est lourd de soupçons lorsqu'il s'agit de faire connaître Son existence, et ne saurait donc être un moyen de connaissance valide [le concernant][3]. [Et s'il ne le présuppose pas] comment concevoir qu'une [parole]

1. La raison probable de cette affirmation est que l'opération (*vyāpāra*) divine n'est pas perceptible, au contraire d'une opération clairement observable comme celle du potier, par exemple, qui nous permet de l'identifier aisément comme le créateur du pot. Voir *Kāśikā* p. [2969].

2. Entendons : s'il est créé par Dieu, et n'est pas éternel (*nitya*). L'hypothèse alternative, l'éternité du Veda, est prise en compte dans la seconde partie de cette stance.

3. Kumārila pourrait avoir ici à l'esprit l'un des nombreux passages du Veda qui traitent de la création de l'univers et des Veda par Prajāpati, dont on a déjà cité un exemple (*supra* n. 28). Le raisonnement est le même que dans les deux stances précédentes : si Prajāpati est l'auteur des Veda, une telle affirmation nous fait douter qu'il est bien le créateur de l'univers comme ils le prétendent, car il pourrait s'agir là simplement d'une ruse pour asseoir sa puissance.

éternelle (*nitya*) opère [pour faire connaître une entité qui ne l'est pas][1] ?

62. [En effet,] si le [Veda] existait avant même l'objet [qu'il est censé décrire, Dieu créateur], il ne peut avoir de relation avec lui[2] ; son objet doit alors être différent, à savoir d'inciter (*prarocanā*) une autre personne [à accomplir un acte prescrit][3].

63-65. De fait, une telle confusion[4] se produit parfois dans l'esprit des gens du fait d'énoncés exprimant une louange (*stuti*) : une parole, lorsqu'on ne reconnaît pas son ordonnancement [dans un certain contexte], produit [immanquablement] une idée différente [de ce qu'elle vise originellement]. Pour nous [= Mīmāṃsakas], le [Mahā] bhārata et autres [textes épiques], à l'instar du Veda, ne font qu'enseigner le devoir religieux (*dharma*) et les autres [buts de l'homme] sous forme de récits et autres [genres

1. Cf. *Kāśikā* p. [2972] : *nityasya tu nānityapratipādane vyāpāraḥ saṃbhavati* ; « On ne saurait concevoir qu'une entité éternelle opère pour faire connaître une entité qui ne l'est pas. ».

2. Entendons : Dieu créateur ne peut être ce à quoi le Veda fait référence en priorité.

3. Alors que Prajāpati n'avait pas encore créé l'univers, le but des énoncés védiques traitant de la Création (cosmogonies, etc.) ne pouvait être réellement de décrire l'acte créateur. On doit donc interpréter ces énoncés dans un sens figuré, à savoir comme une simple louange (*stuti*) du sacrifice et des divinités, au service des portions prescriptives des textes sacrés. C'est là une théorie généralement acceptée par la Mīmāṃsā lorsqu'il s'agit d'interpréter ce type de passages, qualifiés globalement de « discours sur les choses » (*arthavāda*) : mythologie, étymologies, narrations étiologiques, etc. Sur la notion d'*arthavāda* et sa place dans le système méta-exégétique brahmanique, voir H. David, *Une Philosophie de la Parole*, Paris-Vienne, École française d'Extrême-Orient-Presses de l'Académie des Sciences d'Autriche, 2020, p. 48-50.

4. C'est-à-dire, la confusion consistant à prendre par erreur un énoncé de louange pour une phrase simplement descriptive ou le récit d'un événement passé.

littéraires], c'est donc la même erreur qui en résulte[1]. Puisqu'un simple récit est sans réelle utilité, c'est qu'il doit y avoir dans chacun d'entre eux un énoncé védique sujet de louange ou de blâme, ou encore [une action] recommandée par l'[épopée] elle-même.

66. Qui plus est, si le Veda était mû pour la première fois [par le Créateur], on ne pourrait avoir l'idée qu'il est incréé, et le fait même qu'il demeure en Prajāpati durant les périodes de dissolution cosmique serait sujet au doute[2].

67. Si maintenant on suppose que le Créateur, la création et la destruction [de l'univers] sont sans commencement (*anādi*)[3], cette supposition ne serait correcte que si l'on constatait, à présent, [la création et la disparition des Vedas]

1. La thèse exégétique avancée ici par Kumārila s'oppose tant à une lecture « historique » des textes épiques qu'à une lecture « littéraire » en termes de simple fiction narrative. L'épopée, tout comme le Veda, a pour but premier d'enseigner la bonne conduite ; l'apparence narrative de certains passages doit donc être interprétée comme ayant une visée purement pédagogique.

2. L'argument cherche à parer à une objection qu'on peut formuler comme suit : certes, le Veda est éternel (*nitya*), néanmoins les énoncés sur la Création peuvent être pris littéralement, comme faisant référence à sa première « mise en branle » (*pravṛtti*) – c'est-à-dire, sa première énonciation ou manifestation – par Prajāpati au commencement du monde. Mais si c'est bien le cas, la question se pose : Prajāpati énonce-t-il un Veda éternel qu'il a simplement « vu », ou le crée-t-il de toutes pièces ? Et comment avoir foi dans son énoncé ? Les mêmes soupçons qui frappaient l'énoncé de Prajāpati dans l'hypothèse d'un Veda créé *ex nihilo* (*cf.* stance 61) se posent donc ici à nouveau.

3. À l'hypothèse d'une éternité du Veda au sens d'une « éternité absolue » (*kūṭastha-nityatā*), l'objecteur ici mis en scène par Kumārila oppose celle d'une éternité faite de créations et de dissolutions périodiques (*pravāha-nityatā*), comparable à la succession sans commencement des jours et des nuits cosmiques (*cf. Kāśikā* p. [2976]). Cette distinction lui permet de maintenir à la fois l'idée d'une création (périodique) du Veda par Prajāpati – et donc une lecture « littérale » des énoncés sur la création – et celle de son éternité, une fois cette dernière correctement comprise.

comme [on constate la création et la disparition] des créatures[1].

[*La dissolution (pralaya), tout comme la création, manque d'une preuve et d'un motif, et elle est en contradiction avec la loi du karman*]

68. Nous ne voyons pas davantage de preuve d'une dissolution [de l'univers] qui consisterait dans l'extirpation de [l'existence de] toute chose (*sarvoccheda*) ; il ne saurait d'ailleurs y avoir de motif suffisant pour une telle action de Prajāpati.

69-70. Par ailleurs, on ne comprend pas comment les possesseurs d'actes [passés] (*karman*)[2] pourraient être maintenus dans l'existence (*sthiti*) [après la dissolution cosmique] sans jouir [du fruit de leurs actions] ; en effet le fruit provenant d'un certain acte ne saurait être bloqué par un autre acte[3]. Et on ne peut pas davantage expliquer

1. En réponse à l'objection formulée (*cf.* note précédente), Kumārila fait observer que la naissance et le dépérissement des êtres, d'où l'on tire l'idée de période de création et de dissolution cosmique, est un fait d'observation. La transmission du Veda opère cependant sur un autre mode : le Veda ne « naît » pas, et ne « périt » pas, sa permanence étant assurée par sa transmission de la bouche du maître à celle du disciple dans une succession ininterrompue. C'est la même observation qui permet à Kumārila d'inférer une éternité du Veda au sens strict, puisqu'on n'observe ni commencement ni fin à cette tradition. Voir *Ślokavārttika* (*vākya°*), *k.* 366.

2. Notons que le terme *karman* (« l'acte ») désigne moins ici l'action elle-même que son produit immédiat – mérite (*dharma*) ou démérite (*adharma*) –, dont l'accumulation conduit à terme à la « jouissance » (*bhoga*, *upabhoga*) du fruit des actions accomplies.

3. Kumārila fait fond ici sur deux principes bien admis par les tenants de la loi du *karman*, à savoir que l'existence des sujets transmigrants s'explique par la venue à maturité du fruit d'un acte passé méritoire ou blâmable, et celui, conjoint, qu'un acte venu à maturité ne peut être

comment tous [ces actes] se maintiendront dans l'existence [pendant la période de dissolution] sans porter leur fruit ; il est clair en effet que l'absence de jouissance [d'un quelconque fruit] (*anupabhoga*) ne saurait en soi constituer le fruit d'une quelconque action.

71-73. Si [lors de la dissolution] tous les actes sont détruits, on ne voit pas comment une nouvelle création pourrait jamais avoir lieu[1] ; quant à la manifestation (*abhivyakti*) d'actes [neutralisés, mais non détruits], quelle pourrait bien, à ce moment-là, en être la cause ? Si l'on prétend qu'il s'agit du simple désir de Dieu, que ce désir soit donc [plutôt admis comme] la cause de l'univers ! En effet, si [l'univers] est tout entier soumis au seul bon vouloir divin, la supposition d'actes [subsistant et portant leur fruit] est sans avantage. De plus, le désir même de Dieu ne peut venir à l'existence sans une cause. En suppose-t-on une ? C'est elle qui sera [la cause] des créatures !

[*L'argument d'Aviddhakarṇa : doit-on supposer une cause intelligente des agencements complexes de parties que sont les corps ?*]

74. Quant à celui qui voudrait prouver que la production de corps pourvus d'un certain agencement (*saṃniveśa*) – à l'instar d'un bâtiment, par exemple – doit être gouvernée

supprimé que par la jouissance du fruit (positif ou négatif) de l'acte par le sujet de cet acte. C'est ce double principe qui l'amène à rejeter la neutralisation du fruit de l'acte par la résorption divine, comme plus loin (stances 94-96) la suppression des actes passés par la connaissance salvifique (*jñāna*).

1. C'est en effet, selon les écoles théistes, la jouissance des actions passées qui justifie une nouvelle création, occasion notamment de la production des corps, qui sont les lieux de cette jouissance.

(*adhiṣṭhā*) par [un] être doué d'intelligence, voici ce qu'on lui répond[1] :

75-76. Si l'on entend par « gouverner » le simple fait, pour une [personne], d'être la cause (*hetu*) [d'un phénomène], cette [qualité] est établie pour tous les êtres vivants (*jīva*), [qui sont la cause de la totalité des effets] au moyen de leurs actes [lorsque ces derniers portent leurs fruits][2], c'est donc un pur truisme (*siddha-sādhana*)[3]. Même dans

1. La réponse de Kumārila à cet argument fameux occupe les stances 75-82ab de la présente section. Ce passage a été bien étudié et traduit en anglais par H. Krasser (« Dharmakīrti and Kumārila on the Refutation of the Existence of God », art. cit., p. 219-221), lequel démontre également son utilisation par Dharmakīrti dans sa propre réfutation de l'existence de Dieu dans le *Pramāṇavārttika* (chapitre II, stances 8-16). L'attribution de l'argument à Aviddhakarṇa, auteur ancien dont les œuvres ne nous sont pas parvenues, est établie quelque deux siècles après Kumārila par le philosophe bouddhiste Kamalaśīla (*cf.* H. Krasser, « Dharmakīrti and Kumārila ... », art. cit., p. 216). L'argument d'Aviddhakarṇa, qui n'est pas sans rappeler la cinquième preuve de Thomas d'Aquin, part de l'idée que les corps naturels qui constituent l'univers (les animaux, les plantes, etc.) ne sont pas de simples amas d'atomes sans organisation, mais des « agencements » (*saṃniveśa*) de constituants ordonnés, servant une fin déterminée. Cette caractéristique les rend comparables à des objets artificiels comme un bâtiment, un pot ou un chariot – les exemples classiquement cités dans ce contexte par les auteurs indiens –, pour lesquels l'existence d'un constructeur doué de pensée ne fait pas problème. Elle permet ainsi d'inférer le « gouvernement » (*adhiṣṭhāna*) des corps naturels par un être conscient, qui n'est autre que Dieu. Pour une formulation plus complète de l'argument d'Aviddhakarṇa d'après les sources bouddhiques, voir H. Krasser, *Śaṅkaranandana's* Īśvarāpakaraṇasaṅkṣepa, *mit einem Kommentar und weiteren Materialen zur Buddhistischen Gottespolemik*, vol. 2, Vienne, Presses de l'Académie des Sciences d'Autriche, 2002, p. 34-35.

2. Sur la notion d'« acte » portant ses fruits, voir la section précédente p. 294, n. 2.

3. La preuve d'Aviddhakarṇa établit l'existence, non pas spécifiquement de « Dieu », mais seulement d'un (ou plusieurs) être(s) conscient(s) ; c'est de cette généralité, et de la notion selon lui trop vague de « gouvernement » (*adhiṣṭhāna*), que se sert ici Kumārila pour étendre

l'hypothèse où [l'on entend par « gouverner » le fait d'être une cause] précédée [dans son opération] par un désir[1], [l'argument reste un pur truisme] dans la mesure où les actes [portant leur fruit] sont également précédés [par un désir]. Quant à l'effectuation [de l'effet] à la suite *immédiate* d'un désir, elle n'est même pas attestée dans l'exemple [du bâtiment][2] !

77-78. De plus, la raison inférentielle que vous invoquez n'est pas concluante (*anekānta*), si l'on prend en considération [une entité] comme le corps de [Dieu] ; [en effet,] son corps est bien un produit, tout comme le nôtre, du simple fait qu'il est un corps[3]. Si [l'on objecte que] le corps [de Dieu] est lui aussi gouverné par [l'être divin], et qu'il n'est donc pas un contre-exemple (*vipakṣa*), [nous répondons] qu'il

l'argument à *tous* les êtres conscients, et non au seul être divin comme le voudrait son adversaire théiste.

1. Cette hypothèse cherche à éviter la difficulté précédente, en distinguant l'opération « aveugle » de la rétribution karmique de celle, consciente et organisée, de l'être divin.

2. Comme le souligne justement Sucarita (*Kāśikā*, p. [3000]), la faute logique ici dénoncée est celle qu'on nomme techniquement « exemple privé de la propriété à démontrer » (*sādhyavikalo dṛṣṭāntaḥ*). En effet, dans l'exemple donné dans la stance 74, le bâtiment n'est pas le produit *immédiat* du désir de l'ingénieur, mais le résultat de multiples étapes de construction. La situation n'est donc pas très différente, toutes proportions gardées, de celle de Dieu s'appuyant dans son œuvre créatrice sur le mécanisme de la rétribution karmique. Or, comme vient de le montrer Kumārila, celle-ci une fois admise peut tout à fait se passer de l'intervention du désir divin.

3. Autrement dit, le corps de Dieu constitue une exception (*vyabhicāra*) au raisonnement d'Aviddhakarṇa. Ce corps est en effet, comme n'importe quel autre, un produit pourvu d'un certain agencement. Cette production ne peut cependant être soumise au gouvernement de Dieu dans la mesure où, comme le souligne Kumārila dans les lignes qui suivent, la qualité de « gouvernant » présuppose avant tout la possession d'un corps permettant d'agir sur d'autres entités. La preuve n'est donc pas « concluante », au sens où elle établirait à coup sûr ce qu'elle doit démontrer.

[= Dieu] (*asau*)[1] ne peut exercer son gouvernement [sur quelque être que ce soit] sans un corps, [car il serait alors] identique aux âmes libérées [lesquelles sont dépourvues de corps et n'agissent pas][2].

79. Qui plus est, si vous admettez qu'un pot, par exemple, est gouverné par son potier, alors [la production des corps] ne sera pas gouvernée par Dieu[3] ; dira-t-on

1. J'adopte ici la variante *nāsau*, signalée dans la première édition du texte, en lieu et place de la lecture *nātmā* choisie par l'éditeur (choix identique dans Krasser, « Dharmakīrti and Kumārila on the Refutation of the Existence of God », art. cit., p. 220). Cette lecture semble en effet confirmée par la paraphrase de Pārthasārathi Miśra (*The* Mīmāṃsāślokavārttika *of Kumārila ..., op. cit.* p. 661, l. 5-6 : *svaśarīram adhitiṣṭhann asāv aśarīraḥ sann adhitiṣṭhet*...). C'est l'impossibilité pour un créateur dépourvu de corps d'exercer aucun effort (*prayatna*) qui justifie, selon Pārthasārathi, le rejet par Kumārila de l'hypothèse d'un contrôle exercé par Dieu sur son propre corps.

2. Selon la sotériologie du Nyāya-Vaiśeṣika, les âmes libérées sont des âmes qui ne sont plus soumises à la loi du *karman*, et n'ont donc plus d'emprise sur l'univers créé. Ma traduction diffère ici de celle de Krasser (« Dharmakīrti and Kumārila on the Refutation of the Existence of God », art. cit., p. 220 ; « for he would have to be a governor without a body, like any other liberated soul »), qui semble attribuer aux âmes libérées la propriété de gouverner sans l'intermédiaire d'un corps. Il me semble plus probable que Kumārila maintient ici fermement le principe selon lequel on ne peut gouverner sans un corps, et dénie de ce fait aux âmes libérées toute capacité d'action. Voir sur ce point la *Kāśikā* (p. [3001]) : *neśvaraḥ svaśarīrasyādhiṣṭhātā, aśarīratvān muktātmavad* ; « Dieu ne gouverne pas [la fabrication de] son propre corps, car il est dépourvu de corps [dans cette opération], à la manière des âmes libérées ».

3. Le pot joue, dans l'inférence d'Aviddhakarṇa, une fonction d'exemple (*dṛṣṭānta*) rigoureusement identique à celle du bâtiment évoqué lors de sa première formulation dans la *k.* 74. Or, si l'on se conforme à la logique de ces exemples, l'agencement des parties du pot ou du bâtiment ne permet pas d'inférer leur cause ultime (Dieu, dans l'hypothèse théiste), mais bien la cause *immédiate* qui préside à l'organisation finalisée de leurs parties, à savoir le potier ou l'architecte. Il en va de même de la production des corps (le sujet de l'inférence) à partir des atomes : celle-ci sera gouvernée par une cause immédiate qui leur correspond, et non par le Créateur de l'univers pris comme un tout.

qu'elle l'est bel et bien ? La propriété à prouver est dans ce cas absente [de l'exemple du pot][1].

80. Et si l'exemple est pris tel quel (*yathā-siddha*), la raison inférentielle devient contradictoire (*viruddha*) ; la conséquence indésirable en est que [les corps, etc.] auront pour auteur un être non-divin, périssable, etc.[2].

81-82ab. Si, enfin, l'on s'imagine[3] que l'opération de [Dieu] est sans commune mesure avec [celle du] potier, etc. [mais a lieu du fait de son seul désir][4], [nous demandons :] comment une entité sans intelligence[5] pourrait-elle se conformer à un désir ? C'est pourquoi il est impossible que

1. Afin de parer à l'objection précédente, Kumārila propose de considérer que l'inférence d'Aviddhakarṇa ne prouve pas seulement que les corps sont « gouvernés », mais bien spécifiquement qu'ils sont « gouvernés par Dieu ». La difficulté est alors que le pot ou le bâtiment ne peuvent plus servir d'exemples, puisque leur production est certes gouvernée par une intention, mais cette intention est celle du potier ou de l'architecte, et non pas celle de Dieu.

2. La raison inférentielle proposée n'est pas seulement « inconclusive » (*anekānta*), elle est encore « contradictoire » (*viruddha*), en ce qu'elle prouve le contraire de ce qu'elle est censée établir, à savoir l'inexistence de Dieu. En effet, l'exemple du pot suggère l'existence d'un être conscient, mais, à l'instar du potier, « non-divin, non-omniscient et périssable » (*anīśvaro 'sarvavid vināśī* – *Kāśikā* p. [3003]), tout le contraire donc de celui qu'on cherche à établir.

3. J'adopte ici la leçon *kalpyate*, signalée en note de l'édition de Bénarès, et confirmée par plusieurs sources secondaires (voir aussi H. Krasser, « Dharmakīrti and Kumārila on the Refutation of the Existence of God », art. cit., p. 221, note 20), contre la lecture *kalpate* choisie par le premier éditeur du texte.

4. Quoique ce point ne soit pas entièrement clair dans la stance elle-même, les deux commentateurs sont ici unanimes pour supposer l'idée d'un agencement des atomes par Dieu du fait de son seul désir (*icchā-mātra*), sans aucun effort physique comparable à celui mis en œuvre par le potier, par exemple. La suite du texte semble confirmer cette interprétation.

5. Les entités sans intelligence dont on conteste ici qu'elles puissent obéir au désir divin sont bien sûr les atomes (*paramāṇu*), dont l'agencement, selon le Nyāya-Vaiśeṣika, aboutit à la formation des entités complexes que sont les corps (*deha*) qui constituent l'univers (*jagat*).

la production [d'objets complexes] (*ārambha*) [à partir] des atomes (*paramāṇu*) ait lieu du fait du seul désir de [Dieu].

[3. L'UNIVERS N'EST PAS UNE MODIFICATION DE DIEU. CRITIQUE DE LA THÈSE DU VEDĀNTA MONISTE]

82cd-83. Par ailleurs, il ne saurait y avoir de modification (*vikṛti*) impure d'une Personne (*puruṣa*) [en elle-même parfaitement] pure (*śuddha*)[1]. Et puisque le mérite [et le démérite] en dépendraient[2], il n'est pas logique qu'aucun tourment (*kleśa*) [affecte jamais cette Personne] par leur intermédiaire. Si l'activité [de Dieu advenait] malgré cela sous leur influence, la conséquence indésirable en serait la séparation (*vyatireka*) [de Dieu par rapport à ce qui l'influence, et l'abandon de la thèse moniste].

1. Application d'un principe largement usité par les auteurs dualistes pour réfuter les thèses monistes, selon lequel l'impur ne peut naître du pur, l'inerte de l'animé, la douleur de ce qui n'est que plaisir, etc. sans l'intervention d'une cause extérieure. Quoique le terme *puruṣa* (la « Personne ») puisse faire penser à une thèse de type Sāṃkhya, l'opinion ici critiquée se trouve en fait à l'antipode du dualisme constitutif de ce système, qui établit une distinction ferme entre la/les Personnes(s) et la Nature (*prakṛti*), et n'admet de modification que de la seconde (voir *infra*, section 4, p. 302 *sq*.). L'illusionnisme suggéré par les stances 84-85 est plutôt caractéristique du Vedānta non-dualiste (*advaita*) associé après le VIIIe siècle au nom de Śaṅkara, qui défend l'idée d'un « Soi [fait de] connaissance » (*jñāna-ātman* – *Kāśikā* p. [3005]) dont l'univers dériverait par modification illusoire. Comme le suggère le commentaire de Sucarita, il est probable que Kumārila ait eu à l'esprit des textes vedāntiques anciens de tendance théiste comme la *Śvetāśvatāropaniṣad* (3.9), laquelle désigne régulièrement le principe suprême par le terme *puruṣa*.

2. Sucarita : « lui seraient consubstantiels » (*tanmayī-bhāva* – *Kāśikā* p. [3008]).

84-85. Si [la Personne Suprême] est en elle-même essentiellement pure, puisqu'il n'existe [selon vous] aucune autre entité [mis à part cette Personne], qu'est-ce qui pourra bien provoquer l'activité de sa méconnaissance (*avidyā*), comparable à un rêve ou autre [phénomène illusoire] ? Si vous admettez que [la Personne Suprême] peut être affectée par autre chose, la thèse dualiste (*dvaita-vāda*) s'ensuivra, hélas, nécessairement. Si, au contraire, la méconnaissance lui est naturelle (*svābhāvika*), personne ne pourra jamais l'extirper !

86. Il est vrai qu'il arrive dans certains cas qu'une [qualité] naturelle soit détruite au contact [d'une entité] de nature différente[1], mais pour ces [monistes] pour qui le Soi est l'unique moyen [de délivrance], il n'existe aucune cause de nature différente.

1. L'exemple donné par les deux commentateurs est celui de la couleur des atomes de terre (*pṛthivī*) lesquels, selon la théorie physique héritée du Vaiśeṣika, sont naturellement de couleur sombre (*śyāma*) mais changent de couleur au contact du feu, comme on peut l'observer lors de la confection d'un pot en terre cuite, qui prend par la cuisson sa familière couleur rougeâtre. L'équivalent de l'action du feu dans le présent contexte sont les pratiques qui visent à supprimer la méconnaissance : « méditation, etc. » (*dhyānādi* – *Nyāyaratnākara*, p. 664, l. 7), ou encore la fameuse triade, « l'audition [des Écritures], la réflexion rationnelle et la contemplation » (*śravana-manana-nididhyāsana* – *Kāśikā* p. [3013]). Sur cette dernière, voir H. David, *Une Philosophie*..., *op. cit.*, p. 53-58. La difficulté soulignée par Kumārila est que nul n'admet, dans le camp moniste, que ces moyens de réalisation soient *réellement* distincts de la Personne Suprême comme le feu est distinct des atomes de terre qu'il modifie, puisqu'ultimement cette Personne est seule à exister.

[4. LE COMMENCEMENT DE L'ACTE ET LA DÉLIVRANCE. CRITIQUE DU DUALISME SĀṂKHYA]

[*Comment la Nature produit-elle ses premiers effets ? L'idée de production d'une cause* à *l'état de simple puissance (*śakty-avastha*)*]

87-88. Quant à ceux pour qui la Personne (*puṃs*) n'agit pas[1], ils admettent bien tout au moins une activité (*kriyā*) de la part des qualités (*guṇa*) [qui constituent la Nature][2] ; comment [cette action] pourrait-elle avoir eu lieu au commencement ? En effet, il est clair qu'aucun acte [en attente de porter son fruit] (*karman*) n'existait alors. La connaissance erronée (*mithyā-jñāna*) n'existait pas dans les [qualités], pas plus que les [vices] tels que la passion, l'aversion, etc. car ce sont là des activités de l'organe mental (*mano-vṛtti*), or à ce moment-là l'organe mental n'avait pas encore été produit[3].

1. Il s'agit là de la thèse phare du dualisme Sāṃkhya, fondé sur l'opposition entre des « Personnes » (*puruṣa*) conscientes mais inactives et une « Nature » (*prakṛti* ou *pradhāna*) active, mais aveugle. Voir sur ce point la troisième des *Sāṃkhya-kārikā* d'Īśvarakṛṣṇa (autour de l'an 400 ?) : *(...) na prakṛtir na vikṛtiḥ puruṣaḥ* ; « Ni producteur ni produit, tel est l'Esprit » (trad. fr. A-M. Esnoul, *Les Strophes de Sāṃkhya avec le commentaire de Gauḍapāda*, Paris, Les Belles Lettres, « Émile Sénart », 1964, p. 5). Le recours à cette dualité des principes doit, selon l'objecteur que réfute ici Kumārila, résoudre les difficultés soulignées dans la section précédente, puisqu'il libère la Personne Suprême de son action paradoxale dans le monde de la dualité.

2. Le terme *guṇa* ne désigne pas ici la qualité au sens ordinaire mais, dans un sens technique, les trois qualités de la Nature du système Sāṃkhya : *sattva*, *rajas* et *tamas*, dont l'activité est le résultat des actions passées lorsqu'elles produisent leur résultat. Sur les trois *guṇa*, voir les *Sāṃkhya-kārikā* 11-13, dans la traduction d'A-M. Esnoul (*Les Strophes de Sāṃkhya avec le commentaire de Gauḍapāda*. p. 17-22).

3. Dans l'énumération descendante des vingt-cinq « essences » (*tattva*) du système Sāṃkhya, l'organe mental (*manas*) occupe la cinquième position, après les deux entités principielles (*puruṣa* et *prakṛti*), l'esprit

89-90. Certains affirment que les actes à l'état de simples puissances (*śakty-avasthā*)[1] sont la cause de l'entrave [des âmes dans la transmigration], mais cela n'est pas exact car aucun effet ne peut résulter d'une cause à l'état de simple puissance. Par exemple, la puissance [de produire] du yaourt présente dans le lait ne peut servir à produire aussi un dérivé du yaourt[2] ; elle est plutôt la cause de la production du yaourt. Par la suite, une autre [puissance présente dans le yaourt est responsable de la production] des dérivés du yaourt.

91-92. De plus, si l'effet pouvait advenir de la cause à l'état de simple puissance, l'entrave [dans la transmigration] résulterait – hélas ! – de l'acte alors même qu'il a déjà porté ses fruits[3]. En effet, vous-même acceptez que les actes, lorsqu'ils sont détruits [après avoir porté leur fruit

(*buddhi*) et le « principe de l'ego » (*ahaṃkāra*). Il s'agit donc d'un produit relativement avancé dans le développement de la Nature, qui ne peut en constituer la cause. L'organe mental, dans la psychologie Sāṃkhya, est pour l'essentiel un organe de synthèse des données fournies par les facultés sensorielles. Il ne peut donc être élevé, pas plus que ses dérivés (connaissance, méconnaissance, passions bonnes ou mauvaises, etc.), au rang de principe métaphysique suprême présidant aux transformations de la Nature.

1. La puissance (*śakti*), principe de production présent dans la cause (par exemple, le lait) avant la production de son effet (par exemple, le yaourt), doit être entendue ici comme une simple potentialité, un « pouvoir-être », dans un sens proche de la δύναμις aristotélicienne.

2. Le sens du mot *dādhika*, que je traduis par « dérivé du yaourt », n'est pas entièrement clair. Selon l'analyse grammaticale pāṇinéenne, le terme désignerait « ce qui est préparé dans/avec du yaourt » (*dadhni saṃskṛtam dādhikam*, selon la *Kāśikāvṛtti*), autrement dit toute préparation culinaire à base de yaourt. Voir sur ce point le *sūtra* 4.2. 18 de Pāṇini, traduit par L. Renou, *La Grammaire de Pāṇini*. Paris, École française d'Extrême-Orient, 1966, vol. 1 p. 323.

3. La conséquence étant alors l'impossibilité de la délivrance, puisque l'entrave des âmes par la transmigration demeurerait même après l'épuisement du *karman*, ce dernier subsistant dans tous les cas à l'état de simple puissance.

subsistent] à l'état de simples puissances[1]. De plus, comme la puissance existerait même avant [l'acte], il serait inutile de l'accomplir !

93. D'ailleurs, pourquoi ne pas admettre [au même titre] que la passion (*rāga*), etc. soit cause de l'entrave [dans la transmigration] à l'état de simple puissance [, et non pas l'acte] ? Si [l'on rétorque] que c'est l'acte [accompli dans la précédente création qui est dans ce cas la cause de l'entrave] car il n'a pas encore porté ses fruits, [on répond] qu'il est impossible qu'[un tel acte] demeure à l'état non-manifeste (*avyakti*).

[*L'acte (karman) à l'état de simple puissance (suite) : critique de la sotériologie Sāṃkhya fondée sur la connaissance discriminante (viveka)*]

94. Puisqu'elle n'est pas une contrepartie de la puissance de [l'acte accompli], la connaissance ne saurait être la cause de la délivrance[2] ; en effet, la connaissance ne s'oppose en rien à la puissance de cet acte.

1. Quoique Kumārila ne le dise pas ici explicitement, cette thèse est la conséquence inévitable de la position Sāṃkhya sur la causalité, selon laquelle l'effet préexiste dans sa cause (*sat-kārya-vāda*, ou « thèse de l'effet préexistant [dans sa cause] »), par exemple le pot sur le point d'être produit dans une motte d'argile. Cette thèse s'oppose à celle du Nyāya-Vaiśeṣika, selon laquelle l'effet ne préexiste pas dans sa cause, mais est créé de toutes pièces au moment où le pot, par exemple, est produit par l'opération du potier.

2. Comme le soulignent nos deux commentateurs, la connaissance dont il est question ici est, spécifiquement, la connaissance salvifique telle que l'entend le Sāṃkhya, à savoir « la connaissance de l'altérité de la Personne par rapport aux [trois] qualités » (*guṇa-puruṣa-anyatā-jñāna* – *Kāśikā* p. [3018]). Selon la thèse du Sāṃkhya, cette connaissance discriminante bloque la productivité des actes, conduisant l'aspirant à son but : la délivrance du mécanisme transmigratoire après épuisement de l'élan généré par les actes ayant commencé à porter leur fruit. Voir notamment sur ce point la *Sāṃkhya-kārikā* 67 (trad. fr. A-M. Esnoul, *Les Strophes de Sāṃkhya*, *op. cit.* p. 75) et G. Oberhammer, *La délivrance,*

95-96. Quand bien même les actes [eux-mêmes], à l'instar de la passion par exemple, seraient engendrés par la méconnaissance[1], ils ne pourraient être supprimés par la connaissance. En effet, l'hypothèse d'une destruction de l'acte (*karma-kṣaya*) par la connaissance manque elle-même de preuve[2], tout comme [l'idée selon laquelle les actes] donneraient leurs fruits dans une faible mesure [après qu'est advenue la connaissance], comme dans le cas de la faute commise par un prince (*rāja-putra-aparādha*)[3].

dès cette vie (jīvanmukti), Paris, De Boccard, Publications de l'Institut de Civilisation Indienne fasc. 61, p. 47-49. C'est précisément cette capacité « bloquante » que conteste ici Kumārila.

1. L'avantage de cette hypothèse est, bien entendu, l'existence d'une opposition (*virodha*) entre la connaissance salvatrice et la méconnaissance, et par son intermédiaire avec ses effets que sont les actes (*karman*) et leurs conséquences.

2. Notons que cette position selon laquelle la connaissance est sans effet sur l'acte déjà accompli, qui oppose Kumārila de manière frontale à la sotériologie tant du Vedānta que du Sāṃkhya, pourrait ne pas être son dernier mot sur la question. En effet, comme l'ont bien montré les travaux de R. Mesquita (« Die Idee der Erlösung bei Kumārila Bhaṭṭa », *Wiener Zeitschrift für die Kunde Süd- und Ostasiens* 38, 1994, p. 451-484) et K. Yoshimizu (« Kumārila's Reevaluation of the Sacrifice and the Veda from a Vedānta Perspective », *in* J. Bronkhorst (éd.), *Mīmāṃsā and Vedānta*, Delhi, Motilal Banarsidass, 2007, p. 201-253), Kumārila défendra dans ses œuvres plus tardives (le *Tantravārttika* et la *Ṭupṭīkā*) des idées plus proches du Vedānta, et acceptera dans une certaine mesure la capacité de la connaissance du Soi à détruire les actes passés, ce qu'il récuse encore formellement ici.

3. Les commentateurs ne s'accordent pas sur le sens de cet exemple peu courant, et l'explication de Pārthasārathi Miśra, suivi par G. Jhā dans sa traduction (*Slokavārttika*, *op. cit.*, p. 365), est de loin la plus claire. Selon le commentateur, Kumārila ferait allusion à la punition plus légère infligée à un coupable du fait qu'il s'agit d'un prince : *jñāninaḥ karmāṇy alpam eva phalaṃ dattvā nivartante, yathā rājaputrasyāparādhe daṇḍo 'lpo bhavati* ; « Les actes de celui qui possède la connaissance disparaissent après avoir porté leur fruit dans une faible mesure ; ils sont comparables en cela à la punition d'un prince ayant commis une faute : elle est plus faible » (*Nyāyaratnākara*, p. 667, l. 13-14).

97-98. Ce n'est en effet[1] que si l'acte à l'état de simple puissance était cause [d'un quelconque effet] au moment présent qu'il mériterait pareillement d'être appelé « cause » au temps de [la première activité de] la Nature primordiale. [Or,] au temps présent, la cause [du lien des âmes à la transmigration] est l'activité de l'intellect (*mano-vṛtti*)[2], et une telle [activité] n'existait pas à ce moment-là ; de plus, les intellects étaient alors dans un état de confusion (*saṅkara*), il y aurait donc également eu confusion des actes[3].

99-100. Il suit que ce qu'on appelle « disposition [à agir] » (*adhikāra*)[4] ne peut en aucun cas être la cause de l'entrave [des âmes dans la transmigration]. Même si cette disposition est définie comme simple « propension »

1. Le lien logique pourrait ne pas apparaître ici immédiatement. Sans lien direct avec la thèse d'origine Sāṃkhya de la libération par la connaissance, qu'il reprendra à partir de la stance 102, Kumārila s'attaque ici sous un angle nouveau à l'hypothèse qu'il critique depuis la stance 89, à savoir que les actes (*karman*) pourraient mettre en branle l'activité des trois qualités constituantes de la Nature à l'état de simples puissances (*śakti*).

2. Comme le souligne Sucarita (*Kāśikā* p. [3024]), la principale activité de l'intellect est le désir (*icchā*), qui conduit l'agent à de nouvelles actions, entérinant ainsi indirectement son lien au mécanisme transmigratoire.

3. En l'absence d'une différenciation de la Nature, le processus d'individuation conduisant à la séparation des intellects n'avait en effet pas encore pu avoir lieu, empêchant ainsi le lien de telle ou telle personne à tel ou tel acte qu'il aurait accompli. S'ensuit une confusion des destinées, contraire à l'idée même d'une rétribution par la subsistance des âmes au-delà de la mort physique.

4. Le terme *adhikāra*, qui désigne souvent en Mīmāṃsā la « qualification » pour un certain acte (notamment rituel), le fait d'être « en charge » de cet acte, est ici utilisé comme un équivalent de l'acte à l'état de simple puissance : « la disposition [à agir], c'est-à-dire la simple puissance d'agir » (*karmaśaktir adhikāraḥ*... – *Kāśikā* p. [3024]), « l'état de simple puissance, qu'on nomme disposition [à agir] » (*śaktyavasthā adhikāraśabdavācyā* – *Nyāyaratnākara*, p. 668, l. 10).

(*yogyatā*) [de la Nature primordiale et de la Personne non-agissante à s'unir][1], on ne comprend pas comment leur séparation [pourrait jamais avoir lieu][2]. [En effet,] la propension de la Personne à jouir [d'autre chose] tient à sa conscience (*caitanya*), celle de la Nature primordiale à être ce dont [la Personne] jouit au fait qu'elle en est dépourvue. Or, ces deux [propriétés] ne leur font jamais défaut.

101. De plus, si l'on admettait que la cause de la production des actes était la méconnaissance[3], toute production nouvelle cesserait, certes, par sa destruction, mais cela n'empêcherait pas [les actes déjà accomplis] de porter leurs fruits.

[*La connaissance du Soi n'est pas la cause de la délivrance (suite) ; le sens de l'injonction védique de connaître le Soi*]

102. Par ailleurs, rien ne permet de déterminer que la connaissance est cause de la délivrance, ni les sens ni aucun autre [moyen de connaissance valide] ; même le

1. Sur cette propension de la Personne et de la Nature à s'unir, voir les explications très claires de Sucarita, qui paraphrase ainsi la position de l'objecteur Sāṃkhya : *acetanā hi prakṛtiḥ, sā cetanasya bhogayogyā, jaḍasya bhogāsaṃbhavāt. seyaṃ prakṛtipuruṣayor yogyataiva pradhānakāle bandhahetur iti* ; « La Nature est sans conscience, elle n'existe donc que pour la jouissance d'un être conscient [= la Personne] ; en effet, on ne peut concevoir qu'un être entièrement inanimé jouisse de quoi que ce soit ! C'est cette simple propension de la Nature et de la Personne à s'unir qui, au temps de [la première activité de] la Nature primordiale, est la cause de l'entrave [des âmes dans la transmigration] » (*Kāśikā* p. [3024]).

2. En d'autres termes, « l'entrave serait éternelle » (*nityo bandhaḥ* – *Kāśikā* p. [3026]).

3. Reprise de l'hypothèse formulée dans la stance 95.

Veda[1] ne recommande (*codyate*)[2] pas la délivrance au moyen de la connaissance du Sāṃkhya ou d'aucun autre [système philosophique].

103-104. Quant à l'injonction [védique] « Il faut connaître le Soi ! », elle n'est pas formulée en vue de la délivrance ; [en effet, au moyen de cette injonction,] on apprend seulement que la connaissance du Soi est cause de la mise en branle de l'acte [rituel][3]. Et une fois qu'on a reconnu qu'elle est formulée en vue d'autre chose, la mention des fruits [de la connaissance du Soi qu'on trouve

1. Selon Kumārila, et plus généralement selon la théorie de la connaissance de la Mīmāṃsā, la parole (*śabda*) – dont la parole védique est une espèce – est reconnue comme un moyen de connaissance valide (*pramāṇa*) à part entière, aux côtés de la perception, de l'inférence, du raisonnement par comparaison et du raisonnement présomptif. L'ajout d'une sixième source de connaissance, permettant de saisir les absences, fait débat au sein de l'école.

2. L'emploi de la racine verbale *cud-* (« commander, recommander ») n'est pas un hasard. C'est en effet toujours sur le mode de l'injonction (*codanā*) que Kumārila conçoit les énoncés védiques sur la connaissance du Soi, que cette injonction soit interprétée, comme ici, dans un sens subordonné à l'injonction prescrivant le sacrifice, ou de manière indépendante, comme dans son œuvre tardive. Voir sur ce point H. David, « Les origines du Vedānta comme tradition scolastique : état du problème, nouvelles hypothèses », *BEFEO* 102, 2016, p. 30-32.

3. Kumārila mobilise ici la distinction exégétique entre les injonctions formulées « pour le bien du sacrifice » (*kratv-artha*) et « pour le bien de l'homme » (*puruṣa-artha*), théorisée dans le quatrième livre des *Mīmāṃsāsūtra*, et plaide pour inclure les injonctions de connaître le Soi dans la première catégorie. C'est là la position typique du « premier » Kumārila, selon qui la connaissance de soi comme d'une entité détachée du corps (le Soi, l'*ātman*) a pour seule fonction de convaincre le sacrifiant d'une continuité entre son existence actuelle et le moment où il obtiendra les fruits du sacrifice, lequel peut se produire après la mort corporelle. L'injonction que Kumārila invoque ici semble être artificielle ; on en trouve cependant des équivalents assez proches, comme le passage suivant : *ātmā vā are draṣṭavyaḥ śrotavyo mantavyo nididhyāsitavyaḥ* ; « C'est le Soi, en vérité, qu'il faut regarder, qu'il faut écouter, qu'il faut penser, qu'il faut méditer » (*Bṛhadāraṇyakopaniṣad* 2.4. 5, trad. fr. É. Senart, Paris, Les Belles Lettres, 1967, p. 32).

dans les Écritures] (*phala-śruti*) n'est rien d'autre qu'une parole de louange (*arthavāda*) : il n'y a pas [à la connaissance du Soi] d'autre fruit que le Ciel, etc. [, *i.e.* les fruits habituels du sacrifice][1].

[*La délivrance, un autre nom du Ciel ? La « cause » de la délivrance ne peut être qu'un non-être, ce que la connaissance n'est pas*]

105-106. De plus, si vous concevez la délivrance comme la simple jouissance d'un plaisir, il doit s'agir du Ciel (*svarga*), et de rien d'autre, car [les deux mots] signifient exactement la même chose[2] ; or le [Ciel] est périssable.

1. Comme l'indique utilement le commentaire de Sucarita (*Kāśikā* p. [3031]), Kumārila a ici en vue le raisonnement exégétique formulé dans le *Mīmāṃsāsūtra* 4.3. 1, à savoir « le raisonnement de [la cuiller à oblations] faite du bois de l'arbre à laque » (*parṇamayīnyāya*), lequel tient son nom du principal exemple védique pris par Śabara dans son commentaire : « Celui dont la cuiller à oblations (*juhū*) est faite du bois de l'arbre à laque n'entendra jamais de vilaines rumeurs à son sujet ! » (*yasya parṇamayī juhūr bhavati, na sa pāpaṃ ślokaṃ śṛṇoti* – *Taittirīyasaṃhitā* 3.5. 7.1). Doit-on prendre au pied de la lettre cet énoncé du fruit d'un élément du sacrifice ? Non, répond Śabara, car il est déjà établi que l'usage du bois de l'arbre à laque (*parṇa* ou *palāśa*) pour fabriquer la cuiller à oblation sert au bon déroulement du sacrifice. Il s'agit donc plutôt d'une louange hyperbolique visant à la promotion du bois en question, dont elle suggère l'excellence pour l'accomplissement du rite. Il en va de même, selon Kumārila, de la connaissance du Soi lorsqu'il arrive que l'Écriture en parle comme de la cause directe de la délivrance.

2. En opposition aux connotations mythologiques et théologiques du terme *svarga* depuis l'époque védique, la Mīmāṃsā conçoit le Ciel, non pas en référence à un quelconque « lieu » où le sacrifiant jouirait des fruits des rites accomplis, mais plutôt, en un sens psychologique, comme un état de plaisir ininterrompu et non-mêlé de douleur. Toute conception de la délivrance comme d'un plaisir porté à son degré extrême, relevant d'une pratique intellectuelle ou gnostique, en fera donc un simple équivalent du Ciel, et non un but supérieur pour lequel il serait légitime d'abandonner l'activité sacrificielle, comme le recommande un courant ascétique comme le Sāṃkhya.

En effet, on ne connaît rien qui ait une cause et qui soit impérissable. Ainsi, c'est uniquement par l'épuisement des actes [après qu'ils ont porté leur fruit] qu'en l'absence d'une cause (*hetvabhāvena*), on est délivré[1].

107. De fait, si l'on excepte [une cause] consistant dans un non-être (*abhāva*) [i.e. l'absence des actes portant leurs fruits], il n'existe pas de cause qui rendrait la délivrance éternelle. Or on n'admet pas qu'un non-être soit jamais le fruit d'une quelconque action [comme l'est la connaissance discriminante].

[*L'usage de la connaissance du Soi pour la délivrance*]

108. Cela dit, pour ceux qui connaissent la vraie nature du Soi, lorsque leurs actes passés sont épuisés par la jouissance [de leurs fruits], comme ils n'accumulent plus de nouvelles [actions], le corps ne renaît plus[2].

1. Je corrige ici la lecture de l'édition de Bénarès (*hetvabhāve na mucyate*), dont le sens serait exactement inverse, pour lire *hetvabhāvena mucyate* (les deux lectures sont identiques dans les manuscrits, qui ne marquent pas les espaces). Ce choix est présupposé tant par la traduction de G. Jhā (« one could be delivered only through the absence of the cause » – p. 367) que par le commentaire de Sucarita : *tad iha kāraṇābhāvāt kāryābhāvaḥ, na tu kutaś cit kāraṇāt kiṃ cit kāryaṃ mokṣaśabdavācyaṃ bhaved iti* ; « Ainsi, dans le cas présent, l'absence de l'effet [advient] par l'absence de la cause. Aucun effet qu'on puisse appeler "délivrance" n'advient en vertu d'une quelconque cause » (*Kāśikā* p. [3032-3033]). En d'autres termes, la connaissance discriminante, parce qu'elle est une cause, ne saurait être cause que d'une délivrance imparfaite, qui en vient à se confondre (dans le meilleur des cas) avec le bénéfice périssable du sacrifice qu'est le Ciel.

2. Notons ici la distinction intéressante opérée par Sucarita (*Kāśikā* p. [3034]), à propos de la connaissance discriminante, entre une cause (*kāraṇa*) plénipotentiaire (ce qu'elle n'est pas) et un simple moyen (*upāya*) utile certes à la délivrance, mais qui ne la provoque pas. Si elle ne peut pas positivement produire la connaissance, la connaissance du

109. [En effet,] nous estimons que le corps n'est présent [à ce moment-là] qu'afin de permettre la jouissance engendrée par les actes [passés][1] ; il est clair qu'en l'absence d'aucun [acte], aucune raison ne demeure pour [la naissance d'un corps].

110. À ce stade, l'aspirant à la délivrance ne doit plus accomplir les rites optionnels (*kāmya*) ou les actes interdits, [mais] il doit toujours effectuer les rites perpétuels (*nitya*) et occasionnels (*naimittika*), afin d'éviter une [nouvelle] déchéance [due à leur négligence].

111. On ne connaît de fruit que celui qui est désiré, et [le fruit] n'adviendra jamais pour celui qui ne le désire pas[2]. Or cette [absence de désir] est bien là pour celui qui connaît le Soi[3], c'est ainsi que la connaissance du [Soi] est utile (*upayujyate*) [à la délivrance, mais ne la cause pas directement].

Soi y contribue indirectement en rendant le sujet étanche à l'accumulation de nouvelles traces karmiques du fait d'actions ultérieures.

1. J'adopte ici la leçon *śarīraṃ naḥ pravartate* pour le deuxième quart, contre le choix du premier éditeur du texte (*śarīraṃ na pravartate*), avec l'appui du commentaire de Sucarita : *karmaśeṣaphalopabhogārtham eva naḥ śarīraṃ pravartate* ; « Nous estimons que le corps n'opère que pour la jouissance des fruits du résidu des actes [passés] » (*Kāśikā* p. [3036]).

2. Nos deux commentateurs n'ont pas ici manqué la proximité de Kumārila par rapport au discours sur l'action sans désir de la *Bhagavadgītā*, manifeste par exemple dans cette stance citée par Sucarita : *kāryam ity eva yat karma niyataṃ kriyate 'rjuna | saṅgaṃ tyaktvā phalaṃ caiva sa tyāgaḥ sāttviko mataḥ ||* ; « Accomplis l'acte prescrit, ô Arjuna, par la seule raison qu'il doit être accompli, sans attachement, sans égard pour ses fruits ; c'est là le renoncement qui relève du *sattva* » (*Bhagavadgītā* 18.9, trad. fr. É. Sénart, Paris, Les Belles Lettres, 1944, p. 54).

3. L'interprétation de ce quart de stance est difficile, et les deux commentaires anciens sont ici sans utilité. Mon interprétation se conforme pour l'essentiel à celle de G. Jhā, *Slokavārttika*, p. 368.

112. Quant à la connaissance de la création et de la dissolution, laquelle concerne l'univers pris dans son entier, elle n'est pas d'une grande utilité pour ceux qui connaissent leur propre corps [comme une entité distincte d'eux-mêmes].

113. Ainsi, les choses se produisaient en ce temps-là comme elles [se produisent] aujourd'hui ; la supposition d'une création et d'une dissolution par la naissance et la destruction du tout n'est pas établie : elle manque de preuve[1].

114ab. Quant à la supposition de l'existence d'un Créateur, elle doit être réfutée de la même manière que [la supposition] d'un Être Omniscient[2].

[*Dernier argument contre l'existence du Créateur, et contre la création par Dieu des éléments du langage : d'où vient l'éminence divine ?*]

114cd-116ab. Qui plus est, [Dieu] ne peut se distinguer par rapport au monde [qu'il est supposé créer] sans quelque mérite, or aucun mérite n'existe sans l'accomplissement [d'un acte vertueux]. Mais l'accomplissement [d'un tel acte] ne peut se produire sans une certaine connaissance

1. Le commentaire de Sucarita semble ici tout à fait conforme à l'intention de Kumārila : *adyatve janmajarāmaraṇaparaṃparayā kramaśa eva saṃsaranto dṛśyante. so 'yaṃ yathādarśanam īdṛśa eva sarvadā saṃsāraḥ, na punar iha mahāsargapratisargayoḥ pramāṇam astīti* ; « On observe aujourd'hui que [les êtres vivants] transmigrent par étapes : ils naissent, ils vieillissent, et ils meurent. Ce monde de la transmigration a toujours été ainsi, tel qu'on peut l'observer [de nos jours]. En revanche, l'hypothèse d'une création ou d'une dissolution globales manquent entièrement de preuve » (*Kāśikā*, p. [3050-3051]).

2. Sur la supposition d'un Être omniscient et sa réfutation par Kumārila, cf. *supra* la stance 44cd et la note correspondante.

(*mati*) [de la connexion entre l'acte et son résultat escompté], or cette dernière ne peut exister sans le Veda, pas plus que le Veda sans [les éléments du langage :] les mots, [leurs objets et leur relation]. Il suit que ces derniers, [à savoir] les mots, etc. existaient avant même [que n'existe] le Créateur. Qui plus est, le [Créateur] doit être précédé par les [mots, etc.], car il s'agit, comme nous, d'un être conscient[1].

[*Conclusion de l'intermède*]

117. Il est difficile de trouver une réponse [à donner] à ceux qui exposèrent [leur pensée] à l'aide des raisonnements qui précèdent[2]. [C'est pourquoi] les partisans du Veda (*vedavādin*) doivent admettre que la communication [au moyen de la parole, de son objet et de leur relation] est sans commencement.

1. Ce dernier argument n'est pas entièrement clair. Kumārila semble vouloir dire qu'aucun être conscient ne naît jamais hors d'une communauté linguistique préexistante, principe qu'il étend ensuite à l'Être Suprême. L'argument semble cependant peu convaincant en l'état, et il se peut qu'il doive être compris d'une autre manière. C'est pourtant ainsi que l'interprète Sucarita (*Kāśikā* p. [3053]), alors que Pārthasārathi reste entièrement silencieux.

2. Kumārila fait ici référence aux raisonnements menés dans les stances immédiatement précédentes (stances 114-116).

Śrīdhara

NYĀYAKANDALĪ *
L'ARBRE EN FLEUR DE LA LOGIQUE

Praśastapāda

PADĀRTHA-DHARMA-SAṂGRAHA
COLLECTION DES PROPRIÉTÉS DES CATÉGORIES

Présentation
Une ontologie substantialiste du monde : le vaiśeṣika

Le Vaiśeṣika (du sanskrit *viśeṣa* "trait particulier" ou ce qui est supérieur aux autres) est une école (*darśana*) "orthodoxe" (*astika*) de la philosophie indienne, surtout connue pour sa théorie des catégories ontologiques (*padārtha*) et sa philosophie de la nature, notamment sa doctrine des atomes (*paramāṇu*).

Au premier rang des sources de la tradition du Vaiśeṣika figure le texte appelé Vaiśeṣika-sūtra (environ Ier siècle de notre ère) attribué au sage légendaire surnommé Kaṇāda (litt. « mangeur de grains », ces derniers évoquant les atomes ») par allusion à ses vues atomistes.

* *Nyāyakandalī*, Śrīdhara, being a Commentary on *the Praśastapādabhāṣya*, with three subcommentaries. Ed. by J.S. Jelty and G. Parikh Vasant, Vadodara, Oriental Institute, 1991.

La doctrine du Vaiśeṣika a fait l'objet d'un exposé systématique par Praśastapāda (environ VIe siècle de notre ère) dans son commentaire « Collection des propriétés des catégories » (Padārtha-dharma-saṃgraha). Elle a connu ses développements ultérieurs dans les Commentaires d'auteurs comme Vyomaśiva (environ 948-972), Śrīdhara (environ 950-1000), Udayana (XIe siècle), etc. Dès les premiers temps de son existence, le Vaiśeṣika s'est avéré proche, sur beaucoup de points, du Nyāya ; d'où, plus tard, la formation de l'école syncrétiste appelée Nyāya-Vaiśeṣika.

Tout ce qui existe dans l'univers a été réparti par le Vaiśeṣika en six catégories (*padārtha*) : substance (*dravya*), qualité (*guṇa*), mouvement (*karman*), trait commun (*samānya*), trait particulier (*viśeṣa*) et inhérence (*samavāya*). À ces catégories est venue s'ajouter plus tard une septième, l'absence ou *abhāva*.

Les catégories sont considérées comme réellement existantes (*sat*), connaissables (*jñeyatva*) et exprimables en mots (*abhidheyatva*). De là découle le principe d'une correspondance entre le langage et la réalité, entre les mots et les choses. Telle est la raison pour laquelle il est possible, dans le Vaiśeṣika, de déduire des mots l'existence des choses.

À l'intérieur de chaque catégorie (à l'exception de l'inhérence) il est possible de distinguer deux niveaux de réalité : celui des causes métaphysiques, de l'ordre de l'intelligible et, en principe, suprasensibles et celui des réalités dérivées d'elles, à savoir le monde de l'expérience quotidienne. Au premier se rattachent les substances éternelles des atomes, de l'espace cosmique ou l'ether (*ākāśa*), des directions de l'espace (*diś*), du temps (*kāla*), de l'*ātman* (âme) et du *manas* (organe interieur, instrument de l'*ātman*) ; au second - le monde sensible et l'expérience que l'homme en prend.

Tout ce que nous rencontrons au second niveau se laisse interpréter en termes de configurations formées par les principes du premier niveau. L'univers visible s'explique par des combinaisons d'atomes de terre, d'eau, de feu et de vent qui constituent les éléments primaires (*mahābhūta*) correspondants, et par la présence de réalités non-composées, comme l'*akāśa* (ether, l'espace cosmique), qui joue le role de receptacle, l'étendue et ses directions (*diś*), le temps (*kāla*) qui forment leur cadre spatio-temporel. Les qualités observables des choses composées dérivent à leur tour de combinaisons entre les qualités des substances permanentes (les quatre types d'atomes).

Le premier niveau des catégories *samānya* et *viśeṣa* (« trait général » et « trait particulier »), celui des causes, se constitue, avec, d'un côté, l'extrême de l'universel – étantité – (sattā) et, de l'autre, l'extrême des particularités ultimes (*antyaviśeṣa*). Le second niveau, celui des effets, est toujours présenté en termes d'universaux « intermédiaires » ; par exemple, la « substantialité », la « terréité » ou la « cruchéité », lesquelles, pour les tenants du Vaiśeṣika, sont bel et bien perçues dans la moindre cruche d'argile car les Vaiśeṣika considéraient les universaux comme réellement existants à même les choses.

Aux fins d'expliquer comment des composantes de l'univers, relevant de catégories distinctes, peuvent s'incarner dans les choses concrètes au niveau de l'expérience, le Vaiśeṣika introduit une sixième catégorie, celle de l'« inhérence » (samavāya), chargée d'établir un lien essentiel d'inséparabilité entre substances et qualités, substances et mouvements, universaux et objets de l'expérience en lesquels ces derniers résident… mais aussi entre les choses et leurs « particularités ultimes » ainsi qu'entre cause et effet, etc. Et c'est encore, à l'aide de l'inhérence que le Vaiśeṣika rend compte de la distinction entre un tout et ses constituants.

Pour les tenants du Vaiśeṣika, comprendre et expliquer un phénomène quelconque consistait à repérer ses éléments constituants ou ses « atomes ». Dans leur analyse des processus divers, ils introduisaient des « atomes » d'espace (les points d'étendue ou pradeśa), des « atomes » de temps (les kṣaṇa ou « instants »), ainsi que des « atomes » de mouvement (à savoir les conjonctions et disjonctions d'un mobile avec les points de l'espace). Il n'est jusqu'à l'instrument mobile du psychisme – le *manas* – qui ne se trouve, dans le Vaiśeṣika, doté d'une structure « atomique ». Et cette démarche imprime sa marque sur l'ensemble de la vie psychique de l'individu, laquelle est alors logiquement présentée, dans le Vaiśeṣika, comme une succession d'actes psychiques élémentaires.

Cependant, l'originalité de la métaphysique du Vaiśeṣika réside moins dans le pluralisme des substances primaires (les atomes innombrables, l'*akāṣa*, l'espace, le temps, l'âme et le *manas*) que dans leur diversité (*viśeṣa*), laquelle a sans doute donné son nom à l'école. Cette diversité est si radicale qu'elle autorise à distinguer l'un de l'autre deux atomes appartenant à une même classe. L'origine d'une telle diversité essentielle ne tient aucunement à une quelconque nature individuelle des causes premières mais bien aux « particularités ultimes ». L'identité originelle entre choses s'explique également par un autre facteur qu'elles-mêmes. Par exemple, une vache s'avère être telle parce qu'en elle réside l'universel de la « bovinité ».

Cette tendance fondamentale du Vaiśeṣika à rechercher l'origine de l'identité et de l'intégrité des choses, non pas en elles-mêmes mais dans un principe externe, a trouvé son expression dans sa théorie de la connaissance, laquelle exige qu'un acte de connaissance soit vérifié à l'aide d'un autre (*parataḥ pramāṇya*).

Dans le Vaiśeṣika, à la différence des écoles du Vedānta, la conscience (*cit*) n'est pas considérée comme l'essence de l'*ātman* (de l'âme individuelle), mais comme sa qualité (*guṇa*) temporelle, seulement lorsqu'il se trouve incarné, doté d'un *manas* (organe de l'attention) et d'organes des sens (à savoir pour la durée de cette incarnation particulière). Une fois séparé du corps, l'*ātman* devient privé de conscience. Il semble bien que la notion d'âmes individuelles délivrées du *saṃsāra* (au sens exclusif d'une délivrance de la souffrance) trahisse l'influence, dans le Vaiśeṣika, de l'idéal bouddhique du *nirvâna*. Et c'est pourquoi ses adversaires, en le critiquant, comparent l'état de l'*ātman* délivré, tel que le Vaiśeṣika le comprend, à celui d'une bûche ou d'une pierre.

Cependant, en dépit d'une certaine parenté entre Vaiśeṣika et bouddhisme au niveau de la théorie de la connaissance (admission de seulement deux instruments de connaissance droite : perception et inférence) – parenté qui s'explique souvent par une possible influence du philosophe bouddhiste Dignāga (c. 480-c. 540 e.c.) sur Praśastapāda – les deux écoles diffèrent radicalement sur de nombreuses questions, notamment celles de l'existence de l'*ātman* niée par les bouddhistes, du statut des universaux (considérés comme réels par les tenants du Vaiśeṣika et comme de pures constructions linguistiques par les bouddhistes) ; une polémique qui rappelle la controverse entre réalistes et nominalistes dans la philosophie médiévale occidentale. Śrīdhara, en particulier, polémique abondamment avec les bouddhistes sur des thèmes variés : doctrine de l'instantanéité, statut des universaux, etc. Il critique aussi la conception bouddhique de la perception immédiate ainsi que la sémiotique de l'*apoha* (l'interprétation de la signification d'un terme comme exclusion de tous les autres).

Note sur le texte traduit

On trouvera ici la traduction des deux premiers chapitres introductifs du texte intitulé : *Collection des propriétés des catégories* (Padārthadharmasaṃgraha) de Praśastapāda avec le Commentaire *L'Arbre en fleur de la Logique* (Nyāyakandalī) de Śrīdhara.

L'ARBRE EN FLEUR DE LA LOGIQUE (NK)

(commentaire de)

COLLECTION DES PROPRIÉTÉS DES CATÉGORIES

[01. But du traité]

[2] La connaissance de l'essence des caractéristiques communes et spécifiques des six catégories à savoir : substance, qualité, mouvement, traits généraux et particuliers, inhérence – constitue la base du suprême bonheur[1].

NK. « La connaissance de l'essence » – ce qui constitue la nature d'une chose sera son essence (*tattva*). « Des caractéristiques communes (*sadharmya*) » – il s'agit des caractéristiques que beaucoup de choses ont en commun ; « des caractéristiques spécifiques » (*vaidharmya*) – celles qui ne sont pas communes à différentes choses.

1. Par cela Praśastapāda fait comprendre que le Vaiśeṣika se présente comme un système sotériologique, dont le but est la délivrance finale de toutes les souffrances liées à la transmigration de l'âme dans le *saṃsāra*, cercle des réincarnations. Pour un philosophe indien, il était complètement naturel de commencer son œuvre par une semblable proclamation, parce qu'en Inde le savoir philosophique n'était valorisé que dans la mesure où il ouvrait une perspective pratique de *mokṣa* ou de délivrance. C'est en ce sens-là que la connaissance constitue un *dharma* ou un mérite. Mais il faut ajouter que la notion du *dharma*-mérite chez les philosophes indiens n'est en aucune façon liée aux réflexions purement éthiques. Le *dharma* est bien le mérite moral, mais il s'agit d'un comportement moral en tant qu'il soutient l'ordre socio-cosmique brahmanique ou hindou.

« La connaissance … constitue la cause du suprême bonheur » (*niḥśreyasa-hetuḥ*) – c'est l'appréhension de la nature vraie des catégories qui prend la forme d'une connaissance de leurs caractéristiques générales et spécifiques. Le plaisir procuré par les objets sensibles est transitoire et chargé de souffrances : même en des lieux tels que le Ciel il ne dure pas longtemps. Les uns goûtent les plaisirs du Ciel, les autres ceux des royaumes célestes. Cela veut dire, que même les joies célestes sont mêlées à la peur constante d'en être privé et à une jalousie brûlante envers les êtres des plus hautes hiérarchies. En tant qu'elles sont empreintes de souffrance elles ne peuvent être assimilées à la béatitude absolue. Seule la cessation absolue de souffrances pourrait être appelée béatitude dans la mesure où elle n'entraînerait pas le retour de ces dernières. Or une telle béatitude est provoquée par la connaissance de l'essence des substances et autres catégories.

« Substances etc. » – répond à la question concernant l'objet de cette connaissance des caractéristiques communes et spécifiques qui constitue la base de la suprême perfection. Les substances, les qualités, les mouvements, les traits généraux et particuliers, l'inhérence sont mentionnés séparément, parce qu'ils l'ont été [dans les sūtra[1]], et dans la même intention. La substance est mentionnée la première, parce que, étant le substrat de toutes les autres catégories, elle est la plus importante d'entre elles. La qualité est mentionnée ensuite, parce que les qualités comportent plus de variétés que les mouvements. Le mouvement est mentionné après la qualité parce qu'il l'accompagne toujours. Les traits généraux suivent le mouvement, étant mentionnés après lui. Si l'inhérence réside dans toutes les

1. Les Vaiśeṣika-sūtra attribués au ṛṣi Kaṇāda.

cinq catégories, il est naturel de la mentionner en dernier. Pour la même raison les traits particuliers sont mentionnés avant l'inhérence. Le non-être n'est pas mentionné séparément, parce qu'il est dépendant de l'être, mais non pour la raison qu'il n'existerait pas[1].

Et cela [la perfection suprême] découle uniquement du dharma exposé dans les injonctions du Seigneur.[2]

NK. La perfection suprême dérive uniquement du dharma ; la connaissance de la nature vraie de la substance etc. constitue sa base dans la mesure où elle sert de moyen à la réalisation du dharma. Celui qui a proprement compris les objets extérieurs et intérieurs et qui, averti de leur nocivité, s'en détourne, cesse de nourrir des désirs. Lui qui a connu son *ātman* n'accomplit plus d'actions dirigées vers ces objets. Suivant le modèle de la Révélation et de la Tradition, il ne compte plus sur leurs résultats et exécute uniquement des actions servant de moyens pour quitter le monde. Chez celui qui s'applique à faire aboutir la connaissance complète de l'ātman, il se produit une accumulation du suprême dharma. Une fois que la connaissance de l'*ātman* aura atteint chez lui sa maturation, il pourra se libérer de son corps pour toujours.

1. Dans le Nyāya-Vaiśeṣika syncrétique le non-être (*abhāva*) est considéré comme une catégorie séparée.

2. Praśastapāda se réfère aussi aux prescriptions du Seigneur. À la différence des *Vaiśeṣika-sūtra* où le dieu n'était pas mentionné – ce qui a incité les indianistes à parler de l'athéisme de Kaṇāda – Praśastapāda se présente par là-même comme théiste. Mais son dieu n'est pas un Créateur au sens propre du terme. La conception de dieu chez Praśastapāda présente une certaine similitude avec celle du démiurge chez Platon. Le rôle du Seigneur se réduit à celui d'un démiurge présidant à l'alternance des cycles cosmiques et au maintien du *dharma*, ordre socio-cosmique.

Le dharma en tant que tel n'aboutit pas à la délivrance finale, s'il n'est pas soutenu par la volonté du Seigneur, voilà pourquoi on a dit : « découle uniquement du dharma exposé dans les injonctions du Seigneur ». Une « injonction » est ce qui incite [l'homme] à accomplir ses devoirs. Les « injonctions du Seigneur » représentent sa volonté expresse.

Ayant compris que la connaissance des six catégories constitue le moyen de parvenir au but suprême de l'homme, on exprime le désir de connaître chacune de ces catégories en particulier.

[02. CHAPITRE D'ÉNONCIATION]

[3] Et maintenant, quelles sont les catégories, substance etc. ? Et quelles sont leurs caractéristiques communes et spécifiques ?

[4] Parmi elles, les substances[1] sont la terre, l'eau, le feu, le vent[2], l'*ākāśa* (éther, espace), le temps (*kāla*), les directions de l'espace (*diś*), l'âme (*ātman*) et l'organe interne (*manas*). Seules ces neuf-là sont mentionnées [dans

1. La traduction du terme *dravya* par « substance » présente un des rares exemples de coïncidence presque parfaite entre terminologies occidentale et indienne. Les *dravya* sont substances dans la mesure où ils se présentent comme porteurs ou substrats de propriétés (ou de qualités) et d'actions.

2. Les quatre premières substances sont chacune constituées d'atomes éternels. Du fait que ces quatre substances, appelées *mahābhūta*, grands éléments, sont divisibles en parties, elles ont reçu le nom d'*avayavin* – « faites de parties ». L'*ākāśa*, le temps, la direction et l'*ātman*, ayant un caractère omniprésent (*vibhu*), ne possèdent ni parties internes, ni formes définies. Le *manas* a la forme d'un atome et il se meut avec une grande célérité.

les *sūtra*] sous les dénominations générales ou spécifiques. À part celles-ci d'autres dénominations ne sont pas utilisées.

NK. « Quelles sont les catégories, substance etc. ? » Quelles sont les substances, quelles sont les qualités, quels sont les mouvements etc. ? Du fait que la connaissance des porteurs des caractéristiques ne sous-entend pas forcément la connaissance des caractéristiques elles-mêmes, l'auteur ajoute à propos de ces dernières une question plus précise : « Et quelles sont leurs caractéristiques… ? » Le mot « et » a ici une valeur conjonctive. « Parmi elles » – parmi les substances, les qualités etc., les substances, terre etc. ont été mentionnées par l'auteur des sūtra sous les noms génériques de « substance » etc. et sous les noms spécifiques de « terre », « eau », « feu », « vent » etc. À la question : « est-ce que celles-ci représentent toutes les substances ou bien en existe-t-il d'autres », l'auteur répond : « seules ces neuf-là ». À la question : « comment le sait-on », il répond : « À part celles-ci, d'autres dénominations ne sont pas utilisées ». Cela veut dire, que le grand ṛṣi (Kaṇāda), omniscient, qui a dispensé ses enseignements à propos de toutes choses, ne cite aucune autre substance que ces neuf-là.

[5] Voici les qualités (*guṇa*)[1] : forme, ou couleur (*rūpa*), goût (*rasa*), odeur (*gandha*), toucher (*sparśa*), nombre (*saṃkhyā*), dimension (*parimāṇa*), individualité (*pṛthaktva*), conjonction et disjonction (*saṃyoga-vibhāga*), éloignement et proximité (*paratva-aparatva*), connaissance (*buddhi*),

1. Si la traduction de *dravya* par « substance » ne soulève aucun problème, la traduction du terme *guṇa* apparaît plus délicate. Comme le dit K. Potter, le mot « qualité » présuppose la répétabilité (repeatability), mais cela n'était pas le cas des *guṇa* dans le Nyāya-Vaiśeṣika où ils sont toujours une propriété concrète et non répétable de telle ou telle chose.

plaisir et peine (*sukha-duḥkha*), désir et aversion (*icchā-dveṣa*), effort (*prayatna*) – donc dix-sept *guṇa* énoncés par Kaṇāda. Le mot *ca* (et) [chez Kaṇāda] renvoie à sept autres [termes] : gravité (*gurutva*), fluidité (*dravatva*), viscosité (*sneha*), son (*śabda*), *adṛṣṭa* (*litt.* invisible), *saṃskāra* (inertie)[1]. [On parvient ainsi à un total de 24 *guṇa*.]

NK. Les 17 qualités, couleur etc. sont mentionnées par l'auteur des *sūtra* directement en tant que telles : « couleur », « goût » etc. Le mot « et » renvoie à la gravité etc. – qui sont reconnues en tant que qualités dans l'usage quotidien, d'ou finalement 24 qualités. Le mot « *adṛṣṭa* » sous-entend le *dharma* (mérite) et *l'adharma* (démérite), le mot « *saṃskāra* » l'inertie – la vitesse (*vega*), les empreintes mentales (*bhāvanā*) et l'élasticité (*sthitisthāpaka*).

[Objection :] S'il en est comme vous le dites et si ces mots désignent bien les qualités, le nombre de ces qualités sera supérieur à 24 !

[Réponse :] Ce n'est pas le cas, parce que la vitesse, les empreintes mentales et l'élasticité, tout en étant des espèces à l'intérieur du genre *saṃskāra*, sont considérées comme une seule qualité.

[Objection :] Dans ce cas-là, le nombre des qualités ne sera pas non plus 24, car le *dharma* et *l'adharma*, appartenant au genre de l'*adṛṣṭa*, seront considérés comme une seule qualité.

[Réponse :] Ce n'est pas le cas, parce que l'*adṛṣṭa* ne constitue pas un genre. Bien que des qualités ne puissent pas avoir d'autres qualités, on a coutume d'en parler en

1. Les 7 derniers *guṇa* ont été rajoutés à la liste par Praśastapāda sous le prétexte que Kaṇāda les aurait eu en vue, mais par souci de concision ne les aurait pas inclus dans sa liste.

tant que 24, parce que le nombre (24) leur est appliqué indirectement, étant donné qu'elles possèdent la capacité de se distinguer l'une de l'autre[1].

[6] L'élévation (*utkṣepaṇa*), l'abaissement (*avakṣepaṇa*), la contraction (*ākuñcana*), l'expansion (*prasāraṇa*) et le déplacement (*gamana*) – voilà les cinq (sous-classes) du mouvement. Giration (*bhramaṇa*), évacuation (*recana*), écoulement (*syandana*), montée et descente de la flamme, chute (*patana*), fait de courber ou d'incliner (*namana*), fait de redresser (*unnamana*) et ainsi de suite – sont des sous-variétés du déplacement (*gamana*), mais non pas d'autres classes du mouvement[2].

NK. L'auteur divise le mouvement en classes : l'élévation etc. Il y en a cinq.

[Objection :] S'il existe la giration etc., pourquoi limiter le nombre de mouvements à cinq ?

[Réponse :] (les autres) « sont des sous-variétés du déplacement etc. ». Car la giration etc. sont de simples sous-variétés du déplacement, mais ne représentent pas des classes séparées. Ils sont tous sous-entendus par le mot « déplacement ». D'où la limitation à cinq.

1. Selon le Vaiśeṣika, le nombre constitue une qualité et pour cela il ne peut pas être appliqué à d'autres qualités, mais les qualités peuvent posséder leurs propres traits caractéristiques ; pour cette raison il est possible d'appliquer le nombre aux qualités d'une manière métaphorique.

2. Comme les qualités, les mouvements résident toujours dans les substances. Le mouvement en tant que phénomène physique a reçu un traitement purement mécanistique dans le Vaiśeṣika, où il était considéré comme un processus produit par une cause mécanique telle qu'un choc et consistant en conjonctions et disjonctions successives du mobile avec divers points de l'espace. Le mouvement est ainsi présenté par les Vaiśeṣika sous la forme d'une série discontinue de conjonctions et de disjonctions instantanées (*kṣaṇika*).

[7] Le *sāmānya* (trait commun, universel) [possède] deux formes : suprême/ supérieure (*para*) et inférieure (*apara*)[1] et se présente comme la cause de l'idée d'inclusion (*anuvṛtti*)[2]. Ainsi la forme supérieure est la *sattā* (étantité), du fait qu'elle appartient à un nombre illimité d'êtres et du fait qu'elle ne présente qu'une cause d'inclusion. La substantialité etc. peut être aussi la cause de l'exclusion (*vyāvṛtti*)[3] du fait qu'à la différence de la *sattā*, elle appartient à un nombre plus restreint d'êtres. Du fait que l'universel de la substance sert aussi de cause pour l'exclusion, il porte également le nom de trait particulier, bien qu'il soit un trait commun[4].

1. Cela veut dire qu'il y a deux types d'universaux qui se distinguent en fonction du nombre des êtres où ils résident. Il y a un universel suprème, *parasāmānya*, qui comprend tous les êtres. C'est la *sattā*, l'étantité en tant que telle, englobant tout ce qui existe dans ce monde. En ce qui concerne les universaux inférieurs, leur nombre échappe à toute estimation. À la différence de l'universel suprème, chacun d'eux réside dans un certain nombre d'objets plus ou moins limité.

2. L'*anuvṛtti* (littéralement « prise en considération », « fait de venir à la suite de », « de succéder à », « conformité ») constitue un terme de métalangage grammatical désignant le principe de « récurrence ». Celui-ci permet de n'énoncer qu'une seule fois un terme ou une règle qui resteront valables jusqu'à l'énoncé d'un autre terme ou d'une autre règle. Dans le *Vaiśeṣika-sūtra* le terme d'*anuvṛtti* est pris le plus souvent au sens de l'action mentale instaurant une sorte de continuité entre des choses de la même classe.

3. Par *vyāvṛtti* on comprend l'opération mentale inverse de *l'anuvṛtti* qui est à la base de toute distinction.

4. Cela veut dire que les universaux inférieurs, comme la substantialité, le fait de posséder des qualités (*guṇatva*) et le fait d'être sujet du mouvement (*kriyātva*) etc., n'étant pas, à la différence de la *sattā*, omni-englobants, peuvent aussi servir de cause d'exclusion (*vyāvṛtti*). Si l'universel inclut un nombre restreint d'individus cela signifie qu'il existe d'autres individus différents de ceux-là. Pour identifier les premiers il faut définir non seulement leurs traits communs, mais aussi ce qui les distingue des autres, leurs traits particuliers *(viśeṣa)*, donc, il faut accomplir un acte mental

NK. D'abord l'auteur explique le *sāmānya* : « Le *sāmānya* (trait commun, universel) [possède] deux formes ». Il décrit ces deux formes : « supérieure et inférieure ». Le mot « et » a une valeur restrictive : il n'existe que deux formes, supérieure et inférieure. L'auteur explique sa nature : « la cause de l'idée d'inclusion etc. ». Ce qui permet de rendre compte d'une conformité entre choses absolument distinctes les unes des autres, c'est bien le trait universel. À la question : « qu'est-ce que le trait commun supérieur ? », l'auteur répond : « la forme suprême/supérieure est la *sattā* (étantité) » etc. Dans ce but, il expose l'argument suivant : « du fait qu'elle ne présente qu'une cause d'inclusion etc. », c'est-à-dire que l'étantité présuppose l'inclusion d'un plus grand nombre d'objets que la substantialité etc. Par contre, la substantialité etc. [et les autres universaux] peuvent aussi être spécifiques parce que capables de servir aussi bien de base à l'exclusion par rapport aux substrats différents de leurs propres substrats. L'étantité par rapport à ses propres substrats ne sert que

d'exclusion de l'individu en question, disons, la vache, de la classe d'autres individus, disons, la classe des chevaux, etc. En effet, tous les universaux, à l'exclusion de *sattā*, peuvent fonctionner dans les deux sens : d'un côté comme *sāmānya*, s'ils sont envisagés du point de vue de leur capacité à former la base d'une inclusion, de l'autre, comme *viśeṣa*, du point de vue de leur capacité à former la base d'une exclusion. La manière propre au Vaiśeṣika de comprendre les traits communs et les universaux dont ils forment la base diffère sensiblement de celle qui prévaut dans la pensée européenne post-scolastique, chez qui les traits communs sont les résultats d'une opération d'abstraction portant sur les caractéristiques des choses concrètes. Dans le Vaiśeṣika, en revanche, les traits communs propres aux choses individuelles de la même classe étaient considérés comme les manifestations ou les exemplifications des universaux. Par exemple, la bovinité (*gotva*) se manifeste dans toutes les vaches concrètes, autrement dit, l'universel bovinité réside dans toute vache.

de base d'inclusion. De ce fait, elle est uniquement commune. Bien qu'exclue de la classe des universaux spécifiques[1], l'étantité n'est pas capable de distinguer ses substrats par rapport aux substrats de ces universaux, parce que ceux-ci se distinguent par leur propre essence (*svarūpasattā*). C'est par rapport aux choses que l'étantité sert de cause à l'inclusion, bien qu'elle soit la cause à l'exclusion du non-être, et en cela il n'a pas de faute « La substantialité etc. peut être aussi cause de l'exclusion du fait qu'à la différence de la *sattā*, elle appartient à un nombre plus restreint d'êtres ». Cela veut dire que les universaux de la substance, de la qualité et du mouvement sont inférieurs à l'universel de l'étantité, du fait que le nombre d'objets qui leur servent de substrats est moindre. De même que l'universel de la terre est inférieur à l'universel de la substance, de même l'universel « cruchéité » est inférieur à l'universel de la terre. Comparé à l'universel de la qualité, celui de la couleur, sera inférieur ; comparé à l'universel du mouvement [en général] celui de l'élévation sera également inférieur.

« Du fait que l'universel de la substance sert aussi de cause pour l'exclusion, il porte également le nom de trait particulier, bien qu'il soit un trait commun ». Dans la mesure où ces universaux ne servent pas uniquement de cause d'inclusion, leur désignation par le mot « trait commun » indique qu'ils fonctionnent également comme cause d'exclusion, et pour cette raison la désignation « trait particulier » leur est aussi appliquée. Qu'est-ce à dire ? Le mot « trait commun » est appliqué à la substantialité etc. au sens propre, parce que ces [universaux] sont à la base de l'inclusion et pour cette raison possèdent un caractère de généralité, tandis que le terme « trait particulier » est

1. Cela veut dire qu'elle est l'objet de l'exclusion, donc, ses substrats doivent se distinguer par rapport aux substrats d'autres universaux.

pris au sens figuré, parce qu'il s'agit de traits qui distinguent leur substrat d'autres choses. Du fait qu'il existe, ce trait particulier est réel aussi bien par rapport aux particularités ultimes (*antyaviśeṣa*).

[8] Les particularités ultimes (*antyaviśeṣa*) résident uniquement dans les substances éternelles. Du fait qu'elles servent seulement de causes d'exclusion absolue, elles ne se présentent qu'en forme de particularités[1].

NK. « Les particularités ultimes (*antyaviśeṣa*) résident uniquement dans les substances éternelles ». Donc, ce qui existe uniquement dans les substances éternelles, se présente comme particularité ultime. L'expression « uniquement dans les substances éternelles » exclut la qualité, le mouvement et l'universel, parce que ces derniers subsistent dans les substances en général, mais non dans les substances éternelles. Les universaux ne se présentent pas seulement dans les substances[2] et pas seulement dans les substances éternelles. La connaissance, le son et les autres qualités sont exclues, parce qu'elles ne pénètrent pas les substances

1. Donc, si la *sattā* est le *parasāmānya*, l'universel suprême, l'*antyaviśeṣa* est la pure particularité, ou distinction, ou diversité. Autrement dit, l'*antyaviśeṣa*, tout en étant la limite de la distinction, donne à chaque substance éternelle son individualité irréductible, son caractère spécifique. Par «substances éternelles» on entend les substances ultimes qui, étant elles-mêmes dépourvues de cause, constituent les causes de toutes les choses. Parmi elles : les atomes des quatre éléments matériels (terre, eau, feu, vent), le *manas* atomique et les quatre substances omniprésentes (*ākāśa*, temps, direction et *ātman*). À la différence des *sāmānyaviśeṣa*, ou universaux spécifiques, les *antyaviśeṣa* ne peuvent pas être universaux, donc, appartenir à plus d'un seul substrat. Ils constituent ainsi une diversité pure, diversité qui caractérise les composants fondamentaux de l'être. On voit bien que la diversité constitue un vrai point de départ de l'ontologie du Vaiśeṣika.

2. Ils sont présents aussi dans les qualités et les mouvements.

éternelles tout entières. [Question :] est-ce que ces particularités ultimes sont uniquement des particularités, ou sont-elles également des traits communs ?

[Réponse :] « Du fait qu'elles servent seulement de causes d'exclusion absolue etc. » Cela veut dire que ces particularités sont toujours des particularités et qu'elles ne deviennent jamais des traits communs – parce qu'elles servent toujours de base pour l'exclusion de leurs objets des classes de tous les autres objets.

[9] L'inhérence (*samavāya*) est une relation[1] établie pour des choses inséparables en tant que [respectivement] contenant et contenu (*ādhāryādhāra*), elle est à la base du jugement « [cela se trouve] ici (*iha*) »[2].

1. Il s'agit de rendre compte d'une relation entre choses qui, à la différence de leur jonction mécanique (*saṃyoga*), possède un caractère de totalité et d'unicité et dont les termes ne peuvent pas exister séparément. L'introduction du terme *samavāya* vise à expliquer des relations, entre le tout et ses parties, entre la substance et ses propriétés, entre les universaux et leurs substrats, aussi entre la cause et son effet.

2. La notion de *samavāya* pose beaucoup de questions, dont l'élucidation serait trop complexe pour figurer ici. Bien que cette catégorie ait été sévèrement critiquée par les opposants des Vaiśeṣika, ces derniers l'ont conservée, étant donné le rôle fondamental qu'elle joue dans leur système. Quel était ce rôle ? Imaginons qu'il n'y ait dans le Vaiśeṣika que cinq catégories : substance, qualité, mouvement, trait commun et trait particulier. Dans ce cas, tout ce qui existe sera nettement divisé en cinq modalités indépendantes les unes des autres. Mais notre expérience quotidienne nous apprend que ce qui existe vraiment ce sont des choses, dans lesquelles nous pouvons distinguer substrat, attributs etc. Autrement dit, nous avons toujours affaire à des totalités, à des touts, mais non pas à des substrats, qualités, mouvements etc. pris séparément. Pour expliquer comment les constituants du monde appartenant aux différentes modalités d'être peuvent se présenter en co-occurence dans les objets de notre expérience, il faut introduire une autre catégorie qui pourrait en être responsable. Le *saṃyoga* ou la conjonction mécanique, étant une qualité, ne pourrait pas jouer ce rôle. Telle est la logique qui a pu amener les Vaiśeṣika à l'introduction du *samavāya*.

NK. L'auteur décrit la nature de l'inhérence. « Des choses inséparables (*ayutasiddha*) ». *Yutasiddhi* – « établie comme conjugué d'une facon artificielle » – se réfère à l'existence séparée des choses en conjonction. Son contraire est *ayutasiddhi* – « absence de l'existence séparée des choses conjuguées », qui est connue [sous le nom] d'inhérence, par exemple, la relation entre l'étoffe et les fils. Bien que les fils ne jouent pas toujours le rôle de substrat d'une étoffe, il n'y a pas de relation de contenant à contenu quand ils sont séparés l'un de l'autre, parce que les fils constituent le substrat de l'étoffe. Quand deux choses, liées par l'exclusion réciproque, ne peuvent pas entrer en relation de contenant à contenu, on aura affaire à la relation de *yutasiddhi*, par exemple, dans le cas de l'organe du toucher et du corps, on voit qu'ils sont en relation de conjonction et non d'inhérence, parce que le corps a une existence en dehors de l'organe du toucher, à savoir dans celles de ses parties qui sont distinctes de l'organe du toucher.

Dans le cas des substances éternelles, *yutasiddhi* signifie la capacité d'un mouvement indépendant ; celles des substances qui sont privées de cette capacité relèveront de *l'ayutasisdhi*. Cette relation est connue comme l'inhérence, par exemple, la relation entre l'*ākāśa* et la capacité d'être une substance [« substantialité »].

Si l'inhérence est définie uniquement comme *ayutasiddhi*, la relation entre le *dharma* et le plaisir, dans laquelle le premier est la cause et le deuxième l'effet, sera également l'inhérence, parce qu'aucun des deux n'a d'existence en dehors de celle de *l'ātman*, auquel ils sont inhérents. Pour exclure une telle supposition, l'auteur ajoute : « en tant que [respectivement] contenant et contenu ». On ne peut pas dire que cette précision sert à exclure la relation entre l'*ākāśa* et l'oiseau en vol, parce que cette dernière est déjà exclue par le mot même d'*ayutasiddhi*[1].Si on définit l'inhérence uniquement comme impossibilité pour deux choses d'exister indépendamment l'une de l'autre, dans ce cas la liaison entre le *dharma* et le plaisir portera le caractère de l'inhérence. Pour exclure cette possibilité, l'auteur ajoute : « pour des choses inséparables ». Dans le cas de la relation entre le signifié (*vācya*) et le signifiant (*vācaka*), il s'agit du fait qu'un mot exprime telle ou telle chose, mais non du fait que l'un existe dans l'autre. De même la relation entre *l'ākāśa* et le mot « *ākāśa* » peut être par erreur considérée comme inhérence. Pour exclure une telle interprétation, l'auteur ajoute : « qui est à la base du jugement « [cela se trouve] ici (*iha*) ».

Du fait que les deux dernières définitions – « contenant et contenu » et « le jugement "[cela se trouve] là' – ne peuvent pas exclure la relation entre la fosse et le fruit qui est tombé dedans, l'auteur ajoute : « choses non-séparées ».

[10] Ainsi l'énumération des porteurs des propriétés (*dharmin*) a été effectuée sans mention des propriétés elles-mêmes (*dharma*)[2].

1. L'*ākāśa* et l'oiseau possèdent une existence indépendante, ce qui est exclu par la définition de l'*ayutasiddhi*.

2. Ici, Praśastapāda introduit deux termes : *dharma* et *dharmin* qu'on peut traduire par « propriété » et « porteur de propriété ». À la différence du couple substance-qualité (*dravya-guṇa*), il ne s'agit pas d'une relation entre deux catégories du réel, mais plutôt d'une relation entre deux éléments du métalangage du Vaiśeṣika qui vise à rendre compte du système des catégories en tant que tel. On peut interpréter cette relation en termes logiques de sujet et de prédicat, où le sujet (*dharmin*) est ce qui est caractérisé, tandis que le prédicat est ce qui le caractérise, une caractéristique (*dharma*). Donc, la relation sujet-prédicat peut s'appliquer dans le cadre du Vaiśeṣika à n'importe quelle catégorie et non pas

NK. Du fait que des propriétés ne peuvent pas être étudiées sans énumération de leur porteur, l'auteur, avant de commencer à expliquer les propriétés, présente la relation que cette explication entretient avec ce qui a été déjà exposé. Dans ce chapitre, les porteurs ont été simplement nommés sans explication de leurs propriétés. Ce sont justement ces dernières qui vont constituer l'objet du chapitre suivant.

[03. CHAPITRE DES PROPRIÉTÉS COMMUNES ET SPÉCIFIQUES]

[11] Les six catégories [sont] toutes [caractérisées] par le fait d'exister (*astitva*)[1], l'expressibilité (*abhidheyatva*) et la cognoscibilité (*jñeyatva*).

NK. Les propriétés ne comprennent rien qui ne soit inclus dans les six catégories. Néanmoins, les catégories elles-mêmes sont, les unes par rapport aux autres, propriétés aussi bien que porteurs de propriétés. Pour préciser que les catégories peuvent jouer le rôle de porteurs de propriétés, et pas simplement celui de propriétés, on introduit la formule : « les six catégories [sont] toutes ». « Le fait d'exister » constitue une capacité d'exister dans sa propre

seulement à celles de substance ou de qualité. Le chapitre de *l'uddeśa* porte uniquement sur la présentation ou l'exposition des six catégories en tant que sujets de prédication. Ensuite, Praśastapāda s'engage dans une autre procédure d'analyse philosophique qui s'appelle *lakṣaṇa* ou définition. Cette procédure consiste en la définition des propriétés ou des prédicats communs et distincts des catégories.

1. L'*astitva* dérive du verbe *as* « exister » à la troisième personne, plus le suffixe abstrait -*tva* ; en anglais, ce mot artificiel est parfois traduit littéralement comme « is-ness », une telle traduction est impossible en francais, on rend donc *astitva* par « le fait d'exister », « nature d'être ».

forme, qui est commune à l'ensemble des six catégories, parce que c'est bien cette forme qui établit « le fait d'exister » des choses. « L'expressibilité » – la capacité d'être désigné par un mot et d'être expliqué verbalement. Elle constitue une vraie forme propre des choses, parce que c'est uniquement la forme propre qui est expliquée tantôt comme « cognoscibilité » et tantôt comme « expressibilité ».[1]

La capacité de résider dans un support (*āsritatva*) différent d'elle-même (*anyatra*) [appartient à toutes les catégories] à l'exception des substances éternelles.

NK. Par « capacité de résider dans un support différent d'elle-même », on comprend le fait, que les choses sont toujours vues comme dépendantes d'autres choses et cette dépendance ne possède pas le caractère de l'inhérence, car cette dernière n'est pas susceptible d'être contenue dans autre chose. Étant donné que cette capacité d'exister contenue dans autre chose que soi-même n'appartient pas aux substances éternelles, l'auteur précise : « à l'exception des substances éternelles ».

[12] Les cinq [catégories] à commencer par la substance [possèdent] la capacité [d'entrer en relation] d'inhérence ainsi que la non-unicité.

NK. Il s'agit de la similitude des cinq catégories, à partir de la substance et jusqu'au trait particulier. « La capacité [d'entrer en relation] d'inhérence » – est le fait de résider dans quelque chose, caractérisé par la relation d'inhérence.

« La non-unicité (*anekatvam*) » – la capacité des choses à se distinguer les unes des autres, elle est due au fait

1. Śrīdhara considère donc ces deux caractéristiques comme étroitement liées entre elles.

qu'elles possèdent leurs propres formes mutuellement exclusives. Si on se bornait à dire : « à commencer par la substance », cela inclurait l'inhérence. Pour l'éviter, on précise : « cinq ». Si on se bornait à dire : « les cinq catégories », une ambiguïté subsisterait sur le point de savoir de quelles catégories il s'agit. Pour cette raison l'auteur a dit : « à commencer par la substance ».

[13] Les cinq [catégories] à commencer par la qualité [sont caractérisées] par l'absence de qualité (*nirguṇatva*) et par l'absence de mouvement (*niṣkriyatva*).

NK. Il s'agit de la similitude des catégories à partir de la qualité jusqu'à l'inhérence.

« L'absence de qualité » – la capacité de n'avoir pas de qualités.

« L'absence de mouvement » – la capacité de n'avoir pas de mouvement.

[14] Les trois [catégories], à commencer par la substance, [sont caractérisées] par la liaison avec l'être (*sattāsaṃbandha*)[1], par la capacité de posséder traits communs et particuliers (*sāmānyaviśeṣavattva*), par la désignabilité par le terme « objet » (*artha*), établie conformément à [la terminologie] propre [au Vaiśeṣika][2], et par la capacité de produire mérite et démérite (*dharma-adharma-kartṛtva*).

1. Ici, Praśastapāda se réfère au *sūtra* I. 2.7 (dans la version de Śaṅkaramiśra) : « L'être (*sattā*) est ce qu'on désigne par [le mot] *sat* (du participe *sant*; "existant", "présent") [quand on parle] de substance, de qualité et d'action ».

2. Ici Praśastapāda, comme dans le cas de *sattā*, essaie d'inscrire dans son système la terminologie de Kaṇāda qui caractérisait les trois premières catégories comme objets (*artha*) (VS VIII.ii. 3). En conséquence, les trois dernières catégories ne sont pas désignées par le mot « objets ».

NK. « La liaison avec l'être » des trois catégories à commencer par la substance porte le caractère de l'inhérence – ce qui constitue pour elles un facteur de similitude. Un autre facteur de similitude est également mentionné, à savoir, « la capacité de posséder traits communs et particuliers ». Du fait que substantialité etc. servent de base pour l'inclusion, aussi bien que pour l'exclusion, elles sont décrites à la fois comme trait commun [genre] et comme trait particulier [espèce]. Ces [catégories] substance etc. sont liées aux universaux, et cette liaison est bien l'inhérence.

« La désignabilité par le terme « objet » (*artha*), établie conformément à [la terminologie] propre [au Vaiśeṣika] ». Les maîtres du Vaiśeṣika sont parvenus à une convention concernant leur terminologie, selon laquelle, dans ce *śāstra* (Vaiśeṣika), le terme « objet » est censé s'appliquer à la fois à la substance, à la qualité et au mouvement. Pour cette raison, ces trois catégories sont désignées par le terme « objet ».

« La capacité de produire mérite et démérite » – la substance, la qualité et le mouvement constituent les trois causes instrumentales dans la production du mérite et du démérite. Par exemple, la terre [substance], si on en fait don, est source de mérite, si on en dépossède quelqu'un, elle devient source de démérite. De la même manière, une conjonction [qualité] si elle s'opère avec une vache[1], sert le mérite, si elle s'opère avec des ossements[2], sert le démérite. De même, le déplacement [mouvement] sera source de mérite, si c'est un pèlerinage, et source de

1. Le contact avec une vache, étant donné que cette dernière était considérée en Inde comme un animal sacré, est censé être auspicieux.

2. Les ossements étaient considérés comme quelque chose d'impur.

démérite, s'il consiste à fréquenter les tavernes. Le mot « *dharma-adharma-kartṛtva* » indique que la capacité de produire mérite et démérite est inhérente aux substances, qualités et mouvements.

La capacité d'être un effet est caractéristique uniquement pour ceux – substances, qualités et mouvements – qui ont leurs causes productrices et qui sont non-éternels.

NK. Seuls les substances, qualités et mouvements qui possèdent leurs propres causes productrices, détiennent la capacité de produire des effets et d'être non éternels.

« La capacité d'être une cause productrice appartient [aux trois premières catégories], sauf [les qualités] de sphéricité (*parimāṇḍalya*) etc. ».

« La sphéricité » est la forme de l'atome. Le mot « etc. » désigne 1) la dimension de la dyade[1] ; 2) l'omniprésence de *l'ākāśa*, du temps, de la direction[2] et de l'*ātman*[3] ; 3) le dernier son[4] ; 4) la dimension du *manas*[5] ; 5) l'éloignement et le rapprochement[6] ; 6) la double séparation[7] ; 7) la

1. La dyade composée de deux atomes, selon les Vaiśeṣikas, a la même dimension *aṇu* (petit) que l'atome singulier. Les Vaiśeṣikas pensaient que la gradation à l'intérieur de la dimension *aṇu* n'existe pas.

2. Pour les Vaiśeṣika la direction (diś) représente une unique substance, dont les divisions (les régions de l'espace) possèdent un caractère artificiel.

3. Toutes les substances mentionnées possèdent une suprême grande dimension (*paramahat*) et, pour cette raison, elles ne peuvent produire rien qui soit plus grand qu'elles.

4. Les Vaiśeṣika présentent le son comme une série d'instants « atomiques » de sonorité, dont seul le dernier est saisi par l'oreille et ainsi ne produit pas d'autre son.

5. Etant un atome, le *manas* ne peut pas être cause productrice.

6. Ce sont des qualités non productrices d'autres qualités homogènes.

7. Une autre qualité non productrice.

dimension d'un produit final[1]. À part cela, tout le reste peut être soit cause inhérente soit cause non inhérente. Bien que la substance ne soit jamais une cause non inhérente, et la qualité et le mouvement une cause inhérente, il y a une caractéristique commune à tous les trois – celle d'être cause instrumentale.

La capacité d'être contenu dans quelque chose [est caractéristique] pour tous [les substances, les qualités et les mouvements], sauf les substances éternelles.

NK. [Objection] : Auparavant on a dit que la capacité d'être contenu dans quelque chose appartient aux six catégories ; c'est pourquoi cette phrase est superflue.

[Réponse (préliminaire) :] Quelqu'un pourrait dire : cela est incorrect, parce qu'il s'agit ici du fait d'être contenu dans une substance.

[Réponse (définitive) :] Cette réponse n'est pas explicite, parce que, dans ce cas-là, le fait d'être contenu dans une substance sera caractéristique non seulement des substances, des qualités et des mouvements, mais aussi des traits communs et particuliers. Il ne s'agira donc plus de la similitude entre les substances etc. [qualités et mouvements]. Pour cette raison, dans la phrase : « [est caractéristique] pour tous [les substances, les qualités et les mouvements], sauf les substances éternelles », les mots « les substances éternelles » doivent inclure aussi les particularités ultimes contenues dans ces substances. Dans ce cas-là, le sens de la phrase sera le suivant : l'appartenance aux substances est caractéristique des trois premières catégories, à l'exclusion des substances éternelles et de leurs particularités ultimes.

1. Par exemple, la cruche, étant un produit final, ne peut pas produire autre chose.

[15] Les trois [catégories], à commencer par le *sāmānya* (trait commun), possèdent l'étantité autonome (*svātmasattā*)[1], leur caractéristique distinctive (*lakṣaṇa*) est la *buddhi* (intellegence), elles ne sont pas capables d'être cause, effet, genre, ou espèce; elles sont éternelles[2], et ne sont pas désignables par le terme « objet » (*artha*).

NK. Il s'agit ici de la similitude des trois dernières catégories à commencer par le trait commun jusqu'à l'inhérence. L'existence des traits communs et particuliers aussi bien que de l'inhérence sont caractérisées par la

1. Praśastapāda utilise trois termes ontologiques : *astitva*, *sattāsaṃbandha* et *svātmasattā* pour désigner les différents types d'existence. Selon les explications d'Udayana, l'*astitva* présuppose la capacité d'être connu en tant que catégorie positive telle quelle, indépendamment de la connaissance de quelque chose de négatif, le *sattāsaṃbandha* consiste en une relation d'inhérence entre les trois premières catégories et la *sattā*, être, existence; le *svātmasattā* – une existence indépendante d'autres catégories. Il y a une autre explication, celle de Sankaramiśra.

2. Dans ce passage Praśastapāda formule les principes de ce qu'on peut appeler le réalisme du Vaiśeṣika. Il s'agit du réalisme au sens scolastique du terme, donc, de l'affirmation de l'existence des universaux. Selon les Vaiśeṣikas, les universaux existent au même titre que les choses concrètes. Mais, à la différence du réalisme scolastique, les Vaiśeṣikas ne pensent pas que les universaux soient à l'origine des choses particulières. Tout en restant immuables, les universaux ne se manifestent qu'à travers les choses. Autrement dit, ils n'ont pas d'existence séparée de celle des choses. En ce sens le réalisme du Vaiśeṣika ne porte pas un caractère extrême comme dans certaines théories scolastiques. Pour les Vaiśeṣika, les traits universels et particuliers sont connus en même temps que les objets eux-mêmes, donc nous percevons la bovinité en même temps que la vache, la blancheur en même temps que la couleur blanche de l'animal et ainsi de suite. Mais il y a une différence importante entre les modes de connaissance de la vache avec ses qualités et mouvements, d'une part, et ceux des universaux résidant en elle, d'autre part. La connaissance de ces derniers dépend de la *buddhi*, intelligence, qui s'applique à une perception directe de la vache.

subsistance dans sa propre forme. Le mode de leur subsistance n'est pas lié à l'universel de l'étantité (*sattā*). Cela veut dire que la similitude des trois dernières catégories consiste en l'absence en elles des universaux. Pour quelle raison ? Parce qu'il existe une interdiction à ce propos. On ne peut pas dire que l'universel de l'être est contenu dans la catégorie du trait commun, car cela peut amener à une absurdité[1]. La même chose a lieu dans le cas de l'inhérence. Si on accepte qu'elle se rapporte à l'universel de l'être, il faut aussi accepter qu'il existe une autre inhérence par laquelle celle-là est liée avec cet universel, ce qui est inadmissible[2]. Pour la bovinité et autres universaux contenant des espèces, leur liaison avec l'universel de l'être est supprimée dès lors qu'ils ont interrompu leur relation avec leurs propres espèces.[Question :] Si c'est bien le cas, pourquoi existe-t-il une notion de l'existence par rapport aux universaux ?

[Réponse :] Du fait que le caractère de subsistance dans sa propre forme est semblable à celui de l'existence, ce dernier est surimposé aux universaux.

[Objection :] Dans ce cas-là, la notion d'existant sera fausse !

[Réponse :] Mais qui dit qu'elle ne le sera pas ? S'il y a une notion de l'unicité par rapport aux objets qui se distinguent l'un de l'autre, elle sera également fausse. Ce qui ne sera pas faux, c'est la perception de cette forme propre, parce qu'elle est bien réelle.

1. Notamment, à la régression à l'infini – un trait universel contenu dans un autre trait universel.

2. À cause du danger de tomber dans la régression à l'infini.

Leur caractéristique distinctive (*lakṣaṇa*) est la *buddhi* (intelligence).

NK. La *buddhi* en tant que caractéristique distinctive est un instrument de la vraie connaissance, cela veut dire que l'existence des catégories à partir du trait commun peut être prouvée uniquement à l'aide de la *buddhi*, tandis que l'existence de la substance, de la qualité et de l'action est prouvée par le fait de l'existence des objets concrets. Certains expliquent cette phrase dans le sens que les traits communs seraient connus uniquement à l'aide des *buddhi*, mais cela n'est pas correct, car les substances etc. sont aussi connues à l'aide des *buddhi* ; dans ce cas-là, il n'y aurait pas de différence entre ces dernières et les traits communs.

« Elles ne sont pas capables d'être cause » – il s'agit ici d'une possession de sa propre essence, indépendamment des causes. Dans le cas d'une manifestation individuelle d'un universel, perçu avant, pendant et après l'existence de la chose individuelle, grâce à la perception de l'absence de cause et grâce aussi aux traces mentales laissées par les répétitions fréquentes de cette perception, celle-là [l'essence] est perçue directement, de même que la relation de la concomitance invariable (*vyāpti*). L'incapacité de l'inhérence à produire un effet vient du fait qu'est absente à son endroit la notion qu'elle est apparue avant, après ou avec son substrat. Si l'inhérence de l'étoffe à ses fils était possible avant l'apparition de l'étoffe, étant donné l'absence de l'un des termes de la relation, quel sera le substrat de cette relation ? Si elle apparaissait en même temps que l'étoffe, cette dernière ne serait plus son substrat. Si elle apparaissait après l'étoffe, cette dernière ne serait non plus son substrat, pas davantage que le substrat d'une capacité d'avoir un effet. Pour cette raison, il faut admettre que l'inhérence n'a pas été produite. Le caractère non produit du trait particulier est prouvé par sa distinction de la substance, de la qualité et du mouvement, aussi bien que par sa similitude avec le trait commun et l'inhérence.

« Elles ne sont pas capables d'être … cause » – donc, ni cause inhérente, ni cause non inhérente. Cela ne se réfère pas à la cause instrumentale, parce qu'il est admis que les traits communs etc. sont la cause instrumentale de l'intelligence (*buddhi*).

« Elles ne sont pas capables d'être … genre, ou espèce », ou d'avoir des sous-classes, car pour un trait commun [universel, genre] il n'y a pas d'autre trait commun [universel, genre], sinon on peut régresser à l'infini. L'impossibilité pour des traits particuliers et pour l'inhérence d'avoir un genre a déjà été prouvée.

[Question :] Dans ce cas-là, comment sera possible l'acte cognitif de l'inclusion sous la forme d'un jugement comme : « [ceci] est un genre [universel] et [cela] est un genre [universel] » ?

[Réponse :] Il sera possible à cause de l'inhérence du genre [universel] à la multitude des choses individuelles, ce qui est expliqué par des conditions limitantes extrinsèques (*upādhi*) ; l'emploi du mot « un » (*eka*) par rapport à des choses différentes les unes des autres se fonde sur la capacité de chaque chose d'engendrer l'acte cognitif de l'exclusion absolue.

« Elles sont éternelles » – indestructibles. Pour le trait commun, de la même façon que pour l'incapacité d'être effet, celle-ci [l'éternité] est attestée par la perception directe, sur le modèle de la concomitance invariable (*vyāpti*), indépendamment des conditions limitantes extrinsèques, et se présente comme connaissance de quelque chose subsistant dans les individus apparaissants et disparaissants. Pour l'inhérence, cette [éternité] est inférée à partir de la perception de l'existence omniprésente des effets et du fait de n'être pas un produit.

« Ne sont pas désignés par le terme « objet » (*artha*) » – au sens du terme technique du Vaiśeṣika. Ce sont les caractéristiques communes [aux traits communs et particuliers aussi bien qu'à l'inhérence].

[16] Les neuf substances, à commencer par la terre, [sont toutes caractérisées] par une liaison avec la substantialité, par la productivité dans leur registre propre, par la possession de qualités, par l'indestructibilité par [leurs] causes et effets, par les ultimes particularités, par l'indépendance vis-à-vis de tout autre substrat, par l'éternité. [Les deux dernières caractéristiques] concernent toutes les substances, hormis celles qui sont composées de parties.

NK. L'auteur décrit la similitude de ces substances : « [sont caractérisées] par la liaison avec la substantialité ». Cette caractéristique sert à distinguer la catégorie de la substance de toute autre catégorie ; elle montre ce qui est désigné par le mot « substance ». Une autre caractéristique commune pour toutes les substances c'est « la productivité dans leur registre propre » – la production d'effets qui appartiennent à ces substances elles-mêmes.

« La possession de qualités » – la liaison avec des qualités. Les deux dernières caractéristiques distinguent la substance de la qualité, parce qu'elles ne se manifestent pas que dans les substances.

« L'indestructibilité par [leurs] causes et effets » – la qualité est parfois détruite par [son propre effet], par exemple, le premier son est détruit par le son suivant, parfois par sa propre cause, par exemple, le dernier son par l'avant-dernier. Le mouvement est aussi détruit par son propre effet, par exemple par la conjonction suivante [d'un mobile avec un point de l'espace]. La substance est indestructible, que ce soit par [ses] causes, ou par [ses] effets. Les substances éternelles sont sans cause et ne sont pas sujettes à la destruction. En ce qui concerne les substances non éternelles, bien qu'elles possèdent leurs causes et soient soumises à la destruction, leur destruction est liée non avec leurs propres causes, mais avec quelque chose d'extérieur.

« L'indépendance vis-à-vis de tout autre substrat » – la non-inhérence à quoi que ce soit d'autre ; « l'éternité » – l'indestructibilité. Ce sont les caractéristiques communes des substances.

[Question :] Est-ce que cette similitude concerne toutes les substances ?

[Réponse :] Toutes, à part les substances composées de parties. Autrement dit, en dehors des substances composées, toutes les autres sont pourvues de particularités ultimes, indépendantes d'un autre substrat et éternelles.

[17] La terre, les eaux, le feu, le vent, *l'ātman* et le *manas* [sont caractérisés] par la non-unicité et par la possession de sous-classes.

NK. L'auteur montre la similitude des différentes substances. « La non-unicité (*anekatva*) » – la multiplicité d'exemplaires individuels, différents les uns des autres. « La possession de sous-classes » – le fait d'avoir une série de sous-variétés, comme, par exemple, la « crucheité » pour la substance de la terre.

[18] La terre, les eaux, le feu, le vent et le *manas* [sont caractérisés] par la capacité de posséder un mouvement, une forme matérielle, l'éloignement, le rapprochement et la vitesse.

NK. « Un mouvement » – élévation etc. ; « une forme matérielle » – limitation dans l'espace, « l'éloignement, le rapprochement et la vitesse » – ces caractéristiques sont inhérentes à ces substances.

[19] L'*ākāśa*, le temps, la direction [possèdent] l'omniprésence (*sarvagatatva*), le caractère d'extension maximale (*paramahat*), et sont le substrat commun de toutes les choses en contact.

NK. Le préfixe « omni » (*sarva*) renvoie aux substances dépendantes de leurs causes productrices et possédant une forme matérielle qui sont mentionnées plus haut. « L'omniprésence » signifie que *ākāśa* etc. sont en contact avec toutes les substances d'une dimension limitée et non le fait qu'elles se dirigent dans toutes les directions[1]. « Le caractère d'extension maximale » – la possession d'une dimension telle qu'elle ne se laisse pas délimiter par une quantité finie. « Sont le substrat commun de toutes les choses en contact » – *l'ākāśa* etc. sont le réceptacle commun de toutes choses possédant une forme matérielle. Bien que *ākāśa* etc. soient capables de servir de réceptacles pour tous les contacts, ils sont désignés indirectement comme réceptacles de toutes choses en contact. C'est en cela que cette caractéristique se distingue de l'omniprésence déjà mentionnée : « omni » signifie le contact avec toutes les choses, ici il s'agit de réceptacles de toutes choses.

1. Le sens littéral du mot *sarvagata*.

[20] Les cinq substances, à commencer par la terre, [possèdent] le caractère d'élément, le caractère de cause matérielle des organes des sens, le caractère de qualité spécifique ; chacune d'elles est saisie par un organe extérieur correspondant.

NK. L'auteur expose maintenant la similitude et la différence entre la terre, les eaux, le feu, le vent et l'*ākāśa*. « Le caractère d'élément (*bhūtatva*) » – le mot « *bhūta* », qui est unique, doit être appliqué à la terre etc., bien que ce soient là des choses différentes, de la même façon que le mot « *akṣa* » est appliqué, selon la convention, aux dés etc.[1], en se fondant sur le caractère commun des trois classes : classe des dés, classe des organes de sens et classe des fruits de *Vibhātaka.* De même le mot « *bhūta* » est appliqué, selon la convention, aux quatre [substances] – terre etc. [eaux, feu, vent], sur la base d'un caractère commun aux universaux de la terre etc. En ce qui concerne *l'ākāśa*, l'application du terme *bhūta* à cette substance se fonde sur le fait qu'il n'en existe qu'un unique exemplaire[2], et la notion associée à ce terme est construite à partir des conditions limitantes extrinsèques (*upādhi*) de sa capacité signifiante, de même que la notion associée au mot *akṣa* l'est par rapport aux dés, etc. « Le caractère de cause matérielle des organes des sens » – la terre et autres substances produisent les organes des sens correspondants[3]. « Le caractère de qualité spécifique ; chacune d'elles est saisie par un organe externe correspondant ». – la terre etc. possèdent des qualités spécifiques comme la couleur etc. qui peuvent être saisies par les organes des sens

1. Le terme *akṣa* désigne également l'œil et le fruit de la plante *Vibhātaka* (Terminalia Bellerica).

2. Elle existe en un seul exemplaire, n'ayant pas de classe.

3. La terre produit l'odorat, les eaux le goût, le feu la vision, le vent le toucher, l'*ākāśa*-l'audition.

correspondants tels que les yeux etc. Du fait que toutes ces qualités peuvent être aussi bien saisies par l'organe interne (*manas*), leur perception par chacun des organes des sens n'est pas évidente, pour cette raison on précise : « par un organe externe ». L'expression : « chacune d'elles » renvoie à la description de la forme propre des qualités.

Les quatre [substances] [peuvent être] à l'origine [d'autres] substances et elles [possèdent] la tangibilité.

NK. Les quatre substances – terre, eau, feu, vent – peuvent produire des substances et cette capacité leur est conaturelle. « La tangibilité » – consiste dans le fait que le toucher leur est inhérent.

Les trois [substances] [possèdent] la perceptibilité par des organes des sens, la couleur et la fluidité.

NK. Terre, eau et feu sont connus grâce à l'acte cognitif qui s'opère par les organes des sens – c'est en cela que consiste leur « perceptibilité », et non dans le fait qu'elles possèdent des qualités comme une dimension etc., sinon la mention de « la couleur » serait répétitive.

[Objection :] L'*ātman*, lui aussi possède la « perceptibilité ».

[Réponse :] C'est vrai, mais ici il s'agit uniquement des trois substances, dont la perception dépend des organes extérieurs[1].

Deux [substances] [possèdent] la gravité et le goût [la sapidité].

NK. Les deux, c'est-à-dire, la terre et l'eau, alors qu'aucune autre substance ne possède la qualité de gravité ; à cause de la présence en elles de cette qualité elles sont

1. Tandis que l'*ātman* est perçu par l'organe intérieur (*manas*).

caractérisées par le mot « lourd » (*guru*). La possession du goût – la sapidité et pas seulement la gravité – leur sont inhérentes.

[21] Les éléments et l'*ātman* [possèdent] la capacité d'avoir des qualités spécifiques.

NK. « Les éléments » – terre, eau, feu, vent, *ākāśa*, [aussi bien que] l'*ātman* sont liés aux qualités spécifiques. « Les qualités spécifiques » (*viśeṣaguṇa*) sont des qualités qui distinguent leur propre substrat des substrats des autres choses. On trouve des qualités spécifiques comme, par exemple, la couleur, dans les éléments aussi bien que dans l'*ātman*.

[22] La terre, l'eau et l'*ātman* [possèdent] quatorze qualités.

NK. La terre, l'eau et l'*ātman* sont liés à quatorze qualités[1].

[23] L'*ākāśa* et l'*ātman* [sont caractérisés] par des qualités spécifiques, qui subsistent dans certaines parties [de ces substances][2] et qui sont instantanées.

NK. Du fait que la terre etc. possèdent aussi des qualités spécifiques, pour les exclure l'auteur ajoute : « subsistent dans certaines parties [de ces substances] »[3]. Les qualités

1. Huit qualités, allant du toucher à l'éloignement, auxquelles s'ajoutent vitesse, poids, fluidité, couleur, goût et viscosité sont les quatorze qualités de l'eau ; la terre a les mêmes, à l'exclusion de la viscosité et en ajoutant l'odorat ; l'*ātman* possède nombre, dimension, séparation, conjonction et disjonction, *buddhi*, plaisir, douleur, désir, aversion, effort, mérite, démérite et impressions mentales.

2. Il s'agit du son pour *l'ākāśa* et des qualités dites psychologiques (*buddhi*, plaisir, douleur etc.) pour l'*ātman*.

3. Tandis que les qualités de la terre etc. pénètrent leur substrat entièrement.

spécifiques qui subsistent dans « l'ākāśa » et « l'*ātman* » par la pénétration (*vyāpti*) des parties de ces dernières, sont susceptibles d'être vite détruites ; c'est pourquoi on a précisé : « qui sont instantanées ».

[24] Les directions de l'espace et le temps [possèdent] cinq qualités ainsi que le caractère d'être cause instrumentale de toutes choses produites.

NK. Les cinq qualités des directions de l'espace et du temps sont les suivantes : nombre, dimension, séparation, conjonction et disjonction. Un autre facteur de leur similitude est « le caractère d'être cause instrumentale de toutes les choses produites ».

[Objection :] D'où savez-vous que les directions de l'espace et le temps possèdent le caractère d'être cause instrumentale de toutes choses produites ? Si vous vous appuyez uniquement sur leurs affinités avec *l'ākāśa* [en tant qu'espace-receptacle], cet argument sera ambigu, car on rencontre des expressions comme « prenant naissance dans la maison », « prenant naissance dans l'étable », dans lesquelles il ne s'agit pas des causes instrumentales[1]. [Réponse :] Il y a une règle restrictive par rapport au lieu et au moment de la production, de la même façon que la production de l'étoffe est déterminée par des conditions limitantes extrinsèques (*upādhi*)) telle que les fils etc.[2]. S'il n'y avait pas régulation sous la forme du temps et du lieu, les causes produiraient leurs effets n'importe où et n'importe quand. [Objection :] Mais du moment que la cause ne subsiste pas partout et toujours, la production de l'effet ne se produira pas non plus [partout et toujours].

1. La maison ou l'étable ne peuvent être la cause instrumentale de la naissance.

2. Par exemple, la navette.

[Réponse :] Au lieu et au moment où sont présentes les causes, c'est là et alors seulement que s'effectue la production des effets. Il faut accepter qu'un lieu et un moment définis soient des facteurs participant à la production des effets, parce que les causes en sont dépendantes. Cela veut dire que la capacité du lieu et du moment d'être causes instrumentales consiste uniquement dans le fait qu'ils aident à la production d'effets dans un [moment et dans un lieu] et non pas ailleurs.

[25] La terre et le feu sont liés à la fluidité artificielle (*naimittika*).

NK. Un caractère est « artificiel » lorsqu'il est produit par des causes instrumentales[1], et c'est ici le cas de la fluidité à laquelle sont liées la terre et le feu. [Objection :] Étant donné que c'est par contact avec le feu qu'il y a fusion de substances terreuses comme la graisse et de substances ignées comme l'or, argent etc. on comprend que la fluidité, à l'instar de la gravité, concerne seulement ce qui est terreux, parce que la soumission à la chaleur de l'or etc. constitue un cas d'inhérence à ce qui est en conjonction[2]. [Réponse :] Il n'en est rien, car il y a absence de cette fluidité dans les choses terreuses quand on observe qu'elles sont complètement réduites en cendres. À partir de là, on réfute l'opinion de certains pour qui des choses comme l'or etc. ne sont faites que de terre. Dans ce cas, en effet, un contact prolongé avec le feu détruirait leur fluidité comme c'est le cas pour la graisse etc.

[Objection :] Des choses comme l'or, dépourvues de toute fluidité naturelle, sont de nature terreuse, parce

1. À la différence de la fluidité naturelle (*svabhāvika*) de l'eau.

2. La propriété inhérente à la substance (ici, la terre) qui est en conjonction avec le feu.

qu'elles possèdent la gravité, à la manière de mottes de terre etc.

[Réponse :] Cela aussi est sans consistance[1].[Question :] Y a-t-il perception de cette gravité comme étant une qualité [intrinsèque] de ces substances, ou bien a-t-elle pour origine, à la manière de l'onctuosité du beurre fondu, la contiguïté de son propre substrat avec une cause extrinsèque[2] ? Ce doute n'est pas résolu. [Réponse :] Quant à un autre argument, semblable à celui-ci, [l'argument] de l'hétéro-luminosité[3], il n'est pas correct, parce qu'il est possible que la luminosité [de l'or etc.] soit non manifestée. De la même manière, on peut exprimer toute autre communauté de propriétés directement par rapport à chaque catégorie, tandis que la différence de propriétés s'exprimera à travers leur exclusion mutuelle.

[26] Ainsi pour éviter la confusion des catégories, on doit décrire la similitude, ou, au contraire, la distinction de toutes choses.

NK. Si les choses ne sont pas mentionnées on ne peut pas leur donner de définitions, car ces dernières n'auront pas de sujet. Si les choses n'ont pas reçu leurs définitions, il n'est pas possible de connaître leur essence, car il n'y aura pas de cause [à leur connaissance]. Voilà pourquoi la connaissance visant à découvrir la nature des choses, s'opère par l'exposition (*uddeśa*) et par la définition (*lakṣaṇa*). En ce qui concerne l'examen (*parīkṣā*), il existe une règle limitative : quand une définition [d'un opposant]

1. Pour les Vaiśeṣika, la gravité de l'or etc. est due aux particules de terre ajoutées aux particules du feu, en lesquelles il consiste.

2. Le beurre fondu est le résultat du contact du beurre avec le feu.

3. À la différence du feu, l'or ne possède pas l'auto-luminosité, il ne peut être éclairé que par une source extrinsèque.

est réfutée et qu'il n'y a pas moyen d'obtenir une certitude par rapport à la vraie nature de la chose en question, il faut recourir à la méthode de l'examen pour éliminer la définition de l'opposant. Quand la définition possède une force significative suffisante pour donner une certitude concernant la vraie nature [de la chose], l'examen sera superflu.

Atiśa

*BODHIPĀTHAPRADĪPA** LA LAMPE DE LA VOIE DE L'ÉVEIL

Présentation La pratique de la voie de l'Éveil dans le Madhyamaka

La *Lampe de la voie de l'Éveil* est un abrégé des points les plus importants de la voie du bouddhisme du Mahāyāna, composé en sanskrit au Tibet, où sa postérité est immense, et conservé dans sa version tibétaine. L'auteur, Atiśa (Dipaṃkāra Śrījñāna, 982-1054) est un religieux bouddhiste bengalais, qui, à l'invitation des rois de Gugé (Gu ge, Tibet Occidental), vint en 1042 au Tibet, où il devait finir ses jours[1]. Quelle que soit la valeur historique des épisodes rapportés par les hagiographies, le point à retenir pour

* *BsTan 'gyur dpe bsdur ma*, vol. 64, p. 1678-1686, Pékin, Krung go'i bod rig pa'i dpe skrun khang [Éditions des Minorités], 1994–2008.

1. Pour une hagiographie d'Atiśa selon les sources tibétaines, voir par exemple G. N. Roerich, G. Choepel, *The Blue Annals by Gö Lotsawa*, Delhi, Motilal Banarsidass, 1976, p. 241 *sq.* Les traductions mentionnées dans la bibliographie contiennent toutes un récit de la vie de l'auteur. La biographie de référence est aujourd'hui celle que l'on trouve dans J. B. Apple, *Atiśa Dīpaṃkara – Illuminator of the Awakened Mind*, Boulder, Shambala, 2019.

l'intelligence du texte est que Gugé, en ce milieu du XIe siècle, fut le lieu d'une renaissance du bouddhisme, d'une « seconde diffusion » (*phyi dar*, « diffusion postérieure ») du Dharma bouddhique. Le bouddhisme avait en effet connu une première propagation au Tibet, commencée sans doute dès le VIIe siècle, qui a connu son apogée sous le roi Trisong Detsen (Khri srong lde'u btsan) dans la deuxième moitié VIIIe siècle et s'est, peu ou prou, interrompue avec l'assassinat du roi Langdarma (Glang dar ma), traditionnellement situé en 842.

Les deux siècles qui ont suivi sont décrits par l'historiographie traditionnelle comme une sorte d'âge noir, où le bouddhisme se serait pratiquement éteint ou aurait gravement dégénéré. Il y a tout lieu de douter de cette représentation qui confond – sans doute à tort – chaos politique et extinction de la religion. La recherche en cours irait plutôt dans le sens de la reconnaissance d'une grande fécondité de cette période en œuvres notamment tantriques. Mais, précisément, les Tibétains – hormis peut-être les partisans de l'école Ancienne (rNying ma) qui se perçoivent comme les héritiers de la première diffusion du bouddhisme – voient en cette floraison de textes plutôt l'expression d'une forme de décomposition du Dharma supposé authentique.

C'est principalement à la cour des rois de Gugé, au XIe siècle, que cette idéologie a dû voir le jour ; qu'Atiśa y ait ou non souscrit (quelques récits traditionnels invitent à douter de son degré d'adhésion à l'appétit de normalisation de ses hôtes et mécènes), c'est dans ce climat puriste de « retour à l'orthodoxie » qu'il a été invité, pour en être l'instrument (plutôt que l'agent) principal.

Le texte que l'on va lire répond, comme il l'indique lui-même, à des questions posées par le prince Jangchub Wö (Byang chub 'od, 984-1078), questions animées par ce souci de réforme, de normalisation dans le sens d'un enseignement orthodoxe (c'est-à-dire, en fait : indien[1]). On peut supposer que les questions de Jangchub Wö ont été posées avec une intention en quelque sorte polémique – imprégnées du désir de « rectifier » les pratiques bouddhiques du Tibet de son temps. On n'est pas obligé de supposer la même attitude dans les réponses d'Atiśa, qui, dans ce petit traité, paraît simplement exposer le Grand Véhicule tel qu'il le conçoit, d'une manière particulièrement claire mais sans que l'intention de corriger des erreurs spécifiquement tibétaines transparaisse nulle part. Pour la subdivision des stances (qui ne forment pas des quatrains réguliers en tibétain, où visiblement le souci de la clarté du sens a prévalu sur celui de la perfection formelle) et pour leur numérotation, c'est le système commun à Geshe Sonam Rinchen et Ruth Sonam (1997) et à Marie-Stella Boussemart (2008) qui a été suivi ici. Quant à la manière de traduire, tout en tâchant de produire un texte lisible en

1. La tradition tibétaine a quelque peine à percevoir que si le bouddhisme tibétain du temps de ces velléités réformistes des souverains de Gugé avait pu quelque peu élaborer le contenu reçu lors de la première diffusion du « saint Dharma » au Tibet, telle n'était pas la seule cause des différences constatées avec sa version indienne incarnée pour eux par Atiśa : en Inde non plus, en effet, cette religion n'était pas demeurée inerte. Il faut aussi se rappeler qu'à l'époque impériale, le bouddhisme avait été introduit depuis l'Ouest – l'actuel Pakistan, principalement – tandis qu'Atiśa était le représentant d'un état *géographiquement* distinct du bouddhisme : il est né dans « une zone le plus probablement située dans l'actuel district de Mushinganj au Bangladesh » (J. B. Apple, *Atiśa Dīpaṃkara –Illuminator of the Awakened Mind, op. cit.*, p. 11) et son activité indienne paraît s'être déroulée principalement entre la région de Bodhgaya et Sumatra. Il était, au reste, tributaire de l'enseignement de maîtres relevant d'un tout autre foyer de développement du bouddhisme tantrique, trop sous-estimé – « l'Asie maritime », et spécifiquement l'Indonésie.

français, l'on s'est appliqué à suivre d'aussi près que possible la syntaxe du tibétain (portant elle-même des traces de « sanskritismes »), en évitant toute reformulation qui, sans nécessité, s'en serait éloignée.

Plan du texte

L'auteur, après l'hommage liminaire (k° 1), afin d'annoncer l'objectif qu'il se propose, procède d'abord à la distinction de trois types d'individus (k° 2-5) quant à la finalité qu'ils visent dans leurs rapports avec le bouddhisme : (1) les plus médiocres sont ceux qui, ayant admis le *karman* et les vies futures, n'aspirent qu'à des renaissances agréables dans le *saṃsāra* ; (2) les « moyens » aspirent à se délivrer du cycle des existences, c'est-à-dire à l'obtention du *nirvāṇa* (« statique »), mais seulement pour eux-mêmes. Enfin, (3) les meilleurs ont intériorisé l'esprit du Mahāyāna et se donnent pour but, par bienveillance et avec compassion, le « suprême et parfait Éveil » pour le bien de tous les êtres. C'est (k° 6) la voie de cet individu supérieur qui va être présentée dans ce petit traité.

L'exposé de la voie du Grand Véhicule commence par le développement de l'esprit d'Éveil (*bodhicitta*) pour le bien de tous (k° 7-11), puis traite des mérites de cette sublime pensée (k° 12-17) et de la prise du vœu de *bodhisattva*, sous deux modalités – reçu d'un maître (k° 18-23) ou pris seul, dans la présence imaginée de tous les Bouddhas (k° 24-33).

Les k° 34-38, au mitan du texte, présentent un certain caractère de pivot : ramenant toute la voie du Mahāyāna aux deux « accumulations » (*saṃbhāra* – de mérites et de discernement, *prajñā*, ou sagesse, *jñāna*), elles introduisent la pratique de la « quiétude » (*śamatha*, concentration) comme le moyen d'obtenir les « clairvoyances » sans lesquelles on ne progresserait pas dans la voie.

Suit une évocation de cette pratique de la quiétude (k° 39-41), après quoi vient un bref rappel (k° 42-46) de l'impossibilité d'obtenir le parfait Éveil sans conjoindre *discernement* et *méthode* (ou « moyens habiles », *upāya*) – c'est-à-dire sans combiner l'ensemble des six vertus transcendantes (*pāramitā*). Après quoi, Atiśa passe à un exposé (k° 47-57) de l'autre pan de la méditation bouddhique traditionnelle : l'« éminente inspection » (*vipaśyanā*), présentée sous le nom de discernement (*prajñā*). En fait, on a là un petit résumé de la philosophie dite de la Voie Médiane (Madhyamaka) de Nāgārjuna et de sa postérité, dans laquelle s'inscrit Atiśa.

Suit alors (k° 58) une évocation des étapes de l'accomplissement spirituel des bodhisattva, les *Terres* et les *voies*, s'étageant jusqu'au suprême et parfait Éveil – sur lequel on s'attendrait à voir s'achever le traité, lequel pourtant comporte encore (k° 59-66) un petit appendice sur la voie tantrique, dont l'un des éléments les plus caractéristiques est la proscription des initiations les plus élevées pour les religieux ainsi que pour les laïcs liés par un vœu d'abstinence sexuelle.

La k° 67 est un petit colophon dédicatoire, de la plume d'Atiśa, auquel s'ajoute un second colophon qui est du traducteur tibétain, Gewe Lodrö (dGe ba'i blo gros).

Note sur le texte traduit

La traduction ci-dessous a été réalisée sur le texte tibétain, le sanskrit n'ayant pas été conservé. Sa forme versifiée ne l'empêche pas d'être passablement transparent ; malgré son antiquité relative (XIe siècle) et le fait qu'il a été composé en sanskrit, puis traduit, il ne comporte guère les difficultés, voire les anomalies grammaticales, de nombre de ces traductions tibétaines calquant parfois jusqu'à la bizarrerie la syntaxe sanskrite. Sa seule particularité grammaticale notable est d'utiliser plus souvent que d'autres les verbes nominalisés pour exprimer non pas l'*action* signifiée par le verbe, mais son *agent*. C'est la source d'un certain nombre de contresens chez les traducteurs antérieurs – mais, une fois que l'on a repéré cette singularité, elle ne crée aucune difficulté.

Le grand mérite de la *Lampe de la voie de l'éveil* est de récapituler de manière claire, simple, cohérente et ordonnée toute la logique générale de la pratique du bouddhisme – ou, plus exactement : toute *une* économie parfaitement cohérente de la voie bouddhique – celle qui découle de (ou se conforme à) une lecture fidèle de l'œuvre de Nāgārjuna (notamment à ceux de ses traités, comme la *Ratnāvalī* où il ne se borne pas à présenter la vacuité (*śūnyatā*), mais se préoccupe de l'exposer dans le contexte du Grand Véhicule – celui, donc, d'un cheminement vers l'Éveil porté par une motivation altruiste – où elle prend son sens pratique). On n'est donc pas là dans la postérité des doctrines de la « Nature de Bouddha » comme *Éveil foncier, toujours déjà là mais recouvert par des scories adventices* ; bien au contraire, Atiśa est, à cet égard, du côté de l'autre grande famille de pensée du bouddhisme – celle pour laquelle les qualités du Fruit doivent être intégralement *produites* par les pratiques du Chemin, la Base – simple vacuité – étant totalement neutre en ceci qu'elle ouvre *au même degré* la possibilité de la délivrance ou celle de l'errance dans le *saṃsāra*.

Le texte tibétain qui a servi de base à la présente traduction est celui qui figure dans la « patristique » tibétaine : *bsTan 'gyur dpe bsdur ma*, vol. 64, p. 1678-1686, Pékin, Krung go'i bod rig pa'i dpe skrun khang [Éditions des Minorités], 1994–2008.

LA LAMPE DE LA VOIE DE L'ÉVEIL

« Hommage au prince héritier Mañjuśrī[1].

1. Ayant à tous les Vainqueurs des trois temps, à leur *Dharma*
Et à leur congrégation adressé, avec une grande piété, mon hommage,
Je vais, y ayant été sollicité par mon excellent disciple Jangchub Wö,
Allumer brillamment[2] la *Lampe de la voie de l'Éveil.*

2. Les individus étant *petits*, *moyens* ou *supérieurs*,
Il est à savoir qu'ils sont de trois sortes.
Couchons par écrit[3] les différences spécifiques
Qui éclairent parfaitement les caractéristiques de ceux-ci.

1. La traduction tibétaine d'un texte sanskrit commence toujours par ce genre d'hommage du traducteur ajouté au texte. La traduction étant faite sur le tibétain, on l'a conservé. – *gZhon nur gyur pa* (*kumārabhūta*) est généralement compris littéralement par les Tibétains au sens de « juvénile », mais le sens est sans doute plus spécifique : *cf.* E. Burnouf, *Le Lotus de la Bonne Loi* [1852], Paris, Librairie d'Amérique et d'Orient, 1973, p. 300, note sur « Devenu Kumâra ».

2. *Rab tu gsal bar bya*, « je vais élucider à fond » – mais, en français, on ne peut pas éclairer une lampe : c'est que la lampe est ici prise, par métonymie, à la fois pour la chose qu'elle est censée éclairer (la voie vers l'Éveil) et pour le texte qui procède à cet éclaircissement.

3. *'Bri bar bya*. Cette tournure (verbe nominalisé au datif suivi de *bya*, futur d'un verbe signifiant « faire » et traité dans les grammaires tibétaines, d'une manière discutable, comme un *auxiliaire futur*) est une sorte de *futur prescriptif* (comme, en français, dans les instructions aux domestiques : « vous ferez les carreaux »). Le tibétain ne spécifie pas *qui* est l'agent de l'action annoncée ou prescrite ; ici, il s'agit de l'auteur

3. Quiconque, par quelque moyen que ce soit,
Applique ses efforts personnellement
En vue du seul bien-être du *saṃsāra*,
– Sachez que celui-là est l'individu du dernier [*ordre*].

4. Tournant le dos aux plaisirs du *saṃsāra*
Il bannit les actes vicieux
Et consacre ses efforts à son seul *nirvāṇa* personnel :
Cet individu-là est celui que l'on appelle « moyen ».

5. Quiconque, partant des souffrances incluses dans sa propre série[1],
Désire par-dessus tout éradiquer parfaitement
Toutes les souffrances d'autrui,
Cet individu-là est supérieur.

6. À l'attention de ces excellents êtres
Qui aspirent au suprême Éveil,
Je vais exposer la méthode idoine
Que [m']ont enseignée [mes][2] maîtres.

7. S'étant tourné vers [une] peinture [représentant] le Corps [d'un] Bouddha, *etc.*,

lui-même. On pourrait comprendre au futur (« je vais décrire », dans la version de Marie-Stella Boussemart et Dagpo Rinpoché, avec un jeu de mots étymologiquement judicieux, mais peut-être un peu tiré par les cheveux, sur écrire / décrire).

1. Traduction littérale d'une expression signifiant : « se produisant en lui-même », « éprouvées par lui ». « Partant de » est emprunté à la traduction de Marie-Stella Boussemart, non seulement à cause de la variante orthographique qu'elle signale (*gtogs* / *rtogs*) et dont il faut préserver l'ambiguïté, mais aussi pour ne pas fermer la porte aux commentaires traditionnels qui comprennent le texte plutôt au sens d'une extrapolation, partant de l'expérience personnelle de la souffrance, à la compréhension de la condition de tous les êtres du *saṃsāra*. On pourrait aussi comprendre : « fût-ce au prix de ses souffrances personnelles ».

2. On peut comprendre aussi : « enseignée par les maîtres » (en général, y compris ceux du passé), comme dans Geshe Sonam Rinchen et Ruth Sonam (*Atisha's Lamp for the Path to Enlightenment*, New York, Snow Lion, 1997, p. 48) : « taught by the masters ».

Et vers [un] *stūpa* authentique[1],
On fera des offrandes de quoi que l'on [puisse] avoir[2],
Choses [telles que] fleurs, encens, parfums.

8. [Ayant procédé] aux sept types d'offrandes
Dont il est question dans *La Conduite de Samantabhadra*[3],
Ceux dont l'aspiration à l'Éveil ne se démentira point
Jusqu'à l'atteinte de la fin – l'essence de l'Éveil –

9. S'étant agenouillés,
Avec une foi extrême envers les Trois Joyaux
Et ayant joint les mains,
Tout d'abord, prendront[4] trois fois refuge.

10. Puis, ayant commencé par une pensée de bienveillance[5]
Envers tous les êtres sensibles,
On prendra en considération tous les migrants[6] sans exception

1. *mChod rten dam pa.* L'adjectif (*dam pa*, « authentique ») n'est pas traduit dans les diverses versions anglaises et française, sauf Richard Sherburne (*A Lamp for the Path and Commentary*, London, George Allen and Unwin, 1983, p. 24) : « holy reliquaries ». – Dans la tradition tibétaine, les trois éléments correspondent au corps (la statue ou la peinture représentant le Bouddha), à la parole (le volume de l'Écriture) et à l'esprit (le *stūpa*).

2. Les offrandes vont être démultipliées par l'imagination dans la stance suivante, mais il faut une base réelle.

3. Une section de l'*Avataṃsaka-sūtra*, traduite dans Th. Cleary, *The Flower Ornament Scripture*, vol. 2, Boston (Mass.), Shambala, 1986, chap. XXXVI, p. 264-281. Les offrandes y sont multipliées à l'infini.

4. Ce texte fait un grand usage d'un futur à nuance prescriptive : ils *devront* prendre refuge.

5. Allusion aux quatre pensées illimitées du *bodhisattva : bienveillance* (souhaiter qu'à autrui soit échu le bien-être et ses causes – les actes vertueux), *compassion* (souhaiter qu'à autrui ne soit pas échue la souffrance et ses causes – les actes vicieux), *impartialité* (souhaiter pour tous les êtres, qu'ils soient au même degré pourvus du bonheur avec ses causes et que le malheur avec ses causes leur soit à tous également épargné), disposition à *se réjouir* du bien d'autrui (sans la moindre trace d'envie).

6. *'Gro ba*, « allants » – « migrants », donc – ici, bien entendu, au sens de : êtres transmigrant dans le *saṃsāra*.

qui souffrent de choses telles que les tourments des trois destinées infortunées[1], *etc.*,
Ou [d'avoir à] mourir et transmigrer.

11.[2] Ayant considéré les migrants sans exception et
[Constaté qu'] ils sont accablés par la souffrance,
Ceux qui désirent les délivrer
De la souffrance et des causes de la souffrance,
Développeront l'esprit d'Éveil
Où l'on s'[y] engage irréversiblement.

12. Que sont les avantages d'avoir produit
De cette manière l'esprit d'Éveil d'aspiration ?
Ils ont été complètement énoncés par Maitreya dans le *Sūtra*
Du *Gaṇḍavyūha*[3].

13. Ayant lu [ce][4] *sūtra* ou l'ayant écouté auprès du maître,
On aura pris conscience que les qualités de l'aspiration au parfait Éveil sont infinies.
C'est pourquoi c'est en [connaissance de] cause
Qu'ainsi l'on développera encore et encore le [*bodhi*]-*citta*.

1. Enfers, esprits avides (*preta*), animaux.

2. La distinction des stances 10 et 11 est complètement artificielle, parce qu'elles forment grammaticalement et sémantiquement un tout indivisible en tibétain ; cependant, nous avons suivi la règle expliquée en commençant pour faciliter une lecture parallèle des diverses traductions.

3. Voir la traduction de Patrick Carré, *Soûtra de l'Entrée dans la dimension absolue*, Plazac, Padmakara, 2018, vol. II, p. 574-593. Voir aussi Th. Cleary, *The Flower Ornament Scripture*, *op. cit.*, vol. 3, p. 352-365.

4. Marie-Stella Boussemart (Atisha, *Sans déployer ses ailes, l'oiseau ne peut voler ; La Lumière de la voie de l'Éveil et autres textes*, Fontainebleau, Éditions Guépèle, 2008) opte pour le pluriel. Le tibétain n'indique généralement pas le nombre. Le texte traduit ne vient de citer que deux sections de l'unique *Avataṃsaka-sūtra*, d'où l'option retenue ici ; mais il est vrai que l'auto-commentaire en cite plusieurs, ce qui autorise tout autant celle de Marie-Stella Boussemart.

14. L'exposé [complet] des mérites de cela[1]
Dans le *Sūtra demandé par Vīradatta*[2],
Tel qu'il est, je vais en composer ici un résumé
En seulement[3] trois stances.

15. Si le mérite de l'esprit d'Éveil
Avait forme corporelle,
Il remplirait tout l'élément de l'espace et
[Même] il le dépasserait.

16. [Si] quelqu'un remplissait complètement les terres pures des Bouddhas
Aussi nombreuses que les grains de sable du Gange
De joyaux et
Les offrait au Protecteur du Monde[4],

17. Et si [d'un autre côté] quelqu'un [d'autre], ayant joint les mains,
Tournait pieusement son esprit vers l'Éveil,
Cette [dernière] offrande[5] serait éminemment supérieure [à l'autre] :
[Ses mérites] seraient infinis.

1. Le développement de l'esprit d'Éveil d'aspiration dont il est question ici consiste à prendre la résolution d'atteindre le suprême et parfait éveil sur la base des quatre pensées illimitées du *bodhisattva* ; à distinguer de l'esprit d'Éveil d'engagement qui, lui, consistera dans la pratique des six vertus transcendantes (*pāramitā*) présentées aux k° 44-45.

2. Identifié dans Geshe Rabten et Ruth Sonam (*Atisha's Lamp for the Path to Enlightenment*, *op. cit.*, p. 202, n. 11) : *Vīradattagṛhapattiparipṛcchānāmasūtra*, *dPa' sbyin gyis zhus pa'i mdo*, P761, vol. 24.

3. *Tsam*, « environ » selon M.-S. Boussemart (Atisha, *Sans déployer ses ailes, l'oiseau ne peut voler*, *op. cit.*, p. 31) ; « just » dans les traductions anglaises. Il s'agit en tout état de cause des stances numérotées 15 à 17.

4. Avalokiteśvara, *bodhisattva* personnifiant la compassion, selon M.-S. Boussemart (*ibid.*, p. 31).

5. *Pūjā*, rendu par *mchod pa* en tibétain, désigne au sens étroit un rituel d'offrande, mais, au sens large, tout acte de culte : c'est ce qui rend possible la comparaison d'un présent fait à Avalokiteśvara, d'une part, et d'une généreuse pensée, d'autre part.

18. Après avoir engendré l'esprit d'Éveil d'aspiration,
Afin qu'au moyen de beaucoup d'efforts il soit pleinement déployé
Et qu'on se le rappelle même dans d'autres vies [à venir],
On gardera complètement la discipline[1] exposée dans le discours [ci-après].

19. Faute des vœux qui sont la nature même de l'esprit d'Éveil d'engagement,
Il n'arrivera pas que se développe la parfaite aspiration[2].
Celui qui veut déployer [pleinement] l'aspiration au parfait Éveil,
Ayant fait effort dans ce but, les prendra vraiment[3].

20. Celui qui maintient constamment d'autres vœux
Parmi les sept types de vœux de libération individuelle[4]
Est apte aux vœux de *bodhisattva*,
Mais pas les autres.

1. Il y a ici deux variantes dans le texte tibétain : 1. *bslang ba*, c'est-à-dire, « [les vœux] que l'on aura pris » ; 2. *bslab pa*, « les entraînements prescrits » (Atisha, *Sans déployer ses ailes, l'oiseau ne peut voler*, *op. cit.*, 2008 : p. 31). Le terme de « discipline » en français paraît bien rendre les deux nuances de sens : il s'agit maintenant de pratiquer ce qui est prescrit par les vœux de *bodhisattva*, qui ont en effet plutôt le caractère d'un entraînement que celui d'une pure législation morale.

2. Autrement dit : sans l'engagement pratique, actif, dans la conduite d'un *bodhisattva*, le simple vœu d'atteindre le « suprême et parfait Éveil » pour le bien d'autrui (esprit d'Éveil d'aspiration), restant lettre morte, ne pourrait prendre sa pleine mesure.

3. Atisha, *Sans déployer ses ailes, l'oiseau ne peut voler*, *op. cit.*, p. 31 : « avec fougue ».

4. Explication dans Geshe Sonam Rinchen et Ruth Sonam (*Atisha's Lamp for the Path to Enlightenment*, *op. cit.*, p. 202, n. 1). En substance, ce sont les vœux de fidèles laïcs des deux sexes, hormis ceux qui sont temporaires, puis cinq types de vœux de religieux (deux pour les hommes, trois pour les femmes).

21. [Parmi] les sept types de [vœux] de libération individuelle,
Quand le *Tathāgata* enseigne que
« La glorieuse conduite pure[1] est suprême »,
Il a en vue la discipline des religieux pleinement consacrés.

22. C'est au moyen du rituel bien expliqué [dans la section] *discipline éthique*
Des *Terres des bodhisattvas*[2]
Que, d'un excellent maître pourvu des caractéristiques adéquates,
On prendra [ces] vœux.

23. [Celui qui] est compétent dans le rituel [pour donner] les vœux,
Qui y demeure fidèle et
Qui, avec compassion, a la patience de transmettre [ces] vœux[3]
– Il est à savoir [que celui-là] est le maître excellent.

24. Dans l'éventualité où celui qui y applique ses efforts[4]
Ne trouverait pas un maître tel que celui-là,
Je vais expliquer un rituel correct
Pour recevoir les vœux d'une autre manière[5].

1. Abstinence sexuelle complète.

2. *Bodhisattvabhūmi* d'Asaṅga. Voir A. B. Engle (*The Bodhisattva Path to Enlightenment, A Complete Translation of the Bodhisattva bhūmi*, Boulder, Snow Lion, 2016), p. 237-311. Le rite est décrit spécialement p. 260-266.

3. C'est-à-dire, qui n'est ni paresseux à l'idée d'accomplir le rituel à chaque fois que c'est nécessaire, ni indifférent aux besoins de ceux qui le sollicitent.

4. Atisha, *Sans déployer ses ailes, l'oiseau ne peut voler*, *op. cit.*, p. 32 : « Avec zèle enquérez-vous d'un tel maître ».

5. Les vœux de *bodhisattva* sont les seuls que l'on peut, si nécessaire, prendre par soi-même, sans les recevoir à l'occasion d'un rite accompli par un maître qui en soit dépositaire.

25. À cet égard, je vais ici exposer [par écrit] très clairement [cela] selon
L'explication – [qui se trouve] dans le *Sūtra de l'ornement de la terre de Bouddha de Mañjuśrī*[1] –
De la production de l'esprit d'Éveil
Par Mañjuśrī quand, dans le passé, il était Ambarāja[2].

26. « Sous le regard de tous les Protecteurs[3],
J'engendre l'aspiration au parfait Éveil,
Et, prenant en charge tous les êtres « migrants » comme des hôtes,
Je les délivrerai du *saṃsāra.*

27. « À partir de maintenant et jusqu'à
Ce que j'obtienne le suprême Éveil,
Je n'agirai pas avec malveillance, colère,
Avec convoitise ni avec envie.

28. « La chasteté est à adopter en pratique et
Péchés et concupiscence doivent être bannis :
Parce que les vœux de la discipline me réjouissent,
Je m'entraînerai à la suite des Bouddhas.

1. Identifié par Geshe Rabten et Ruth Sonam (*Atisha's Lamp for the Path to Enlightenment*, *op. cit.*, p. 204, n. 7) : *Mañjuśrībuddhakṣetraguṇavyūhasūtra*, *'Jam dpal gyi zhing gi yon tan bkod pa'i mdo*, P760, vol. 23. En fait, Atiśa suit le *Śikṣa-samuccaya* de Śāntideva qui prend appui sur ce texte et cite *in extenso* les passages pertinents.

2. Allusion expliquée dans la traduction de R. Sherburne, *A Lamp for the Path and Commentary*, *op. cit.*, n. 8, p. 107. L'auto-commentaire (*ibid.*, p. 91) explique que si le rite pour prendre les vœux auprès d'un maître est proposé selon la *Bodhisattvabhūmi* d'Asaṅga, celui qui permet de les recevoir en l'absence d'un maître est emprunté au *Śikṣa-samuccaya* de Śāntideva (trad. fr. C. Bendall, W. Rouse, *Śāntideva Śikṣā-samuccaya : A Compendium of Buddhist Doctrine*, London, Indian Texts Series, 1922 ; ou, plus à jour : Ch. Goodman *The Training Anthology of Śāntideva : A Translation of the Śikṣā-samuccaya*, New York, Oxford University Press, 2016).

3. Les Bouddhas.

29. « Sans me flatter d'atteindre l'Éveil[1]
Rapidement [et pour moi-même],
Je resterai [dans le monde] jusqu'à la fin des temps
[Fût-ce] pour un [seul] être.

30. « Je purifierai entièrement des Terres[2]
[en quantités] immenses, inimaginables.
Aussitôt que l'on m'invoquera par mon nom[3],
[Je viendrai] habiter dans [n'importe laquelle] des dix directions [en tout lieu].

31. « Les actes[4] de mon corps et de ma parole
Je les purifierai intégralement;
Je purifierai aussi [mon] *karman* mental
Et je n'accomplirai [plus] aucune action non-vertueuse.

1. Le terme n'est visiblement pas pris ici à la rigueur, puisque l'obtention de l'Éveil du Mahāyāna, loin d'entraver l'activité au service des êtres, ne fait que l'amplifier à l'infini. Le texte n'est compréhensible qu'à supposer que sous ce terme d'Éveil il fasse allusion à une sorte de *nirvāna* « sans reste », comparable à celui que se proposent le bouddhisme ancien et les écoles dites du « Petit Véhicule » – état d'absorption dans une félicité personnelle définitive, incompatible avec le service du bien d'autrui.

2. Le thème de la « purification des Terres » est un des aspects les plus difficiles à comprendre de la sotériologie du Grand Véhicule. Le terme connote à la fois la production de Terres pures (« paradis » qui sont comme des refuges où peuvent alors aller renaître, des êtres pourtant non délivrés encore du *saṃsāra*) et les effets purificateurs de l'enseignement d'un Bouddha ou d'un grand *bodhisattva* dans un monde empiriquement donné (produit, lui, par le *karman* des êtres y vivant ou appelés à y prendre naissance).

3. M. S. Boussemart (Atisha, *Sans déployer ses ailes, l'oiseau ne peut voler*, *op. cit.*, p. 32) comprend *ming nas gzung ba byas pa* comme signifiant : « Je [protégerai les êtres déjà] au travers de mon nom », ce qui est grammaticalement défendable, mais peut-être est-il plus vraisemblable de suivre les traducteurs anglophones qui comprennent cette locution au sens de « [m'] invoquer par [mon] nom ».

4. Ou : le *karman*. Les actes et leurs traces résiduelles.

32. « [Quelle est] la cause de la complète purification de mon corps, de ma parole et de mon esprit ?
– [C'est,] chez celui qui garde les vœux dont l'essence est l'esprit d'Éveil d'engagement,
L'augmentation, due à une bonne pratique du triple entraînement[1] de la discipline éthique,
De la piété[2] envers ce triple entraînement.

33. C'est pourquoi, c'est en appliquant ses efforts
Aux vœux des *bodhisattvas* qui aspirent à l'Éveil pur et parfait
Que seront intégralement accomplies
Les accumulations[3] de l'Éveil complet.

34. La cause qui [permet de] parfaire complètement les accumulations
Qui ont pour nature mérite et sagesse
A été dite par tous les Bouddhas
Être la production des clairvoyances[4].

1. 1. Abstention des actions vicieuses, 2. pratique des actions vertueuses, 3. service d'autrui.

2. Plus on fait le bien, plus on aime à le faire et plus on y a de la facilité.

3. Le bouddhisme du Mahāyāna, du moins dans la forme classique incarnée par Atiśa, ne peut concevoir cette puissante *machine à faire perpétuellement le bien des êtres* à très grande échelle qu'est l'état de Bouddha que comme le résultat d'un agencement proportionné (et donc : énorme) de causes et de conditions, qui sont appelées « accumulations de mérites » et « accumulations de sagesse ». L'idée que la nature ultime des choses (vacuité, nature de Bouddha, nature de l'esprit...) possède en soi « éminemment » la virtualité de toutes ces manifestations, et qu'il n'y aurait qu'à dégager cette pure nature de tout ce qui la voile pour qu'elle déploie son infinie spontanéité, est étrangère à cet auteur et elle est par ailleurs lourde de difficultés en regard des conceptions de la causalité qui sont classiques dans le bouddhisme.

4. L'idée des (cinq ou six) « clairvoyances » (*abhijñā*), ici introduite sans aucune préparation, peut déconcerter, surtout à considérer la chose du point de vue d'un néo-bouddhisme qui ne veut connaître du bouddhisme que ce qui est soluble dans le sens commun contemporain. Il s'agit vraiment de « pouvoirs », et non seulement d'une pénétration approfondie

35. De même que l'oiseau dont les ailes ne sont pas [encore] développées
Ne saurait voler dans le ciel,
De même celui qui est dénué de la force des clairvoyances
Ne saurait faire le bien des êtres sensibles.

36. Ce que sont [quantitativement] les mérites
D'un jour et d'une nuit chez celui qui est doté des clairvoyances,
Celui qui est dépourvu de [ces] clairvoyances
Ne le saurait obtenir, même en cent naissances.

37. Celui qui désire parfaire complètement
Et rapidement les accumulations du parfait Éveil,
Celui-là, ayant fait des efforts,
Réalisera les clairvoyances – mais non le paresseux.

38. Chez celui qui n'a pas accompli la quiétude (*śamatha*),
Les clairvoyances ne se produiront pas :
Donc, en vue d'accomplir la quiétude,
Tu [y] appliqueras encore et encore tes efforts.

39. Celui chez qui les ingrédients[1] de la quiétude ne sont pas au complet[2],
Même s'il méditait en s'y appliquant à fond

du sens de la doctrine. L'idée est en somme que l'on ne peut pas agir opportunément si l'on perçoit les situations d'une manière ordinaire – notamment dès qu'il s'agit d'enseigner autrui. – Ces clairvoyances sont le fruit de l'accomplissement de la « quiétude » (*śamatha*, c'est-à-dire, la concentration parfaite) dont il va être question quelques lignes plus loin.

1. *Yan lag*, « membres », désigne ici les éléments qui doivent être additionnés pour que se produise l'état de *samādhi*. Il y a, en somme, une recette à bien connaître, des ingrédients dont il faut être pourvu et la nécessité de les combiner correctement.

2. Il y a vraisemblablement un contresens chez les traducteurs qui rendent le tibétain *nyams* par des termes signifiant « diminuer », « se dégrader » ou même « négliger », même si le terme peut ailleurs avoir ce sens. Il faut se ranger à la lecture de Geshe Sonam Rinchen et Ruth

Fût-ce pendant des milliers d'années,
N'accomplirait pas le recueillement.

40. C'est pourquoi, vous conformant fidèlement aux ingrédients mentionnés
Dans le *Chapitre des accumulations de samādhi*[1],
Placez l'esprit vertueusement
Sur un quelconque[2] objet de visée mentale.

41. Si le *yogin* accomplit la quiétude (*śamatha*),
Il accomplira aussi les clairvoyances.
[Mais] celui à qui fait défaut l'union à la Perfection transcendante du discernement (*prajñā*)[3]
Ne viendra pas à bout des voiles.

Sonam (*Atisha's Lamp for the Path to Enlightenment*, *op. cit.*, p. 93) : « While the conditions for calm abiding | *Are incomplete…* ».

1. Identifié par Geshe Sonam Rinchen et Ruth Sonam (*ibid.*, p. 205, n. 4) : Bodhibhadra, *Samādhisambhāra-parivratta*, *Ting nge 'dzin tshogs kyi le'u*, P5444, vol. 103.

2. « Quelconque » est tempéré par « vertueusement ». Dans la pratique, les Tibétains choisissent généralement un objet « vertueux », par exemple, l'image mentale du corps d'un Bouddha. L'exercice auquel il n'est ici fait qu'une vague allusion consiste à fixer l'esprit sur cette image mentale qui doit demeurer parfaitement claire, précise et stable pendant un temps de plus en plus prolongé, jusqu'à ce que l'on atteigne la capacité de la maintenir aussi longtemps que l'on voudra sans fatigue, donc sans excès de contention.

3. La *prajñāpāramitā*. Après l'aspect de concentration ou quiétude (*śamatha*), on aborde maintenant l'autre aspect de la méditation bouddhique classique, le *vipaśyanā* (tib. : *lhag mthong*, « vision éminente »), qui, ici, au reste, est plutôt présenté par son aspect de contenu (la compréhension correcte de la vacuité, *śūnyatā*) que sous la forme d'instructions pratiques pour la méditation. Le fond de la pensée d'Atiśa est clair : l'aspect « technique » est en quelque sorte réservé à *śamatha*, puisqu'une fois la quiétude parfaitement maîtrisée, *vipaśyanā* ne consistera en rien d'autre qu'en *l'utilisation de cette faculté de concentration appliquée à la vacuité*, dont il appartient à un travail de type plutôt philosophique de nous procurer d'abord l'idée adéquate, qui deviendra ensuite le support d'une méditation du type *śamatha*.

42. C'est pourquoi, afin de répudier intégralement
Les voiles passionnel et cognitif,
On méditera continuellement le *yoga* de la Perfection transcendante du discernement
Non dissocié de la méthode (*upāya*)[1].

43. Puisque tant un discernement coupé de la méthode
Que la méthode privée de discernement
Ont été dits être des entraves[2],
On ne dédaignera ni l'un ni l'autre.

44. « Qu'est-ce que *discernement* ? et qu'est-ce que *méthode* ? », demande-t-on.
Afin de bannir les doutes,
Je vais éclaircir les différences
Des méthodes et du discernement.

45. Hormis la perfection transcendante du discernement,
La Perfection transcendante de générosité et les suivantes[3]

1. Dans le contexte de ce qui précède, on pourrait croire que la « méthode » (les « moyens habiles ») en question serait du côté de la maîtrise de la quiétude ; mais la suite montre bien qu'il s'agit en fait des vertus pratiques qui vont être définies à la k° 45 : les cinq premières vertus transcendantes ou *pāramitā*.

2. La sagesse (*prajñā* ou *jñāna*) seule permettrait bien d'éradiquer l'ignorance, toutes les passions et le *karman* dont elles sont les causes, mais il en résulterait alors le seul *nirvāṇa* du Petit Véhicule, impropre à servir au bien d'autrui. Quant aux mérites seuls, sans la sagesse, parce qu'ils ne permettraient pas d'éradiquer l'ignorance, les passions et leurs suites, ils ne produiraient que des naissances agréables dans le *saṃsāra*.

3. 1. Générosité, 2. discipline éthique, 3. patience, 4. zèle (ou courage), 5. recueillement (ou contemplation). Il y a un certain flottement dans la pensée du Mahāyāna quant aux deux dernières, s'agissant de leur rapport avec l'un et l'autre types d'accumulation, étant donné qu'elles ont un caractère de *moyen* pour l'un comme pour l'autre. Mais ici, l'auteur ne parle peut-être que de l'espèce des vertus prises *en soi* : les cinq que l'on vient de nommer sont *de soi* des vertus pratiques, seul le discernement (*prajñā*) est *de soi* une vertu théorétique.

– L'intégralité de toutes les vertueuses accumulations –
Ont été dites par les Vainqueurs être la *méthode*.

46. L'individu, quel qu'il soit, qui médite le discernement
[Combiné] avec le pouvoir de la méditation de la méthode,
Celui-là obtient rapidement l'Éveil,
[Mais] pas celui qui médite seulement le non-soi[1].

47. La connaissance de la vacuité de nature propre
– le fait d'avoir compris comme non-né
Le tout des *agrégats, éléments et bases de la connaissance*[2] –
Est dite être le discernement.

48. La production de l'existant est irrecevable[3] ;
L'inexistant est comme une fleur de ciel

1. Le non-soi (*anātman, nairātmya*) est le genre dont la vacuité (*śūnyatā*) est l'espèce supérieure : dans les doctrines du Grand Véhicule, il y a en effet des degrés plus ou moins parfaits de compréhension du non-soi dans le bouddhisme ; la vacuité nāgārjunienne est pour Atiśa le non-soi adéquatement compris.

2. *Skandha, dhātu* et *āyatana* – Composantes psycho-somatiques de la personne, détaillés dans la littérature d'*abhidharma*.

3. Tétralemme (*catuṣkoṭi*) nāgārjunien : l'on examine successivement quatre hypothèses censées épuiser toutes les possibilités logiques, selon l'ordre : A est-il B ? Ou est-il non-B ? Ou bien est-il à la fois B et non-B ? Ou bien n'est-il ni B, ni non-B ? Dans la pensée de Nāgārjuna (IIe siècle de notre ère), source du raisonnement d'Atiśa, on aboutit toujours à une impossibilité dans chacune des branches du tétralemme. L'objet du tétralemme est le caractère *introuvable* du *sujet* du jugement – ici, l'item analysé est la production ; « la production de l'existant » signifie la production de quelque chose qui existerait déjà au moment où il est censé être produit, ce qui, bien entendu, est absurde.

On examine alors si l'inexistant est produit : selon le sens commun, la production pourrait en effet être décrite comme le passage d'un état d'une chose où elle n'existait pas encore, à un autre état de la même chose où elle commence d'exister. L'objection de Nāgārjuna serait alors que ce n'est pas la *chose inexistante* du premier moment qui est *devenue existante* au second. En fait, il refuse de traiter « existant » ou « inexistant » comme des déterminations accidentelles de la chose. Dire d'une chose qu'elle est « existante » ou « inexistante » n'aurait pour lui de sens à la

– Et parce qu'il s'ensuivrait fatalement [une addition] des deux [types de] contradictions,
[Quelque chose qui serait] les deux à la fois ne survient pas [non plus].

49. Une chose ne naît point d'elle-même[1],
Et pas davantage d'autres ni [d'une combinaison] des deux,
Ni d'une absence de causes – c'est pourquoi
Elle est essentiellement dénuée de nature propre[2].

rigueur qu'à supposer une existence ou une inexistence qui lui seraient *intrinsèques*, essentielles – ce qui, bien entendu, frappe d'impossibilité l'idée même d'une production. La « fleur de ciel » est un terme de philosophie indienne qui, un peu comme notre « cercle carré », évoque une chose purement impossible (mais avec, de plus, la connotation « effet sans cause »).

Ici, la troisième branche du tétralemme est traitée – et rejetée tout simplement du fait qu'elle répugne au principe de non-contradiction – mais la quatrième n'est même pas évoquée, tant elle relèverait du pur et simple charabia (production d'une chose qui ne serait *ni existante, ni inexistante*...).

1. Même si le raisonnement est dans la forme également un tétralemme, on a ici affaire à un dispositif dialectique nāgārjunien plus spécifique, dit des « éclats de diamant » (*vajrakaṇa*), qui ne vise pas le sujet comme tel, mais sa production envisagée selon quatre possibilités logiques : un phénomène est-il produit : 1) par lui-même ? 2) Par des causes et conditions qui lui sont étrangères (et, peut-on supposer, antérieures) ? 3) Par une combinaison de lui-même (comme existence virtuelle avant sa production ?) et d'autre chose (des conditions externes qui amèneraient cette virtualité à passer à l'acte ?) ? 4) Ou enfin n'est-il produit ni par lui-même, ni par des causes et conditions étrangères (comme s'il surgissait dans l'être absolument *ex nihilo*) ? – Là encore, l'examen successif des possibilités logiques aboutit à l'élimination de toutes.

2. La conclusion de Nāgārjuna, ce n'est pas que les choses n'existent *absolument* pas (auquel cas, entre autres choses, tout le bouddhisme – à commencer par la pensée de Nāgārjuna – serait frappé de nullité), mais qu'elles existent sur un mode presque insaisissable, celui de la « réalité de surface » (*saṃvṛtti-satya*), caractérisée par le pur apparaître dénué de nature propre (ou d'existence propre, *svabhāva*). En première approche, c'est dire que la vacuité, loin d'empêcher la coproduction conditionnelle (*pratītyasamutpāda*), n'en est qu'un autre nom. Plus profondément, on

50. Ou encore : les choses, toutes autant qu'elles sont,
Si on les examine en termes d'unité ou de multiplicité[1],
On ne leur voit point d'essence
Et il est assuré qu'elles sont dénuées de nature propre.

51. Les raisonnements[2] des *Soixante-dix stances de la vacuité*[3]

a affaire à une forme d'illusionnisme universel, dans lequel les apparences du monde se produisent en se conditionnant mutuellement, mais sans aucun point d'appui réel en dernière analyse. La vacuité, c'est, disent les bons commentateurs, le caractère *introuvable à l'examen* (mais qui ne les empêche pas d'apparaître) de tous les phénomènes, « de la forme jusqu'à l'omniscience », c'est-à-dire sans écarter les plus sacrés – les éléments mêmes de l'Éveil des Bouddhas.

1. Troisième dispositif dialectique nāgārjunien typique, le « ni un, ni multiple » ou « ni identique, ni différent » (*ekānekaviyoga*). Par exemple : un instant atomique de la durée (*kṣaṇa*) n'est ni simple ni multiple. S'il était simple, il n'aurait ni partie antérieure, ni partie postérieure, autrement dit il serait un pur point mathématique, un zéro temporel – et, dans cette mesure, l'accumulation d'instants aussi nombreux que l'on voudrait ne produirait jamais aucune durée (l'univers ne durerait pas plus qu'un claquement de doigts). – Mais si, à l'inverse, l'instant atomique est un tant soit peu déployé dans le temps, il est donc décomposable en ses parties antérieure, médiane et postérieure – et ne sera pas, dès lors, un instant véritablement atomique.

2. Atiśa vient de donner un échantillon de trois des dispositifs dialectiques récurrents des Mādhyamikas ; un quatrième, auquel il ne fait pas ici d'allusion directe, est la « dépendance réciproque » (*pratītyasamutpāda*), non au sens, qui est ordinaire dans le bouddhisme, de « coproduction conditionnelle », mais au sens d'une relativité dont la constatation ôte toute consistance ontologique propre à l'item soumis à l'examen critique. Exemple typique : si le fils n'existe pas sans le père qui l'a engendré, le père ne serait pas non plus (tel) sans le fils.

3. *Śūnyatāsaptati* de Nāgārjuna. Pour une traduction anglaise, voir Chr. Lindtner, *Nagarjuniana : Studies in the Writings and Philosophy of Nāgārjuna*, Delhi, Motilal Banarsidass, 1990, p. 31-69, ou : D. Ross Komito (*Nāgārjuna's "Seventy Stanzas"*, New York, Snow Lion, 1987, trad. fr. C. Saint-Guilly, *Psychologie bouddhiste de la vacuité : les*

Ou des *Stances du milieu par excellence*[1]
Exposent la démonstration de la vacuité
De nature propre de toutes choses.

52. C'est parce que les textes sont abondants
Que je ne développerai pas ici.
Ce sont les seules conclusions qu'ils établissent
Qu'en vue de la méditation j'ai expliquées[2].

53. C'est pourquoi, puisque les natures propres [prétendues]
De tous les phénomènes sans exception ne se laissent point percevoir[3],
Quiconque les médite comme dénués d'un « soi »
Médite le discernement.

54. Grâce au discernement, il ne verra, en nulle chose,
Aucune nature propre.

soixante-dix versets sur la vacuité, Schoten, Kunchab 2001), ou encore F. Tola et C. Dragonetti, *On Voidness – A Study on Buddhist Nihilism*, Delhi, Motilal Banarsidas, 1995.

1. *Mūlamadhyamakakārikā* de Nāgārjuna. Voir notamment la traduction de G. Bugault, *Stances du milieu par excellence*, *op. cit.*

2. M. S. Boussemart (Atisha, *Sans déployer ses ailes, l'oiseau ne peut voler*, *op. cit.*, p. 35) : « je vais juste exposer les conclusions… ». Mais le passage semble se rapporter aux stances précédentes plutôt qu'à ce qui suit. Le texte tibétain est neutre à cet égard (les verbes n'ont ici de forme ni typiquement *accomplie*, ni typiquement *inaccomplie*). Richard Sherburne (*A Lamp for the Path and Commentary*, *op. cit.*, p. 141) traduit dans le même sens que Marie-Stella Boussemart, tandis que Ruth Sonam (*Atisha's Lamp for the Path to Enlightenment*, *op. cit.*, p. 122) et James B. Apple (J. B. Apple, *Atiśa Dīpaṃkara –Illuminator of the Awakened Mind*, *op. cit.*, p. 188) optent, comme on l'a fait ici, pour le passé. L'option de Sherburne se comprend peut-être parce qu'il traduit le texte dans le contexte du commentaire, qui continue quelque peu à développer le même point.

3. Comprendre : parce qu'elles n'existent pas. C'est le *na vidyate* du sanskrit – voir G. Bugault, *Stances du milieu par excellence*, *op. cit.*, p. 17.

Ce discernement lui-même, conscience [et] discours[1],
Doit être médité sans fictions.

55. Ce monde phénoménal[2] issu des idées fictives
Étant de la nature des fictions,
C'est donc le bannissement des idées fictives sans exception
Qui est le suprême *nirvāṇa*.

56. À cet égard, le Bienheureux [a dit] :
« Les idées fictives sont la grande ignorance ;
[C'est elle qui] nous fait sombrer dans l'océan du *saṃsāra*.
Celui qui demeure dans le recueillement sans idées fictives
Est clair et sans fictions, à l'exemple de l'espace. »

1. Le texte tibétain, *shes rab de nyid rig bshad pa*, est quelque peu obscur à la lettre, mais, entre toutes les traductions, c'est M. S. Boussemart (Atisha, *Sans déployer ses ailes, l'oiseau ne peut voler*, *op. cit.*, p. 35) qui doit être au plus près de la vérité : « De même que la sagesse ne voit de nature en aucun existant, analysez pareillement la sagesse elle-même. Méditez-la sans "idée" [d'une nature propre]. » On peut se demander comment elle arrive à ce résultat précis sans proposer une correction du texte tibétain, à moins qu'elle ne dispose d'un meilleur texte que celui sur lequel repose la présente traduction – mais elle a raison sur le fond : Atiśa nous dit que *l'idée vraie elle-même* – la représentation correcte de la vacuité, voire, l'expérience directe de la vacuité dans la méditation – ne doit pas, au motif qu'elle est vraie, être réifiée comme si elle était, du fait de sa vérité, *moins irréelle* que le reste.

2. *Srid pa*, comprendre, dans le contexte : le *saṃsāra*. Le texte, pris comme tel, ne dit pas absolument que l'extinction de la méprise réaliste impliquerait l'impossibilité de percevoir le monde phénoménal tel qu'il est en vérité, sans ignorance ni passions. Autrement dit : il n'exclut pas la possibilité de l'omniscience des Bouddhas, comme connaissance non seulement de la nature ultime des choses, mais encore de leur détail phénoménal.

57. De même, selon la *Dhāraṇī de l'accès au non-fictif*[1] :
« Quand le Fils des Vainqueurs[2] considère
Ce saint Dharma sans idées fictives,
Étant passé par-delà les fictions difficiles à outrepasser, il obtiendra par étapes le non-fictif.
C'est en ayant précisément déterminé au moyen de l'Écriture et de la raison
L'absence de nature propre,
Qui [est] la non-naissance de tout phénomène,
Qu'il devra méditer le non-fictif[3]. »

58. Ayant ainsi médité cela
Et obtenu successivement [les degrés de] « chaleur »[4], *etc.*,
On atteindra « Très Joyeuse » et ainsi de suite :
L'Éveil des Bouddhas ne tardera plus.

59. Par la force des huit grands *siddhi*[5]
Telle la réalisation de l'excellent vase,

1. Texte identifié par Geshe Sonam Rinchen et Ruth Sonam (*Atisha's Lamp for the Path to Enlightenment*, *op. cit.*, p. 210, n. 9) : *Avikalpapraveśadhāraṇī*, *rNam par mi rtog pa la 'jug pa'i gzungs*, P810, vol. 32.

2. Le *bodhisattva.*

3. Le point formel est ici qu'il ne s'agit pas d'une « absence de fictions » à laquelle on parviendrait *en bloquant la pensée*, mais au contraire du fruit d'un travail qui combine l'étude, la réflexion et la méditation.

4. « Chaleur » dans le contexte signifie l'imminence de l'obtention du résultat visé. Cette stance fait allusion à la présentation traditionnelle du cheminement spirituel du *bodhisattva*, soit selon le dispositif des « cinq voies », soit selon celui des « Dix Terres », dont « Très Joyeuse », nommée au vers suivant, est la première.

5. Avec cette strophe, on passe brutalement, sans transition, à la question des *tantra* et des méthodes qu'ils proposent pour faciliter le cheminement du *bodhisattva*. Les « huit grands *siddhi* » sont énumérés dans la traduction de Sherburne, *A Lamp for the Path and Commentary*, *op. cit.*, p. 167 et n. 7, p. 184. Il s'agit vraiment de pouvoirs magiques, et non d'accomplissements regardant la vie intérieure.

Au moyen des activités « paisible », « vaste » et ainsi de suite[1],
Qui sont accomplies par la puissance des *mantra*,

60. C'est avec facilité[2] que les accumulations de l'Éveil
Seront accomplies. Si l'on est de ceux qui le désirent
Et qui aspirent à la conduite des *mantra* secrets
Enseignée dans les *tantra* [des catégories] *kriyā*, *caryā*, *etc.*[3],

61. Alors, afin de recevoir la consécration de *vajrācārya*,
On réjouira le maître authentique
De toute [manière possible] : en le servant, par des offrandes de choses précieuses,
Par ses ascèses, et ainsi de suite.

62. Celui qui aura satisfait son maître
Et reçu entièrement la consécration de *vajrācārya*,
Ayant [par le fait même] entièrement purifié toutes ses fautes,
Devient de ceux dont l'accomplissement des *siddhi* est le partage.

63. Comme dans le *Grand Tantra du premier Bouddha*[4]
Cela a été très vigoureusement proscrit,

1. Quatre types d'activités tantriques : 1. « Paisibles », 2. « vastes », 3. « puissantes », 4. « terribles ».

2. L'on a suivi ici les traducteurs anglophones plutôt que M. S. Boussemart (Atisha, *Sans déployer ses ailes, l'oiseau ne peut voler*, *op. cit.*, p. 36) : « [on développe] la félicité ».

3. Quatre classes de *tantra* dans la version classique des doxographies indo-tibétaines : 1. *kriyā*, 2. *caryā*, 3. *yoga*, 4. *yoganiruttara* (ou *anuttarayoga*). Mais Atiśa, dans l'auto-commentaire, distingue, en fait, *sept* classes de *tantra*.

4. Cet *Adibuddhamahātantra* est identifié par Sherburne (*A Lamp for the Path and Commentary*, *op. cit.*, p. 185, n. 19) comme n'étant autre que le *Kālacakratantra*. Il indique les passages du chap. v de ce *tantra* où ces initiations sont proscrites à tous ceux qui ont un vœu d'abstinence sexuelle. La raison de l'interdit est bien entendu que ces consécrations tantriques impliquent le recours à la *karmamudrā*. De nos jours, dans le monde tibétain, la pratique est devenue bien différente de

Les consécrations *secrètes* et *du discernement*[1]
Ne doivent pas être prises par ceux qui ont un vœu de chasteté.

64. S'il recevait ces consécrations,
Celui qui est tenu par l'ascèse de l'abstinence
Serait amené à pratiquer ce qui [lui] est interdit :
Son vœu ascétique [en] serait endommagé.

65. Les défaites de cet ascète,
[Qui sont] des chutes, se produiraient alors ;
Et comme il tomberait à coup sûr dans les destinées infortunées,
Il n'y aurait [pour lui], *a fortiori*, [nul] accomplissement.

66. Écouter [l'enseignement] de tous les *tantra*, les prêcher,
Faire l'oblation brûlée (*homa*) et les offrandes, *etc*.,
Pour celui qui aura obtenu la consécration de *vajrācārya*[2]
Et compris le Tel-Quel[3], ne présente pas de faute.

67. [Moi,] Dipaṃkāra Śrī l'Ancien,
J'ai, à la prière de Jangchub Wö,
Composé [ce] petit abrégé de la voie de l'Éveil
[Selon ce que] j'ai vu enseigné dans [des sources] comme les *sūtra*.

ce qui est ici prescrit par Atiśa : les religieux reçoivent toutes les consécrations, mais le rite n'est pas accompli de façon littérale – il est en quelque sorte sublimé, simplement visualisé.

1. La deuxième et la troisième des quatre consécrations de la classe la plus élevée.

2. On a suivi ici les traducteurs anglophones, un peu différemment de M. S. Boussemart (Atisha, *Sans déployer ses ailes, l'oiseau ne peut voler*, *op. cit.*, p. 37) : « …trouver un *ācārya* qui leur confère la consécration ».

3. La véritable nature des choses.

Ici[1] s'achève la *Lampe de la voie de l'Éveil*, composée par le maître Dipaṃkāra Śrījñāna. Elle a été traduite et vérifiée par ce grand savant indien lui-même et le traducteur et grand correcteur Gewe Lodrö. Ce *Dharma* a été composé au grand temple de Tholing du Zhangzhung.

Le glossaire du texte, séparé du glossaire général pour rendre compte de sa spécificité, fait aussi office d'index

1. Second colophon, du traducteur tibétain.

Terme	**sanskrit**	**tibétain**	**Définition**
Accumulations de mérites et de sagesse	*puṇyasambhāra, jñānasambhāra.*	*bsod nams kyi tshogs, ye shes kyi tshogs*	Dans le bouddhisme du Grand Véhicule, l'Éveil parfait (*samyakṣaṃbodhi*), qui seul permet le faire le bien d'autrui, n'est obtenu qu'au moyen de deux vastes provisions ou accumulations – de mérites et de sagesse – produites par la pratique très prolongée, respectivement, des quatre ou cinq premières vertus transcendantes (que l'on pourrait appeler, par analogie avec la tradition aristotélicienne, *pratiques*) et de la sixième (qu'on pourrait appeler *théorique*).
« Coproduction conditionnelle »	*pratītyasamutpāda*	*rten cing'brel bar 'byung ba*	En général, le terme de *pratītyasamutpāda* désigne, dans le bouddhisme, la coproduction conditionnée ou conditionnelle, c'est-à-dire la manière dont chaque phénomène est produit sans aucun principe ou fondement ultime, chacun dépendant d'une constellation de causes et conditions antérieurement donnée dont chaque élément a lui-même été produit de la même façon, et ainsi de suite à l'infini, sans aucun ferme point d'arrêt. Dans le contexte particulier du Madhyamaka, ce terme acquiert un autre sens, en venant à nommer un raisonnement qui met en évidence l'inconsistance des objets de l'analyse par relativité mutuelle (par exemple : le tout dépend des parties, mais celles-ci sont à leur tour dites dépendre du tout). À la lumière de cette conception d'une forme d'interdépendance coextensive à une forme d'inconsistance ontologique, c'est toute la doctrine traditionnelle de la coproduction conditionnelle qui prend une nouvelle coloration : les phénomènes ne sont plus qu'un spectacle d'illusion, dont toutes les parties sont corrélées, mais qui, en dernière analyse, ne repose sur rien du tout.

Discernement	*prajñā*	*shes rab*	Dans le bouddhisme en général, la *prajñā* est une vertu qui consiste dans la distinction de ce qui est à adopter ou à bannir, soit en théorie (le vrai et le faux) soit en pratique (le bon et le mauvais). – Dans le Grand Véhicule en particulier, c'est la sixième des « vertus transcendantes » et, dans ce contexte, elle a plus particulièrement pour objet la vacuité.
« Éclats de diamant »	*vajrakaṇa*	*rdo rje'i gzegs ma*	Dispositif dialectique typique, dans le bouddhisme du Grand Véhicule, de la pensée nāgārjunienne. Il établit l'inconsistance ontologique de l'objet d'analyse en considérant sa production, envisagée selon quatre possibilités logiques : le phénomène est-il produit : 1) par lui-même ? 2) Par des causes et conditions qui lui sont étrangères (et, peut-on supposer, antérieures) ? 3) Par une combinaison de lui-même et d'autre chose ? 4) Ou, enfin, n'est-il produit ni par lui-même, ni par des causes et conditions étrangères (comme s'il surgissait dans l'être absolument *ex nihilo*) ? – L'examen successif des possibilités logiques aboutit à l'élimination de toutes.
Esprit d'Éveil	*bodhicitta*	*byang chub sems*	Dans le bouddhisme du Grand Véhicule, ce terme nomme la résolution d'atteindre le « suprême et parfait éveil » pour le bien de tous les êtres égarés dans le *saṃsāra*. L'esprit d'Éveil se subdivise en esprit d'Éveil *d'aspiration* – qui est cette résolution proprement dite – et esprit d'éveil *d'engagement* – la pratique des six vertus transcendantes permettant de parfaire les deux accumulations, de mérite et de sagesse, causes productrices du parfait Éveil.

Éveil parfait	*Samyakṣaṃbodhi*	*yang dag par rdzogs pa'i byang chub*	Le bouddhisme du Grand Véhicule distingue trois types d'Éveil, dont les deux premiers, qu'il regarde comme empêchant toute activité pour le bien d'autrui, correspondent bien à l'idée commune de *nirvāṇa*. Le troisième, dit « Éveil parfait », au contraire, est censé permettre de faire le bien des êtres presque sans limite au moyen du déploiement des « Corps formels » (*rūpakāya*).
Méthode	*upāya*	*thabs*	La pratique du bouddhisme du Grand Véhicule comporte deux faces : accumulations de mérites (par les vertus pratiques) et accumulations de sagesse (par la culture du discernement). L'aspect méritoire ou pratique est parfois appelé la « méthode ». – Le même terme sanskrit nomme par ailleurs (mais c'est un tout autre sens) les « moyens habiles » ou « expédients salvifiques » mis en œuvre par les Bouddhas pour la conversion des êtres, en s'adaptant aux particularités de chacun.
Nature propre	*svabhāva*	*rang bzhin*	Ce terme nomme le *negandum* de l'enseignement de la vacuité dans le bouddhisme du Grand Véhicule, notamment dans l'école de Nāgārjuna. La vacuité peut, en effet, se définir comme *absence de nature propre*. Le terme sanskrit est difficile à traduire dans toute sa portée, parce qu'il signifie à la fois le *quid* (une essence, nature ou identité qui serait inhérente à la chose) et le *quod* (une existence, un être, qui lui serait intrinsèque). En somme, le *svabhāva*, ce serait le propre de « ce dont l'essence enveloppe l'existence, ou ce dont la nature ne peut être conçue que comme existante » ; or, Nāgārjuna estime que nous prêtons à tort, et sans y penser, un tel mode d'être à toute chose.

« Ni un, ni multiple » ou « ni identique, ni différent »	*ekānekaviyoga*	*gcig dang 'du bral*	Dispositif dialectique typique de l'école de Nāgārjuna dans le bouddhisme du Grand Véhicule, consistant à conclure à la vacuité par l'impossibilité de concevoir l'item soumis à examen ni comme simple, ni comme multiple. Ainsi, un instant atomique de la durée (*kṣaṇa*) n'est ni simple ni multiple. S'il était simple, il n'aurait ni partie antérieure, ni partie postérieure, autrement dit il serait un pur zéro temporel – et, dans cette mesure, l'accumulation d'instants aussi nombreux que l'on voudrait ne produirait jamais aucune durée. – Mais si, à l'inverse, l'instant atomique est un tant soit peu déployé dans le temps, il est donc décomposable en ses parties antérieure, médiane et postérieure – et il ne sera pas, dès lors, un instant véritablement atomique.
Quiétude	*śamatha*	*zhi gnas*	Concentration uniment focalisée, dans la terminologie du bouddhisme, qui considère qu'aucun avancement solide dans la voie spirituelle n'est possible sans l'acquisition d'une parfaite maîtrise de l'esprit. Il s'agit, concrètement, de la faculté de placer son esprit à volonté sur un objet quelconque et de l'y maintenir aussi longtemps qu'on le souhaite sans aucune distraction ni perte de clarté.
Sagesse	*jñāna*	*ye shes*	Dans le bouddhisme, ce terme tend à désigner la perception directe de la nature des choses, par contraste avec le discernement (*prajñā*), qui est plus discursif. Ainsi, s'agissant du Bouddha lui-même, on parle plus volontiers de *jñāna* que de *prajñā*, même si l'un et l'autre termes peuvent se rencontrer. Dans le contexte de la voie du Grand Véhicule, il s'agit de parfaire les accumulations de mérite et de sagesse ; les secondes sont accomplies par la culture du discernement.

Tétralemme	*catuṣkoṭi*	*mu bzhi*	Le tétralemme est l'un des dispositifs typiques de la dialectique nāgārjunienne, avec la « dépendance réciproque », les « éclats de diamant » et le « ni un ni multiple ». Il consiste à examiner successivement quatre hypothèses censées épuiser toutes les possibilités logiques, selon l'ordre : A est-il B ? Ou est-il non-B ? Ou bien est-il à la fois B et non-B ? Ou bien n'est-il ni B, ni non-B ? Dans la pensée de Nāgārjuna, on aboutit toujours à une impossibilité dans chacune des branches du tétralemme. L'objet de ce dispositif dialectique est le caractère *introuvable* du *sujet* du jugement. Il est souvent confondu avec les « éclats de diamant » qui, formellement, ont aussi l'aspect d'un tétralemme ; mais les « éclats de diamant » ont pour objet l'impossibilité de la *production* de la chose, et non celle de la chose *prise en elle-même*. La frontière, si on essaie de la tracer dans les textes, est souvent bien ténue.
Vacuité	*Śūnyatā*	*stong pa nyid*	La vacuité est, dans le bouddhisme, l'absence de nature propre d'une chose. La définition la plus intuitive possible serait peut-être : le caractère *introuvable à l'examen* d'une chose *qui, cependant, ne laisse pas d'apparaître clairement*. La plupart des écoles du bouddhisme déploient leur pensée sur le terrain d'un *réductionnisme* ontologique, dans lequel on ramène les apparences à un substrat phénoménal très ténu, mais irréductible, qui est comme l'écran sur lequel est projetée une réalité plus consistante, en fait totalement imaginaire ; l'école de Nāgārjuna, elle, va jusqu'à enseigner que tout n'est qu'*apparence sans aucun substrat irréductible*, si mince soit-il.

Vertus transcendantes (six)	*pāramitā*	*pha rol tu phyin pa*	Vertus principales du *bodhisattva*, dont la culture, selon le bouddhisme du Grand Véhicule, permet à terme l'obtention du parfait Éveil pour le bien de tous les êtres. Ce sont : la générosité, la discipline éthique, la patience, le zèle, la méditation et le discernement. Dans cet ensemble, on peut distinguer un groupe de vertus plus pratiques (surtout les quatre premières), permettant les accumulations de mérite, et une vertu « théorique », le discernement, permettant les accumulations de sagesse. La cinquième (et, pour certains textes, aussi la quatrième) est un peu plus ambigüe, au sens où elle peut se mettre au service de l'acquisition de dispositions aussi bien pratiques que théoriques.
Voiles passionnel et cognitif	*kleśāvaraṇa jñeyāvaraṇa*	*Nyon mongs kyi sgrib pa / shes bya'i sgrib pa*	Si la voie du bouddhisme du Grand Véhicule est souvent décrite en termes d'accumulations de mérite et de sagesse, elle l'est parfois aussi en termes d'élimination d'obstacles à l'Éveil appelés « voiles », au sens de taies occultantes. C'est, bien entendu, plus typiquement le cas dans les écoles du bouddhisme qui posent d'une manière ou d'une autre un éveil foncier, plus ou moins préexistant, qu'il s'agirait de dégager, comme un joyau dans sa gangue (ce qui n'est nullement le cas du texte d'Atiśa traduit dans le présent volume). Il y a un certain recouvrement, mais imparfait, entre « accumulations de mérite » et suppression graduelle du « voile passionnel », d'une part, et entre « accumulations de sagesse » et purification du « voile cognitif », d'autre part. Mais il s'agit visiblement, comme il n'est pas rare dans la pensée indienne, d'élaborations originellement indépendantes, qu'une scolastique postérieure a ensuite voulu combiner moyennant un certain degré de bricolage conceptuel.

BIBLIOGRAPHIE

LITTÉRATURE PRIMAIRE

Anekāntajayapatākā, Haribhadra Sūri, éd. Kapadia (H. R), *Anekāntajayapatākā by Haribhadra Sūri with his own commentary and Municandra Sūri's supercommentary*, vol. 1 et 2, Baroda, Baroda Oriental Institute, 1940.

Āptamīmāṃsā, Samantabhadra, trad. angl. Shah (N.J), *Samantabhadra's Āptamīmāvsā. Critique of an authority. Along with English translation, introduction, notes and Akalaṅka's Sanskrit commentary Aṣṭaśatī*, Ahmedabad, Jagruti Dilip Sheth, 1999.

Āyāraṃga Sutta, trad. Angl. Jacobi (H.), *The Ākārāṅga Sūtra, The Kalpa Sūtra*, Delhi, Motilal Banarsidass, 1964 (1re éd. 1884).

– *Nyāyakumudacandra*, Prabhācandra, éd. Nyayacarya (M.K.), Delhi, Sri Satguru Publication, 1991 (1re éd. 1938).

Nyāyamañjarīgranthibhaṅga, Cakradhara, éd. Shah (N.), Ahmedabad, L.D. Institute of Indology, 1972.

Nyāyasūtra, Gautama, with Vatsyayana's bhāṣya, éd. Tailanga (G.S.), Delhi, Sri Satguru Publication, 1984 (1re éd. 1896).

Nyāyāvatāra, Siddhasena Mahāmati, trad. anglaise de Balcerowicz (P.), *Jaina Epistemology in historical and comparative perspective. Critical Edition and English Translation of Logical-Epistemological Treatises : Nyāyāvatāra, Nyāyāvatāravivṛtti and Nyāyāvatāraṭippana with Introduction and Notes* (vol. 1 et 2), Stuttgart, Franz Steiner Verlag, 2001 ; rééd. New Delhi, Motilal Banarsidass, 2008.

Pramāṇamīmāṃsā, Hemacandra, trad. angl. Mookerjee (S.), *Hemacandra's Pramāṇamīmāṃsā*, Varanasi, Tara Publication, 1970.

Pramāṇanayatattvālokālaṃkāra, Vādi Devasūri, trad. angl. Bhattacharya (H.S), *Vādi Devasūri's Pramāṇanayatattvālokālaṃkāra*, Bombay, Jain Sahitya Vikas Mandal, 1967.

Rājavārttika, Akalaṅka, éd. Jain (M. K.), *Tattvārthavārtika [Rājavārtika] of Śrī Akalaṅkadeva*, Delhi, Bharatiya Jnanpith, 2013 (1re éd. 1953).

Samayasāra, Kundakunda, trad. anglaise Chakravarti (A.), *Ācārya Kundakunda's Samayasāra*, Delhi, Bharatiya Jnanpith, 1971.

Sarvārthasiddhi, Pūjyapāda Devanandin, trad. angl. Jain (S.A.), *Reality*, Calcutta, Vira Sasana Sangha, 1960.

Tattvārthasūtra, Umāsvāti, trad. Angl. Tatia (N.), *That Which Is. Tattvārthādhigamasūtra*, dans *The Sacred Literature Series*, New York, Harper Collins Publishers, 1994.

Tattvārthaślokavārtika, Vidyānandin, éd. Nyayashastri (M.), Bombay, NirNaysagar Prakashan, 1918.

Vācaspatimiśras Tattvakaumudī, éd. Srinivasan (S.A.), Hambourg-Gram, De Gruyter & Co, 1967.

Vaiśeṣika-sūtra, Kaṇāda, , critical edition by Muni Śrī Jambuvijayaji, Baroda, Oriental Institute, 1982.

Viyāhapannatti = *Bhagavaī*, trad. angl. Deleu (J.), *Viyāhapannatti (Bhagavaī)*, Delhi, Motilal Banarsidass, 1996.

– *Yogaśāstra*, Hemacandra, trad. anglaise de Qvarnström (O.), *The Yogaśāstra of Hemacandra*, Harvard (Mass.), Harvard University Press, 2002.

– *Yuktidīpikā, the most significant commentary on the Sāṃkhyakārikā*, éd. Wezler (A.) Motegi (S.), Stuttgart, Franz Steiner, 1998

LITTÉRATURE SECONDAIRE

ABHYANKAR (K. V.), *A Dictionary of Sanskrit Grammar*, Baroda, Oriental Institute, 1977.

ANGOT (M.), *Le Nyāya-sūtra*, Paris, Les Belles Lettres, 2009.

APPLE (J.B.), *Atiśa Dīpaṃkara –Illuminator of the Awakened Mind*, Boulder, Shambala, 2019.

ATISHA, *Sans déployer ses ailes, l'oiseau ne peut voler ; La Lumière de la voie de l'Éveil et autres textes*, trad. fr. M. S. Boussemart (M. S.), Fontainebleau, Editions Guépèle, 2008.

BALASUBRAMANIAN (R.), « Rāmānuja as a Critic : A Review and Reappraisal in History of Science, Philosophy and Culture in Indian Civilization », *in* R. Balasubramanian (ed.), *Theistic Vedanta*, Vol. II, Part 3, Delhi, Center for Studies in Civilizations, 2003.

BALLANFAT (M.) « Le statut du sanscrit dans la philosophie brahmanique, en particulier dans la Mīmāṃsā », *Ephemerides Theologicae Lovanienses* 93, 2017, p. 457-467.

– *La Bhagavadgītā*, trad. fr., Paris, GF-Flammarion, 2007

– *Les matérialistes dans l'Inde ancienne*, Paris, L'Harmattan, 2000 (1re éd. 1997).

BALCEROWICZ (P.), *Jaina Epistemology in historical and comparative perspective. Critical Edition and English Translation of Logical-Epistemological Treatises : Nyāyāvatāra*, the *Nyāyāvatāravivṛtti* and *Nyāyāvatāraṭippana with Introduction and Notes*, vol. 1-2, Stuttgart, Franz Steiner Verlag, 2001 ; rééd. New Delhi, Motilal Banarsidass, 2008.

BASHAM (A.L.), *History and Doctrines of the Ājīvikās*, London, Luzac and co, 1951.

BENDALL (C.), ROUSE (W.), *Śāntideva Śikṣā-samuccaya : A Compendium of Buddhist Logic*, Londres, Indian Texts Series, 1922.

BHADURI (S.), *Studies in Nyāya-Vaiśeṣika Metaphysics*, Poona, Bhandankar Oriental Research Institute, 1947.

BHATTACHARYA (G.), *Studies in Nyāya-Vaiśeṣika Theism*, Calcutta, Sanskrit College (Calcutta Sanskrit College Research Series n° 5), 1961.

BHATTACHARYA (K.), *Vigrahavyāvartanī*, trad. angl. E. H. Johnston, A. Kunst, Delhi, Motilal Banarsidass, 2002 (1978).

BHATTACHARYA (J. V.), *Jayanta Bhatta's Nyaya-manjari*, Delhi, Motilal Banarsidass, 1978.

BOUY (C.), *Gauḍapāda. L'Āgamaśāstra*, Paris, Collège de France, Institut de Civilisation indienne, 2000.

BRERETON (J.P.) JAMISON (S.), *The Rigveda : A Guide*, New York, Oxford University Press, 2020.

BRONKHORST (J.), *Aux origines de la philosophie indienne*, Paris, Infolio, 2008.

– *Greater Magadha. Studies in the culture of the Early India*, *Handbook of Oriental Studies* 19, Leiden, Brill, 2007.

– *The Two Sources of Indian Asceticism*, Delhi, Motilal Banarsidass, 1998.

– « God's arrival in Vaiśeṣika », *Journal of Indian Philosophy* 24, 1996, p. 281-294.

– « Quelques axiomes du Vaiśeṣika », *Les Cahiers de Philosophie* 14, « L'orient de la pensée : philosophies en Inde », 1992, p. 95-110.

The Two Traditions of Meditation in Ancient India, Wiesbaden, Franz Steiner, 1986.

– « God in Sāṃkhya », *Wiener Zeitschrift für die Kunde Südasiens* 27, 1983, p. 149-164.

BUGAULT (G.), *Stances du milieu par excellence*, Paris, Gallimard, Connaissance de l'Orient, 2002.

– *L'Inde pense-t-elle ?*, Paris, P.U.F., 1994.

– *La notion de « Prajñā » ou de Sapience selon les perspectives du « Mahāyāna »*, Paris, Collège de France, Institut de Civilisation indienne, 1982 (1re éd. 1968).

BULCKE (C.), *The Theism of Nyāya-Vaiśeṣika, Its Origin and Development*, Delhi, Motilal Banarsidass, 1947.

BURGAT (F.), *Ahimsa*, Paris, Éditions de la Maison des sciences de l'Homme, 2014.

BURNOUF (E.), *Le Lotus de la Bonne Loi*, Paris, Imprimerie Nationale, 1852 ; réimp. Paris, Librairie d'Amérique et d'Orient, 1973.

CARRÉ (P.), *Soûtra de l'Entrée dans la dimension absolue*, Plazac, Padmakara, 2018.

CHANDRAKIRTI, *L'Entrée au Milieu*, Anduze, Éditions Dharma, 1985.

CHAPPLE (C.), *Yoga in Jainism*, in *Routledge Advances in Jaina Studies* 5, London, Routledge, 2016.

CHATTOPADHYAYA (A.), Lama Chimpa (traduction sous la direction de), *Atiśa and Tibet, Life and Works of Dīpaṃkara Śrījñāna in Relation to the History and Religion of Tibet with Tibetan Sources*, Delhi, Motilal Banarsidass, 1996.

CHEMPARATHY (G.), *An Indian Rational Theology : Introduction to Udayana's Nyāyakusumāñjali*, Wien, Publications of the De nobili Research Library, 1972.

– « The Īśvara doctrine of the Vaiśeṣika commentator Candrānanda », *Ṛtam. Journal of Akhila Bharatiya Sanskrit Parishad* 1/1, 1969, p. 47-52.

– « Two Little-Known Fragments from Early Vaiśeṣika Literature on the Omniscience of Īśvara », *Adyar Library Bulletin* 33, 1969, p. 117-134.

– « The Īśvara Doctrine of Praśastapāda », *Vishveshvaranand Indological Journal* 6, 1968, p. 65-87.

– « Two Early Buddhist Refutations of the Existence of Īśvara as the Creator of the Universe », *Wiener Zeitschrift für die Kunde Süd- und Ostasiens* 12/13, 1968/1969, p. 85-100.

– « The Testimony of the *Yuktidīpikā* Concerning the Īśvara Doctrine of the Pāśupatas and Vaiśeṣikas », *Wiener Zeitschrift für die Kunde Süd- und Ostasiens* 9, 1965, p. 119-146.

– *Aufkommen und Entwicklung der Lehre von einem höchsten Wesen in Nyāya und Vaiśeṣika*, thèse inédite, Wien, 1963.

CLEARY (T.), *The Flower Ornament Scripture*, vol. 2, vol. 3, Boston, Shambala, 1986 ; 1987.

CLOONEY (F.-X.), « The Existence of God : Reason and Revelation in Two Classical Hindu Theologies », *Faith and Philosophy* 16.4, 1999, p. 523-543.

– « What's a God ? The Quest for the Right Understanding of Devata in Brahmanical Ritual Theory (Mīmāṃsā) », *International Journal of Hindu Studies* 1.2, 1997, p. 337-385.

– *Thinking ritually, rediscovering the Pūrva Mīmāṃsā of Jaimini*, Wien, Publications of the De nobili Research Library, 1990.

DALAÏ-LAMA XIV Tenzin Gyatso, Thupten Kunsang, Mc Clen Novick (R.), Thupten Jinpa, Ribush (N.), *Illuminating the Path to Enlightenment, A Commentary on Atisha Dipamkara Shrijnana's À Lamp for the Path to Enlightenment and Lama Je Tsong Khapa's Lines of Experience*, Long Beach (CA), Thupten Dhargye Ling, 2002.

DASGUPTA (S.), *A History of Indian Philosophy*, vol. I-V ; reprint, Delhi, Motilal Banarsidass, 1992.

DAVIDSON (R. M.), « Atiśa's *A Lamp for the Path to Awakening* », *in* D. S. Lopez, *Buddhism in Practice*, Princeton (NJ), Princeton University Press, 1995, p. 290-201.

DEUSSEN (P.), *The System of the Vedānta* ; reprint, Delhi, Classical Publishing Company, 1996.

DEUSSEN (P.), STRAUSS (O.), *Vier philosophische Texte des Mahābhāratam*, Leipzig, F.A. Brockhaus, 1906.

– *Sechzig Upanishad's des Veda*, Leipzig, F. A. Brockhaus, 1905.

DRIESSENS (G.), *L'Entrée au Milieu de Chandrakirti*, Anduze, Éditions Dharma, 1985.

DROIT (R-P.), *Le culte du néant*, Paris, Seuil, 1997.

– *L'oubli de l'Inde*, Paris, Seuil, 2004.

DUMONT (L.), *Homo Hierarchicus*, Paris, Gallimard, 1966.

DUNDAS (P.), *The Jains*, London-New York, Routledge, 2002.

Encyclopedia of Indian Philosophies : Indian Metaphysics and Epistemology : The Tradition of The Nyāya- Vaiśeṣika up to Gaṇgeṣa/ éd. K. H. Potter, Princeton, Princeton University Press, 1977.

ENGLE (A.B.), *The Bodhisattva Path to Enlightenment*, A Complete Translation of the Bodhisattva bhūmi, Boulder, Snow Lion, 2016.

ESNOUL (A.M.), *Les strophes de Sāṃkhya*, Paris, Les Belles Lettres, 1964.

– *Rāmānuja et la mystique visnouite*, Paris, Seuil, 1964.

FADDEGON (B.), *The Vaiśeṣika System Described with the Help of the Oldest Texts*, Verhandelingen der Koninklijke Academie van Wetenschappen te Amsterdam, Afdeeling Letterkunde, Nieuwe Reeks, deel 18, n. 2, Amsterdam, 1918.

FLÜGEL (P.), QVARNSTRÖM (O.) (eds.), *Jaina Scriptures and Philosophy*, in *Routledge Advances in Jaina studies* 4. London et New York, Routledge, 2015.

FRAUWALLNER (E.), *Philosophische Texte des Hinduismus*, éd. G. Oberhammer, Wien, Verlag des Österreichischen Akademie des Wissenschaften, 1992.

– « Zur Erkenntuislehre des classische *Sāṃkhya*-system », Wien, Wiener Zeitschrift für die Kunde Südasiens 2, 1958, p 84-139.

– *Geschichte der indischen Philosophie*, I, Salzburg, Otto Müller Verlag, 1953.

GANERI (J.), *Indian Logic. A Reader*, Richmond, Surrey, Curzon Press, 2001.

GARBE (R.), *Der Mondschein der Wahrheit*, München, K. Akademie, 1891.

– *Die Sāṃkhya-Philosophie*, Leipzig, H. Haessel, 1894.

GAUCHET (M.), *Le désenchantement du monde*, Paris, Gallimard, 1985.

GERSCHEIMER (G.), « Les six doctrines de spéculation », *in* K. Praisendanz, *Expanding and Merging Horizons*, Vienna, Austrian Academy of Sciences Press, 2007.

GLASENAPP (H.von), *Buddhismus und Gottesidee : die Buddhistischen Lehren von der überweitlichen Wesen und Machten und ihre Religionsgeschichtlichen Parallelen*, Mainz, Akademie der Wissenschaften und der Literatur (Abhandlungen der geistes- und sozialwissenschaftlichen Klasse der Akademie der Wissenschaften und der Literatur in Mainz), jg. 1954, n. 8, (éd. augmentée, München, éditeur ? 1966).

GOODMAN (Ch.), *The Training Anthology of Śāntideva : A Translation of the Śikṣā-samuccaya*, New York, Oxford University Press, 2016.

GORISSE (M. H.), « Logic in the tradition of Prabhācandra », *in* J. Ganeri, *The Oxford Handbook of Indian Philosophy*. Oxford, Oxford University Press, 2017.

GUPTA (B.), *Die Wahrnehmungslehre in der Nyāyamañjarī*, Waldorf-Hessen, Verlag für Orientkunde, 1963.

HACKER (P.), « Sankara the Yogin and Sankara the Advaitin : Some Observations » in *Philology and Confrontation*, W. Halbfass (ed.), Albany (NY), State University of New York Press, 1995.

– « Inklusivismus », in *Inklusivismus. Eine indische Denkform*, ed. G. Oberhammer, Wien, Institut für Indologie der Universität, 1983.

HADOT (P.), *Exercices spirituels et philosophie antique*, Paris, Albin Michel, 2002.

HALBFASS (W.), *On Being and What There Is. Classical Vaiśeṣika and the History of Indian Ontology.*, Albany (NY), State University of New York Press, 1992.

– *India and Europe*, New York, State University of New York Press, 1988.

HATTORI (M.), *Diṅnāga. On perception*, Cambridge (Mass), Harvard University Press, 1968.

– « On Seśvara-Sāṃkhya », *Asiatische Studien* 53/3, 1999, p. 609-617.

HAYASHIMA (S.), « The Interpretation of the Two Truths in Chapter XXIV of the Mulamadhyamakakarika », *Journal of Indian and Buddhist Studies*, vol. 63, 2014.

HEESTERMAN (J.C.), *The Inner Conflict of Tradition*, Chicago (IL), The University of Chicago Press, 1985.

HONDA (M.), *Kumārila no Tetsugaku* (traduction japonaise intégrale du *Ślokavārttika*), 2 vol., Kyōto, Heirakuji Shoten, 1996.

– « Kumārila no Sōzōshu Hihan » [« Kumārila's critique of the Creator »], *Journal of Indian and Buddhist Studies* 39.1, 1990, p. 287-290.

HULIN (M.), *Comment la philosophie indienne s'est-elle développée ? La querelle brahmanes-bouddhistes*, Paris, Éditions du Panama, 2008.

– *Shankara et la non-dualité*, Paris, Bayard, 2001.

– *Qu'est-ce que l'ignorance métaphysique (dans la pensée hindoue) ?*, Paris, Vrin, 1994.

– *Hegel et l'Orient*, Paris, Vrin, 1979.

– *The Sāmkhya Literature*, Wiesbaden, Otto Harassowitz, 1978.

HULIN (M.), LYSENKO (V.), *Classical Indian Philosophy Reinterpreted*, Delhi, Decent Books, 2007.

HUME (R.E.), *The Thirteen Principal Upanishads*, London, Oxford University Press, 1968 (1921).

HUNTINGTON (C.W.), *The Emptiness of Emptiness*, Delhi, Motilal Banarsidass, 1992.

INGALLS (D.H.H.), *Materials for The Study of Navya-Nyāya Logic*, Cambridge (Mass), Oxford University Press, 1951.

JACKSON (R.), « Dharmakīrti's Refutation of Theism », *Philosophy East and West* 36.4, 1986, p. 315-348.

JACOBI (H.), « *Jain sūtras* II : the *Uttarādhyayana sūtra, the Sūtrakṛtāṅga sūtra* », *The sacred books of the East* 45, Delhi, Motilal Banarsidass, 2004 (1895).

– *Die Entwicklung der Gottesidee bei den Indern und deren Beweise für das Dasein Gottes*, Bonn-Leipzig, éditeur ?, 1923.

JHĀ (G.), *Slokavārttika*, trad. angl. intégrale, The Asiatic Society (Bibliotheca Indica 146), Calcutta, The Asiatic Society of Bengal, 1985 (1908).

– *The Nyāyasūtras of Gautama*, Delhi, Motilal Banarsidass, 1984 (1912-1919).

– *Tattvakaumudī*, commentaire de Vācaspati Miśra aux *Sāṃkhyakārikā*, éd.et trad. fr. Jhā (G.), Poona, Poona Oriental Series, 1934.

– *The Prabhākara School* of *Pūrvamīmāṃsā*; reprint, Delhi Motilal Banarsidass, 1978.

JHĀ (K. N.), *Bauddhadarśan kī pṛṣṭhabhūmi meṃ, Nyāyaśāstrīya īśvaravāda*, Ilāhābād, Gaṅganātha Jhā Kendrīya Saṃskṛta Vidyāpīṭha (en hindī), 1978.

JOHNSON (W. J.), « *Harmless souls : Karmic bondage and change in early Jainism with special reference to Umāsvāti and Kundakunda* », *Lala Sundar Lal Jain Research Series* 9, Delhi, Motilal Banarsidass, 1995.

JOHNSTON (E.H.), *Early Sāṃkhya : an Essay on its Historical Development According to the Texts*, London, Royal Asiatic Society, 1937.

JONG (J. W. de), « The problem of the absolute in the Madhyamaka school », *Journal of Indian Philosophy* 2, 1972, p. 1-6.

– « Emptiness », *Journal of Indian Philosophy* 2, 1972, p. 7-15.

KAJIYAMA (Y.), *Studies in Buddhist Philosophy*, Kyoto, Rinsen Book Co., LTD, 2005.

KALUPAHANA (D.J.), *Nāgārjuna : The Philosophy of the Middle Way*, Albany (NY), State University of New York Press, 1986.

KAPANI (L.), *Schopenhauer et la pensée indienne*, Paris, Hermann, 2011.

KAR (B.), *The Theories of Error in Indian Philosophy*, Delhi, Ajanta Publications, 1978.

KASCHEWSKY (R.), « Buddhistische Argumentationen gegen einen persönichen Gottesbegriff in tibetischen *Bodhicaryāvatāra*-Kommentaren » ; *in* L. A. Hercus *et al.* (eds.), *Indological and Buddhist Studies. Volume in Honour of Professor J.W. de Jong on his Sixtieth Birthday*, Canberra, REF ?, 1982, p. 271-285.

KATSURA (S.), « The Structure of the Mulamadhyamakakarika », *Journal of Indian and Buddhist Studies* 61, 2013.

— et SIDERITS (M.), *Nāgārjuna's Middle way : Mūlamadhyamakakārikā*, Boston, Wisdom Publications, 2013.

— et STEINKELLNER (E.), *The role of the example (dṛṣṭānta) in classical Indian logic*, Wien, Arbeitskreis für Tibetische und Buddhistische Studien, 2004.

KEITH (A.B.), *The Sāṃkhya-System*, London, The Heritage of Indian Series, 1918.

KOMITO (D.R.), *Nāgārjuna's "Seventy Stanzas"*, New York, Snow Lion, 1987.

KRASSER (H.), *Śaṅkaranandana's* Īśvarāpakaraṇasaṅkṣepa, *mit einem Kommentar und weiteren Materialen zur Buddhistischen Gottespolemik*, Wien, Verlag der Österreischichen Akademie der Wissenschaften, Beiträge zur Kultur – und Geistesgeschichte Asiens 39, 2002.

– « Dharmakīrti and Kumārila on the Refutation of the Existence of God », *in* Sh. Katsura, *Dharmakīrti's Thought and Its Impact on Indian and Tibetan Philosophy, 1999. Proceedings of the Third International Dharmakīrti Conference, Hiroshima*, November 4-6, 1997, p. 215-223.

LACOMBE (O.), *La doctrine morale et métaphysique de Rāmānuja*, Paris, Maisonneuve, 1938.

– *L'absolu selon le Vedānta : les notions de Brahman et d'Ātman dans les systèmes de Śaṅkara et Rāmānuja*, Paris, Geuthner, 1937.

LAMOTTE (E.), *Histoire du bouddhisme indien, des origines à l'ère Śaka*, Louvain, Institut orientaliste, 1976 (1re éd. 1958).

– *Le traité de la grande vertu de sagesse de Nāgārjuna*, Louvain, Muséon, 1944-1980.

LARSON (G.J.), *Classical Yoga Philosophy and the Legacy of Sāṃkhya*, Delhi, Motilal Banarsidass, 2018.

Classical Sāṃkhya, Delhi, Motilal Banarsidass, 1979.

LARSON (G.J.), BHATTACHARYA (R.S.), *Sāṃkhya : A Dualist Tradition in Indian Philosophy, Encyclopedia of Indian Philosophies*, vol. IV, éd. K. Potter, Princeton (NJ), Princeton University Press, 1987.

LA VALLÉE POUSSIN (L. de), *Mūlamadhyamakakārikā de Nagarjuna avec le commentaire Prasannapadā de Candrakīrti*, Saint-Pétersbourg, Académie impériale des sciences, 1913.

LEVI (S.), *La doctrine du sacrifice dans les Brāhmaṇas*, Paris, Ernest Leroux, 1898.

LINDTNER (C.), *Nagarjuniana : Studies in the Writings and Philosophy of Nāgārjuna*, Copenhagen, Akademisk Forlag, 1982 ; réimpression Delhi, Motilal Banarsidass, 1990.

MATILAL (B.K.), « Debate and dialectic in Ancient India », in *Philosophical Essays, Professor Anantalal THAKUR Felicitation Volume*, Calcutta, Sanskrit Pustak Bhandar, 1987, p. 53-66.

– *Logic, Language and Reality*, Delhi, Motilal Banarsidass, 1985.

– « *The central philosophy of Jainism (anekānta-vāda)* », *Lalbhai Dalpatbhai Series* 79, Ahmedabad, L. D. Institute of Indology, 1981.

– *Epistemology, Logic and Grammar in Indian Philosophical Analysis*, La Hague, Mouton, 1971.

MAY (J.), *Candrakīrti. Prasanna Madhyamakavṛtti*, Paris, Maisonneuve, 1959.

– « La philosophie bouddhique de la vacuité », *Studia philosophica*, Basel, Verlag für Recht und Gesellschaft, XVIII, 1958.

MIMAKI (K.), *La réfutation bouddhique de la permanence des choses (sthirasiddhidūṣaṇa) et la preuve de la momentanéité des choses (kṣaṇabhaṅgasiddhi)*, Paris, Institut de Civilisation Indienne, 1976.

MISHRA (U.), *Conception of Matter According to Nyāya – Vaiśeṣika*, Allahabad, The Allahabad Law Journal Press, 1936.

MOHANTY (J.N.), *Gaṅgeśa's Theory of Truth* ; reprint, Delhi, Motilal Banarsidass, 1989.

MOOKERJEE (J.C.), « Prabhākara's Theory of Error », *The Indian Historical Quaterly*, September 1950.

Moonpaths : Ethics and Emptiness, Oxford, Oxford University Press, 2016.

Moonshadows : Conventional Truth in Buddhist Philosophy, Oxford, Oxford University Press, 2011.

NAKAMURA (H.), *A History of Early Vedānta Philosophy*, Delhi, Motilal Banarsidass, Part I, 1983 ; Part II, 2004.

NARAIN (H.), *The Mādhyamika Mind*, Delhi, Motilal Banarsidass, 1997.

Evolution of the Nyāya-Vaiśeṣika Categoriology, vol. I, *Early Nyāya-Vaiśeṣika Categoriology*, Varanasi, Bharati Prakashan, 1976.

NEF (F.), *La connaissance mystique*, Paris, Cerf, 2018.

OBERHAMMER (G.), « Zum Problem des Gottesbeweises in der Indischen Philiosophie », *Numen* 12.1, 1965, p. 1-34.

– *Inklusivismus. Eine indische Denkform*, Wien, Publications of the De nobili Research Library, 1983.

OETKE (C.), « Some remarks on theses and philosophical positions in early Madhyamika », *Journal of Indian Philosophy* 31, 2003, p. 449-478.

OLDENBERG (H.), *Die Lehre der Upanishaden*, Göttingen, Vandenhoeck and Ruprecht, 1915.

PATIL (P.G.), *Against a Hindu God : Buddhist Philosophy of Religion in India*, New York, Columbia University Press, 2009.

PHILLIPS (S.), *Classical Indian Metaphysics*, Chicago (IL), Open Court, 1995.

— et TATACHARYA (R.), « From Gaṅgeśa's Tattvacintāmaṇi : discourse on perceptual presentation of something as other than what it is : anyathākhyātivāda », *Journal of Indian Philosophy*, vol. 28 (5/6), 2000, p. 567-650.

POTTER (K.), BALCEROWICZ (P.) (eds), *Encyclopedia of Indian Philosophies* 14, *Jain philosophy*, Delhi, Motilal Banarsidass, 2013.

PRAISENDANZ (K.), *Expanding and Merging Horizons. Contributions to South Asian and cross-cultural studies in commemoration of Wilhem Halbfass*, Wien, Austrian Academy of Sciences Press, 2007.

RAHULA (W.), *L'enseignement du Bouddha d'après les textes les plus anciens*, Paris, Seuil, 1961.

RAO (S.), *Perceptual Error : the Indian Theories*, Honolulu, University of Hawaii, 1998.

RENOU (L.), *La grammaire de Pāṇini, texte sanskrit, traduction française avec extraits des commentaires*, vol. I (*adhyāya* 1 à 4), Paris, École française d'Extrême-Orient, 1966.

RUEGG (D.S.), « Does the Mādhyamika have a thesis and philosophical position », *in* B. K. Matilal and R. D. Evans, *Buddhist Logic and Epistemology*, Dordrecht, Studies of Classical India 7, 1986.

– *The Literature of the Madhyamaka School of Philosophy in India*, Wiesbaden, Otto Harassowitz, 1981.

SAIN (U.), « *Niyamasāra (the perfect law) by Sri Kundakunda ācārya* », *The Sacred Books of the Jainas* 9, Lucknow, The Central Jaina Publishing House, 1931.

SAIT-GUILY (G.), *Psychologie Bouddhiste de la Vacuité : les soixante-dix versets sur la vacuité*, trad. fr. C. Saint-Guily, Schoten, Kunchab, 2001.

SCHMITHAUSEN (L.), *Maṇḍanamiśra's Vibhramavivekaḥ, mit einer Studie zur Entwicklung der indischen Irrtumslehre*, Wien, Hermann Böhlaus Nachfolger, 1965.

SHAH (N. J.), *A Study of Jayanta Bhaṭṭa*'s *Nyāyamañjarī*, 3 vol., Ahmedabad, L. D. Institute of Indology, 1992-1997.

Akalaṅka's criticism of Dharmakīrti 's philosophy. A study, Lalbhai Dalpatbhai Series 11, Ahmedabad, L. D. Institute of Indology, 1967.

SHARMA (P.S.), « Kumārila Bhaṭṭa's Denial of Creation and Dissolution of the World » *in* R.C. Dwivedi (ed.), *Studies in Mīmāṃsā. Dr. Mandan Mishra Felicitation Volume*, Delhi, Motilal Banarsidass, 1994, p. 53-77.

SHARMA (H.D.), *The Samkhya Karika*, Poona, The Oriental Book Agency, 1933.

SHASTRI (P. K.), *Classical Vaiṣeśika in Indian Philosophy*, London, Routledge, Hindu Studies Series, 2019.

SHASTRI (D.N.), *Critique of Indian Realism. The Philosophy of Nyāya-Vaiśeṣika and Its Conflict with the Buddhist Dignāga School*, Agra, Agra University, 1964.

SHASTRI (I. C.), *Jaina Epistemology*, P.V. Research Series 50, Varanasi, P.V. Research Institute, 1990.

SHASTRI (M. K.), *Akalaṅkagranthatrayam of Sri Bhaṭṭākalaṅkadeva*, Saraswati Oriental Series 8, Ahmedabad, Saraswati pustak bhandar, 1939.

SHASTRI (S.), *The Samkhya Karika*, Madras, University of Madras, 1930

SHERBURNE (R.), -*The Complete Works of Atisha*, New Delhi, Aditya Prakashan, 2003.

A Lamp for the Path and Commentary, London, George Allen and Unwin, 1983.

SOLOMON (E. A.), *Indian Dialectics*, 2 vol., Ahmedabad, Gujarat Vidya Sabha, 1976.

– « Aviddhakarṇa – A forgotten Naiyāyika », in *Proceedings of the All-India Oriental Conference*, Poona, 1972, p. 337-352.

SONAM RINCHEN (G.), SONAM (R.), *Atisha's Lamp for the Path to Enlightenment*, New York, Snow Lion, 1997.

SPRUNG (M.), *The Problem of Two Truths in Buddhism and Vedanta*, Dordrecht, D. Reidel, 1973.

TABER (J.), *A Hindu Critique of Buddhist Epistemology, Kumārila on Perception, the "Determination of Perception" Chapter of Kumārila Bhaṭṭa's Ślokavārttika*, London-New York, Routledge-Curzon, 2005.

– « Utpaladeva's *Īśvarasiddhi* », *Adyar Library Bulletin* 50, 1986, p. 106-173.

TATIA (N.), *That Which Is. Tattvārthādhigamasūtra. The Sacred Literature Series*, New York, Harper Collins Publishers, 1994.

THAKUR (A.), « Origin and Development of the Vaiśeṣika System », in *History of Science, Philosophy and Culture in Indian Civilization*, General Ed. D.P. Chattopadhyaya, Vol. II, Part 4, Centre for Studies in Civilizations, New Delhi, 2003.

THIBAUT (G.), *The Vedānta Sūtras*, 3 vols., *The Sacred Books of the East*, Delhi, Motilal Banarsidass, 1962 (1re éd. 1904).

TILLEMANS (T. J-F.), « La logique bouddhique est-elle une logique déviante ? Remarques sur le tétralemme (catuṣkoṭi) », *Les Cahiers de philosophie* 14, 1992.

TOLA (F.), DRAGONETTI (C.), *On Voidness – A Study on Buddhist Nihilism*, Delhi, Motilal Banarsidas, 1995.

TORELLA (R.), *The Philosophical Traditions of India*, Varanasi, Indica Books, 2011.

TUCCI (G.), *Indo-Tibetica II, Rin c'en bzan po e la rinascita del buddhismo nel Tibet intorno al mille*, Roma, Reale Academia d'Italia, 1933.

VAN DEN BOSCHE (F.), « Jain arguments against Nyaya Theism », *Journal of Indian Philosophy* 26, 1998, p. 1-26.

VATTANKY (J.), *Development of Nyāya Theism*, New Delhi, Intercultural Publications, 1993.

– *Gaṅgeśa's Philosophy of God : Analysis, Text, Translation, and Interpretation of [the]* Īśvaravāda *Section of Gaṅgeśa's* Tattvacintāmaṇi *with a Study of the Development of Nyāya Theism*, Madras, Adyar Library and Research Centre, Adyar Library Series 115, 1984.

VETTER (T.), « Atheistische und theistische Tendenzen im Buddhismus », *in* E. Klinger (ed.), *Gott im Spiegel der Weltreligionen. Christlische Identität und interreligiöser Dialog*, Regensburg, 1997, p. 22-35.

VIEVARD (L.), *Vacuité (śūnyatā) et compassion (karuṇā) dans le bouddhisme Madhyamaka*, Paris, Collège de France, Publications de l'Institut de civilisation indienne, 2002.

WARDER (A.K.), « Who understands the four alternatives of the buddhist texts ? », *Philosophy East and West* 27, 1977, p. 3-22.

WAYMAN (A.), *A Millenium of Buddhist Logic*, Delhi, Motilal Banarsidass, 1999.

WIJAYARATNA (M.), *Dīgha-Nikāya*, (traduction intégrale), Paris, LIS Éditions, 2007-2008.

– *Sermons du Bouddha*, Paris, Seuil, 2005.

Word Index to the Praśastapādabhāṣya. A Complete Word Index to the Printed Editions of the Praśastapādabhāṣya, J. Bronkhorst, Y. Ramseier (eds.), Delhi, Motilal Banarsidass, 1994.

YAMAUCHI (T.), *Logos et lemme*, Paris, CNRS Éditions, 2020.

GLOSSAIRE

Abhāva – absence, non-existence, une catégorie ontologique du Nyāya-Vaiśeṣika tardif.

Abhidharma – « Suprême doctrine ». Désigne la dogmatique bouddhique du Petit véhicule, qui se veut fidèle aux sermons du Bouddha

Abhidheyatva – expressibilité, une des trois caractéristiques des catégories du Vaiśeṣika

Ādhāryādhāra – contenant et contenu, support et supporté, relations logiques

Adhyāsa – « Surimposition ». Désigne, dans l'Advaitavedānta, le mouvement par lequel l'absolu recouvre le pur être qu'il est d'un certain nombre de conditionnalités contingentes (*cf.* upādhi)

Adṛṣṭa (litt. invisible) – la force des actes (karman)

Advaitavedānta – Le Vedānta de la non-dualité. Doctrine de Śaṅkara qui enseigne que l'absolu se situe au-delà de toute dualité

Ahaṃkāra – Littéralement « Ce qui fait dire "je" ». Désigne la propension naturelle de l'être humain à s'approprier les activités de l'intelligence, comme si elles venaient de lui

Ajñāna – « Inconnaissance » selon Śaṅkara, au sens où elle condamne les humains à ne pas se faire une vision juste de la réalité absolue ; « Non-connaissance » selon Rāmānuja, qui n'y voit que l'absence de connaissance vraie dont les humains sont victimes, parce qu'ils ignorent l'origine de leur misère

Ākāśa – l'ether, l'espace en tant que receptacle, l'un des dravya (substances) du Vaiśeṣika

Akhyāti – Non-présentation. Doctrine de Prabhākara pour expliquer l'illusion sensible

Antaḥkaraṇa – Sens interne. Sous l'influence des empreintes, il opère pour faire émerger le souvenir. Regroupe, dans le Sāṃkhya, l'intelligence, le moi et l'esprit

Antyaviśeṣa (litt. différentiel ultime, l'extrême de la particularité) – particulier ultime, l'une des 6 catégories du Vaiśeṣika

Anuvṛtti-vyavṛtti – les opérations mentales d'inclusion et d'exclusion

Anyathākhyāti – Présentation d'une chose autrement. La doctrine du Nyāya et de la Mīmāṃsā qui s'applique à l'illusion sensible

Artha – objet ; but, signification

Asatkhyāti : Présentation de ce qui n'existe pas. La doctrine de l'école bouddhique du Madhyamaka pour rendre compte de l'illusion sensible

Astika (litt. celui qui dit « [cela] existe ») – désignation de ceux qui reconnaissent l'autorité suprême des Vedas, l'inverse de **nāstika**

Astitva – le fait d'exister, l'une des 3 caractérisitiques des catégories du Vaiśeṣika

Ātmakhyāti – Représentation de soi-même. Doctrine du Yogācāra pour expliquer l'illusion sensible

Ātman – Soi. Dans le Vedānta, celui qui sait que l'absolu est en soi peut se mettre absolument en quête de soi ; âme, le soi, l'un des 9 dravya (substances) du Vaiśeṣika

Avayava-avayavin – les parties et le tout fait de parties

Avidyā – « Inscience » ou « Absence de savoir ». Plongés dans l'inconnaissance, les humains ne savent même pas qu'ils ignorent la réalité ; ils vivent ainsi dans l'illusion métaphysique la plus complète en ignorant la nature absolue de la réalité

Aviśeṣa – « Sans traits distinctifs, indifférencié ». L'absolu de l'Advaitavedānta est sans aucune qualité qui le distingue ou le différencie, puisqu'il est la réalité pleine et entière

Ayutasiddhi – absence de l'existence séparée des choses conjuguées

Bādha – L'action de barrer, comme la perception juste de la réalité barre l'illusion passée

Bandha – « Lien, attache ». La servitude se réduit au lien qui attache les humains les uns aux autres, lien formé par les actes qu'ils accomplissent et qui est responsable de leur misère

Bhagavat – Littéralement « celui qui donne en partage », le Bienheureux, le Seigneur suprême

Bhakti – Dévotion. Agir et s'en remettre au Seigneur suprême

Bhāva – Disposition. Il existe, selon l'école de Sāṃkhya, quatre dispositions positives de l'intelligence (vertu, connaissance, détachement, puissance) qui s'inversent en dispositions négatives (vice, ignorance, attachement, impuissance) selon que l'être humain agit en bien ou en mal

Bhāvanā – « L'action de faire exister », d'où création mentale. Le mental a la propriété de faire exister des choses en les visualisant

Bhūta – élément (quatre substances – terre, eau, feu, vent)

Bodhisattva – « Dont l'existence est vouée à l'Éveil ». Personnage conceptuel du Mahāyāna, qui annonce la libération universelle

Brahman – Dans le védisme, puissance invisible du sacrifice ; dans les Upanisad, l'absolu. Désigne, dans l'Advaitavedānta, la puissance d'être immanente à tout ce qui existe

Buddhi – Appelée aussi « Grand » dans l'école de Sāṃkhya, l'intelligence est le premier produit (producteur à son tour) de la Nature. Elle se définit par la capacité de juger, d'affirmer, de déterminer

Catuṣkoṭi – Tétralemme. Nāgārjuna réduit à l'absurde son adversaire en le forçant à choisir entre l'une des quatre alternatives logiques du tétralemme, mais il se refuse, quant à lui, à ce choix

Cit – (capacité de)conscience

Darśana – point de vue, vision, école relevant de l'orthodoxie brahmanique

Dharma – Ordre sociocosmique ; le Droit ; le mérite acquis par une action bonne ; le phénomène, comme seule réalité possible dans la perspective de la coproduction conditionnée bouddhique ; la doctrine bouddhique ; la propriété ; les qualités spécifiques de l'ātman

Dharmin – porteur des propriétés

Diś – étendue, direction, points cardinaux ; l'un des 9 dravya (substances) du Vaiśeṣika

Dravatva – fluidité ; la qualité specifique de l'eau

Dravya – substance ; l'une des 6 catégories du Vaiśeṣika

Duḥkha – « Le moyeu qui tourne mal », d'où la douleur, la souffrance, le malheur. La condition humaine est marquée par une misère existentielle, dont la transmigration est la cause, mais qui ne se réduit pas à elle

Gamana – déplacement ; variété de mouvement (karman)

Gandha – odeur ; la qualité specifique de la terre

Guṇa – « Qualité ». Selon le Sāṃkhya, il existe trois qualités constitutives de la Nature, qui coopèrent, par leur mutuelle interaction, à la production des choses ; l'une des 6 catégories du Vaiśeṣika

Gurutva – gravité

Hīnayāna – « Petit véhicule » : Ce mouvement du bouddhisme ancien (dès le IIIᵉ siècle a.e.c.) enseigne que la libération est affaire individuelle

Icchā-dveṣa – désir-aversion ; les qualités spécifiques de l'*ātman*

Indriya – capacités sensorielles, organe des sens

Īśvara – Seigneur Supême

Jñānayoga – L'ascèse dans la connaissance. La voie que privilégie Śaṅkara dans la quête de l'absolu

Jñeyatva – cognoscibilité ; l'une des caractéristiques des catégories du Vaiśeṣika

Kaivalya – « Solitude, esseulement ». Désigne, dans le Sāṃkhya et en partie dans le Yoga, l'étape ultime de la téléologie qui fait agir la Nature : le principe de conscience s'isole en soi, en laissant la Nature se résorber

Kāla – temps ; l'un des 9 dravya (substances) du Vaiśeṣika

Karmayoga – L'ascèse dans l'action. La voie de la Bhagavadgītā, qui consiste à agir dans le détachement

Karman – mouvement, action, acte rituel et acte moral ; l'une des 6 catégories du Vaiśeṣika

Kārya – « Ce qui doit être fait ». Désigne le produit de la Nature et l'effet déjà potentiellement présent dans la cause.

Khyāti – Présentation mentale ; représentation dans le *Yogācāra*

Kṣaṇa – instant

Lakṣaṇa – caractéristique distinctive ; définition des caractéristiques communes et distinctes des catégories

Liṅga – « Signe ». Désigne dans le Sāṃkhya ce qui est subtil et qui est conduit à se résorber, donc la Nature comme puissance invisible et destinée à disparaître devant le principe de conscience ; en particulier, c'est le corps subtil (composé de l'intelligence, du moi, de l'esprit et des cinq éléments subtils), véhicule de la transmigration

Madhyamaka – « Voie du Milieu ». C'est le nom de la troisième voie initiée par Nāgārjuna, entre le substantialisme et le phénoménisme : il n'existe ni des choses en soi ni des phénomènes sans lien entre eux, mais des phénomènes en interrelation les uns avec les autres

Mahābhūta – grands éléments, cf. bhūta

Mahāyāna – « Grand véhicule ». Désigne le mouvement de réforme du bouddhisme, qui enseigne que la libération est universelle ou n'est pas

Manas – organe interne, instrument de l'ātman ; l'un des 9 dravya (substances) du Vaiśeṣika ; ailleurs, désigne l'esprit (ou le onzième organe) qui coordonne, synthétise, rassemble les données fournies par les organes des sens

Mokṣa – délivrance ; libération

Mumukṣu – Littéralement « celui qui désire se libérer ». Désigne le renonçant en quête de la libération

Nāstika (litt. celui qui dit "[cela] n'existe pas ») – désignation de ceux qui ne reconnaissent pas l'autorité suprême des Vedas, nihiliste, l'inverse d'**astika**

Niḥśreyasa – suprême bonheur, félicité ; synonyme de mokṣa

Padārtha (litt. "objet du mot") – catégorie (le Vaiśeṣika en admet six)

Paramāṇu (litt. extrêmement petit/fin) – atome

Parasamānya, universel suprême

Parataḥ pramāṇya (litt. "autorité prouvée de l'extérieur") – le principe selon lequel un acte de connaissance tire son autorité d'un autre acte

Paratva – **aparatva** – éloignement – proximité ; les qualités spécifiques de la substance diś

Parīkṣa – examen critique des definitions (lakṣaṇa)

Pariṇāma – Transformation, concept central de l'école de Sāṃkhya. Tout ce qui est produit par la Nature n'en est qu'une transformation ; la cause qu'est la Nature se transforme en produits

Parimāṇa – dimension

Parimāṇḍalya – sphéricité (la forme de l'atome)

Pradeśa – point spatial, emplacement

Prakṛti : « Productrice ». Désigne la Nature, puissance à l'origine de la production de toutes choses

Pramāṇa – moyen de connaissance ; mode de connaissance

Prapañca – « Le déploiement ». Désigne, dans l'Advaitavedānta, le monde apparent qui se déploie devant les humains à cause de l'illusion métaphysique dont ils sont victimes

Prasaṅga – « Conséquence absurde ». Mode de raisonnement privilégié par le philosophe de la vacuité

Pratītyasamutpāda – « Coproduction conditionnée ». Désigne la relation entre les douze phénomènes majeurs de l'existence humaine, dont les apparitions se conditionnent les unes les autres

Prayatna – effort ; qualité specifique de l'ātman

Pṛthaktva – individualité, séparation

Puruṣa – « Mâle, Homme ». Désigne, dans le Sāṃkhya, le principe de conscience en l'être humain, radicalement distinct de la Nature

Puruṣārtha – « Qui a pour finalité le principe de conscience ». Le composé définit, dans le Sāṃkhya, la téléologie à l'œuvre dans la Nature ; ailleurs, les quatre buts de l'homme

Rajas – La deuxième des trois qualités (*cf.* **Guṇa**), responsable des actions, des impulsions, des désirs

Rasa – goût, la qualité specifique de l'eau

Rūpa – forme, ou couleur, la qualité specifique du feu

Śabda – son non articulé et articulé, la qualité specifique de l'ākaśa

Sadharmya – le fait de presenter des caractéristiques communes

Samānya – trait commun, universel, l'une des 6 catégories du Vaiśeṣika

Samānyaviśeṣa – l'universel spécifique à la différence de l'universel suprême – **parasamānya** ou **sattā**

Samavāya – inhérence, l'une des 6 catégories du Vaiśeṣika

Sāṃkhya – « Enumération ». Dans la *Bhagavadgītā*, désigne la pensée spéculative proche de l'enseignement des Upaniṣad ; ailleurs, désigne l'école dualiste associée au Yoga

Saṃkhyā – nombre

Saṃnyāsa – Littéralement « l'action de déposer ». L'abandon des actes, des rituels pour se consacrer à la quête de la libération ; le renoncement absolu à se croire l'agent des actes

Saṃsāra – cercle de la transmigration

Saṃskāra – impetus ; notion physique du Vaiśeṣika ; empreinte mentale et non consciente à l'origine de l'émergence du souvenir

Saṃyoga – **vibhāga** – conjonction - disjonction

Sarga – « Engendrement ». Selon le Sāṃkhya, le monde naît de la mise en relation entre les deux entités les plus antagonistes, prakṛti et puruṣa

Sat (du participe sant) – existant, présent

Sattā – "étantité" ; l'universel suprême, *cf.* **parasamānya**

Sattva – « Le fait d'être ce qui est ». La première des trois qualités (*cf.* **Guṇa**), qui se distingue par sa clarté, sa légèreté, sa pureté

Smṛti – Mémoire ; tradition ; culture

Sneha – viscosité ; la qualité spécifique de l'eau

Sparśa – toucher ; la qualité spécifique du vent

Sthitisthāpaka – l'élasticité

Sukha - duḥkha – plaisir et peine ; qualités spécifiques de l'ātman

Svabhāva – « Nature propre ». Concept central dans l'ontologie substantialiste et, *a contrario*, dans la dialectique de Nāgārjuna : toute chose existante aurait une nature propre, qui lui assurerait permanence et identité, ce que combat le philosophe de la vacuité.

Svarūpa – « La forme propre ». Désigne la véritable nature d'une chose et qui la distingue de toute autre ; mais la question est de savoir si l'absolu possède une nature propre. Selon Śaṅkara, parler de sa nature est un effet de l'illusion, mais Rāmānuja pense qu'il doit en posséder une

Tamas – La dernière qualité (cf. **Guṇa**) renvoie à la lourdeur, à l'obscurité, à la torpeur

Taṅmātra – « Seulement cela ». Désigne les cinq éléments subtils, correspondant aux éléments grossiers

Tattva – « Le fait d'être cela ». Désigne les vingt-cinq entités du Sāṃkhya, dont l'énumération constitue le fondement de son ontologie : Nature, intelligence, moi, esprit, dix organes, dix éléments (grossiers et subtils) et le principe de conscience ; ailleurs, désigne l'essence d'une chose.

Uddeśa – exposition des catégories

Upaniṣad – Littéralement « s'asseoir aux pieds d'un maître » pour en recevoir un enseignement secret. La doctrine des *Upaniṣad* tient, selon Śaṅkara, dans l'équation ātman=brahman

Upādhi – « L'action de placer sur ». Selon *l'*Advaitavedānta, l'absolu indifférencié semble différencié parce qu'il est limité par des conditionnalités contingentes

Vācya-vācaka – signifié– signifiant, notions sémantiques du Vaiśeṣika et des grammairiens

Vaidharmya – le fait de présenter des caractéristiques particulières

Vastu – Chose. Postulat de l'ontologie réaliste : il existe des choses subsistant en soi. Nāgārjuna lui oppose son propre postulat : il existe des phénomènes interdépendants

Vedānta – « L'achèvement du Veda ». Désigne, selon Śaṅkara et Rāmānuja, les Upaniṣad, auxquelles s'ajoutent les *Brahmasūtra*, qu'ils commentent tous les deux

Vega – vitesse

Vibhu – omniprésent

Vijñāna – Connaissance intuitive. Désigne, dans le *Yogācāra*, la cognition consciente et réflexive

Vikṛti – Dans le Sāṃkhya, puissance dérivée de production des choses ; il en existe sept, l'intelligence, le moi et les cinq éléments subtils

Viparyaya – « Inversion ». Il existe, dans le Sāṃkhya, un rapport inversement proportionnel entre la Nature et le principe de conscience

Viśeṣa – trait particulier, caractéristique spécifique, ce qui est supérieur aux autres

Viśeṣaguṇa – qualité spécifique

Viśiṣṭādvaitavedānta – « Le Vedānta de la non-dualité qualifiée ». Doctrine de Rāmānuja, distincte de l'Advaitavedānta par son insistance sur le caractère personnel et différencié de l'absolu

Vṛtti – « Tournoiement », d'où activité, concept central de l'école Sāṃkhya. Les qualités de la Nature font que l'intelligence, le moi, les organes des sens opèrent et remplissent leur fonction ; de manière générale, il y a de l'activité dans le monde parce que les qualités opèrent sans cesse

Vyāpti – Relation d'implication entre la raison R et le prédicat P d'une inférence ; concomitance invariable ; pénétration

Yoga – Ascèse (au sens de l'askèsis grecque) dans la *Bhagavadgītā* ; ailleurs, l'école dualiste associée au **Sāṃkhya**

Yutasiddhi – preuve de l'existence des choses conjuguées

INDEX DES NOMS ET ŒUVRES

INDEX DES THÈMES

AUTEUR(E)S DES TRADUCTIONS ANNOTÉES

Stéphane ARGUILLÈRE, Professeur de langue et civilisation tibétaines à l'Inalco

Marc BALLANFAT, Ancien Directeur de programme au Collège international de Philosophie, Enseignant-invité au Centre Sèvres

Hugo DAVID, Chercheur à l'École Française d'Extrême-Orient, Directeur de la collection Indologie (Institut français de Pondichéry et Ecole Française d'Extrême Orient)

Marie-Hélène GORISSE, FWO Post-doctorat Researcher, Department of Languages and Cultures, Ghent University

Victoria LYSENKO, Head Department for Oriental Philosophy Studies, Institute of Philosophy, Russian Academy of Sciences, Moscow

TABLE DES MATIÈRES

Achevé d'imprimer en février 2024
La Manufacture - Imprimeur – 52200 Langres – Tél. : (33) 325 845 892
Imprimé en France – N° 240139 – Dépôt légal : février 2024